◉诉讼法学文库 2009（2）
教育部人文社会科学重点研究基地基金资助
总主编　樊崇义

刑事诉讼生态化研究

Study on Ecologicalization of the Criminal Procedure

张能全　著

中国人民公安大学出版社
·北　京·

图书在版编目（CIP）数据

刑事诉讼生态化研究/张能全著．—北京：中国人民公安大学出版社，2009.2

（诉讼法学文库2009；2）

ISBN 978-7-81139-457-3

Ⅰ．刑…　Ⅱ．张…　Ⅲ．刑事诉讼—研究—中国

Ⅳ．D925.204

中国版本图书馆CIP数据核字（2009）第013082号

诉讼法学文库2009

刑事诉讼生态化研究

Study on Ecologicalization of the Criminal Procedure

张能全　著

出版发行：中国人民公安大学出版社
地　　址：北京市西城区木樨地南里
邮政编码：100038
经　　销：新华书店
印　　刷：北京市泰锐印刷厂

版　　次：2009年3月第1版
印　　次：2009年3月第1次
印　　张：17.25
开　　本：880毫米×1230毫米　1/32
字　　数：465千字
印　　数：1～3000册

书　　号：ISBN 978-7-81139-457-3/D·381
定　　价：40.00元

网　　址：www.cppsup.com.cn　www.porclub.com.cn
电子邮箱：cpep@public.bta.net.cn　zbs@cppsu.edu.cn

营销中心电话（批销）：（010）83903254
警官读者俱乐部电话（邮购）：（010）83903253
读者服务部电话（书店）：（010）83903257
教材分社电话：（010）83903259
公安图书分社电话：（010）83905672
法律图书分社电话：（010）83905637
公安文艺分社电话：（010）83903973
杂志分社电话：（010）83903239
电子音像分社电话：（010）83905727

《诉讼法学文库》总序

诉讼法制是现代法治的重要内容和标志之一，也是依法治国的重要保障。我国法制建设的历程已经证明，诉讼制度是否健全与完善，直接决定着实体法律的实际效力：没有相应的诉讼制度作为依托，实体权利只能是“镜中花、水中月”；没有完善的诉讼制度予以保障，实体法律将无法如其所愿地实现其追求的立法目的。更为重要的是，诉讼法制的完善程度如何，还直接反映和体现着一个国家、一个民族进步、文明、民主和法治的程度，是区分进步与落后、民主与专制、法治与人治、文明与野蛮的标志。在现代法治国家，诉讼制度作为法治的一个重要环节，受到了前所未有的重视。美国联邦最高法院法官威廉·道格拉斯曾谈道，“权利法案的大多数规定都是程序性条款，这一事实绝不是无意义的。正是程序决定了法治与恣意的人治之间的基本区别”。①

我国 1999 年宪法修正案正式确立了“依法治国，建设社会主义法治国家”的治国方略，为推进我国社会主义民主、法制建设，完善我国司法体制，提出了新的纲领和目标。而社会主义市场经济的初步发展则培育了公众的权利观念，并由此对司法公正提出了更高的要求。在此大背景下，通过增设新的诉讼制度以充实公民实体权利的实现途径，通过完善现行诉讼制度以保障实体法律的公正实施，从而推进依法治国，加快社会主义民主与法制建设的步伐，已经成为我国法治建设的关键所在。

诉讼制度的构建，与人们对诉讼原理的认识和把握有着密切的关系。诉讼原理是人类在长期的诉讼实践中，在大量经验教训的基

---

① 转引自季卫东：《法律程序的意义》，载《比较法研究》总第 25 期。

础上总结出来的、对有关诉讼活动的规律性认识。诉讼原理在诉讼制度的构建及运作中发挥着高屋建瓴的作用。只有正确认识和准确把握诉讼原理，才能构建较为完善的诉讼制度，才能推动诉讼活动向良性运作的状态发展。我国在改革与完善诉讼法律制度时，对于人类经过长期理论与实践探索获得的原理性认识，不能不予以重视，也不能不认真加以借鉴、吸收。

我国诉讼的立法和实践曾十分严重地受到“左”倾思潮和法律虚无主义的影响，诉讼规律和诉讼原理长期被忽视、被冷落。由此造成的后果之一：司法机关和诉讼制度的功能被狭隘化。例如，刑事司法机关和刑事诉讼法律仅仅被视为镇压敌人、惩罚犯罪并通过镇压敌人、惩罚犯罪来维护社会秩序的功能单一的工具，忽视了司法机关和诉讼法制所具有的制约国家权力使之不被滥用和保护包括犯罪嫌疑人、被告人在内的公民基本人权的作用，忽视了刑事诉讼所具有的独立品格和价值。对诉讼原理、诉讼规律认识的片面和浅陋，已经严重地制约了我国诉讼法制发展的步伐，而且直接对公正、文明地进行诉讼活动产生了非常消极的影响。要扭转这一局面，必须在宏观法律观念上作一个大的转变，同时大力借鉴、吸收法治发达国家丰富的研究成果和宝贵的实践经验，加强对诉讼原理、诉讼规律的研究。

对诉讼原理的正确认识是诉讼立法科学化的前提条件。正确把握诉讼原理，可以帮助我们全面地认识司法机关的功能，并对各种不同的诉讼模式、规则进行正确的取舍，从而在一定的诉讼原理的指导下构建更为科学和更适合“本土资源”的诉讼模式、规则。由此制定的法律，将具有更强的民主性、文明性和科学性。反之，如果不能正确把握诉讼原理，对于存在着内在价值冲突的各种可供选择的立法方案就可能难以作出正确的选择，立法活动就可能要多走许多弯路，甚至要付出沉重的代价。

对诉讼原理的正确认识对于司法活动同样具有重要的积极价值。对诉讼原理的正确把握可以在一定程度上弥补立法的不足。法律永远是抽象的。要将抽象的法律适用于具体的案件，就必须有科学的观念作为指导。对基本诉讼原理的正确认识，将有利于指导人们对司法活动中必然存在的种种法律适用问题作出科学的解释，从而使法律文本本身存在的不足得到补救。在现代社会，由于法律的稳定性与现实生活千变万化之间的落差只能通过赋予司法人员自由裁量权的途径予以调和，因此对基本诉讼原理的认识，还直接决定着司法人员在行使法律赋予的自由裁量权时，能否作出符合公正标准的决定或者裁判。

要贯彻“依法治国，建设社会主义法治国家”的治国方略，保障诉讼活动的公正进行，也必须认真研究诉讼原理，把握诉讼规律。当前，我国已有不少学者开始探索一些诉讼原理性的问题，如诉讼法律观、诉讼法哲学、诉讼目的、诉讼职能、诉讼价值、诉讼法律关系等，并已取得了一定的研究成果，这有力地推动了人们法律观念的变化，并对立法和司法活动发挥着积极的影响作用。但总的看来，我国诉讼法学界对诉讼原理问题的研究距离立法、司法实践的需求还有很大差距，还需要继续深入。尤其是现有的研究成果一般只是就诉讼的某一方面进行探讨，缺乏对一般性诉讼原理的全面、系统的探讨。因此，随着我国法治进程的推进，探讨一般性诉讼原理已经成为我国诉讼法学界必须研究的课题。

为吸引更多的诉讼法学者致力于诉讼原理的研究，同时也为了能够促使诉讼原理研究及时对立法、司法、学理研究等多个领域产生积极的影响，并对司法实际工作有所帮助，中国政法大学诉讼法学研究中心特意组织力量进行此项题为“诉讼法学文库”的大型丛书的编辑出版工作。“诉讼法学文库”是中心的一项长期出版项目，面向国内外专家、学者开放，凡以诉讼原理、诉讼规律为内容且有新意、有深度、有分量的专著、译著，以及对公安、司法工作有指导意义，对立法工作有参考价值的其他诉讼法学著作均可入选。

《诉讼法学文库》自 2001 年面世以来，得到了诉讼法学界专家、学者、实务工作者的热情支持，现已出版发行专著 60 多部，这些成果深受广大读者的青睐，已有多部著作获省部级以上的奖励，在这里特向广大读者和作者致以诚恳的谢意！由于编辑工作的需要，该文库从 2006 年起，每年以入选先后，另行排序。特此说明。

中国政法大学诉讼法学研究中心名誉主任

樊崇义

2007 年元月于北京

序

现代系统科学认为世界万事万物是由系统构成的，而生态科学又揭示了任何系统涉及要素、构造与环境三个向度之间的活态共生、动态衡生、网络整生的生态平衡特性。将系统论与生态学最新理论运用于社会科学领域诸学科的研究，意在揭示社会系统的生态平衡规律，用以指导具体制度的生态优化建设，已经成为一个崭新的前沿研究课题。

刑事诉讼法律制度是一种社会系统，它是人类社会法律体系的一个组成部分，它与法律体系中诸法间是一种平衡关系，且与法系统以外的各种社会系统间也存在着平衡关系。学界对这种平衡关系的探讨尚较稀少。对于社会系统的平衡关系能否借助系统科学原理和生态学理论来进行研究也是一个新问题。特别是对刑事诉讼现象内在本质的研究以及解释刑事诉讼法律制度的产生与发展，能否运用生态平衡理论就刑事诉讼要素、构造与环境的调适进行研究，探索它的整生机制的形成，是本学科领域值得认真研究的重大问题之一。

张能全所著的《刑事诉讼生态化研究》正是借助了现代系统科学与生态科学的最新理论成就，运用系统方法和生态方法，结合类型学分析方法和社会学方法，将刑事诉讼这一人类社会严重冲突的解决机制置于广阔的社会环境中全面加以考察，从整体上把握了刑事诉讼法律制度的运行规律与演化特征，揭示了刑事诉讼系统与外部社会环境的有机联系，概括了现代刑事诉讼生态化的主流趋势。在此基础上，提出了中国刑事诉讼法律制度应与当代中国市场经济体制的完善，民主宪政建设的推进及以公平、正义为核心的现代伦理道德体系的建构，以及以人权、法治、契约和理性精神为核心的市民社会新型文化的培育相协调，促使刑事诉讼系统与其外部环境保持动态衡生与网络整生的生态平衡的研究结论。

本书的价值在于通过运用多学科理论揭示刑事诉讼法律制度与其赖以生存的社会环境保持高度协调互动的生态平衡关系。具体分析了特定刑事诉讼法律制度与其外部生态环境的有机联系，提出了中国刑事诉讼法律制度改革的建设性意见，有利于读者从理论上把握刑事诉讼法律制度的总体特征与运行规律，在实践中增强和保持刑事诉讼良性运作的自觉性与能动性，并对推动中国刑事诉讼法律制度的改革、完善提供了诸多理论和方法的有益意见。因此，它在理论和实践层面上都具有重要的参考价值与指导意义。

本书在诸多方面有突出创新，具体表现在：

一、选题的创新

刑事诉讼法学博士论文的选题倾向多为具体程序制度或证据种类或具体规则的研究，具有强烈的技术化色彩。尽管这些选题与研究对于程序法研究的细化与深入有重要意义，但是，所有的程序规则、证据法则和具体制度都必须在刑事诉讼总体目标指引下并在社会制度大环境中协调运作，才具有“良法”效应，如果理论研究仅限于微观领域，容易陷入只见树木、不见森林的狭隘思维。对于实践工作的指导意义也因此受限。各种具体规则都不能离开中观层面的制度、宏观层面的原则、统观层面的观念指引和规制，没有后者提供理论预设、阐释及论证将难以说明其存在的意义和适用的环境。特别是对刑事诉讼价值问题的研究于中国社会更具有理论指导性和现实迫切性，应当大力加强，不能忽视。本书在选题上针对刑事诉讼理论研究的薄弱之点，对刑事诉讼系统进行了宏观考察，高屋建瓴，令人耳目一新。

二、研究方法的重大创新

刑事诉讼法学学科曾长期徘徊于注释式研究。自20世纪90年代以来，应对研究之风兴起，而且多运用比较研究方法。通常的论证方式是外国制度如何，我国制度如何，我国制度应当如何借鉴外国制度进行改革。这种太过简单的研究模式最终可能导致刑事诉讼法学陷于“东施效颦”的模仿理论。法律制度本身根植于特定社会的政治、经济、文化环境之中，并与特定的历史传统、民族习惯、价值法则等社会因素相联系，离开这些深厚的社会背景是无法理解具体制度的生成条件和运行机制的。本书借助其他学科最新理论成果，以系统理论和生态科学等研究方法为工具，结合社会学理论的分析方法，对刑事诉讼法律制度进行了多视角、多层次的深入系统研究，不仅对诸多理论问题提出了崭新的原创性观点，而且分析透彻，引证丰硕，说服力强，使全书达到了相当的理论高度。

三、理论观点的重大创新

本书理论观点的重大创新在于：全面阐述了刑事诉讼生态、刑事诉讼生态性与刑事诉讼生态化的概念及其相互联系，具体分析了传统刑事诉讼生态与现代刑事诉讼生态不同的类型特征，阐发了刑事诉讼生态化的基本原理，论证了刑事诉讼生态性的政治维度、经济维度、文化维度与社会维度。在这些章节中都闪烁着作者独到的见解。例如，在刑事诉讼生态性的政治维度一章提出政治法律的相对区分与衡态共生，政治公共要素与阶级要素、法律的政治要素与规范要素保持生态平衡，刑事诉讼系统政治要素与法律要素的动态衡生与网络整生，刑事诉讼生态系统功能自治及其与政治秩序的协调互动，等等。尤其在本书的第七章作者指出了现代刑事诉讼的生态化趋势，并集中论证了世界范围内的刑事诉讼生态化对中国刑事诉讼生态化的重大启示在于：中国刑事诉讼法律制度应与当代中国社会环境的整体变迁相调适，最终实现刑事诉讼系统与外部环境的生态平衡的中心思想。

本书是在作者的博士学位论文的基础上修改出版的。作者学习兴趣广泛，知识面较宽，且有较多的学术积累。在攻读博士学位之前，曾从事政治学、历史学及法学的教学研究。在攻读博士学位期间，他学习非常刻苦，成绩优异，发表了多篇专业学术论文，参加多项国家及省部级课题的研究和教材的编写工作。本书是他攻读博士学位期间学习的结晶，从选题到收集资料、撰写论文、最后定稿，前后历时近三年。在论文以优秀成绩通过答辩之后，他又用了一年多时间反复修改，反映出作者严谨的治学态度和踏实的工作作风。作为他的导师，我对本书的面世感到由衷的高兴，并期望作者继续努力，在学术上取得更大成就。

是为序。

徐静村

2008 年 8 月

目 录

绪　论

一、选题目的及研究意义

（一）选题目的

自从生态学在20世纪60年代末成为显学以来，生态概念及生态学理论广泛进入各门学科的研究领域，产生了经济生态学、政治生态学、社会生态学等诸多分支学科。近年来，关于社会生态、政治生态、哲学生态、法律生态、伦理生态等对某一学科领域特定问题或现象进行生态学分析的学术研究论文及专著渐次增多；而运用生态学理论就特定问题进行合理化论证和推演的著作也并不少见。例如，关于政治的生态化、哲学的生态化、法律的生态化（如由陈泉生与张梓太合著的《宪法与行政法的生态化》、李挚萍著的《经济法的生态化》及曹明德著的《生态法原理》中的《法律生态化趋势》）等问题的研究正在不断涌现。但是，刑事诉讼生态分析及生态化的研究目前在国内还处于起步阶段。① 只有陈泉生教授在2004年出版的专著《环境法学基本理论》的第17章论述了诉讼法的生态化，提出诉讼法理论的更新问题，但也仅就环境侵害的诉讼

① 刑事诉讼生态化研究属于法律生态化研究的重要方面，但本书所研究的法律生态化不同于前述三部专著中所意指的法律生态化的含义及内容，这些著作主要研究法律制度在调整若干社会关系时必须考虑自然资源及环境与人类社会发展之间的生态平衡问题（自然生态平衡），而本书研究的是法律制度系统本身的生态平衡以及法律制度系统与其赖以存在和运行的社会环境之间的生态平衡问题（社会生态平衡）。

救济提出建议，没有触及法律本身的生态化甚至刑事诉讼生态化问题。樊崇义教授在其主编的《诉讼原理》的“诉讼体系”章节中体现了运用系统原理分析刑事诉讼的新思路，而宋英辉教授在《刑事诉讼原理》中进一步研究了刑事诉讼的基本要素，但都未涉及刑事诉讼生态和生态化问题。当然，有些学者已经注意到法律乃至刑事诉讼的系统性特征和系统要素的协调平衡，如我国学者相继提出刑事诉讼的价值平衡问题。[①] 国外学者，如卢曼、托伊布纳、拉迪亚等人提出了法律的系统理论，[②] 而乔·撒马哈则认为平衡是刑事诉讼程序的核心问题。[③] 但是，他们都还没有明确地提出刑事诉讼系统的生态平衡及生态化研究思路。[④] 基于人类社会本身就是一个有机生态系统，[⑤] 本书遵循自然领域的生态平衡规律并将其运

---

① 参见樊崇义：《“平衡原则”遐想》，载《诉讼法学研究》，中国检察出版社2002年版；陈光中等：《追求刑事诉讼价值的平衡——英俄近年刑事司法改革述评》，载《诉讼法理论与实践》，中国政法大学出版社2003年版；龙宗智：《相对合理主义》，中国政法大学出版社2003年版；左卫民：《价值与结构——刑事程序的双重分析》，法律出版社2003年版；孙长永：《侦查程序与人权——比较法考察》，中国方正出版社2000年版；汪建成：《冲突与平衡——刑事程序理论的新视角》，北京大学出版社2006年版。

② ［日］中山龙一：《二十世纪法理学的范式转换》，周永胜译，载《外国法译评》2000年第3期。

③ Joel Samaha, *Criminal procedure*, Fourth Edition, Wadsworth Publishing Company, 1999, p. xxi. 转引自张建伟：《司法体制原理》，中国人民公安大学出版社2002年版，第133页。

④ 陈卫东教授在《刑事诉讼的系统化倾向》中研究了刑事诉讼的系统平衡特征，而陈瑞华教授在其专著中多处提到刑事诉讼要素的协调与平衡，国外学者诸如日本的田口守一教授、美国著名的帕克教授、达马斯卡教授也论及此问题。另外，曾友祥博士的《刑事诉讼价值平衡论》与杨立新博士的《刑事诉讼平衡论》也都运用了协调平衡的理论与方法来分析、研究刑事诉讼法律制度。

⑤ 英国社会学家斯宾塞认为，社会是一个超级有机体，各种社会制度是其器官，这些器官组成各种功能系统，包括社会在内的宇宙万物都受进化规律的支配。参见朱景文主编：《法社会学》，中国人民大学出版社2005年版，第23页。

用于社会科学领域，将刑事诉讼作为一个生态系统加以研究。运用系统论原理和生态学理论对其进行宏观分析、价值评估与实证考察，并着重研究刑事诉讼系统的外部生态环境，考察刑事诉讼系统与政治、经济、文化及社会结构等外部环境同生共长的共生①特性与相争相斗的竞生②特性。这对于把握刑事诉讼活动的本质特征与运行规律，科学配置刑事诉讼系统要素，完善系统结构，优化系统环境，从而实现刑事诉讼功能的最大化和刑事诉讼要素、系统与环境的生态平衡，具有极为重要的理论意义。

刑事诉讼生态化包括刑事诉讼内部系统要素的合理配置以形成稳定结构，实现系统生态平衡的过程，也包括刑事诉讼系统与外部生态环境生成同构共生、活态竞生及动态衡生③特性的过程。刑事诉讼的良性运作必须依赖于自身系统的有序化和外部环境的合理化：外部环境是指刑事诉讼赖以生存及良性运作的外部条件，包括特定国家或地区的历史传统、风俗习惯、民族文化、道德伦理、价值信仰及其法制环境，如法律制度、刑事政策、诉讼文化和它赖以生存的经济条件与政治背景；其内部系统包括刑事诉讼理念、刑事

① 共生，是指系统各部分的共同生成、共同生存、共同生长，系统起源具有整生性特征，即一个系统是整体生发的，是各种因素的整体，而不是先单独地一一形成各个局部，最后再集合为系统。系统各部分相互依存，不能脱离于整体共生关系而单独存在，如果整体平衡的共生关系被打破，就会出现系统的生态危机，从而引发生态系统的振荡。故而，共生是普遍的、基础的、基本的生态规律。

② 竞生，指系统各部分处于生态竞争的关系，他们不仅仅是相依相靠、相容相通，而且相克相抑、相争相斗，即共生是竞生形态的共生，而竞生是共生所规范的竞生，生态系统整体结构的动态平衡，是共生关系和竞生关系的协调发展造就的。共生关系产生结构的聚力，竞生关系产生结构的张力，两者的耦合，造就系统整体的动态平衡。

③ 衡生即衡态共生，是指系统各部分相拒相离、相克相抑，又相合相和、相生相长，从而造就了系统的整体生态平衡。既形成和保持整体的活态存在，保证了整体的系统生存性，又构成了各部分的生态关联性存在，保持了个体和部分的系统生存性，因而是在衡态的共生的基础上发展了系统生存性机制。

诉讼规范、刑事诉讼目的、刑事诉讼结构、刑事诉讼阶段、刑事诉讼主体等诸多系统要素的特定组合形式及有序结构。系统要素、系统构造与系统环境三个向度之间的良性互动造就一个健康运行的刑事诉讼有机系统并保持着持续稳定与动态衡生的生态平衡。因此，对影响刑事诉讼系统的诸多要素进行研究，分析其结构与功能，并对其进行生态化的改造和科学化的设计，就成为刑事诉讼法学的一个崭新而重要的研究前沿领域。

"法律根源于社会生活，服务于社会生活，本身就是社会和谐运行和发展的一种内在需求和产物。因此，从社会学角度，或者更确切地说从社会实际生活的角度，把法律放在一个较为广阔的社会背景之下，来探讨它的社会基础，它在社会生活中的多元形式、它产生与完善的社会机制以及它的社会化问题，对于反思和检讨有关法治问题的一些观念、思路、方案和实际做法，实现法律与社会的有机结合，无疑是必要的。"① 本书正是基于刑事诉讼发端于特定时期、特定地域的政治、经济、社会文化和历史传统的宏大背景之中，并受到这些外部生态环境的深刻制约和巨大影响。以社会学、系统论及生态学等理论为工具，以探究刑事诉讼要素、系统与环境之间所具有的以活态共生、动态衡生与网络整生②等鲜明特征的生态平衡规律为目标，对刑事诉讼进行系统、比较、历史和实证等宏观研究，意图为特定国家和地区的不同社会发展阶段所产生并运行的特定刑事诉讼模式提供理论说明，探索特定的刑事诉讼运行机制与外部系统环境的内在关联性，从而阐明生态平衡规律对于刑事诉讼法律制度建构的指导作用，促进我国刑事诉讼生态化和现代化

① 魏宏编著：《法律的社会学分析》，山东人民出版社2003年版，第1页。

② 整生即整体生发，意指系统各部分共生的相离相拒与相合相和、相克相抑与相生相长，同竞生的相克相抑与相容相通、相争相斗与相胜相赢，形成网络般的交叉关联，从而生成系统多维统一的稳定、平衡的机制和发展生长的机制，保证了整体可持续的稳态生长与平衡发展，最终形成系统持续发展态的整生机制。

进程。

（二）研究意义

现代系统科学揭示了客观世界以系统形式存在，系统有其特有的存在和演化的规律；生态学则科学地解释了生命有机体的诞生、成长与消亡的演变过程，揭示了从无机世界到有机世界，从自然界到人类社会领域都存在的生态规律。我国生态哲学家余谋昌教授将主要的生态规律概括为：生物适应环境的规律；生态系统各种因素相互作用和协调发展的规律；生态系统物质循环、转化和再生规律；生态系统发育进化规律。① 当然，生态规律的核心内涵及主要表征是生态平衡规律。生态学表明，生态系统的发展，从低级到高级，发展到顶级群落；从简单到复杂，单级生态系统发展到二级和三级生态系统；从原生生态系统发展到次生生态系统；从自然生态系统到人工生态系统。人和人类社会是生态系统发展的最高阶段。② 世界构成的系统性与生态性在于系统多样性造就了它的衡态共生与共生化竞生机理：系统整体的任何部分都是多质多层的，多样的质需要与生态系统的其他部分产生对应性的联系，需要与所属系统进行多维度的环状的网络的信息、物质、能量方面的交换，这就要求系统必须是多样性的存在。否则，多质多层的部分将难以在所属系统中存活。亦即，多质多层的局部（部分或子系统）只有在生态多样性的整体中生存，才能维系自身的完整性存在和系统性存在，才能在网络般的相互交换中，耗散旧质，接纳新质，均成为动态平衡的耗散结构，进而促成整体的衡生，最终达到生态系统的整生。③ 系统理论和生态学原理对于法学研究乃至刑事诉讼法学研究提供了新的世界观和方法论工具，刑事诉讼作为与人类社会相伴

---

① 余谋昌：《生态学哲学》，云南人民出版社 1991 年版，第 132 页。

② 余谋昌：《生态哲学》，陕西人民教育出版社 2000 年版，第 45 页。

③ 袁鼎生：《生态视域中的比较美学》，人民出版社 2005 年版，第 85 页。

生的严重冲突解决机制必然与生于斯、长于斯的社会环境生成一种活态共生、动态衡生及网络整生的有机构造。所有刑事诉讼的要素、结构乃至制度系统本身必然是社会的产物，要素之间发生固定的作用方式从而生成稳态结构，就意味着一个独立的系统形成且与环境发生持续交互作用。同理，刑事诉讼系统与其赖以生存的社会环境也不断进行着物质、能量与信息的交流，外部环境不断地改变着系统本身，而该系统也不断地与他系统一起作用于环境并促成环境的变迁。刑事诉讼法律制度系统与社会系统的同生共长促成了刑事诉讼法律制度的不断更新，也促成了整个社会制度文明的持续演进。

研究中国刑事诉讼法律制度，仅仅关注刑事诉讼法律制度内部自身特质、关注刑事诉讼法律制度的具体要素及其结构都是远远不够的，必须将刑事诉讼置于更为广阔的社会生活空间加以思考和研究，才能在整体上把握该制度的自身规律与演化过程。也就是必须运用系统科学和生态科学的最新成果来分析刑事诉讼法律制度运作及与外部生态环境的密切联系，才能够提出科学的建议和意见并促进刑事诉讼法律制度的理性化与现代化。刑事诉讼系统各要素、刑事诉讼系统构造及刑事诉讼的外部环境三个向度的交互作用将持续影响并改变他们自己，促成其要素、系统与环境发生相应改变。系统的演化规律说明了系统是一个由平衡态到非平衡态，再由非平衡态向新的平衡态运动的不间断运动过程，在此过程中系统也就完成了辞旧迎新的持续演化，由不稳定的系统向稳定的系统发展，要素、系统与环境也就具备了共生、竞生、衡生和整生的特性。生态学揭示的生态平衡规律已经充分说明维持自然生态平衡对于人类社会生存发展与人类文明持续进步的至关重要性，刑事诉讼系统作为解决严重冲突的社会机制也同样体现着生态平衡机理的支配作用，况且刑事诉讼直接涉及公民个人利益、社会公共利益与国家利益协调等价值兼容问题。故而，强调刑事诉讼遵循生态平衡的系统规律，这对我们在建构刑事诉讼法律制度时，科学合理配置系统要素，使之形成合理的稳态诉讼结构以实现刑事诉讼功能最大化无疑具有根本的指导意义。选择刑事诉讼生态化研究正是基于刑事诉讼发生并运作于人类社会领域这一宏大系统之中，全面考察刑事诉讼法律制度建构及其具体运作的复杂的社会环境，尤其是政治、经济、文化及社会等系统这些外部环境对于刑事诉讼运行机制所产生的作用与影响。唯有以宏观的系统视角和生态学理论考察整个人类社会制度诸领域与刑事诉讼法律制度的衡态共生和协调互动关系，才能够说明现代刑事诉讼法律制度存在的必然性与合理性，也才能对中国现行刑事诉讼法律制度提出具体可行的改革完善建议。

具体而言，选择刑事诉讼生态化研究的理论意义在于：运用系统理论、生态学原理及社会学等学科理论为指导，将刑事诉讼置于其赖以生存和运作的社会环境中进行全面系统考察，将有利于从宏观上把握刑事诉讼系统在整个社会领域及社会制度中的地位和作用，有利于理解刑事诉讼系统正常运行的基本条件，更有助于把握刑事诉讼系统运作的规律性，增强保持刑事诉讼系统良性运作的制度建构自觉性；通过对刑事诉讼生态化进行研究，揭示刑事诉讼的系统演化规律及生态平衡规律，并运用系统理论及生态学原理具体分析现代刑事诉讼系统的运行机制，考察其与赖以运行的政治、经济、文化及社会环境的有机关联及内在制约性；通过刑事诉讼生态化研究，揭示中国刑事诉讼法律制度与其政治、经济、文化及社会类型等系统环境保持有机协调、互动整合的生态平衡规律。根据我国社会的政治、经济、文化及社会发展进程提出与此相适应的刑事诉讼生态进化路线，从而指导刑事诉讼系统内部要素的合理配置与制度系统的理性建构。使得刑事诉讼系统与外部环境保持共生、平衡及互动关系，并调整系统的要素、构造与环境三个向度及其作用方式，实现刑事诉讼系统与环境的共生、衡生与整生，最终促使刑事诉讼法律制度的不断完善。

二、基本概念界定及相互关系

（一）生态、生态性及生态化

“生态”一词源于希腊文，原意是“人和住所”。19世纪中叶，生物学家借用它来表示“生物和环境的关系”。后来，日本学者将其翻译为“生态”，即“生存状态”的意思。[①]“生态”在中文含义中，“生”可解释为“生物”或“生活”，“态”可解释为“状态”或“形象”，可以代表环境中的万事万物。[②]生态就其字面意义而言，是指自然界生物个体的存在样态，而在生态学视野中，生态指生物之间、生物与环境之间的相互作用关系。“生态”一词从诞生以来已经广泛地渗入到各门学科的研究领域。“生态学原有的基本概念已发生了相应的转换。生态系统已由原来的动植物个体或群体转换为人的个体或群体及人所制造的各种制度系统，而环境则已不仅仅或主要不是生物环境和动植物生长其间的无机环境，而是成了人或特定制度所处的社会—文化环境，也就是说环境系统由生物圈转换成了社会圈。”[③]现代生态学的生态含义由此得到了很大的扩张，它既包括整个生物界的有机组织系统之间的密切联系，也包括人类社会领域中的各种制度系统及其子系统（要素）之间的平衡互动与共生关系。系统论认为，任何事物的存在和演化都表现为系统形式，“系统是由两个以上可以相互区别的要素构成的集合体，各个要素之间存在着一定的联系和相互作用，形成特定的整体结构和适应环境的特定功能；它从属于更大的系统。”[④]系统特性表现为普遍性、层次性、整体性、有机性、加和性和非加和

---

① 钱俊生等主编：《生态哲学》，中共中央党校出版社2004年版，第457页。

② 参见郝道猛：《生态科学概论》，中国台北徐氏基金会出版1977年版，第7页。

③ 王邦佐等编：《中国政党制度的社会生态分析》，上海人民出版社2000年版，第4页。

④ 邹珊刚：《系统科学》，上海人民出版社1987年版，第48页。

性、系统变革相关性、系统环境互生共塑性。而生态系统是生命体或生物群落同其生存环境相互联系、相互作用所构成的相对稳定的自然系统，表现为以生物群落为核心的能量流动和物质循环，具有动态性、开放性、相关性和自我调节性等特征。① 系统理论与生态科学指出：世界上的任何事物都有一个产生、发展与衰亡的过程，而且其本身是一个由多要素有机构成的组织系统，它又隶属于一个比它更大的组织系统并与相关系统要素发生持续的交互作用。该事物整体组织结构和特定功能决定着其组织系统的发展状况，同时，外部环境也深刻影响着该事物的生存样态与发展变化。要使特定事物保持正常而持续健康发展的活态衡生状态，可以通过调整内部系统要素及其相互作用方式；也可以调整外部环境，以创造其协调发展的必要条件，实现系统的要素、构造与环境三个向度之间的生态平衡，从而形成系统与环境的共生、衡生与整生。“生态系统各部分的共生关系特别是衡态的共生关系，是形成与维系系统活态存在的机制。系统各部分是个体存在和整体性、整体化存在的统一，为保持个体自身存在的相对独立性，它与别的部分相离相拒，甚或相克相抑，为实现自身的整体性和整体化存在，它和其他部分相合相和，相生相长，两者辩证统一，从而形成平衡态的共生，构成整体的活态延续，造就系统生存性。生态系统中的任何部分，都以其他部分的存在特别是关键种的存在作为自身存在的条件，都不能脱离整体的共生关系纯粹单独地存在，一旦整体平衡的共生关系被打破，就会出现系统的生态危机，形成生态系统的振荡。如果整体平衡的共生关系受损后不及时修复，生态系统就会走向解体，各部分也随之衰落或消亡。这种一荣俱荣、一损俱损的整体关联性存在，

① 钱俊生、余谋昌主编：《生态哲学》，中共中央党校出版社 2004 年版，第 14 页。

是系统的共生关系决定的。”① 这也就是说，离开衡态的共生关系，不会有整生态的个体的持续存在，也不会有整生态的系统的持续存在，个体与整体都只能在衡态的共生关系中维系系统生存。

生态作为系统生存的具体样态，与“形态”概念不完全相同，前者是一个动态概念，而后者是一个静态概念，使用生态概念更能够准确描述系统的活态生存性；生态性是指那些处在均衡、协调、持续的发展状态的事物或现象所具有的本质特性，既包括事物内部所具有的稳定结构和特定功能处于良性运作的持续平衡状态，也包括该事物与外部环境的整体协调发展的均衡态势。既指由生物个体与周围环境所组成的生态系统所具有的系统整体生发、动态衡生、衡态共生与网络整生特性，涵括了单个生物个体内部各部分相克相抑、相争相斗的竞生，相容相通、相生相长的共生；也涵括由众多生物群体与周围环境构成的生态系统所呈现的活态共生、衡态整生等基本特征。共生、衡生与整生的关系在于：共生是衡生的机制，共生造就的衡生，是整体的动态稳定或稳态发展，它既是整生的形态，更是持续整生特别是持续发展态整生的机制，进而造就生态系统生生不息的整体生长。这说明系统与生态的结合造就了系统精神与生态精神的统一。系统是生态化的系统，而生态也是系统性存在的生态。故而有学者说，因为生态与系统联系十分紧密，人们在关注“生态”时，总要考察其“系统性”；在研究“系统”时，总要注重其“生态性”。② 生态化则是指那些由非生态平衡的系统向生态平衡系统不断转变的过程，亦即，人类运用生态规律并自觉主动地对自然环境进行改造，将破坏后的自然环境通过恢复生物之间、生物与环境之间的作用关系，实现生态整合、生态互动与生态

① 袁鼎生：《生态视域中的比较美学》，人民出版社2005年版，第83~84页。

② 刘邦凡、吴勇：《社会系统及其生态性研究》，载《重庆大学学报》2002年第2期。

平衡的活动。将其扩展并运用到社会领域，就应当遵循生态学与系统论的基本法则，对系统内部的诸要素以及系统与环境诸要素之间的联系进行周密的制度安排与程序设计，使系统成为各要素生态平衡的有机体，并且使系统与环境保持活态共生、动态衡生及网络整生的生态平衡的调适过程。

（二）生态平衡、生态哲学及生态主义

在系统论视野中，世界是由系统构成的，而系统又是整体生发的，是各种因素共生的整体，而不是先单独地一一形成局部，最后再集合为系统。系统生成的基本特性，使得个体成为整体性和整体化的个体，有了整体潜质性和整体潜能性。在整生系统中，各部分所形成的是生态竞争关系，他们不仅仅相克相抑，相争相斗，而且相容相通、相生相长。这二者的辩证统一构成了整体动态稳定的衡生，从而实现系统生存。而在生态学上，系统生存表现为活态共生的结构，一个活态系统是结构张力与结构聚力均充分发展并且平衡统一的结果。张力与聚力的协同发展，造就系统整体结构的动态平衡，实现系统生存的整生机制。生态系统整体结构保持动态平衡，是系统共生关系和竞生关系的协调发展造就的。一般来说，共生关系产生结构的聚力，竞生关系产生结构的张力，两者的耦合并进，造就整体的动态平衡。平衡表明生态系统的结构与功能，物质、能量和信息的输入和输出都处于相对稳定状态。“平衡有平衡关系和平衡状态两种含义，当其指平衡关系时，一般指两种相互限制的趋势、力量或性质在数量关系上所达到的一种均衡关系，一般用数量关系的相等概念表示平衡关系，用数量关系的不相等表示非平衡关系。而平衡状态包含有平衡关系，它是以平衡关系为内容的系统稳定状态。”① 我们认为，这里生态系统的物质、能量和信息等要素

① 王宏波：《论社会发展的协调范畴及其意义》，载《中国社会科学》1994 年第1期。

更多的是用数量关系来表示，而它的结构和功能等的属性则指的是平衡状态。当生态系统受到外界干扰，而超过自身调节范围时，就会引起生态系统结构和功能紊乱，物质、能量和信息的输出和输入量上不等，使整个生态系统的平衡被打破，出现所谓的失衡现象。

当今世界已经进入了生态危机四伏的时代，由于人类的无知与贪婪，已经造成世界性的生态环境遭到了严重的破坏，全人类赖以生存的地球已经是伤痕累累，不堪重负。如果人类再不醒悟并采取有效的步骤来解决日益恶化的环境问题，高度发达的人类文明将随着地球的最终毁灭而断然终止。这不仅与人类的生态及环境保护意识淡薄有关，更与近代工业革命、重商主义的兴起与科学技术的进步有关。著名历史学家汤因比指出，近代科学的发展以及人们关于人与自然和谐共存的传统价值观念的丧失，是导致现代生态危机的重要根源。① 所幸的是，全人类已经认识到问题的严重性与紧迫性，正在反思人类自身行为并通过各种途径试图逐步解决人类社会生存发展与环境和资源所存在的内在矛盾冲突这个根本问题。如今，在全世界范围内掀起了保护人类环境的生态运动，生态神学、生态哲学、生态伦理学、深生态学等学科也先后兴起。例如，生态神学就是在20世纪60年代以来逐步发展起来的一门基督教神学的新分支，它反映了当代基督教神学对人与自然的关系和设法克服生态危机的关切。德国神学家潘霍华指出，原来“上帝、弟兄、大地是同属一起的”②。伦理学家塞尔特认为，“未来的宗教将信奉一种万物一家的教义，一种关于人类与准人类之间的关系的宪章。”③我国学者曹明德博士也提出了人类中心价值观的转变问题，指出应

---

① 转引自曹明德:《生态法原理》，人民出版社2002年版，第3页。

② D. Bonhoeffer, *Creation and Fall*, D. S. Bax, Minneapolis: Fortress, 1997. 转引自王晓朝等主编:《生态与民族》，广西师范大学出版社2006年版，第122页。

③ [美] 纳什:《大自然的权利》，杨通进译，青岛出版社1999年版，第32~35页。

当实现从人类中心主义伦理观向生态伦理观转变。①

生态平衡理论正是在这种背景下被提出并得到广泛认同继而成为自然与社会科学的基础理论之一的。生态平衡是指一个生态系统在特定时间内通过内部和外部的物质、能量、信息的传递和交换，使系统内部生物之间、生物与环境之间达到互相适应、协调和统一的状态，这种状态具有一定的自我控制、自我调节与自我发展的能力。② 生态平衡作为系统特定发展阶段上的一种特性是稳态。它是指在顶级的（最佳化）生态系统内，生产者、消费者和分解者之间以及它们与其环境之间，乃至系统的输入和输出之间所表现出来的相互补偿、相互协调的状态。在自然生态系统中，生态平衡表现为系统的自组织能力、生物种类和数量的相对稳定、组成要素之间联系上的相对复杂等等。一个生态系统的组成成分越复杂，其能量和物质流动的途径就越繁多，自动调节的能力就越强，也就更易于形成和保持其平衡；反之，成分越单一，结构越简单，其自动调节能力就越弱，就难于形成和保持其平衡。哈耶克教授指出，“我们现在知道，所有持续性的结构（从高于最简单的原子水平的结构直到人脑与社会的结构）都是选择性的或优胜劣汰的进化过程的结果，而且也唯有根据这些进化过程才能够得到解释；与此同时，我们也已然知道，较为复杂的结构乃是通过持续不断地使其内部状态与外部环境的变化相调适的方式来维续自身的。”③ 这就是说，生态平衡是世界万物成长和发展的普遍规律。生态平衡需要有生物的自我控制、自我调节和自我发展的潜能，同时需要有外部环境的补偿，即物质与能量的输入。如果环境太恶劣，生态系统无法从环

---

① 曹明德：《生态法原理》，人民出版社 2002 年版，第 1 页。

② 钱俊生、余谋昌主编：《生态哲学》，中共中央党校出版社 2004 年版，第 40 ~ 41 页。

③ ［英］弗里德利希·冯·哈耶克：《法律、立法与自由》，邓正来译，中国大百科全书出版社 2000 年版，第 504 页。

境中得到补偿，就会退化甚至消亡，所以生态平衡是由生物潜能和环境因素共同决定的。生物自我调节的潜能也是有一定限度的，这种限度在生态学上称为阈值，超过这个阈值，自我调节就会失灵，生态系统同样会走向衰退甚至消亡。因此，人类的活动要使生态系统保持在其阈值之内，是取得生态、经济、社会三种效益相统一和最优化的重要前提。

生态平衡不单指某个生态系统的平衡，而是指许多个生态系统处于平衡状态，甚至包括全球的生态系统处于平衡状态。这是因为自然界本身就是一个个有机联系的整体，它们之间的联系错综复杂而又相当有序。所以，一方面，只有大系统的生态平衡了，才能为小系统的生态平衡创造良好的外部环境；另一方面，只有所有的小系统的生态平衡了，才能促进全球的生态平衡；反之全球性的生态平衡又能促进小系统的生态平衡，以此循环往复，就形成了良性循环。生态平衡也不是静止的平衡状态，而是相对的动态平衡状态，因为系统的物质、能量与信息处于不断的交流之中，通过系统内部要素之间以及要素、系统构造与外部环境之间的相互联系和相互作用，通过不断调整系统内部的结构和功能而得以实现的。生态平衡包括结构上的平衡、功能上的平衡以及物质和能量输入输出上的平衡等方面。其中，处于主导地位的是结构上的平衡。这是因为，系统结构决定系统功能，系统功能是系统整体适应环境、改变环境的“特性和能力”，它“归根结底是由系统内部结构决定的”[①]。系统的稳定结构决定它的功能、能量以及物质输入输出的平衡。生态系统的结构是由其组成要素——生产者、消费者和分解者之间的相互作用构成的，而生态系统结构上的平衡则是指其组成要素之间所建立起来的相互适应、相互协调的特定关系的总和。处于顶级稳定状态，也即处于良性发展的生态系统是通过其内部要素同外部环境之

① 汪信砚：《从系统论看内容与形式范畴》，载《中国社会科学》1986 年第 1 期。

间的相互联系和相互作用，凭借系统自身的自我调节能力，维持着系统结构、功能和物质、能量输入输出的相对平衡。生态平衡作为生态系统处于最佳的协调、稳定状态，具有以下基本特征：其一，生态平衡具有整体性特征，是大系统、小系统；宏观系统、中观系统与微观系统的协同统一；其二，生态平衡是开放性的动态平衡而不是孤立、封闭的静态平衡；其三，生态平衡中的作用链条以及由作用链条、作用方式组成的作用网络发挥着关键性的桥梁和纽带的作用；其四，生态系统的平衡，很大程度上取决于生态系统内的要素多样性；其五，生态平衡是生态系统长期演化而成的，每个要素都有着不可忽视的作用，增加、减少系统要素必须慎重；其六，在生态系统中，要素结构与功能的改变、环境结构与功能的改变、能量与信息传递链条改变等情况都可能导致生态失衡；超过系统自身的自我调节能力也可能导致生态系统失衡。① 因此，保持系统的生态平衡必须保持系统与环境的协调统一，必须增强系统的自我调节能力，必须注意系统要素、环境与作用链条三者的稳定均衡态势的维持，必须注意调节系统不能超过其生态阈值。如此一来，就能够维持生态系统的长期平衡状态，实现生态系统的动态衡生。

“生态学的发展，已经远远超越了其学科本身，而成为一种世界观、价值观、道德观和方法论。”② 对于自然生态系统乃至社会生态系统，我们可以运用系统方法论对该系统进行宏观考察与系统分析，但是系统方法论的不足在于：往往比较注重系统的整体性而忽视要素的个体性。亦即，系统理论往往不太注重系统单个要素所发挥的独特功能，容易忽视个体要素之间的交互作用转而注重系统

---

① 钱俊生、余谋昌主编：《生态哲学》，中共中央党校出版社 2004 年版，第 46 ~ 48 页。

② 刘京希：《法律文化中的生态与反生态——以政治生态理论为视域》，载《江海学刊》2004 年第 3 期。

的整体结构与功能。生态学方法论将生态概念引入研究范式，个体的生命形态所具有的独立、自治与主体性决定了个体之间的有目的的交互作用的鲜明特征，由此更加彰显个体的主体独立与人格自治。生态学理论在系统理论的基础上，更加重视系统中的要素及其相互作用方式的研究，更加关注系统中要素与系统之间的互动、协调与平衡。生态学，尤其是深层生态学，就在于既强调系统要素之间的动态平衡，系统与要素之间的互动交流，系统与环境的有序循环，强调生态系统要素的主体地位与个体特性，强调要素与要素之间的协同整合。亦即，更强调要素与系统关系中的要素个体相对独立自治与自我协同功能。柯布教授就指出，“在所有可能性中，个别的人类是地球上最重要的内在价值的载体。”① 故而，人类社会整体价值固然重要，却不能忽视人类个体价值的独立性与重要性。生态思维就是以系统思维为基础，将世界看做一个巨大的生态系统，系统中各要素之间保持着平衡互动的有机联系，从而形成了错综复杂的网络结构。我国学者庞朴教授认为，在宇宙间，“任何事物都是宇宙之网上的一个结点，都有自己的强项与弱项，并以之与它物结成动态的平衡关系。于是自然界便无绝对强者，一切都在互相联系与相互制约中，而最本质的联系和制约，则是对立；对立的否定再否定，遂形成循环的三极。”② 这实际上就是一种生态主义的世界观和方法论。深层生态学就是把整个宇宙看成是由一个基本的精神或物质实体（或要素）组成的，是由实在构成的“无缝之网”。人与其他生物或自然都是“生物圈网上或内在关系场中的结”，是它的不同表现形式。其认为，把个体看成是脱离各种关系

---

① John B. Cobb Jr, “*Proteant Theology and Deep Ecology*”, in: *Deep Ecology and World Religions*: New Essays on Sacred Ground. David Barnhill and Roger S. Gottlieb, eds. (Albany: State University of New York Press, 2001), pp. 213 – 228.

② 庞朴：《中庸与三分》，载《文史哲》2000 年第 4 期。

之网、彼此分离的实在，那就打破了实在的连续性和统一性。因此，深层生态学的中心直觉是，在存在的领域中没有严格的本体论划分，坚持生态系统中一切事物都是相互联系的、相互作用的，人类只是这一系统中的一部分，人既不在自然之上，也不在自然之下，而是在自然之中。① 在生态学视野里，系统要素都是具有生命意义的有机体，无数的有机体组成了各种分门别类的生态系统，各个生态系统又组成更大范围的生态系统直到整个全球巨型生态系统。生态主义的世界观与价值观强调世界上的生命体没有价值的大小差异，只有自然选择的不同，不存在生命体之间的伦理道德选择的优越性，认为全球范围内的各个生命系统都应该受到尊重。"深度生态学主张一切生命皆具平等的内在价值，反对以人类为唯一的价值所在，更反对以其他形式的生命及环境只具有工具性的外在价值。"② 生态主义的方法论在于强调个体之间的独立自治与主体资格的充分确认，否认个体之间的工具关系与奴役状态，主张个体之间的共赢与共生，一种有机互助的生命链条结构反映了个体之间的道德平等、主体独立与和谐共生特性。生态主义与系统主义相比较，前者在肯定系统整体性的同时关注个体应有的独立性与自治性，强调个体与个体之间的交互关系，个体对系统整体的积极功能与独特效用；而后者则将系统置于个体之上，认为系统较之个体更重要，更值得关注的认识进路，强调系统的整体结构和功能以及系统对个体的全面影响。前者体现了个体中心的生态主义立场，后者体现了集体中心的系统主义立场。我们认为，生态主义的立场更能够适应当代社会生活所置身其中的生态环境，因此必须调整人类已

---

① 章海荣编：《生态伦理与生态美学》，复旦大学出版社2005年版，第213~214页。

② See Arne Naess, *Ecology, Community and Lifestyle*, Cambridge: Cambridge U. P. 1989; George Sessions, *Deep Ecology for the 21st Century: Readings on the Philosophy and Practice of the New Environmentalism*, Boston & London: Shambhala, 1995.

经比较偏失的认识论、价值观、世界观与方法论，重新校正人类社会与生态环境之间的关系，恢复人类作为地球一份子的本来面相。发挥人类的聪明才智，协调与平衡人类社会发展需求与自然资源及生态环境的关系，协调与平衡人类社会各个利益主体的相互关系。只有如此，人类社会文明进步与生态环境优化才可能形成良性循环的局面，人类社会所有个体得到均衡健康发展，从而使得所有生命都能够同生共长。正如大地伦理学人创始人奥尔多·利奥波德提出的那样，应当把道德权利主体、道德关怀的范围扩大到包括土地、水、植物、动物乃至整体生态系统。①

生态哲学作为生态世界观，是用生态学的基本观点观察现实事物和解释现实世界，包括生态哲学本体论、生态认识论、生态学方法论和生态价值论的研究。它以人与自然界关系为基本问题，用生态系统整体性、系统要素共生性、关联性观点分析问题，提供观察世界、认识世界的新的理论框架，从而形成一种新的世界观，即生态世界观。生态世界观贯穿两个主题：第一个主题是，确认一切事物和现象之间有一种基本的相互联系和相互依赖的关系，即生态系统理念。在笛卡儿世界观中，整体的动力学来自于部分的性质；生态世界观则相反，部分的性质是由整体的动力学性质决定的。第二个主题是，确认现实和宇宙在根本上是运动的，结构不再被看成是基本的，而是一种基本过程的表现形式，而且，结构和过程两者最终也是互补关系，即树立动态平衡的理念。生态世界观与传统世界观比较，它不强调硬性的主客二分和主要次要之分，而强调事物的相互联系、相互依赖和相互作用的整体性，它注重网络的非线性关系和循环运动。因而，生态哲学是哲学范式的一种转变，即从笛卡儿世界观向生态世界观转变，这是人类可持续发展的需要。促成这

---

① ［美］奥尔多·利奥波德：《沙乡年鉴》，侯文蕙译，吉林人民出版社 1997 年版，第 233 页。

种转变具有重要的理论意义：生态哲学作为可持续发展的解释工具，把可持续发展思想提到哲学的高度，有利于把它作为重要的思想资源，对可持续发展提供理论支持，因而也具有重要的实践意义。[①] 再者，生态世界观与传统世界观相比，更注重社会系统的生态平衡性、和谐共生性与网络关联性，主张社会各种要素的平衡与协调、协商与对话、共生与共赢的思维模式，是现代人文理念的更高升华。既关注每个人的生存状况与全面进步，又关注社会的和谐、有序及协调发展。生态哲学是哲学在当代社会面临重大环境、资源与人口压力下出于对人类社会、人类文明与人类自身基于持续、全面发展需要而孕育出来的新的世界观与方法论，对于调整人与自然的关系、个人与社会的关系，对于丰富和发展政治、经济、文化各领域的既存知识体系都将起到根本性的指导作用并产生十分深远的影响，是当代人类智慧深度拓展的重要体现。它对于社会领域的各个方面都将产生巨大的推动力并最终促使人类思维完成重大转向。

生态主义正是随着生态哲学的逐渐成熟而成长起来的一种政治理论，这种理论与思维在于将生态理念引入政治场域，改变了传统政治模式，从而成为一种新的意识形态。生态主义又称绿色政治，是20世纪70年代形成于发达资本主义国家的一种新兴政治思潮，也是西方社会中的绿色运动的意识形态。绿色象征光明和生机，即全球生态平衡；其反面是褐色，象征枯燥、单调和死亡，即生态环境的恶化。在20世纪60年代，绿色运动形成了两个主要支流：环境保护运动和核裁军运动；到70年代，绿色运动开始出现自己的政治组织——绿党，并逐渐出现在各国的政坛上。生态主义的绿色政治主要关注社会与政治生态，即自然生态的社会和政治根源，而

---

① 王军：《生态哲学，一种新的哲学方向》，gmdaily @ public. bta. net. cn，2001年3月29日。

且相信必须推翻工业资本主义才能解决问题，他们希望根本改造工业资本主义的现代政治，以全面解决环境、和平等一系列社会问题。正如绿色理论家波瑞斯所说："绿色运动最激进的目标在于一场非暴力革命，以推翻我们污染环境的、掠夺性的、物质主义的工业社会。代之以一个将使人类与星球和睦相处的新型经济和社会秩序。"① 生态主义是不同于自由主义、保守主义、社会民主主义、无政府主义、法西斯主义等传统政治思潮的以国家制度为中心的思维定式的一种新兴政治思想，它以人与自然的关系为研究对象，呈现出一系列新的特征：其一，生态主义主张意识形态多元化。多元原则使得生态主义成为一种横切性的政治思潮，有人将它喻为先绿后红的"西红柿"；其二，生态主义否定工业资本主义的价值体系及其制度，追求一个自然和社会生态平衡的美好的"绿色社会"，"绿色运动刻意要成为社会主义问世以来最激进、最重要的政治和文化力量"；其三，生态主义在思想方法上赞同整体论，强调宇宙的整体性，以及局部之间、局部和整体之间的共生互动关系；其四，在哲学立场上，生态主义信奉后物质主义，批判工业资本主义社会无止境的物质追求，力求超越物质层面，在精神层面上继续探求生活的目的和意义。②

生态主义作为西方新兴思潮，是对现代西方理论的一种反思，他们提出了一个尖锐的问题，人类社会应该如何走向未来。不过，生态主义分析问题的过激立场也不足取，况且，他们没有提出切实的解决问题的方法和步骤。但是，生态主义作为后现代理论之一，提出了诸多具有重大理论价值的论断，诸如：人类中心主义向生物中心主义的转变，现代西方资本主义发展模式与全球性生态灾难的

---

① 马德普：《西方政治思想史》（第五卷），天津人民出版社2005年版，第327页。

② 马德普：《西方政治思想史》（第五卷），天津人民出版社2005年版，第328～330页。

因果联系，等级制度与集权制度存在的荒谬性，宇宙之间生命个体完全平等与自主发展，等等。尤其是生态主义对于社会领域的生态分析，提出社会领域诸结构以及社会制度诸系统都应当生成并保持和谐共生、动态衡生及网络整生的生态平衡论断更极大地开拓了社会科学研究的理论视野，从而为将生态理论与系统理论引入社会科学领域提供强大的知识支撑。通过近几十年来的发展，生态学理论与系统论原理逐渐进入了哲学社会科学的理论视野，继而成为学科理论新的知识增长点。

（三）刑事诉讼生态、刑事诉讼生态性及刑事诉讼生态化

将生态学理论引入刑事诉讼法学研究，必然涉及刑事诉讼生态、刑事诉讼生态性与刑事诉讼生态化三个基本概念。刑事诉讼生态，是指刑事诉讼作为人类社会严重冲突解决机制的存在样态与系统构造，① 它是一个与自然生态系统相似的社会生态系统，刑事诉讼系统、子系统（要素）及子子系统等构成了一个完整的社会生态系统有机体。同时，该系统又与其他社会系统，如政治系统、经济系统、文化系统、法律系统构成的社会环境发生着持续交互作用，从而形成了一个稳定而复杂的严重刑事争端解决机制的网络结构，这种结构之间相互联系的总和就构成了刑事诉讼生态。② 分析特定的刑事诉讼性质、特征与运行情况必须关注刑事诉讼的总体状

---

① 李心鉴博士在其著作中指出，结构和构造在现代汉语中，词意相近，不过仍有区别。结构指各个组成部分的搭配、排列。构造指各个组成部分的安排、组织和相互关系。我们认为结构一般针对静态事物，有平面、单维并指向内部之意，而构造一般针对动态事物，有立体、多维之感，而且指向系统整体。因而，在系统与生态场域中使用“构造”更契合生态系统中的要素组合，本书多处将其与系统概念等同或并列使用。参见李心鉴：《刑事诉讼构造论》，中国政法大学出版社 1992 年版，第 2 页。

② 有学者使用司法生态来描述国家司法活动的和谐样态，其实，司法生态与诉讼生态没有明显的分界和准确的区分。相对而言，诉讼生态的内涵和外延都要大，也相对宏观，本书着重对刑事诉讼进行宏观考察，因此使用诉讼生态而不使用司法生态。参见王颖：《论司法生态平衡与诉讼价值最大化》，载《犯罪研究》2005 年第 4 期。

况。亦即，必须关注刑事诉讼系统的衡生、整生特征，研究刑事诉讼要素、系统及环境之间的复杂共生关系。刑事诉讼生态不同于刑事诉讼生态性，前者意指特定的刑事诉讼具体样态，它可能具备系统的生态平衡特性，也可能不具备生态平衡特性；而后者意指刑事诉讼作为一个良性的生态系统所应当具有的能够体现出自然生态的那些系统向度间活态共生、动态衡生与网络整生等系统的生态平衡特性。一般而言，稳态衡生的刑事诉讼系统生成都要经过一个较长的磨合过程。要素、系统与环境通过各种信息、物质和能量的交换，发生持续的网络化交互作用，耗散旧质，接纳新质，逐步生成动态平衡的耗散结构，最终促成刑事诉讼系统的衡生化和整生化。而此时，刑事诉讼作为一个活态整生系统就具备了系统的生态性。

刑事诉讼生态性，即处于良性发展的刑事诉讼系统所具备的活态共生、动态衡生及网络整生的生态平衡特性。刑事诉讼系统作为一个稳定而健康的社会生态组织，理所应当具备自然有机体的共生性、稳定性、协调性、整生性及动态平衡性等生态品质。实际上，一个特定的刑事诉讼系统又不必然具备这些特征，因为刑事诉讼系统毕竟属于社会生态系统，诸多系统要素及其组合形式都是人为设计的产物。如果自觉遵照生态学原理与系统论法则来考虑系统的要素配置与制度设计，那么，刑事诉讼各要素之间就会自动发生关联、整合以及互动作用，从而使得系统成为一个活态的有机组织，并与其他系统发生共振、协同效应，最终使得系统能够高效、有序地健康运作。但是，如果背离生态学原理与系统规律，刑事诉讼系统要素配置不合理，要素之间不能形成稳定的结构。那么要素互动整合机制就不能形成，还可能导致系统功能缺损或失灵现象，甚至造成系统扭曲或失衡，最终走向衰亡的命运。因此，考察特定社会下的刑事诉讼系统的生态平衡性，能够揭示该系统是否体现了生态规律与系统规律，为改进刑事诉讼系统的要素、构造、环境三向度之间的关联方式及功能配置，从而科学地安排刑事诉讼法律制度提供具体的理论参考。

刑事诉讼系统是否具备生态性关系到该系统能否实现生态平衡和正常运行的重大理论与实践问题。特定的刑事诉讼系统生态不一定就具备生态性，不具备生态性的刑事诉讼不可能实现其特定的制度目标。因此，刑事诉讼生态化就成为那些不具备生态平衡性的刑事诉讼系统向具有良好生态特性的刑事诉讼系统转换的唯一路径。刑事诉讼生态化，即是根据刑事诉讼系统要素、系统构造与系统环境和谐共生和协调平衡的生态学规律，对特定刑事诉讼系统要素、系统构造及系统环境进行理性配置与合理安排，达成刑事诉讼系统结构及功能与其他社会系统环境的有机协调，实现刑事诉讼系统要素、构造与环境三个向度的有机整合与平衡互动，从而实现刑事诉讼系统与整个社会系统的和谐共生与衡态整生。故而，刑事诉讼生态性是刑事诉讼生态化的理想目标，而刑事诉讼生态化是生成刑事诉讼生态性的必经之路；特定的刑事诉讼生态必须经过刑事诉讼生态化的过程才可能最终生成刑事诉讼生态性，从而实现刑事诉讼系统的生态平衡。

“法律发展本身乃是社会发展的一个重要组成部分，甚至在一定意义上是社会文明进程的指示器。法律作为一种社会规范及价值体系，乃是社会生活本身发展所不可或缺的。”① 纵观人类社会发展史，刑事诉讼作为与人类社会同生共长的严重冲突解决机制，总是成为社会大系统的重要组成部分之一。“一个文化系统内的法律、政治、社会、经济等制度及其器物都是互为关联的，事物的发展是一个不断延续的过程，当你想要较为完整地讨论某一问题时，这一问题会迫使你回溯历史，并触及相关的其他问题，而绝不应该将其余部分剪掉。”② 实际上，马克思主义经典作家早就说过，“社

① 公丕祥：《东方法律文化的历史逻辑》，法律出版社2002年版，第6页。

② 尹伊君：《社会变迁中法律解释》，商务印书馆2004年版，导论第17～18页。

会不是以法律为基础的。那是法学家的幻想。相反地，法律应该以社会为基础。”① 随着特定社会形态中的政治、经济、文化等外部要素的变化，必然会带来刑事诉讼法律制度的重大调整，这种调整有时是被动的，有时是主动进行的，调整的过程和转变的程度总取决于刑事诉讼系统要素与其他系统要素之间的斗争、磨合与认同程度，从而反映着刑事诉讼系统生态平衡原理的指导作用。笔者认为，人类社会的纠纷解决机制的变迁实际上就是一个系统不断变迁的过程，随着社会及其制度环境的变化，传统的刑事诉讼系统逐渐转向现代刑事诉讼系统，传统刑事诉讼生态中的弹劾式诉讼与纠问式诉讼是与前近代政治、经济、文化等社会结构要素、价值观以及社会意识形态相适应的，而现代刑事诉讼生态中的职权式诉讼与辩论式诉讼是与现代民主政治、市场经济与大众文化相适应的。无论是传统刑事诉讼，还是现代刑事诉讼，其系统要素和要素特定组合而成的系统构造与其外部环境总是保持着动态平衡、互动整合和网络整生关系。当代中国正在进行社会的重大转型，其政治、经济、文化等社会系统的结构要素正在发生着巨大的变化，客观上要求刑事诉讼系统要素及其整体构造进行相应的调整，从而使该系统与整个社会保持着协调互动的生态平衡关系。但是，由于诸多因素的制约与影响，我国现行刑事诉讼系统中的要素之间的非理性配置使得要素之间不能实现有机关联与平衡互动，更使得整个刑事诉讼系统与其他社会系统产生内耗甚至抵触，有可能发生分裂甚至对抗的危险。现行刑事诉讼系统的功能由于受到系统要素、构造及系统向度间关系失衡影响而受到极大的损害，使得刑事诉讼系统无法发挥正常的定分止争功能而被迫启动诸多替代方式，这就给其他系统带来了极大的人为负荷，直接影响到整个社会系统的正常运行。因此，根据刑事诉讼系统生态平衡规律的应然要求，合理调整系统要素配

---

① 《马克思恩格斯全集》第6卷，人民出版社1961年版，第291~292页。

置成为当今中国刑事诉讼法律制度更新的首要任务与关键环节。为何以及如何协调刑事诉讼的要素、系统与环境各向度之间的关系就成为本书研究的主要内容。

（四）刑事诉讼生态化——刑事诉讼生态平衡理论

刑事诉讼系统作为法律制度的子系统，属于社会系统的重要组成部分，具有生命有机体的共同规律。因此，法律制度本身与自然现象及规律和社会现象及制度不可能加以隔离。美国法学家博登海默认为，影响法律的制定和执行的因素包括社会的、经济的、政治的、心理的、历史的、文化的以及价值判断等许多方面，不能以一种单一的、绝对的因素来解释法律。在他看来，法律好似一张错综复杂的网，法理学的任务就是要把构成这张网的所有的线织到一起，形成一个统一的体系。① 根据中外学者对世界各地存在的原始部落的实证调查分析，生态环境在很大程度上孕育了一个地方或一个族群的精神气质和法律品格。正如孟德斯鸠所说："如果精神的气质和内心的感情真正因不同的气候而有极端差别的话，法律就应当和这些感情的差别以及这些气质的差别有一定的联系。"② 人类社会早期历史证明，生态环境必定给法律制度的形成和运作带来深刻的影响与制约，法律制度会因为地理环境与气候条件的差异而出现典型的区别。随着人类社会逐渐向较高阶段演进，人类认识能力的提高与各地域、各民族文明的不断融合，法律制度更多受到社会及其制度环境的影响，所受到自然环境与气候条件的制约将会减少。这充分说明，人类生活与生态环境相适应的生态平衡规律随着人类社会的不断实践必然会被人们所逐渐认识并给人以启发，最终通过法律制度加以体现，法律制度内在精神与理念必然反映和体现

① 吕世伦：《法理的积淀与变迁》，法律出版社2001年版，第667页。

② ［法］孟德斯鸠：《论法的精神》（上），张雁深译，商务印书馆1961年版，第22页。

生态平衡规律，将生态学的基本理论运用于法学研究正是将这种内含于法律制度内部的生态规律加以挖掘的过程。通过揭示法律制度蕴涵的生态平衡规律，能启发、帮助和引导人们遵循该规律并规划和设计法律制度，完善法律制度。

包括刑事诉讼研究在内的所有法学理论研究在前述背景下必须调整认识进路与所坚持的世界观、价值观与方法论，必须对传统的理论研究范式进行深刻的检讨与反思，并站在时代前沿的高度全面审视新的理论研究范式，以全新的姿态迎接生态主义世界观、价值观与方法论并以此来指导理论研究与法律实践。将生态主义方法论运用于刑事诉讼研究，首先要求确认刑事诉讼法律制度的发展是一个历史过程，它的演进及发展与特定的政治、经济、文化及社会制度表现出同步进化、共生互塑的态势。特定时期的刑事诉讼内部结构及其功能深刻地表征着该时期的政治、经济、文化等领域的发展状况。考察特定时期的刑事诉讼法律制度，不仅应当考察该制度的整体构造、功能特征及其对于其他社会领域产生的影响；而且应当考察该制度的外部环境，如政治、经济、文化等社会因素的具体状况及其对于刑事诉讼法律制度所产生的影响。通过对系统及要素的结构与功能的分析，揭示刑事诉讼法律制度系统要素、系统构造与系统环境向度之间衡态共生的生态平衡关系。

现代刑事诉讼法律制度主要承继了西方古代法治文明的衣钵，历经中世纪基督教的洗礼，再经宗教改革、罗马法复兴与法典化运动、文艺复兴到资产阶级革命，随着西方各国宪法的颁布与刑事程序改革的推进，近现代刑事诉讼法律制度逐渐生成。因此，现代意义上的刑事诉讼法律制度是与西方资本主义商品经济向市场经济形态更替，由专制政治向民主政治推进，由等级、特权思想向平等、人权思想进化的时代大潮相呼应而得到不断改进并取得今天的成就的。东西方不同的政治、经济、文化与思想演进特征必然导致刑事诉讼法律制度的诸多差异，其背后必然是价值观念、制度体系与思想意识形态的巨大冲撞与交锋。不过，我们不应当过分夸大这种文化之间的差异，摩尔根曾说："人类的经验所遵循的途径大体上是一致的；在类似的情况下，人类的需要基本上是相同的；由于人类所有各族的大脑无不相同，因而心理法则的作用也是一致的。"①实际上，人类社会文明是不同地域文明之间的冲突与融合的结果，在妥协与借鉴中不断地得到了改造与更新。英国哲学家罗素先生说过，"不同文化之间的交流过去已被多次证明是人类文明发展的里程碑。希腊学习埃及，罗马借鉴希腊，阿拉伯参照罗马帝国，中世纪欧洲又模仿阿拉伯，文艺复兴时期的欧洲则仿效拜占庭帝国。"②民主宪政与人权法治理论和实践成为世界潮流正是不同文明高度融合的结果，联合国制定的各种公约、条约与宪章正是世界不同文明经过频繁互动与有机整合的制度结晶。今天形成的关于刑事司法的国际准则正是世界各国人民对关于处理犯罪引发的公民个人与国家之间的刑事争端漫长实践中逐渐形成的反映人类社会普遍认同的价值体系与规则体系。

在全球经济一体化与世界各种文明相互依赖、相互借鉴的情势下，深刻地关注我国刑事诉讼法律制度现代化，推进我国刑事诉讼生态化进程，最终促成系统要素和谐共生，系统互动整合并与外部环境保持协调、互惠、稳定的生态平衡具有重要的理论价值与实践意义。实际上，由于中国极为特殊的地理环境与人文环境决定了其刑事诉讼法律制度更多地体现对传统文化的继承和发展，缺少与其他异质文化的对话、交流，因而少些普遍意义上的规律。更由于中国长时期受自然经济与极权专制政治的过渡浸润使得刑事诉讼法律

① ［美］摩尔根：《古代社会》，杨东莼、马雍、马巨译，商务印书馆1997年版，第8页。

② 俞可平：《全球化：西方化还是中国化》，社会科学文献出版社2002年版，第271页。

制度的价值观念与思想意识更多地带有等级、特权与暴力意味。同时，由于中国传统的人伦宗法意识形态与“无讼”观念决定了刑事诉讼法律制度在法律体系中的工具作用及附属地位。阶级斗争、政治运动与综合治理的精神、意识与观念必然深刻作用于法律系统，使其深刻地打上了时代的烙印。为此，如果坚持生态主义的立场来思考我国刑事诉讼法律制度的过去、现在和未来，反思我国今天的刑事程序及司法制度改革，就会带来更多的启发意义。用生态学的方法论对我国刑事诉讼系统进行宏观的系统考察，以世界各国刑事诉讼法律制度的普遍经验与联合国制定的若干刑事司法的最低准则为参照，来不断推进我国刑事诉讼法律制度的更新，促使我国刑事诉讼法律制度与正在建立的市场经济体制、正在推进的民主法治宪政、正在建设的市民社会、正在形成的公平正义道德体系等社会环境保持衡态共生与网络整生的生态平衡将是一个崭新的理论研究视角和法治实践进路。因此，笔者坚持一种生态主义的法律进化立场：我国刑事诉讼法律制度的进化方向无疑是学习西方法治文明的先进经验，但同时，应当对于中国传统法律制度的精华吸收借鉴。在推进我国刑事诉讼法律制度向法治方向迈进的同时，必须关注我国的市场经济体制的建立，民主政治建设的推进，以平等、人权、民主、法治为核心要素的新型道德意识与伦理观念体系的建构，市民权利优先与国家政治权力有限等理念的培育。促使刑事诉讼法律制度在中国社会诸领域整体推进的大环境中持续完善并最终走上现代化的法治轨道。

就我国刑事诉讼法律制度的法治化与现代化而言，理论界主要关注了刑事诉讼具体制度的建构与刑事正当程序的探讨，对刑事诉讼法律制度作为社会系统的组成部分深刻地受制于其他系统的现代化与理性化进程的宏观研究还做得不够。科特威尔曾指出，“如果孤立地研究法律，就不可能理解法律的特征、法律与其他社会现象的关系和法律的复杂性；也不可能理解法律是社会生活的一部分，不只是专业或业务的一门技术的这种‘实在性’。”[①] 在不考虑其他社会系统，不以其他社会系统为参照系与重要关联要素为研究对象的情况下，仅仅着眼于刑事诉讼法律制度内部诸环节或就个别的制度进行所谓的深度挖掘以求可操作性的研究思路注定以失败告终。那是因为：“仅仅为技术性问题寻找技术性的解决办法，不论多么具有吸引力，到头来都是幻想。人的维度是不能弃置不顾的。怎样克服对创新的抗拒，怎样争取到合作，这是最困难的，到头来也是决定性问题。”[②] 这就提示研究者不要在细枝末节上冥思苦想，而要在系统整体上高屋建瓴；不要鼠目寸光地就事论事，而要放眼全球地高瞻远瞩。只有如此，才可能找到指导实践的科学理论依据以对症下药。我们不仅应当关注技术问题，更重要的是应当研究价值问题。因为“具体的技术体系离不开价值体系的指导，现代刑事诉讼价值目标体系的这种多元兼容、相互制衡的状态已经深刻地影响到刑事诉讼程序的设计和运作。”[③] 人类文明进化史已经深刻地表明了刑事诉讼法律制度逐渐演化的共同规律与深邃内涵，西方国家的法治化历程已经向我们展示了刑事诉讼法律制度与其他社会诸领域的深刻关联与互动共生关系。只有将刑事诉讼法律制度改革作为我国政治、经济、文化与社会若干要素及制度改革的中间环节，并以宏观的整体视角，以生态主义的方法论，以系统主义的认识论来把握这个问题，才可能提出有益的理论判断并加以充分论证与理性推演。并将其付诸实践来指导刑事诉讼法律制度的改革与完善，形成与时代趋势相符合，与政治、经济、文化及社会相协调的健全

---

① ［英］罗杰·科特威尔：《法律社会学导论》，潘大松等译，华夏出版社 1989 年版，第 2 页。

② ［英］阿伦·布洛克：《西方人文主义传统》，董乐山译，生活·读书·新知三联书店 1997 年版，第 293 页。

③ 谢佑平、万毅：《刑事诉讼法原则——程序正义的基石》，法律出版社 2002 年版，第 396 页。

而具有鲜活生命力的刑事诉讼法律制度理论体系。

三、研究范围与研究方法

（一）研究范围

本着目的决定内容、内容决定形式的基本原理，本书意图借助于生态平衡理论来分析研究刑事诉讼法律现象。并对刑事诉讼的要素、系统与环境三个影响刑事诉讼系统运作的具体向度及其相互关系进行宏观生态分析，以揭示生态平衡原理对刑事诉讼的指导作用，为中国刑事诉讼法律制度的合理建构提出建议和意见。因此，本书主要以刑事诉讼系统整体运作为视角，将其置于整个人类社会宏观环境中加以考察，并将刑事诉讼看做是人类历史长河中的一种特定的社会结构及制度形式。本着系统性、历史性与逻辑性相统一的原则，着眼于刑事诉讼法律制度的宏观分析、价值分析、比较分析与历史分析，不对刑事诉讼的微观领域具体技术问题进行条分缕析。

根据系统理论与生态学原理，刑事诉讼系统的健康运行必然要求整个系统在要素、构造与环境之间保持协调互动的生态平衡关系，从而达成系统的共生、衡生与整生。刑事诉讼系统内部包括诸多要素（部分或子系统），这些要素的协调运作是刑事诉讼系统正常运行的基本条件。鉴于学术界对于刑事诉讼系统要素的研究比较深入，如关于刑事诉讼目的、价值、结构、功能、阶段、程序、主体、客体、行为以及刑事诉讼原理及运行机制的研究都取得了一些重要成果，并陆续出版了相关专著。本书在刑事诉讼生态化的类型学分析章节中将涉及刑事诉讼系统要素向度的生态平衡分析，不过，本书重点在于运用多种分析工具将刑事诉讼系统置于人类社会整体制度环境中，分析该系统与外部生态环境的交互作用与密切联系，从而揭示刑事诉讼运行机制与外部生态环境保持高度协调一致，遵循生态平衡规律的客观必然性。刑事诉讼系统与外部环境的和谐共生、动态衡生与网络整生的生态平衡规律性深刻作用于刑事诉讼系统的诸要素及其整体构造，促使要素改变与系统结构及功能变化；刑事诉讼系统也对外部环境产生影响，促成外部生态环境的不断变迁。刑事诉讼系统与外部生态环境的关联互动作用促成系统生成并保持生态平衡的基本原理，对于改进中国现代刑事诉讼法律制度及外部生态环境以促进二者和谐发展与良性互动，具有重要指导意义。本书意图为中国刑事诉讼法律制度实现这一目标提供理论依据及方法论支持，并对中国刑事诉讼生态化进程提出建设性意见。

（二）研究方法

本书选题“刑事诉讼生态化研究”的方向与范围决定了涉及研究方法的综合性与多样性。从总体上说，本书以刑事诉讼系统这一整体视角为切入点，运用系统科学与生态科学的方法论工具，借助于政治学、伦理学、社会学、法哲学、法理学、法史学、法社会学、法政治学等学科知识及基本原理，通过对刑事诉讼要素、系统与环境内在关联及交互作用的生态分析、系统及类型分析、结构及功能分析、历史及实证分析，探讨刑事诉讼法律制度的合理建构，以推进中国刑事诉讼法律制度的改革完善。

1. 系统分析方法

系统论认为，客观世界不仅统一于物质，也都以系统形式存在。而系统有其存在和演化的规律，无论是自然系统还是社会系统、思想系统都无一例外。既然客观世界是由系统构成的，人类的思维方式必然发生相应调整并以系统方法论来研究客观世界才能得到正确的结论，即必须完成由还原论到整体论，从线性思维到非线性思维，从存在观到演化观，从机械决定论到辩证决定论的根本转变。实际上，系统思想从辩证唯物主义取得哲学的表达形式之后，影响了一个时代的哲学思维。普遍联系的观点和永恒发展的观点，已逐渐成为20世纪的时代精神。①

还原论思维追求一种简单的形式来说明和描述复杂现象，把复杂的事物还原为简单事物，将本来相互联系的整体割裂开来进行研究。必然无法把握整体中的各个部分的联系，因而无法正确地认识整体与部分的性质和功能。系统思维则坚持整体主义，尽量不去割裂事物内部各部分之间及事物与外部环境之间的联系，坚持从整体的共性出发，通过整体分析认识局部。将事物内部及事物与环境之间的错综复杂的关系作为认识事物的性质与功能的关键；坚持整体主义方法论，将关系作为研究的重点，就意味着线性思维向非线性思维的转换。前者只适用于简单系统，对于复杂系统而言，整体不等于部分之和，部分具有非独立性，相互之间存在着不均匀、非对称的、动态的相互作用。因此，寻找原因的重点是各部分之间的相互联系、相互作用，而不是部分实体；因果关系因而不是单值的，而是多值的；不是给定的，而是统计的、概率的；不是非目的性，而是具有目的性；② 非线性思维将内外关系作为研究的重点，认定系统整体的特性是在一定环境下，系统内部各组分之间的相互作用的产物。事物宏观上的必然趋势根基于其微观上的内在随机性，并着力去发现内在随机性产生作用的机制。承认必然性和偶然性都具有客观性，且是相互依存、相互制约的。两者产生的根据也具有统一性，既是外在的，也是内生的。偶然性又以必然性为基础，必然性则通过偶然性为自己开辟道路，二者共同决定着事物的发展；传统思维不是坚持机械决定论就是主张非决定论。系统思维认为事物的发展前景大多是在时间上和空间上都有很大的游刃有余的可能域，而不是一个单值的结果；每一种前景的实现都有概率性。因而

---

① 刘哲昕：《系统经济法论》，北京大学出版社2006年版，第12页。

② 王志康：《复杂性科学理论对辩证唯物主义十个方面的丰富和发展》，载《河北学刊》2004年第6期。

主张对事物进行全面的、历史的、动态的考察，特别重视历史性、边缘性和开放性在事物发展过程中的作用。①

同系统思维一样，辩证唯物论也是对分门别类的研究所形成的形而上学思维方式的反动。主张相互作用是事物发展的终极原因，故此，人们说“系统乃是黑格尔哲学的最本质的特征”；而“马克思、恩格斯不仅把自然界看成是一个运动发展着的整体，而且也把人类作为一个有机的系统整体。”② 通过对系统整体性研究而不是局限于系统的局部才可能得到符合系统发展规律的科学结论。系统科学总结出的系统的一般特征和系统思维的基本原则，如整体性原则、结构性原则、目的性原则、动态性原则，最优化原则对社会科学的研究工作无疑具有普适性。③ 尤其值得关注的是，一向与自然科学割裂开来的社会科学甚至人文科学，从历史学、经济学、文学到语言学、管理学、美学等都纷纷引进系统理论，形成一股自然科学与社会科学融合的潮流。④ 因此，系统分析方法对刑事诉讼法律制度的宏观研究具有当然的重要指导意义。

2. 生态分析方法

系统分析方法的基本精神是整体精神。它强调整体不等于各部分之和。马克思说过，“个人的力量是很小的，但是把这些微小的力量结合起来，就会得到一个总力，比一切部分力量的总和更大。”⑤ 系统分析方法还进而认定整体质不是部分质的简单相加，而是各部分凭借关系共同形成的新质。系统分析方法这种重关系、重整体、重整体结构发展变化的精神，奠定了它与生态学原理结合

① 庞元正：《决定论的历史命运》，中共中央党校出版社 1996 年版，第 178 ~ 200 页。

② 颜泽贤：《复杂系统演化论》，人民出版社 1993 年版，第 11 页。

③ 邹珊刚：《系统科学》，上海人民出版社 1987 年版，第 418 页。

④ 刘哲昕：《系统经济法论》，北京大学出版社 2006 年版，第 13 页。

⑤ 马克思：《资本论》第 1 卷，人民出版社 1953 年版，第 348 页。

的基础。将整生精神融入系统分析方法的整体性原则，构成整生化的系统分析方法，构成系统生发的根本途径，从而实现系统分析方法向生态分析方法的发展和升华。

从原初意义上说，一个系统是整体生发的，系统生成是个体成为整体性与整体化的个体的统一，是生态精神与系统精神的统一，构成了生态分析方法的系统起源论和整体发生学；生态分析方法强调系统整体的活态存在性与有机关联性，生态系统各部分的共生关系特别是衡态的共生关系，是形成与维系系统活态存在的生存机制。系统各部分是个体存在与整体性、整体化存在的统一，为保持个体自身存在的相对独立，它与别的部分相克相抑；为实现自身的整体性和整体化存在，它和其他部分相生相长。系统共生关系表现为活态共生与规范竞生，构成系统整体动态稳定的衡生，造就了整体的生态平衡。也就是说，生态系统整体结构的动态平衡，是系统个体（要素或子系统）共生关系和竞生关系的协调发展造就的。共生关系产生结构的聚力，竞生关系产生结构的张力，两者的耦合并进，造就系统整体的动态平衡。共生的相离相拒与相合相和、相克相抑与相生相长，同竞生的相克相抑与相容相通、相争相斗与相胜相赢，形成网络般的交叉关联关系，从而生成系统的多维稳定、动态衡生并走向系统的整生性机制。故而，生态分析方法是系统整生的根本方法，也是网络整生的系统辩证法。从抽象走向具体，从历史走向逻辑，是构成网络整生的基本路径。“逻辑和历史相一致的规律是辩证逻辑的基本规律。”① 生态哲学的整生原理与辩证哲学的网络联系原理有深层的同一性，两者结合，既促进了各自的充分发展，又形成了生态分析方法的最高层次——网络整生的方法。网络整生，揭示了世界最普遍、最深刻、最全面、最系统的生态联系，形成了最高的生态规律，形成了统观社会生态研究的根本方

① 李世繁：《辩证逻辑概论》，北京大学出版社1982年版，第51页。

法。亦即，从抽象上升到具体，是潜含纵向网络整生的横向网络整生；从历史走向逻辑，是横向网络整生继续拓展中的纵向网络整生，两者统一，构成统观形态的网络整生。

从系统分析方法和辩证分析方法走向生态分析方法，可以看出，使以往的高层次的研究方法往整生性方向发展，是生态分析方法生成的主要机制和基本规律。同时，以往的高层次方法本身有着往生态分析方法发展的趋向性，有着往生态分析方法提升的内在要求。这就确证了生态分析方法是以往的高层次方法合乎规律的发展，以往的高层次方法走向生态分析方法，是其本质的必然，是其潜能的实现，也是自由自觉的行为。① 刑事诉讼法律制度系统是要素、系统与环境同构共生的有机体，保持着活态共生、动态衡生与网络整生的生态平衡关系。运用生态分析方法更能够揭示刑事诉讼系统所蕴涵的生态平衡规律内在机理。

3. 类型分析方法

类型分析是社会科学研究中经常使用的研究方法，其优越性在于将诸多研究对象按照其共有的特征进行归类整理，找出其相同或相似的特征及规律以作出特定论断的过程。学术研究领域很早就有这种方法，如在古希腊时代亚里士多德对于政体的研究，他对当时150多个城邦政体逐一考察后概括出了三种政体：专制政体、贵族政体与民主政体，这是政治学领域运用类型学方法得出成果的较早范例。著名的思想家孟德斯鸠在《论法的精神》中也使用了类型分析方法研究不同政体下的法律所具备的不同内在精神。马克思主义经典作家对于社会形态的分析同样运用的是类型分析方法，将复杂多变的社会生活概括为五种形态：原始社会、奴隶社会、封建社会、资本主义社会以及人类向往的理想社会——共产主义社会。通过类型分析概括出不同社会形态的典型特征，对于认识不同社会形

① 袁鼎生：《生态视域中的比较美学》，人民出版社2005年版，第90页。

态下的各种制度及其变迁提供了新的路径。当然，随着社会科学研究的深入发展，类型分析方法在更多的学科领域得到运用，而且这种方法在实践中也得到了不断完善。

马克斯·韦伯认为，人对外界的认识是通过概念和范畴获得的，独立于认识主体的外界事物只有经过概念化的过程才能转化为认识对象。人们认识中的客观实在，是经过概念重新组织建构起来的实在，而不是机械的描摹与复制。因而，一门科学知识中的概念的精确程度，常常成为这门科学成熟程度的标志。为此，他提出了构筑其庞大社会理论的一系列核心概念，如合理性、权力、统治等等。韦伯指出，研究者要想使自己的研究做到逻辑上严谨和清晰，就必须放弃展现其社会现实的企图，而采用“理想类型”作为自己的基本研究工具。为了分析正当统治的历史演变及其基本形态，韦伯提出了三种统治类型：传统型统治、卡里斯玛型统治和法律理性统治。按照这种方法，并根据体现在法律中的法律思想或法律思维方式，他把法律划分为实质理性法、实质非理性法、形式理性法和形式非理性法四种理想类型。受马克斯·韦伯研究风格的影响，昂格尔教授建立了分析法与社会关系的类型论的概念框架，即习惯的或相互作用的法、官僚的或管理的法以及法秩序或法体系。尽管关于法的形式的这些概念还不够洗练，但他却洞察先机，为后现代主义法学思考提供了支撑点。后来如美国的诺内特和塞尔兹克所提示的压制型法、自治型法和回应型法的分类，日本的田中成明的自治型法、普遍主义型法和管理型法的分类，德国的图依布纳的法的实质合理性、形式合理性和反思合理性的分类，与昂格尔教授的分类之间可以说是“心有灵犀一点通”。[①] 通过类型分析方法，使得法律制度的比较研究与历史研究更具有清晰的逻辑，也更能够把握

① 季卫东：《现代法治国的条件》，载《现代社会中的法律》附录，译林出版社2001年版，第286页。

法律发展的方向与趋势。将其运用于刑事诉讼发展史的研究，能够找出影响刑事诉讼法律制度发展的诸多共性及个性特征。

4. 社会学分析方法

社会学作为以整个社会结构、社会运行及其规律为研究对象的基础学科，体现了系统理论在该学科领域的广泛运用。首先，社会学分析方法的典型特征在于整体性，是最能够体现“社会学的思维方式”或“社会学的世界观”①。在研究社会的过程中，始终把社会看做一个有机整体，从整体的有机性出发去研究社会的结构、功能，研究社会的运行与变革。当然，社会学也关注开展对社会的各种具体问题的研究，但它始终注意从整体出发，联系整体综合而立足于局部分析。早在19世纪，斯宾塞就提出社会有机体理论，马克思在研究人类社会时，也引进了社会有机体思想，把整个社会划分为经济基础和上层建筑等子系统，从而揭示人类社会发展运动的基本规律。其次，社会学分析具有高度的综合性。在研究社会时必须纵观全局，放开视野，对任何社会现象、社会问题都不孤立地看待，而注意从这些现象和问题与其他现象和问题的相互联系中去把握规律性。它要求运用不同的方法，注意从不同的角度对同一个问题进行深入的探讨，既注意影响事物发展的决定性因素，也不放过那些影响事物发展的非决定性因素。它是社会学整体性特点在研究方法上的具体体现。最后，社会学分析方法的实证性。孔德指出，知识来源于具体的经验研究。社会学尽管离不开理论分析，但其知识主要是依靠对社会事实进行具体的经验研究所获得，是通过观察、调查、实验等实证途径获得原始材料，从中检验理论假设，分析概括出理论知识来。故而，立足于整体的有机性，对现实社会进行综合的实证研究，是社会学的基本特点。

---

① ［前苏联］N. C. 科恩主编：《19世纪至20世纪初资产阶级社会学史》，上海译文出版社1982年版，第1页。

将社会学分析方法用于法律的研究，就不仅仅局限于法律本身的实证研究以及法律内部结构的分析，必须跳出实证主义法学的圈子。正如马克斯·韦伯所说，我们需要一种社会学意义上的法律定义，而不是“法律教条的法律定义”。那么，社会学意义上的法律定义尽管不排除内部观察法律的方法，但它要求外部观察方法。法律只是社会现象之一种，需要把它放回社会，观察它在社会中的自动、互动以及被动的所有情况。而且，社会学意义上的法律定义要求从一般社会行动和社会规则的层面上来观察法律。因为，“它不是意味着一个逻辑上可以‘正确’阐发的准则的整体，而是人的现实行为的实际动机的总和。”① 将法律放在社会环境中加以研究，以法律与社会的关系为研究内容的学科——法社会学实际体现了系统理论在社会学和法学研究中的具体运用。德国社会学法学家耶林认为，法律是实现社会目的、满足社会需要和解决利益冲突的重要手段。② 著名法社会学家埃利希也指出，“法律发展的重心从远古以来就不在国家的活动，而在社会本身，现在必须到社会那里去寻找。”③ 经过近一个世纪的发展，法社会学学派成为当今三大法学流派之一，这充分说明了法律与社会的水乳交融关系。法律反映着特定社会生活的内容，而社会必然存在与其相适应的法律，将法律置身于特定社会生活之中加以研究，不但能够深刻阐明法律的结构与功能，而且能够揭示特定法律背后的丰富社会生活内容，揭示法律变迁与社会变迁的共生互塑关系。法社会学作为一门独立的学科

---

① [德] 马克斯·韦伯：《经济与社会》（上），林荣远译，商务印书馆 1997 年版，第 346 页。

② 朱景文主编：《法社会学》，中国人民大学出版社 2005 年版，第 30 页。

③ Eugen Ehrlich, *Fundamental Principles of the Sociology of Law*, Cambridge: Harvard University Press, 1936, pp. 23 – 26, 37 – 42, 390, 493.

已经发展出四种范式①，即行为主义、功能主义、冲突理论和建构主义。将社会学分析方法运用于刑事诉讼法律制度的研究就是要将刑事诉讼放置于特定社会的政治、经济、文化、伦理道德、风俗习惯与历史传统的宏大背景之中来探求该制度与外部环境之间的同构共生与动态平衡关系，从而提出对现行刑事诉讼法律制度进行合理改造，促进二者实现和谐互动与健康发展的目的。

① 范式，是指一定时期内，科学研究共同体成员在进行常规科学研究过程中所共同遵循的规范和理论与方法论模式。范式最早是由库恩提出来的，参见［美］库恩：《科学革命的结构》，金吾伦译，北京大学出版社2003年版，第40页。

第一章　刑事诉讼生态化基本原理

刑事诉讼生态化作为人类社会的严重冲突解决机制，在实现系统要素、系统构造与外部环境的生态平衡过程中必然受制于人类社会发展的客观规律：客观世界不仅统一于物质，也都以系统形式存在。而系统有其存在和演化的规律，无论是自然系统还是社会系统、思想系统都无一例外，都遵循着同样的存在和演化的规律。①刑事诉讼作为一个社会生态系统，应当具有生态系统活态共生、动态衡生及网络整生等基本特性。刑事诉讼系统要素、构造与环境三者之间处于持续互动以寻求平衡的进程或状态中，它们都遵循着唯物辩证法规律、系统演化规律与生态平衡规律。因此，研究刑事诉讼生态化首先必须阐明指导刑事诉讼运作的基本原理：辩证法原理、系统论原理与生态平衡原理。

第一节　刑事诉讼辩证法原理

唯物辩证法作为科学的哲学理论，阐明了世界上任何事物都存在着矛盾，事物的变化、发展以及消亡都是事物内部矛盾运动的结果。而矛盾运动体现为三大辩证规律：对立统一规律、质量互变规律与否定之否定规律。唯物辩证法认为，普遍联系和运动变化发展

① 毕道村：《现代化本质》，人民出版社 2005 年版，第 67 页。

是宇宙万物最根本的特征。其一，普遍联系构成运动，运动中包含着绝对运动与相对静止的矛盾关系。联系的共性本质在于事物的相互依存、相互影响与相互作用，从而形成事物存在及发展的外部环境与必要条件，直接影响着事物内部矛盾的变化发展，共同形成事物的矛盾运动。所以，联系是事物运动变化发展的终极根源和根本动力。矛盾双方的对立统一是事物“联系与相互作用”的主要内容。其二，矛盾本身包含着同一性与斗争性、普遍性与特殊性等对立关系，也就是说，任何事物都是相反相成的。同一性和斗争性是矛盾的两种根本属性，二者本身也是一种矛盾。同一性是“合”的因素，它是矛盾双方在一定条件下互相联结、依存、渗透和转化的性质。同一性产生合力，它标志着矛盾双方相成，使双方互相吸引，聚合成一个事物即某种运动的主体，使事物的运动变化有了可能性。斗争性是“分”的因素，它是矛盾双方互相区别、分离、排斥和否定的性质。斗争性标志着矛盾双方相反，它产生分离、抗争的压力，在相互斗争中该压力使矛盾双方发生了此消彼长、优胜劣败的变化。矛盾处处存在，时时存在，这就是矛盾的普遍性，它规定了事物的共同本质。联系的多样性造成了矛盾的特殊性、事物的多样性。矛盾的特殊性即差别性，它是各种事物相互区别的特殊本质，是事物千差万别的根源。普遍性是一般、共性，它存在于特殊性之中；特殊性是个别、个性，它包含着普遍性。其三，量变和质变的矛盾关系，二者是运动变化的两种根本形式。量变是事物在保持原有质的稳定性的基础上，在度的范围内发生的不显著变化，量变时事物呈现相对静止的状态。质变是事物根本性质的变化，即一事物变为他事物。变化是否超出了度的范围，这是区分量变和质变的根本标志。二者互相联结渗透又互相转化：量变是质变的必要准备，质变是量变的必然结果，质变又引起新的量变，“物极必反”就是矛盾相互转化的形象描述。这种循环往复，由低级向高级的不断变化，就是质量互变规律的基本内容。其四，辩证否定的实质是扬弃，扬弃也是矛盾关系。每个事物都是肯定因素与否定因素的矛盾统一体。从一定意义上说，矛盾双方即是肯定方面和否定方面，二者分别是保持事物存在的方面和促使事物消亡的方面。当否定因素占据主导支配地位时，事物就发生质变即自我否定。发展的实质是新陈代谢，是新事物对旧事物的取代、否定。但辩证否定的实质是扬弃，是新事物对旧事物批判地继承，它包含有批判、破坏、抛弃与继承、发扬、保留的矛盾关系。

一、辩证法原理在刑事诉讼系统中的深刻体现

运用辩证法原理来审视刑事诉讼这一解决严重冲突的社会控制机制的话，就可以对刑事诉讼系统中的矛盾运动进行科学而合理的分析，并对改进刑事诉讼的要素配置、实现结构与功能优化、维系刑事诉讼系统生态平衡发挥重要的理论指导作用。

首先，可以从发生学的角度来认识刑事诉讼活动起源的辩证法。庞德指出，“法是试图调解、协同和妥协相互重叠或彼此冲突的利益的。”① 亦即，法律产生于冲突的解决过程中。那么，冲突是否就是绝对“坏”的东西，必须彻底加以消除呢？这实际上涉及唯物辩证法问题。社会学家齐美尔认为，冲突是社会互动的一种常见形式。完全协调一致的社会是不存在的、无生命的，正常的社会总是和谐和冲突、吸引和排斥、爱和恨的矛盾形式的统一体，没有哪一个比另一个更为重要。② 利益主体的多元化与资源的有限性决定了人类社会冲突产生的必然性，犯罪作为严重冲突的表现形式并不必然表现出完全的“恶与无用”。“在每一种类型的社会结构

---

① ［美］罗斯科·庞德：《社会利益的理论》，载《美国社会学学会会刊》，第15卷，第44页。

② ［德］齐美尔：《竞争社会学》，载《社会是如何可能的》，第223～241页。转引自文军主编：《西方社会学理论：经典传统与当代转向》，上海人民出版社2006年版，第97页。

里总有冲突发生的时候，因为个人或子群体常常提出对抗性的要求，如对稀有资源、声望或权力地位的要求等。但是，社会结构在允许表达对抗的要求方面是不同的。有些社会结构显得比其他社会结构更能承受冲突。”① 齐美尔指出，冲突可能有助于消除某种关系中的分裂因素并重建统一。在冲突能消除敌对者之间紧张关系的范围内，冲突具有安定的功能，并成为关系的整合因素。② 也就是说，作为严重冲突表现形式的犯罪并不是绝对坏的东西，而是兼具积极功能与消极功能的统一体，这就是犯罪功能的辩证法。

其次，包括犯罪在内的社会冲突必然产生社会秩序的控制机制。“犯罪行为中不仅有针对个人的，也存在着触犯团体的。在这种同共的愤慨和共同的报复中，存在着社会对个人进行控制的萌芽。”③ 利益冲突导致犯罪行为产生，而犯罪本身是对个人权利和社会秩序的侵害，有犯罪就必然有惩治犯罪的法律控制机制与预防机制，从而通过刑事诉讼来着手解决因犯罪而引发的权利救济与恢复秩序法律活动的产生。“黑格尔认为，犯罪是对法的否定，而刑法是对这一否定之否定，从而又回到了法。”④ 故而，作为适用刑法过程的刑事诉讼与犯罪就构成了重要而复杂的矛盾运动，可以说二者是相辅相成的，是既对立又统一的矛盾统一体，有犯罪存在，就必然有刑事诉讼；没有犯罪产生，刑事诉讼也没有存在的意义。正如法国学者所指出的，“刑事诉讼是犯罪的必然后续结果，是刑罚的两个最基本要素——犯罪与刑罚——之间一个必不可少的连接

---

① ［美］L. 科塞：《社会冲突的功能》，孙立平等译，华夏出版社 1989 年版，第 136 页。

② ［美］L. 科塞：《社会冲突的功能》，孙立平等译，华夏出版社 1989 年版，第 67 页。

③ ［美］E. A. 罗斯：《社会控制》，秦志勇、毛永政译，华夏出版社 1989 年版，第 38 页。

④ 吕世伦主编：《西方法律思想史》，商务印书馆 2006 年版，第 119 页。

号。没有刑事诉讼，刑罚的实体规则就得不到适用，犯罪也就不可能随之受到当处之刑罚。”① 从人类社会发展的历史来看，犯罪是随着政治国家产生而产生的专门的法律用语，它实际上就是严重社会冲突的表现形式。密尔松曾指出，“格兰威尔在 12 世纪后期，将诉讼分为民事诉讼和刑事诉讼两类，但他区分这两类诉讼的标准却与我们现在不同。民事诉讼就是指根据那些与土地有关的诉讼和古老的对人诉讼；而所有有关过错行为的诉讼就都是刑事诉讼，这可能是因为过错行为对社会及受害人都是一种犯罪。因此，刑事制裁即随之而来。”② 可见，犯罪必然引发刑事制裁的后果。在人类社会诞生的时候，可以说就一同产生了冲突的极大可能性与现实必然性，因而“犯罪”在国家产生以前就存在，不过，那时往往由私人自己解决双方的冲突或纠纷。正如拉德布鲁赫所说，“中世纪的犯罪在相当程度上是对所涉及的个人的侵害，这种犯罪的私法性质观念，合乎逻辑地与刑事程序中民事程序的观念相对应。”③ 随着国家与阶级的产生，犯罪开始进入国家视野，继而成为刑事法律制度的重要组成部分，犯罪与反犯罪的“刑事诉讼”开始了辩证的矛盾运动，刑事诉讼也就随着遏制犯罪的目标及其实践一路走来。

最后，作为现代国家的刑事冲突解决机制，刑事诉讼包含着各种复杂的矛盾运动。其中，主要体现于刑事诉讼中的控诉、辩护与审判之间的矛盾交错关系：其一，控诉主体基于法律赋予的职权提出犯罪嫌疑人与被告人构成犯罪的指控，而犯罪嫌疑人与被告人在

---

① ［法］卡斯东·斯特法尼等：《法国刑事诉讼法精义》（上），罗结珍译，中国政法大学出版社 1999 年版，第 5 ~6 页。

② ［英］密尔松：《普通法的历史基础》，李显冬等译，中国大百科全书出版社 1999 年版，第 319 页。

③ ［德］拉德布鲁赫：《法学导论》，米健、朱林译，中国大百科全书出版社 1997 年版，第 120 页。

其辩护律师的帮助下努力地反驳控诉人的指控，控诉与辩护构成了刑事诉讼活动中最具有对抗色彩的一对矛盾：因为，对于控诉主体来说，法律赋予自己的职责就是发现犯罪、指控犯罪与成功地证实犯罪，实现法律既定的目标，将犯罪人绳之以法从而实现控制犯罪之功能；而对于犯罪嫌疑人与被告人来说，如果一旦被证明自己就是犯罪的行为人，那么将受到国家法律的惩处，趋利避害的人性本能决定了他必然努力为自己辩解与开脱罪责。亦即，通过辩护活动的展开实现法律的人权保障之功能。可以说控诉与辩护形成的矛盾构成了激烈的斗争和冲突格局。其二，控诉主体基于履行控诉职能查获犯罪人、收集犯罪证据，努力指控被告方的犯罪事实成立，审判主体则基于裁判职能本着客观中立立场对案件进行审理并最终作出公正判决，控诉与审判同样构成了一种矛盾关系。不过，这种矛盾并不同于控诉与辩护的矛盾那样具有尖锐的斗争性与激烈的对抗性。相反，他们在行使国家职权，实现法律的最终目标方面却有着共同的使命与任务，但这并不能否认二者存在着不同的利益与立场从而构成一对矛盾关系。实际上，只要有差异，就必然有矛盾，不过矛盾存在着多种层次性而已。其三，审判主体与辩护主体也同样构成一对矛盾关系，其中，辩护主体是基于摆脱控诉方的刑事指控而采取多种辩护手段来证明其控诉的虚假性和不成立性，审判主体则居于消极立场本着证据裁判、自由心证等法则作出最终判决。辩护方可能千方百计地影响审判者，使得产生对其有利的心证，但是法律又要求审判者必须客观公正地进行审判活动，因此，二者的立场与目的差异使得二者构成了又一对矛盾。整个刑事诉讼活动充分体现了控诉、辩护与审判三方主体形成的错综复杂的矛盾运动，从而推动了刑事程序的持续运作。从辩证法角度来考察刑事诉讼中的控审分离、控辩平等、裁判中立与有效辩护等原则实际展现了矛盾运动的基本规律，英美法系国家的诉讼法学者坚持认为他们的“对抗制”诉讼是最好的诉讼模式，因为这种模式既分工明确，有利于发现事实真相；同时又能促进司法制度的合法性。[①] 社会学研究者则从更宏观的层面揭示了冲突双方的对抗性更有利于解决冲突，社会学家科塞就指出，“在松散结构的团体和开放的社会里，冲突的目标在于消解对抗者之间的紧张，它可以具有稳定和整合的功能。由于允许对抗的要求直接或立刻表达出来，这样的社会系统能够通过消除不满的原因重新调整他们的社会结构。它们所经历的多种多样的冲突，将有助于清除引起分裂的根源并重建统一。通过对冲突的宽容和制度化，这些社会系统为自己找到了一个重要的稳定机制。”[②]

二、增强运用辩证法原理指导刑事诉讼法律制度建构的自觉性

刑事诉讼法律制度的发展变迁深刻地体现了唯物辩证法矛盾运动的基本规律。早期弹劾式诉讼模式本着不告不理、私人追诉的原则构成的由第三方公平解决双方当事人纠纷的解决机制体现了以诉讼方式公平合理解决纠纷的矛盾运动关系。随着国家权力进入刑事诉讼领域并得以逐步强化，国家专门机关取得了控诉犯罪与惩罚犯罪的职权，原来的三方矛盾关系逐步演变为二元矛盾关系，即以国家司法机关为代表的国家权力机关履行追诉、审判权能，而犯罪嫌疑人与被告人履行辩护权能，国家与个人之间形成了二元对峙的矛盾关系。刑事诉讼法律制度由此发生了第一次质变，诉讼结构与诉讼功能都发生了巨大变迁。资产阶级革命之后，随着国家权力的逐步分化，刑事诉讼的控诉职能与审判职能发生分离，犯罪嫌疑人与被告人诉讼主体地位的确立与辩护制度的完善，刑事诉讼由二元矛

---

① ［美］爱伦·豪切斯泰勒·斯黛丽、南希·弗兰克：《美国刑事法院诉讼程序》，陈卫东、徐美君译，中国人民大学出版社2002年版，第79页。

② ［美］L.科塞：《社会冲突的功能》，孙立平等译，华夏出版社1989年版，第137页。

盾运动演化为三元矛盾运动关系：控诉、辩护与审判之间的平衡互动与对抗合作的对立统一关系。新的矛盾关系的形成引发刑事诉讼结构与功能的质变，使得刑事诉讼从整体上再次发生了变迁，实现了刑事诉讼矛盾运动的质的飞跃，即经过否定之否定的质变过程，达到了新的阶段。因此说，刑事诉讼法律制度的变迁过程就是唯物辩证法原理在刑事诉讼系统中的生动体现。

唯物辩证法作为科学的世界观与方法论应当体现于刑事诉讼的立法设计与刑事诉讼法律制度的运行过程中。现代刑事诉讼的若干原则与制度，如控辩平等、控审分离、审判中立、有效辩护原则就是其内在要求与根本体现。当然，特定的刑事诉讼法律制度并不自然而然地体现这些规律，因为，刑事诉讼法律制度本身就是人们主观设计的制度产物。基于社会政治、经济环境的差异与刑事诉讼目的观和价值观的不同取向，完全可能实行不同的刑事诉讼模式。例如，早期原始民主政体与平等价值观生成弹劾式诉讼，而等级社会和专制政体必然催生刑事诉讼的纠问化。纠问式诉讼实行的控审不分，主体合一，不平等地位与无权利辩护的制度设计实际上体现了专制统治者将刑事诉讼作为惩罚犯罪、维护统治秩序的立法目的。事实证明这种制度缺乏人性与理性，已经被历史所扬弃。现代刑事诉讼法律制度将刑事诉讼作为解决严重冲突的法律机制，充分尊重人的尊严与基本权利，以消解国家与个人之间的刑事纷争、维持社会和谐秩序为最终法律目标。一种等腰三角形诉讼构造深刻地彰显了刑事诉讼法律制度对唯物辩证法规律的具体运用。控诉、辩护与裁判主体身份与各自职能相对分化，并保持主体的独立存在和自觉行动，互相依存，相互竞争。建立在平等基础上的控辩对抗、控诉与裁判的适当分离，以及裁判对于辩护的诉讼关怀使得三方主体的矛盾运动有序化与实质化，从而使刑事诉讼系统能够良性运转。既能够保证权力的适当规制与权利的适当关照，又能够揭示案件事实真相，正确适用法律，罚当其罪，实现诉讼公正，使得国家与个人之间的刑事纷争得到理性消解。正是以对立统一规律为核心的唯物辩证法原理深刻作用于刑事诉讼，促成了控诉、辩护与裁判之间的复杂矛盾运动，现代理性的刑事诉讼生态才可能生成并日趋完善。故而，我们应当自觉地将唯物辩证法原理用于指导刑事诉讼法律制度建构，改造那些非理性的制度要素及其结构，理顺刑事诉讼三方主体的关系，促进刑事诉讼的良性运转与刑事诉讼法律制度的不断完善。

第二节　刑事诉讼系统论原理

科学研究的成果表明，系统性是客观事物联系和发展的重要特征。一般系统论的创立者贝塔朗菲说："系统是相互联系、相互作用的诸元素的综合体。"[①] 任何事物都是作为系统而存在的，某事物不但同周围的事物相互依存、相互作用，而且其内部各个要素之间也相互依存、相互作用。相互依存、相互作用的若干要素按一定方式组成的具有特定功能的整体，就是系统。系统论是由系统理论、系统方法、系统工程等各个层次所构成的。它是研究系统的原则、规律、特征和模式，并对其功能进行数学描述的一门科学。系统论认为，用系统的基本观点看世界，就形成了系统方法。系统方法的基本精神是整体精神，它强调整体不等于各部分之和。系统方法最根本的特点在于，它始终把对象当作多方面联系、多要素构成的整体来研究。系统方法借助于现代数学工具，在系统联系定性分析的基础上，对系统的各个要素、各子系统、各层次以及种种错综复杂的联系加以定量描述，建立起数学模型，使对系统的认识更加精确化、具体化和科学化。

---

① 苗东升：《系统科学精要》，中国人民大学出版社 1998 年版，第 26 页。

一、系统的基本特征

当代系统科学将一切事物都看做是内部具有诸多元素、外部具有一定环境、由诸元素间及其与相关环境间相互作用所构成的、一定有组织的整体，即系统。① 根据一般系统理论，系统具有的基本特征有整体性、相关性、动态性及系统环境互生共塑性。整体性是系统的首要特征，因为系统作为一种整体性的存在，不是要素和部分的机械组合，而是构成有机的整体。系统具有整体生发的基本特性，它是整体性生存与个体性共存的有机统一；系统的功能不是组成整体各个部分功能的简单相加，而是取决于构成系统的各个要素的组织方式，即结构。合理的结构会增强系统整体的功能，使整体的功能大于各部分功能之和；不合理的结构会削弱和破坏整体的功能，使整体功能小于各部分功能之和。系统论认为，系统整体在研究中始终处于优先的地位，研究必须以系统的整体性为出发点，目的是实现系统整体结构与功能的优化。相关性是系统的突出特征。相关性是指在系统之中，要素与要素之间，部分与部分之间，要素与系统之间，部分和整体之间都是相互联系和相互作用的，这种系统内部的相关性就形成了系统的结构。它既包括系统内部诸要素相互联系、相互作用的方式，也包括构成系统各要素的数量比例、排列秩序和结合方式等。在系统内部，系统的结构和功能也是相互联系和相互作用的。结构和功能的相关是系统内部最重要的相关，因为系统结构是系统功能的基础，怎样的结构就具有怎样的功能。因此，要实现系统的功能优化，就必须进行结构的优化。同时，系统相关性还表现在系统改革的相关性，即任何一个子系统的结构变革，又会通过子系统和系统之间的相互作用的功能关系而影响到参与相互作用的系统的结构变革。动态性是系统的又一重要特征。系

---

① 张强：《系统方法论与唯物辩证法》，载《系统辩证学学报》2004 年第 10 期。

统都有一个形成、演化和瓦解的过程，即自组织过程。因此，必须对系统进行动态性研究，以了解系统怎样由无序到有序、由简单到复杂演化，我们才能把握系统运行和演化的规律。“所有系统都存在于具有复杂性的多维环境中。为了在一个复杂的环境中存在，社会系统必须发展出降低环境复杂性的机制，以免系统与环境相混淆。”① 系统的存在和稳定发展需要系统内部有效的自我调节机制，使系统内部要素之间、系统和环境之间维持一种动态的平衡，我们平常说的生态平衡就是生态系统的动态平衡。系统形成和演化的基础在于系统和环境、系统内部要素之间、层次之间的能流、物流和信息流。因此，还必须对系统进行动力学研究，了解能流、物流和信息流的各个环节和机制，才能实现有效的控制和利用，使系统要素保持动态平衡与协调发展。环境是系统存在的必要条件，系统的生存和发展都要依赖于环境。系统整体性一方面是在系统内部各要素间的相互作用中体现的，另一方面也是在系统与环境相互联系中体现出来的，这种联系就是系统环境互生共塑特性。系统与环境的复杂性决定了在系统研究中不能仅就系统本身进行分析，“而始终是既研究系统，同时也研究与系统有关的环境”，即通过环境研究系统，同时，又通过系统研究环境。②

二、刑事诉讼的系统特征

法律系统作为自治组织，属于自我关联的自创生体系，也是一个有机的社会生态系统。它通过自我关联与自我调整而维持其自身的稳定性，同时，它通过与外部环境的交流并进行不断调适而保持

---

① ［德］贡塔·托依布纳：《法律：一个自创生系统》，张骐译，北京大学出版社2004年版，译者序言。

② ［前苏联］瓦尼萨多夫斯基：《一般系统论原理》，人民出版社1984年版，第228页、第233～234页。

系统的开放性。它是一个行动闭合与认知开放的系统，通过系统闭合完成其自身运动和演化，通过系统开放完成信息和能量的交换。[①] 刑事诉讼系统作为法律的生命有机体，同样属于高度自治的闭合系统，程序启动和运行按照其固定的步骤自动进行。并且通过自我关联和自我沟通来实现其自身目的，当其完成程序的所有环节时，便实现了刑事诉讼自身的“超循环”，并形成其完整的“生命链”。正如季卫东先生所说：“程序具有开放的结构和紧缩的过程，随着程序的展开，参加者越来越受到‘程序上的过去’的拘束，而制度化的契机也由此形成。程序开始于高度不确定状态，但其结果却使程序参加者难以抵制，形成一种高度确定化的效应。因此，如果我们要实现有节度的自由、有组织的民主、有保障的人权、有制约的权威、有进取的保守这样一种社会状态的话，那么，程序可以作为其制度化的最重要的基石。”[②] 程序系统还具有自我修复的功能，当某一程序步骤出现脱节或错误时，程序内部的纠错机制将发挥作用，进行自我更正与修复。刑事程序系统也是由多个子系统（要素）组成，每个子系统又包含着若干子子系统，整个刑事诉讼就是由多重系统构成的法律生命有机体。刑事诉讼系统特征体现于刑事诉讼的整体性、结构性、开放性及系统要素相关性等方面。

（一）刑事诉讼的整体性

刑事诉讼的整体性是指刑事诉讼系统不是由各种刑事诉讼原则、制度和规则杂乱无章的随机组合，各种诉讼制度和程序安排不是毫无规律的偶然堆积，它是由许多子系统（要素）、子子系统按照特定目的或功能组合起来的有机整体。根据系统理论的整体论观点来分析刑事诉讼系统，就会发现刑事诉讼属于国家政治法律生活

① 参见［德］贡塔·托依布纳：《法律：一个自创生系统》，张骐译，北京大学出版社 2004 年版，译者序言。

② 季卫东：《法律程序的意义》，载《中国社会科学》，总第 79 期。

的重要组成部分，必然体现国家对于刑事诉讼总体目标要求。而特定国家刑事诉讼目的对于刑事诉讼的根本性和整体性意义直接决定了刑事诉讼系统要素的组合方式与整体构造。刑事诉讼不同主体利益决定了各自诉讼目的和价值倾向的若干差异，但是这些不同主体的诉讼目的最终都服从和统一于刑事诉讼的整体目的。现代意义的诉讼，其本质是一种严重冲突的三方解决机制。刑事诉讼的根本目的在于及时处理进入诉讼系统的刑事案件，即消解产生于广阔社会领域中的严重刑事争端，从而有效维护和谐、稳定的社会秩序，保障公民个人的权利。① 美国达玛斯卡教授在分析英美法系国家解决争端的刑事诉讼目的深度契合于对抗制诉讼模式时总结道："只要解决争端的观点能够把握英美法系的法律脉搏，证据法中的对抗制思想就将持续得到令人欢喜的有力支持。"② 刑事诉讼一旦偏离解决纷争的目的而成为国家实施政策的工具时，诉讼结构和诉讼功能就会发生相应的裂变。"在像中国或苏联这样的明显的管理型国家中，我们可以看到司法制度的所有层面中都渗透着浓厚的政策实施色彩。"③ 因而，考察刑事诉讼不仅要分析刑事诉讼系统的要素特征，而且应着重分析系统要素的组合方式即结构。因为诉讼结构决定了诉讼功能，而诉讼结构的生成又与刑事诉讼系统外的社会环境密切相关。只有以系统论为基点从整体上来把握刑事诉讼的特性，从总体和全局上来设计刑事程序、确定诉讼目的、配置诉讼结构使其相互有机结合，才能实现刑事诉讼解决社会冲突功能的最大化。

---

① 参见梁玉霞：《刑事诉讼方式的正当性》，中国检察出版社 2002 年版，第 57 页。

② ［美］米尔建.R. 达马斯卡：《漂移的证据法》，李学军等译，中国政法大学出版社 2003 年版，第 174 页。

③ ［美］米尔伊安.R. 达玛什卡：《司法和国家权力的多种面孔》，郑戈译，中国政法大学出版社 2004 年版，第 19 页。

（二）刑事诉讼的结构性

刑事诉讼的结构性是指刑事诉讼系统要素都是按照一定的组织形式或结合方式联系在一起并且彼此相互发生作用和影响。结构，即所谓要素以特定形式相互作用的方式。这一相互作用会产生整体不等于部分之和的结果，故结构是因，功能是果，这种因果关系说明了系统相互作用中事物变化的终极原因的系统规律。[①] 根据特定的刑事诉讼目的，刑事诉讼系统要素按照特定的组织形式发生作用，从而形成稳定的刑事诉讼结构（或称模式、构造）。一个国家特定时期的刑事诉讼目的与结构有其内在的一致性，它们都受到当时占主导地位的关于刑事诉讼的法律价值观的深刻影响。[②] 在刑事诉讼系统中，特定的诉讼结构体现了诉讼制度的特定功能。尽管系统要素相同或相似，若结构不同，则诉讼制度也表现出截然不同的诉讼功能。历史上出现的弹劾式诉讼、纠问式诉讼类型，近代社会出现的职权式诉讼与辩论式诉讼类型，及"二战"以后日本、意大利等国家的混合式诉讼模式，这些不同的诉讼类型存在着较大诉讼功能差异。弹劾式诉讼基于不告不理的私人追诉传统，形成的原被告诉讼地位平等，法官中立裁判的诉讼格局所实现的解决私人纠纷的诉讼功能；纠问式诉讼基于不告而理的国家追诉主义，形成的诉讼结构则是国家职权机关与刑事被告人的二元对峙的非对等格局，诉讼职能混同，所实现的是国家严厉惩治犯罪，维护专制统治和等级秩序的社会功能；从诉讼目的的角度考察，弹劾式诉讼是一种"纠纷解决式"，而纠问式诉讼是"社会控制式"，即将刑事诉讼作为社会控制的一个重要手段或工具。[③] 近代以降，大陆法系国

---

① 毕道村：《现代化本质》，人民出版社 2005 年版，第 90 页。

② 宋英辉：《刑事诉讼目的论》，中国人民公安大学出版社 1995 年版，第 12～13 页。

③ 汪海燕：《刑事诉讼模式的演进》，中国人民公安大学出版社 2004 年版，第 12 页。

家的职权式诉讼基于实现国家刑罚权，所形成的刑事诉讼格局是国家控诉占有优势地位，被告方处于弱势地位，其辩护权利受到一定限制，裁判机构主动查明案件事实真相的职权主义诉讼结构。所体现的诉讼功能在于凸显了国家惩治犯罪，实现社会控制的刑事政策；英美法系国家的辩论式诉讼则将刑事诉讼视为国家与个人的私人争斗，基于国家权力的强大态势和被告人权利的弱小态势，法律严格规制了控诉权力，同时扩张辩护权利，裁判机关保持消极中立地位，由此形成的等腰三角形诉讼结构，所体现的是迅速有效地解决刑事纷争的诉讼功能。随着司法民主、保障人权的“正当程序革命”在全世界范围的兴起，现代刑事诉讼格局逐渐生成。司法独立、裁判中立、控辩平等的三角形诉讼构造被公认为是合乎理性的刑事诉讼模式，三方诉讼主体的职能高度分化并互相制衡与互相作用，契合了解决争端的系统目标。

（三）刑事诉讼的开放性

刑事诉讼的开放性是指刑事诉讼系统具有能够与外部环境进行物质、能量和信息交换的特性，特别是允许外部环境因子对刑事诉讼系统进行影响和改造，使得诉讼系统能够依据与外部环境的相互作用而不断发展演化，与外部环境保持着平衡和协调的发展态势。刑事诉讼系统的开放性是保持该系统持续的生命力的重要条件，也是系统有序化运作的重要保证。通过系统与外部环境的物质、能量和信息的交换，外部环境对内部系统及要素的影响和改造，与外部环境不相适应的系统要素被消除，新的系统要素得以生成并发挥新的要素功能，使得系统与外部生态环境生成协调一致及和谐共生的结构。外部环境变迁必然引发刑事诉讼系统的内部结构和功能的相应调整，甚至引起诉讼整体结构和功能的巨大变迁。历史上，刑事诉讼由私人追诉发展为国家公诉、行政与司法合一到司法独立和审判中立、控审合一发展到控审分离、被告人客体地位向主体地位转化等制度变迁说明了随着社会生态环境的变化，刑事诉讼系统内部要素发生相应的兴衰更迭的漫长演进过程。当今世界两大诉讼模式的逐渐融合更深刻地体现了刑事诉讼系统随着外部社会生态环境的改变而引发的大陆法系职权主义诉讼国家与英美法系当事人主义诉讼国家对本国刑事诉讼法律制度的系统要素进行适当调整以符合刑事诉讼原生态本质的总体趋势，刑事诉讼的结构和功能趋同现象越来越明显，理性化的刑事诉讼法律制度设计逐渐为世界各国所接受并体现在本国的刑事程序的运作中。正是刑事诉讼系统的开放性使得系统的要素不断随着外部环境的变化而进行相应调整，才引起刑事诉讼的整体构造发生质变而成为新的诉讼形态。

（四）刑事诉讼要素的相关性

刑事诉讼要素的相关性是指刑事诉讼系统由多种系统要素构成，这些系统要素相互之间存在内在的有机关联性，它们相互作用、相互结合又相互制约，从而构成了系统各要素个体与整体的共生、竞生与整生关系。任何一个要素或系统的结构变革，又会通过要素和系统的相互作用的功能关系而影响到参与相互作用的系统的结构变革，即任何系统要素的改变，将引起其他要素及整个系统的改变。[①] 诉讼系统中的某个具体要素不能单独存在，它必须与其他要素互为依存。它也不能同时兼顾两种以上的要素功能，否则，系统要素功能就会发生互相抵消或冲突，导致系统整体结构和功能发生紊乱。在刑事诉讼目的系统中，控诉目的、辩护目的与裁判目的相互作用与互相依存，最后统一于公正而有效地解决刑事纷争的整体目的。在刑事诉讼价值系统中，公正与效率、自由与安全、实体公正与程序公正都是互相依存的具有内在关联的价值要素，强调某个价值要素而忽视其他要素将导致价值系统的失衡，继而导致刑事诉讼大系统的结构扭曲和功能偏差。在刑事程序系统中的审前程序、审判程序与救济程序之间的内在关联性体现为，审前程序承担

---

① 邹珊刚：《系统科学》，上海人民出版社 1987 年版，第三、四章。

着为法庭审判准备审判对象和裁判依据的重要功能，是整个刑事程序的重要环节。“中外刑事诉讼的历史已经反复证明，错误的审判之恶果从来都是结在错误的侦查之病枝上的。”① 而刑事审判作为解决刑事纷争的关键环节必然成为整个刑事程序的中心，在此，权威而公正的判决将消弭刑事纷争。刑事救济程序则是刑事审判程序的补充。三个子系统有机衔接，前后递进，共同完成刑事诉讼程序的运作。刑事诉讼主体与职能系统更体现了要素之间相互的依存性、斗争性和密切关联性，它们相拒相离、相克相抑又相生相长、相容相通：控诉主体在刑事诉讼中承担的是控诉职能，为此，享有国家赋予的强制侦查权力，收集犯罪证据并查获犯罪嫌疑人，提出是否有罪的指控；辩护主体在刑事诉讼中承担辩护职能，犯罪嫌疑人与被告人及其辩护人对指控提出反驳，进行无罪或罪轻的辩护；而裁判主体在刑事诉讼中履行裁判职能，即站在客观中立的立场上对控辩双方提出的主张和理由本着自由心证原则进行权威裁判。如果三方主体缺少任何一方，或者一方主体取代和兼任其他主体的职能，都将会产生结构失衡与功能失调。再者，根据心理学的研究成果，双重或多重角色必然引发角色冲突，最终导致主体职责与内在功能出现紊乱。正如马克思所说：“在刑事诉讼中，法官、原告和辩护人都集中到一个人身上，这种集中是和心理学的全部规律相矛盾的。”② 可见，系统要素有着各自的不同特性和功能，要素之间的有机关联是它们互相作用的基本方式，通过此方式而形成稳定有序的诉讼结构，使得刑事诉讼能够有效而协调地运作。

三、运用系统论原理完善刑事诉讼法律制度

运用系统科学方法论分析刑事诉讼现象，揭示刑事诉讼运行的

---

① 李心鉴：《刑事诉讼构造论》，中国政法大学出版社 1997 年版，第 179 页。

② 《马克思恩格斯全集》第 1 卷，人民出版社 1956 年版，第 59 页。

一般规律，对于完善刑事程序立法、推进刑事程序改革和指导刑事诉讼法学的理论研究与刑事司法实践具有重要的意义。系统论认为，刑事诉讼作为法律生命有机体，高度自治的社会生态子系统，其运作符合系统规律，具有整体性、结构性、开放性，系统要素具有相关性和动态平衡性等基本特征。刑事诉讼系统同样由多种系统要素构成，系统要素的关联与整合从而生成诉讼系统的整体结构和整体功能，通过系统的有序运作以实现刑事诉讼的整体目标。同时，刑事诉讼系统是在特定的政治、经济、文化和社会大背景下运作的，受到特定的政治体制、经济模式、文化传统、社会价值观、道德伦理以及民族特性等外部社会生态环境因素的深刻影响。尤其受国家政治体制和社会意识形态的侵染，因为“刑事诉讼程序规则更紧密地触及一个国家的政治组织”。① 研究刑事诉讼就应当运用系统科学方法论，将其作为一个有机系统全面地加以分析，不但分析刑事诉讼系统本身运作的特性，还要分析刑事诉讼与外部社会系统存在的千丝万缕的具体联系。更要深入刑事诉讼系统内部，把握刑事诉讼系统内部诸要素的特性及相互之间的作用关系。通过揭示刑事诉讼的要素、系统与环境的密切联系，把握刑事诉讼的总体特征与一般规律，从而上升为刑事诉讼法学基本理论——刑事诉讼系统论，为刑事程序立法提供深厚的理论基础和科学根据，为刑事诉讼的司法实践提供行动指南。

---

① ［法］卡斯东·斯特法尼等：《法国刑事诉讼法精义》（上），罗结珍译，中国政法大学出版社1998年版，第66页。

第三节　刑事诉讼生态学原理

一、生态平衡的方法论意义

一般系统论的一个重要成果，是将生物与生命现象等复杂系统的整体性、结构性、有序性、目的性与环境的适应性联系起来，并且从整体与局部、局部与局部、整体与环境的相互关系来考察系统，以获得正确的认识以及处理问题的最佳方案。[①] 系统原理与生态学的结合为生态学理论的深入发展提供了广阔的发展空间，生态平衡理论由此诞生并日渐成熟，从而深刻地揭示了世界万物所蕴涵的生生不息的生态演化及生态平衡规律。生态平衡标志着生态系统依次经过先锋期、发展期、顶级期等阶段，最终形成一个稳定的生态系统，从而达成一种和谐、协调的健康状态。[②] 处于顶级稳态的生态系统是经过长期演化，最终发展为完全成熟的系统：系统要素之间、系统与系统之间、系统与环境之间保持相对稳定、持续而协调的最佳状态。这给我们通过调整系统要素、结构、功能及环境以促进系统优化，从而实现系统生态平衡提供了目标模式与可行途径。用系统论和生态学来考察人类社会，就会发现社会各领域与自然界一样，也是由多种要素组成的系统，大小不等的系统群组合而成的更大系统乃至巨型生态系统。社会生态系统既存在着生态平衡的生态系统，也存在着生态失衡的生态系统。如何将那些处于非稳态、失衡的生态系统通过改变某些系统要素、系统构造与外部环境以及调整其关系链条以促使其向稳态、平衡的生态系统转化就成为

① 刘哲昕：《系统经济法论》，北京大学出版社 2006 年版，第 14 页。

② 参见钱俊生、余谋昌主编：《生态哲学》，中共中央党校出版社 2004 年版，第 24 页。

一个重要的研究课题。

生态平衡原理的方法论意义在于社会科学诸领域的研究都应该能够以系统视角来看待，以生态演化与生态平衡的生态方法论来审视。对系统要素与环境要素的考察应该具有全局观念与动态观念，对于任何问题的思考都不能走极端化，强调某一些要素而忽视乃至无视另一些要素。否则，将导致系统生态失衡继而扭曲系统整体结构与功能。对于社会发展与环境保护的关系而言，过分追求经济的高增长与物质文化生活需要而忽视资源的有限性和环境的承受力使得人类社会正在为此付出巨大的代价；对于国家、社会与个人三个向度的关系而言，过分强调国家安全、社会稳定与公共秩序而忽视个人自由与社会自治，将导致个人权利不保，个人自由与尊严受到威胁、侵害的可能。而过分强调个人自由，忽视社会秩序，将会导致无政府主义泛滥与社会失序；对于社会制度而言，过分强调建构与规划，忽视人类社会的自生自发秩序的存在与作用，将导致失去民众信任，制度也就成为无源之水。过分强调自生自发，忽视合理的规划布局，也会导致发展失去正确的方向；对于政治制度而言，如果过分强调集中而忽视民主，将会使少数人的意志凌驾于多数人之上成为专制，压迫随之产生。而过分强调民主，将会导致众口难调的局面，不能很好地集中大家的智慧；对于自由与安全而言，过分强调安全并采取若干防范措施，将最终扼杀自由。而过分强调自由，主张每个人都有自行其是的权利而不受任何制约，将导致社会公共利益受损，最终导致共同体分裂，等等。拉德布鲁赫在关于法律价值向度矛盾性方面有着十分精辟的见解，他说，“一个哲学体系应该与教堂相同，在它里面，人们互相容忍，又互相排斥”。“说到底，如果世界不是矛盾，生命不是判断，那么，存在似乎也是多余的了”。① 这些矛盾关系实际都涉及系统要素、构造与环境

① ［德］拉德布鲁赫：《法哲学》，王朴译，法律出版社2005年版，第77页。

向度间的生态平衡问题。现实生活的世界存在着若干系统的运动、变化与发展，自生自发的系统秩序一般是由简单向复杂运动，由非平衡态向平衡态发展，最终达至系统的生态平衡以形成系统稳态；基于人类理性或非理性选择结果，使得社会系统既存在着生态平衡的生态系统，也存在着大量生态失衡的生态系统。凡尊重生态平衡原理与系统规律，合理配置并适当调整系统要素及其作用方式，就能够保持系统的生态平衡，生成系统的稳态；凡是忽视乃至违背生态平衡原理与系统规律，将引发系统的非稳态要素产生，最终将导致系统失衡，走向衰退和消亡。故此，掌握生态平衡方法论并运用于具体社会生活实践，理性改造社会制度系统就具有重大的现实意义。

二、刑事诉讼系统生态平衡原理的具体体现

刑事诉讼系统作为一个社会生态系统，在多个维度上遵循并体现着生态平衡原理。就刑事诉讼生态系统内部而言，存在着以下系统要素之间（部分或子系统之间）的生态平衡：在刑事诉讼目的上，存在着惩罚犯罪与人权保障的平衡、发现真实与正当程序的平衡；在刑事诉讼价值上，存在着个人自由与公共安全的平衡；在刑事诉讼主体及行为上，存在着控诉权能与辩护权能的平衡，控诉与审判及辩护与审判的平衡；在刑事诉讼功能上，存在着解决纷争与政策实施的平衡。就刑事诉讼系统与外部环境关系而言，存在着刑事诉讼与政治环境的生态平衡；刑事诉讼与经济环境的生态平衡；刑事诉讼与文化价值观的生态平衡；刑事诉讼与道德伦理的生态平衡；刑事诉讼与社会结构与社会意识的生态平衡，等等。鉴于本书主要从刑事诉讼系统与外部环境的生态平衡视角展开分析和论证，在此仅对刑事诉讼系统内部诸要素的生态平衡问题进行简要分析。

（一）惩罚犯罪与人权保障的生态平衡

惩罚犯罪与人权保障作为刑事诉讼目的的两个方面，属于刑事

诉讼目的子系统的两个重要的关联要素。如何使得惩罚犯罪目的与人权保障目的相平衡，是世界各国立法者必须面对的一个困难问题。美国的著名学者帕克教授率先就此提出犯罪控制模式与正当程序模式，并进行了详细的探讨。①

惩罚犯罪可以说一直是刑事诉讼的重要目的，即使在初民社会时期。尽管还没有“犯罪”与“刑事诉讼”这两个政治国家开始后才出现的概念，但是对于利益纷争的协调与严重侵害行为的惩戒却一直存在于氏族、部落社会的传统习俗和非成文惯例中。“法在现实的或预期可能发生争议中孕育成长，其存在是为了引导人们的行为在利益发生冲突时，不致酿成公开的对抗。当利益发生冲突时，它采取诉讼的方式来平息这一社会纷争。”② 人类个体对于生存资源与物质利益的获取以及人类社会与生俱来的对于秩序的追求，必然产生指导个体行动的行为规则。英国著名学者哈耶克教授认为，“人的社会生活，甚或社会动物的群体生活，之所以可能，乃是因为个体依照某些规则行事。随着智识的增长，这些规则从无意识的习惯渐渐发展为清楚明确的陈述，同时又渐渐发展成更为抽象的且更具一般性的陈述。”③ 一个显见的事实存在于自然界中，世界上有诸多群居物种，他们中的个体从出生就知道遵守规则，使得整个群体显得非常有秩序。从某种意义上讲，秩序的生成可能与遗传基因有关。我们知道，在大多数群居物种形成的生态系统中，存在着大量的冲突与争斗，遵循着优胜劣汰的丛林法则。人类早期社会中同样存在着解决冲突或争斗的原始机制，如最早出现的血亲复仇与同态复仇，后来逐渐出现的赔偿、补偿及救赎制度。当一个

---

① See H. L. Packer, *Two Models of the Criminal Process*, 113U. Pa. L. Rev. (1964).

② [美] E. A. 霍贝尔：《初民的法律》，周勇译，中国社会科学出版社 1993 年版，第 39 页。

③ [英] 弗里德利希·冯·哈耶克：《自由秩序原理》，邓正来译，生活·读书·新知三联书店 1997 年版，第 184 页。

共同体决定将那些严重的冲突行为交给一个公共机构来处理的时候，凌驾于社会共同体上的公共权力机关的产生也就不远了。秩序对于一个共同体来说十分必要，亨廷顿指出，“很显然，人类可以无自由而有秩序，但不能无秩序而有自由。必须先有权威，然后才能对它加以限制”①。但是，秩序的生成必定依赖于特定的调节机制和控制机制，即使绝大多数人在本质上是关心社会和善良的，但社会中必定还会有少数不合作的和爱寻衅的人，而对付这些人就不得不诉诸强力以作为最后手段。② 作为严重冲突形式的犯罪必然对秩序构成冲击，因而解决犯罪的刑事诉讼逐渐成为国家强力活动的重要内容，随着阶级与国家的出现，犯罪与刑事诉讼也开始登上人类社会的制度文明舞台。

可见，刑事诉讼最初就是一种解决冲突或争端的社会机制，漫长的初民社会逐渐形成的惯例或习俗在阶级国家产生后进入了国家政治领域。由于国家初生，公共权力还比较弱小，刑事诉讼采用的是弹劾式的诉讼模式。这种模式将刑事诉讼作为一场私人的纠纷，国家仅仅作为第三者站在公正的立场上中立裁判。诉讼的救济意味大于惩罚意味。但是，国家从开始产生就已经异化了，标志着凌驾于社会之上的少数人的意志将统治多数人。阶级社会的来临使得统治者不得不考虑某些严重冲突行为可能会给统治秩序乃至于整个社会秩序造成威胁和破坏，于是通过立法，将某些行为规定为犯罪，触犯这些法律将受到特定的刑罚处罚。于是，惩罚犯罪就正式成为阶级国家刑事诉讼的主要目的。

随着国家统治秩序的巩固与王权强化的需要，刑事诉讼由解决

---

① ［美］塞缪尔·亨廷顿：《变革社会中的政治秩序》，李盛玉等译，华夏出版社1988年版，第8页。

② ［美］E. 博登海默：《法理学：法律哲学与法律方法》，中国政法大学出版社2004年版，第242页。

私人纠纷的法律机制开始向国家治理工具转变，其惩罚性功能也就逐步增长。因为稳定统治秩序的最简单办法就是采取高压与威慑手段使被统治者完全服从其统治意志，而对于那些反抗者与异议者采取剥夺其权利，而使其丧失任何条件的最好办法就是通过名正言顺的刑事诉讼等法律手段加以解决。随着国家阶级政治的不断发展，封建专制主义的日渐强化，刑事诉讼的纠问化倾向越来越严重。最终西欧在 15 ~ 16 世纪形成完整而成熟的纠问模式，而作为东方文明代表的中国则在文明史的较早阶段就已经显现出刑事诉讼的纠问倾向。封建纠问化的刑事诉讼生态由于高度强化了国家机器严厉惩治犯罪的功能，加之封建集权专制的政治环境与高度依附性的封建地主土地所有制经济环境，必然作用于法律制度系统，从而生成了一种有利于最大限度惩罚犯罪的司法体制和刑事诉讼运作机制。由于过分强调了惩罚犯罪，整个刑事司法程序都成为一台惩罚犯罪的强大机器。作为刑事诉讼中的犯罪嫌疑人与被告人自然就沦为诉讼程序客体及被国家处置的对象，其自由、权利等基本人权便成为国家追究犯罪与惩罚犯罪的牺牲品。

人权作为人之为人应当享有的权利是近现代历史的产物，但这并不意味着古代社会的人们没有权利意识与利益诉求。无论是古希腊、古罗马比较发达的陪审制度表征其权利的世俗化已经达至极高的程度，还是中国古老的“君子重义而轻利”的权利观，都体现着人们对于权利的要求和表达是与生俱来的本性需要。古代弹劾式诉讼就是人们寻求权利救济的主要路径，而中国尽管一向有“无讼”的传统，民间的调解制度却一直欣欣向荣。① 以封建王权专制政治为核心的等级社会下的纠问式诉讼将刑事司法完全作为发现案件真相，惩罚被告人的纯粹工具，以达到维护其统治利益及统治秩序的目的。个人正当利益诉求让位于特权阶级对被压迫民众的统治

① 张晋藩：《中国法律的传统与近代转型》，法律出版社 2005 年版，第 275 页。

与镇压，刑事诉讼则充当了主要的统治手段。正是缺乏人性的野蛮纠问式诉讼模式使得公民人权遭到严重践踏，人的自由、尊严与人格不复存在的悲惨景象，唤醒了处于黑暗时期的苦难人们。在西方，随着罗马法的复兴、宗教改革、文艺复兴等思想解放运动的兴起，形成了以尊重人的自由与尊严、人的理性与正当诉求为基本内容的人文主义思潮，继而成就了席卷整个西欧的资产阶级“市民社会革命”，最终引起了整个人类社会制度的巨大转型。民主政治、商品经济与市民社会等外部环境为刑事诉讼系统的根本变迁提供了前提条件，而随着权力分立、司法独立、辩护制度、证据制度改革等系统要素的调整直接催生了纠问式诉讼向现代刑事诉讼的转化。人权也成为刑事诉讼系统的关键价值向度，成为判断刑事诉讼是否具有现代性的根本标志。

刑事诉讼作为解决国家与个人之间严重冲突的法律机制，必然关涉公民个人的基本权利与自由，因为现代刑事诉讼是以发现犯罪、证实犯罪和惩罚犯罪为内容的国家刑事司法活动，是以限制和剥夺犯罪人的基本人权为直接目标的国家惩罚行为，通过对罪犯的必要惩戒达到消除其再犯可能性，并警示社会潜在犯罪人以保障社会所有人的合法利益并维持正常的社会秩序。但是，社会是由所有公民个人组成的共同体，每个人的基本人权保障又构成社会利益和社会秩序的重要内涵，个人基本人权被侵犯将直接危及整个社会秩序的稳定和谐。同时，个人人权本身就是所有法律制度的最高目的和最终价值取向，故而，“国际公认的原则是不得以牺牲司法公正或威胁基本人权为代价来控制犯罪或建立秩序。”① 天赋人权思想、社会契约思想与人的主体性理论充分肯定了人性尊严与基本人权的首要意义，它要求刑事诉讼将犯罪嫌疑人、被告人作为独立的诉讼

---

① 陈光中等主编：《联合国刑事司法准则与中国刑事法制》，法律出版社 1998 年版，第 4 页。

主体来对待。日本著名学者团藤重光先生指出，“刑事诉讼，也是人格上的人与人的关系。这首先意味着：法官自不待言，检察官、侦查机关及其他一切参与诉讼的人，都应当把被告人作为具有尊严性的一个个人，作为人格主体看待。”① 也就是说，公民与社会在价值序列中应当选择在维持社会基本团结的基础上最大限度地尊重和保护公民个人的基本权利和自由，而不是仅仅追求社会稳定秩序就可以任意处置公民个人的基本人权。为此，刑事诉讼必须以尊重和保护所有公民个人的基本人权为前提和基础，在以保障人权为核心价值取向的正当程序中实现惩罚犯罪、维护社会秩序的目标才具有道德正当性。也就是说，惩罚犯罪与人权保障二者必须保持大体的平衡态势才可能实现刑事诉讼价值的最大化。

（二）发现真实与正当程序的生态平衡

发现真实与正当程序同样属于刑事诉讼系统的一对矛盾，如何处理二者的关系涉及刑事诉讼目的子系统的生态平衡问题。发现真实与正当程序之争在某种意义上就是惩罚犯罪与人权保障之争，因为发现真实是惩罚犯罪的基础和前提，而惩罚犯罪是否需要遵守正当法律程序则涉及刑事诉讼价值观的权衡。就发现真实而言，国外的诉讼理论通常有“实体真实”说与“形式真实”说之分，而国内理论界则有“客观真实”说与“法律真实”说之争。

刑事诉讼目的直接涉及刑事诉讼的内部结构与自身功能，直接影响着刑事诉讼正常运行。而刑事诉讼中的实体真实与正当程序之争可以说由来已久，而且至今互相交织。实体真实，是指法院裁判认定的犯罪事实应当符合实际，是具有实质内容的真实情况。根据发现实体真实的要求，法官在认定犯罪事实时，既不受当事人表达的意思的束缚，又不受法律关于某种证据具有何种证明力的规定，

---

① ［日］团藤重光：《刑事诉讼中的主体性理论》，宋英辉译，载《外国法学译丛》1989 年第 2 期。

而只能基于自己调查证据的结果，是否确信已查明事实真相。探究案件实体真实一直是世界各国刑事诉讼所不断追求的价值，不管是神示证据制度、法定证据制度，还是自由心证的证据制度，虽然它们在诉讼观念、制度基础以及认定事实的方式上有很大的差异，但都是人类在诉讼过程中用来查明案件事实、解决法律纠纷的一种诉讼机制，都是以发现案件的客观事实为目标的。[①] 大陆法系国家对"实体真实"比较偏爱和注重，在此基础上形成了职权主义诉讼结构。强调国家执法和司法机关在诉讼中的职权作用，尤其是强调法官在审判中积极查明案件事实的作用，将整个刑事诉讼过程视为发现事实真相的过程。例如，侦查阶段由官方单向侦查，起诉采用全案移送制度供法官在庭前对案件进行实体审查，审判阶段法官主动调查证据，如直接讯问被告人、询问证人、宣读书证、出示物证等，并可以采取任何足以证明案件事实真相的证据，以及决定一切必要的证明方法。总之，这种诉讼结构强调通过官方的权力行使来查明案件事实，实现政府追究犯罪、维护公共秩序的职能。

"正当程序"的基本含义是："除非事先经过依据调整司法程序的既定规则进行的审判，任何人不得被剥夺生命、自由、财产或者法律赋予的其他权利。"[②] 正当法律程序体现的公平、正义、合理等基本理念源于英国古典的"自然正义原则"。"自然正义"是一项十分古老的程序公正标准，体现为两项基本要求：（1）任何人不得作为自己案件的法官；（2）应当听取双方当事人的意见。这两项要求被用来作为法官解决争端时所必须遵循的最低程序准则和公正标准。后来美国继承了英国的这一传统，并将其完美地体现于美国联邦宪法所确立的"正当法律程序"中。"非经正当法律程

---

① 陈永生：《法律真实与客观真实的契合与背离——对证据制度史另一视觉的解读》，载《国家检察官学院学报》2003 年第 4 期。

② BryanA · Garner, *Black's Law Dictionary*, Eighth Edition, Law Prose, Inc. p. 538.

序，不得剥夺任何人的生命、自由或财产”凸显了英美法系社会“过程公正”理念在人们意识中的强大影响，或者反过来说，正是英美人民的强烈的程序公正意识，造就和滋养着英美法系国家“过程公正”型的刑事诉讼法律制度。[①] 英美法系国家把刑事诉讼视为政府与人民之间的一种“纠纷”，由此确立了“当事人主义”的诉讼制度，这是他们长期以来引以为豪的，认为这是“最有可能产生准确裁判的制度”，是发现事实真相的“最佳法律装置”。这种制度在追求事实真相的过程中，更加重视程序对官方权力的限制，强调双方当事人在诉讼中的主体地位和诉讼作用，使他们在诉讼中积极主动地互相对抗争辩。体现在侦查程序中则赋予被追诉者对抗官方的权利，实行“双轨式”侦查模式；在起诉方式上实行“起诉状一本主义”，防止法官形成预断；在庭审活动中，实行控辩平等对抗、举证、质证，法官消极听证、居中裁判，没有“主动查明”事实真相的义务，强调证人必须出庭作证和被告人的沉默权等。总之，英美法确立的“正当程序”原则体现了刑事程序的独立价值，通过加强被追诉者的主体地位来保障其诉讼权利并严格限制政府权力，使得由此产生的诉讼结果更加具有“正当性”。

刑事诉讼活动作为严重社会冲突的法律解决机制与社会控制机制，发现实体真实是它最直接的价值目标。同时，获得事实的诉讼证明过程必须符合正义的要求，即体现正当程序的原则，保障程序参与者特别是被告人的基本权利和自由。在一定程度上，正当程序可以促进实体真实的发现。正如美国学者泰勒所说：“一般情况下，公正的程序比不公正的程序能够产生更加公正的结果。”[②] 裁判者在审判过程中，确保控辩双方充分而有效地参与裁判的制作过程，可以获得对双方主张、证据进行全面了解和审查的机会，并通

---

① 左卫民、周长军：《刑事诉讼理念》，法律出版社1999年版，第133页。

② 转引自陈瑞华：《刑事审判原理论》，北京大学出版社1997年版，第99页。

过听取双方从各自不同甚至相反的角度对案件事实的认识，加强对事实真相的全面、客观的判断。这与那种由裁判者单独、秘密地从事调查的审判方式比较起来，更有助于案件事实真相的显露和揭示。再如，证据裁判原则和程序理性原则要求裁判者在对案件事实作出认定时，要经过详细、冷静的评议，要求将犯罪嫌疑人、被告人是否有罪的结论建立在以经合理论证而采纳的证据为基础的理性判断之上，通过正当程序来保障实体真实，这体现了正当程序对实体真实发现的保障作用。尽管如此，正当程序并不必然会产生实体真实的结果。因为实体真实和正当程序各有其独立的价值判断标准，而且二者存在着天然的内在紧张关系。在此情况下，实体真实和正当程序是难以调和的。同时，“法律程序和发现真实的目标也并非同等重要”，①发现真实必须服从于解决刑事纷争的整体司法目标。美国学者贝勒斯认为，“与纯科学不同，法律的目的并不在于发现真相，并不在于发现全部真相，并不纯粹在于发现真相。这不但代价过高，而且往往与解决争执的目的不沾边。”②再者，由于司法资源和诉讼手段的有限性，实体真实与正当程序也无法同时得到满足。诉讼证明必须在刑事诉讼法律和证据法则的规制下进行，裁判者在对案件事实予以揭示的同时，还必须体现程序正义、人权保障和诉讼效率等多元价值。因此，正当程序设置的意义更多的不在于实现实体真实，而在于通过程序保护被告人的基本权利不受国家司法权的非法侵犯，在于保证刑事诉讼在公平而合理的时空限度内得到有效的解决。由此决定了刑事诉讼的两项价值目标：发现真实与正当程序都不能仅仅选择一项而抛弃另一项，或强调一项

① [美] 米尔建.R. 达马斯卡：《漂移的证据法》，李学军等译，中国政法大学出版社2003年版，第170页。

② [美] 迈克尔.D. 贝勒斯：《法律的原则——一个规范的分析》，张文显等译，中国大百科全书出版社1996年版，第23页。

而忽视另一项。也就是说，发现真实与正当程序是辩证统一的系统要素，应当能够保持一种动态的生态平衡。

就英美法系国家来说，他们把刑事诉讼作为解决政府与人民的一种纠纷，同样高度重视发现真实的价值目标。在他们看来，刑事诉讼的纠纷解决属性决定了案件事实真相应由当事人自己来揭示并通过平等对抗来实现，法官只能充当中立而客观的第三者公正地进行裁判。而正当程序恰恰符合了这一基本理念，于是成为英美法国家刑事诉讼的一项重要价值目标，也就是通过正当法律程序来获得案件真实的发现。当然如果纯粹地为了追求案件事实真相，必然损害正当程序，于是两项价值将发生冲突。此时，发现真实必须服从于正当程序，从而维持两者之间的动态平衡的张力结构。就大陆法国家来说，他们把刑事诉讼作为实现国家刑罚权的主要工具，认为刑事诉讼的最高目标就是通过警察、检察官和法官的职权活动查明案件事实真相，适用刑法规范，以定罪处刑。主张国家专门机关主动积极地行使职权，强调互相之间的密切配合，共同完成刑事诉讼的任务，以实现惩罚犯罪的目标。在他们看来，发现真实是刑事诉讼活动的首要前提和应然之义，正当程序的价值尽管重要，但实现国家的政策似乎应该成为压倒一切的目标。于是，发现真实与正当程序在大陆法系国家有着不同的地位，前者重于后者，属于发现真实居于优势地位的一种生态平衡模式。第二次世界大战之后，发现真实与正当程序平衡诉讼观受人权运动的巨大影响使得人们普遍接受了正当程序理论，并将其置于刑事诉讼的首要价值序列。大陆法系国家迅速地调整了发现真实与正当程序的相互关系，二者之间保持着正当程序居优势地位的动态平衡关系。实际上反映的是“刑事诉讼所追求之目的，乃因时间与空间之不同，而在发现真实与保障人权之间移来移去。”① 就我国刑事诉讼来说，客观真实与法律

① 黄东熊、吴景芳：《刑事诉讼法论》，中国台北三民书局2001年版，第5页。

真实之争说明了对于国外的刑事诉讼理论与刑事诉讼目的的认识大大深化，反映了人们对于正当程序的关注。客观真实被扬弃反映了中国刑事诉讼价值目标的调整，即放弃了过去那种将刑事诉讼作为能够发现绝对的客观真实的必罚主义立场，开始注重刑事诉讼程序的独立价值。但由于理论研究的不够深入，加之刑事诉讼法律制度的传统惯性，使得刑事诉讼在发现真实与正当程序之间的平衡方面保持了发现真实居于优势地位的生态平衡。当然，这与我国追求客观真实的传统，高度重视惩罚犯罪的政策以及社会转型时期犯罪率居高不下的形势有关。随着这些因素的变化，我们相信刑事诉讼目的系统中发现真实与正当程序的关系将会发生调整，一种坚持在正当程序中追求案件实体真实的价值观将会被普遍接受。

基于发现真实与正当程序内在的紧张关系，保持二者的势均力敌的稳定而协调的生态平衡关系是十分困难的。发现真实与正当程序在应然意义上是正当程序居优势地位的生态平衡关系，其理由在于正当程序是刑事诉讼活动的最低伦理法则，违背此法则将导致刑事诉讼的价值严重受损。发现真实在刑事诉讼中位居基础地位，但不具有最终的纠纷解决价值。“一套旨在最大化纠纷解决目标的程序不可能同时试图最大化准确的事实发现。”① 也就是说，发现真实不一定就能够实现刑事诉讼的目标，而正当程序却可以在发现真实目标不能实现的情况下最终解决刑事冲突，本着疑罪从无与无罪推定的原则来公正地处理刑事案件。相反，如果将发现真实置于优势地位，在二者发生冲突的时候首先确保发现真实就会牺牲正当程序，从而造成“双重危险”：其一，牺牲正当程序就意味着牺牲公正、平等等诉讼基础价值，突破道德底线，将酿成司法信任危机及冲突扩散危险；其二，牺牲正当程序将导致发现真实被误导，从而

① ［美］米尔伊安．R. 达玛什卡：《司法和国家权力的多种面孔》，郑戈译，中国政法大学出版社 2004 年版，第 183 页。

造成真实严重失真的危险。因此，坚持发现真实居优势地位的二者平衡将导致正当法律程序被忽视，最终陷入片面追求客观真实而牺牲正当程序的泥潭不能自拔。因此，只有在发现真实与正当程序保持动态的生态平衡时，刑事诉讼的价值目标才能得到最大限度的整合，刑事诉讼系统也就能保持稳定发展与健康运作的平衡态势。

（三）控诉权能与辩护权能的生态平衡

控诉与辩护既指实现刑事诉讼目的所预设的功能区分单位与职能承担者，即控诉职能与辩护职能；也指刑事诉讼的具体行为及权利义务分配，即控诉权与辩护权。在刑事诉讼中，控诉权能与辩护权能处于对立统一的矛盾关系。刑事诉讼作为解决刑事纷争的法律机制，必然存在纷争双方的当事人行为主体，这些行为主体是由有意识的、能动的个人或团体组成，他们为了自己的利益都希望在纷争中获得有利的地位与最终的胜利，必然积极地投入到刑事纷争的解决之中。主体，是与客体相对的哲学范畴，指自主地意识到自己的存在及其价值，并且能够自主地决定自己的行为和言论的个体。"理智的最高力量，它的最深刻的真理性不在于超出自身而进入无限，而在于它能够独立于无限，在于证明尽管存在是无限的，但理智自有其纯正的统一性。——在上述意义上确定了自我与世界，主体与客体的关系。人已经一劳永逸地从启示的仆从地位中摆脱出来，成为自己乃至整个世界的主人。在这样一种现代景观中，人经由把世界确立为对象，而将自身确立为主体。"① 主体概念的提出，主体哲学的形成与主客体二分模式的确立在很大程度上奠定了近代哲学的个人自由主义基调。早期的弹劾式诉讼反映了双方当事人的自主而能动的"诉权"意识与"争斗"情结，反映了当事人独立的诉讼主体地位。自从国家产生以来，对于严重的刑事冲突——犯

① 沈语冰：《透支的想象——现代性哲学引论》，学林出版社2003年版，第103~104页。

罪就开始由国家的代表者政府专门机关来垄断行使，从而产生出作为官方解决纠纷的法律机制。随着刑事诉讼由弹劾模式向纠问模式转化，控诉与辩护的职能、地位与相互关系发生了巨大变化。纠问诉讼模式是以维护现行统治秩序为最高目标，而犯罪正是对社会秩序的最大威胁与严重侵害，因此，惩治犯罪取代了解决刑事纷争而成为刑事诉讼的主要目的。诉讼目的决定了刑事诉讼的结构与刑事诉讼的功能，从而决定了刑事诉讼系统的要素组合形态。集侦查、控诉与裁判于一体的国家官员成为刑事诉讼的最高权威，其权力活动成为刑事诉讼的核心场域。相反，犯罪嫌疑人与被告人仅仅属于犯罪惩治的对象与刑事诉讼的工作客体，只能消极而被动地服从于纠问主体的诉讼行为。在纠问诉讼视野中，既不允许也不需要辩护职能及辩护行为的存在体现了那个时代的法律秉性：最大限度地发挥刑事诉讼的惩罚功能，从而实现维护社会整体秩序的目标。然而，现代法治国家的基本理念是法律必须平等地对待国家与个人，在法律规范体系之内，个人与国家具有平等的法律主体资格。凯尔森认为，“国家，作为权利和义务的主体来说，正如别人一样，都是从属于法律秩序的。作为权利和义务的主体来说，国家和个人是平等的。”① 现代刑事诉讼体现了法律对于国家和个人的平等对待，体现了对个人的主体意志与自主意识的尊重，肯定了刑事诉讼保护公民个人权利与自由这个根本目的所在。出于对个人权利与自由的关切，对国家权力的警惕，在强大的国家追究犯罪的刑事诉讼中，个人权利保护与救济就成为刑事诉讼的关键。继而将辩护看做是刑事诉讼法律制度的重要组成部分和功能环节。因为，“人们至少有理由期望，在作出关系他们的判决之前，法院听取其意见，即他们拥有发言权。某人被允许参与诉讼也表明别人尊重他，即他受到了

① ［奥］凯尔森：《法与国家的一般原理》，沈宗灵译，中国大百科全书出版社1996年版，第229页。

重视。”[①] 为此，控诉与辩护的平等对抗成为刑事诉讼的基本原则之一。英美法学者认为：控辩双方的对抗是他们所能设计的发现真实的最好制度。因为真相能通过双方对同一问题的强有力的陈述而获得最好的发现。审判的目的在于揭示曾经发生过的事情，对抗制是达到这一目的的最好方式。[②]

控诉与辩护保持生态平衡的意义在于：其一，它能够保证刑事诉讼目的的成功实现。刑事诉讼既要惩罚犯罪，又要保障人权，最终解决刑事纷争。控诉代表着国家利益攸关方，而辩护则代表个人利益攸关方，二者保持平衡态势就意味着国家利益与个人利益在法律面前的平等对待。通过控诉与辩护的理性争辩与平等对抗，既彰显了刑事诉讼的程序正义，又能够揭示案件事实真相，为最终解决刑事冲突提供了坚实的基础与保障。其二，它体现了程序正义的基本思想。任何冲突协调机制或解决机制要公平地解决纷争，必须体现基本的“自然正义”原则：任何人都不能作为自己案件的法官，并且应当听取双方当事人的陈述。[③] 刑事诉讼的特殊性在于控诉与辩护存在着天然失衡的状态，控诉方拥有压倒优势的国家强力及社会、道德和舆论力量，先进的侦查设备与手段，加之作为国家专门控诉机关所特别具备的法律技术，还拥有随时限制或剥夺犯罪嫌疑人与被告人基本人权的强制权力。面对如此强大的控诉力量如果没有法律对辩护权利加以确认及平衡，没有中立者对国家追诉权力行使进行监督，辩护方将注定在这场严重争端的较量中一败涂地。故而，当面临个人与国家之间的冲突时，应当限制政府调查和拘押犯

---

① ［美］迈克尔. D. 贝勒斯：《法律的原则——一个规范的分析》，张文显等译，中国大百科全书出版社 1996 年版，第 36 页。

② 熊秋红：《刑事辩护论》，法律出版社 1998 年版，第 116 页。

③ 转引自陈瑞华：《刑事审判原理论》，北京大学出版社 1997 年版，第 55 页。

罪嫌疑人的权力，对追诉官员追诉权的行使，必须由司法权予以控制。[①] 相反，如果不考虑控辩先天失衡的境况，仅仅将刑事诉讼作为国家惩治犯罪的工具或手续，那么，刑事诉讼就失去了通过双方理性争辩与平等对抗揭示案件真实，最终消解冲突的任何意义，因为强大的控诉力量完全可以将对方置于万劫不复之地。主张控诉与辩护保持生态平衡就是要求对失衡的控辩力量通过程序与制度来加以补救，以体现法律对于弱者的人性关怀，实现双方的地位平等、机会平等等形式平等与实质平等。在体现程序正义与对被告人人格尊严与主体地位予以尊重并让其充分参与诉讼过程的基础上形成的判决才具有最终的公信力与权威性，也才具有真正的可接受性。美国学者杰里·马修认为，包括参与、平等、理性等在内的程序价值的正当性是完全可以得到理论上的证明的，那就是它们从不同的角度维护了当事者的作为人的尊严，使他们真正成为积极参与裁决制作过程、主动影响裁决结果的程序主体，而不是消极等待官方处理、被动承受国家追究的程序客体，从而具有自主地决定个人命运的选择机会。弗里德曼严肃指出，“民主和选择自由本身要求一定的刚性标准和稳固结构。法律制度必须坚定支持自由权和选择权的最大化；否则，社会将陷入极度混乱的深渊，信奉个人主义的个人也会绝望地步入歧途。”[②] 从人的直觉意义上看，坚持程序正义可以使被裁判者受到公平、人道的对待，并产生一种受尊重的感觉。这种感觉会有助于他们对裁判结论的自愿接受，从而在心理上承认裁判过程和裁判结论的公平性。[③] 其三，它揭示了系统辩证法与生态学的基本原理。反映了系统世界中的要素相互依存、相互作用、

---

① 参见［美］乔治.F. 科尔：《美国刑事案件中被告人权利》，载《法学译丛》1980年第1期，第32页。

② ［美］弗里德曼：《选择的共和国——法律、权威与文化》，高鸿钧等译，清华大学出版社2005年版，第55页。

③ 陈瑞华：《程序正义的理论基础》，载《中国法学》2000年第3期。

相互关联的活态共生与动态衡生关系，也通过刑事诉讼的具体实践证明了其网络整生化生态平衡的内在机理。控诉与辩护保持大致平衡并处于稳定而协调的状态时，刑事诉讼的诸多价值能够得以实现且能够顺利实现其预期目标；反之，控诉与辩护处于先天失衡的情况下，往往既不能实现预期的诉讼目标，反而导致刑事诉讼的诸多价值受到损害，刑事诉讼功能将被扭曲。故而，理性的刑事诉讼程序应当确保控诉与辩护保持适度的生态平衡。

（四）解决纷争与实施政策的生态平衡

美国达玛斯卡教授运用类型学方法对刑事诉讼进行了比较科学而清晰的分析，并认为英美法系国家的刑事诉讼更多近似于一种纠纷解决型司法程序，而大陆法系国家则更近似于一种政策实施型司法程序，并对两种类型的刑事司法程序进行了精细的论证。[①] 我们认为，就实际情况而言，不管大陆法系国家还是英美法系国家，其刑事诉讼既含有纠纷解决的要素，也含有政策实施的要素，不过两种要素的成分根据各个国家的具体情况、历史传统与民族习惯等原因决定其所占比例有所不同。在对待纠纷解决与政策实施两个方面的要素作用于诉讼目的与诉讼功能而言，明智的态度是将刑事诉讼看做是一种现代政治国家与公民个人之间的刑事纷争，通过理性的司法程序公正、公开与公平地解决纷争以达到消解冲突目标的活动。通过这种消解严重冲突的法律机制来贯彻和实现维护社会和谐秩序、减少和预防犯罪的刑事政策。而不是直接将刑事诉讼定位于惩罚犯罪、维护社会秩序的国家单方面的官方意志行为，而忽视刑事诉讼消解严重冲突的基本功能。也就是说，消解冲突是刑事诉讼的直接目标与基本目的，政策实施则是刑事诉讼的间接目标与长远目的。不能将刑事政策简单化为惩治犯罪的策略继而直接取代消解

---

① 参见［美］米尔伊安.R. 达玛什卡：《司法和国家权力的多种面孔》，郑戈译，中国政法大学出版社 2004 年版，第四、五章。

冲突的刑事司法目标，因为那样的话既无助于消解冲突，更不可能实现其政策目标。

现代刑事诉讼立基于这样的现实：社会的多元化发展注定了矛盾冲突的复杂性与全面存在，为维系社会共同体的团结与社会大体有序，必然要求社会共同体机关制定整套的包括刑事政策在内的各种政策和法律，完善冲突解决机制，高效率地解决冲突以维护社会和谐秩序。但是，政策的制定和实施必须满足法律的内在价值要求，当然，法律运作也应当体现政策的基本意图，二者在价值目标和目的性方面保持着高度协调统一的密切联系。有学者指出，“刑事法律体系是立法者将丰富多彩的社会生活挤压为抽象形式的规范体系，这种规范体系要求具有完整性并具有起码的明确性和预计功能，它遵循严密的逻辑规律，刑事司法活动通过刑事政策的目的性选择、价值性选择则将相对静止抽象的刑法规范运用于活生生的社会实践，并在实际运用中使规范内容发生符合法律精神、原则和逻辑规律的变化，永无止境地再诠释刑事法律规范，因此，我们需要在特定的文化场景内俯视川流不息的刑事政策运动——一种规范再造运动。”① 亦即，刑事政策的贯彻不能脱离具体的刑事司法，而刑事司法也不能没有刑事政策的指引。刑事政策本身是极具包容力的范畴，范围极其广大。“刑事政策的核心因素之一是刑法界限的确定，包括犯罪嫌疑人和被告人的有效辩护，其领域包括有关与犯罪作斗争的从警察治安到监狱制度的整个刑事过程的所有方面，以及保护个人免遭不公正或令人难以容忍的待遇。刑事政策也包括通常被忽视的犯罪被害人问题。最后，犯罪的预防有多个侧面，包括使犯罪更加困难的措施，对待促使犯罪发生的条件。刑事政策的范

---

① 曲新久：《刑事政策的权力分析》，中国政法大学出版社2002年版，第63页。

围因此而远远地超出惩罚和刑事司法的范围。”① 从一定程度上说，刑事政策是针对犯罪的系统工程及整体应对方案，刑事司法是根据法律程序解决刑事案件的具体诉讼活动。刑事诉讼的持续运作本身就是实施刑事政策的关键环节和重要组成部分，刑事政策实施不可能离开刑事诉讼这种严重冲突解决的法律机制而独立地自动实现。具体到涉及控制和预防犯罪的刑事政策与为此而建立并持续运作的刑事诉讼运行机制的关系上，就应当遵循法律内在价值要求与基本规律，通过法律程序的理性运作最终实现解决冲突的法律目的。法律目的的实现就意味着国家的刑事政策得到贯彻和执行，从而实现政策实施与法律运作的协调统一。

出于对国家政治功能的过分夸张和对绝对安全与绝对秩序的过度追求，很难克服一种将刑事政策简单等同于严厉惩治犯罪一整套策略的单向思维。刑事政策定义为与犯罪作斗争的策略、手段和措施，并不等于它仅仅只有打击和惩罚犯罪的策略和手段，实际包含着公正司法与有效解决严重刑事争端等多元诉求。在仅仅强调打击犯罪的这种片面刑事政策指引下，可能直接将刑事诉讼定位于行使国家刑罚权，通过刑事诉讼打击犯罪，维护社会秩序的国家活动的思想。这种思想又与惩罚犯罪的惯性思维联系起来，结果是刑事诉讼成为惩罚犯罪的工具和载体，其目的也简单化约为查明犯罪事实，适用刑法以惩罚犯罪，维护社会秩序。法国学者斯特法尼等曾指出，“从政治上看，中央集权国家的领导者很热衷于纠问式诉讼，尤其是在政治制度具有专制倾向时，以及把社会利益放在个人利益之前的情况下，更是如此。”② 一旦将最大限度地惩罚犯罪作

① *Criminal Policy Making*, Edited by Andrew Rutherford (Faculty of Law, University of Southamption), Published by Darmouth Pulishing Company Limited, 1997, p. 14.

② [法] 卡斯东·斯特法尼等:《法国刑事诉讼法精义》(上)，罗结珍译，中国政法大学出版社 1999 年版，第 76 页。

为既定刑事政策，必然造成刑事诉讼的工具化和刑事程序的高度纠问化，也就必然引发刑事诉讼目的、结构与功能的重大变异。“于是，在这种意义上，能动型国家的程序法像影子一样忠实地追随着相关的实体法。而且，在实体法自身又忠实追随国家政策这个意义上说，程序法具有双重的附属性或双重的派生性：正像普照罗提诺眼中的艺术那样，它可以被比喻成影子的影子。”① 如果过分夸大刑事诉讼的打击犯罪政策实现功能，忽视乃至无视其人权保障与消解冲突功能，刑事程序纯粹工具化，就可能导致现代刑事诉讼退化到封建野蛮而专横的纠问式诉讼的老路上去，法治文明的成果也将毁于一旦，这无异于开历史的倒车。那是因为：

将刑事诉讼视为实施某种政策的工具，将直接助长工具主义与惩罚主义思想，因为工具主义与惩罚主义是联姻在一起密不可分的，工具主义必然带来惩罚主义，而惩罚主义正是工具主义的反映。刑事诉讼作为实现国家政策的工具，为维护现行统治秩序与社会整体意义的团结，就必然强调对于犯罪保持高压态势，并实施严厉惩治的刑事政策。而要达到这样的目的，实现其目标，就必然要赋予国家专门机关极其广泛的刑事司法权力。必然要求国家专门机关通力合作，减少制约环节，确保权力运作的畅通无阻。在这种情况下，权力分立及相互制衡的思想必然不会被接受，司法独立与司法审查将被视为愚蠢而迂腐的思维。打击犯罪的总体司法目标决定了司法机关必须接受作为行政机关的侦查权主体的警察与检察官的支配与左右，因为打击犯罪的核心力量在侦查机关，在检控机关成为刑事诉讼主导力量的情况下是谈不上进行有效制约并对其追诉行为进行合法性审查的，反而要求司法机关发挥维持社会稳定，保证惩治政策实现的积极角色而不自觉地充当国家的第二追诉者。而对

---

① ［美］米尔伊安.R. 达玛什卡：《司法和国家权力的多种面孔》，郑戈译，中国政法大学出版社2004年版，第221页。

于犯罪嫌疑人与被告人的权利保障来说，由于它与打击犯罪的整体目标是背道而驰的，不会被立法机关与司法机关所接受。因为犯罪嫌疑人与被告人的权利越少就越有利于犯罪的侦查与打击，其人身自由限制的越多就越有利于收集有罪证据。故而在所有以惩罚犯罪为唯一目的的国家都不允许被告人享有哪怕是最低限度的辩护权利，其深刻的理由在于辩护权的行使将直接与惩罚犯罪、实现社会稳定的刑事政策相抵触，甚至可能导致国家追求社会稳定与维护社会秩序的目的落空。正如德国学者罗科信针对纠问式诉讼所指出的那样，“刑事诉讼根本无受任何约束限制——在诉讼程序上并不对案件仔细详尽地加以调查，并且未予被告人辩护的机会。”① 在这样的思维逻辑中，过分追求国家安全与社会秩序的稳定，严重忽视了公民个人权利与自由的保障，使得整个刑事诉讼的根本目的与最终目标定位于惩罚犯罪，从而将刑事诉讼的功能也仅仅锁定于实施严厉打击犯罪的国家刑事政策。由此带来的结果是，刑事诉讼实质意义上的消解冲突目标被抹杀，而片面追求稳定的刑事政策而导致刑事诉讼中程序正义的完全丧失，最终不但解决不了严重的刑事冲突，反而将刑事诉讼领域的冲突引向社会领域，从而引发社会秩序的动荡、法律机制的失效和法律信任危机的出现。

我们认为，刑事诉讼必须保持解决刑事纷争与实施国家政策的生态平衡，通过解决刑事纷争来达到实现国家政策的目的，而不是直接将刑事诉讼定位于国家刑事政策的有效实施而忽视其本来意义上的消解严重冲突、恢复权利与秩序的基本功能。将刑事诉讼定位于消解刑事冲突，涵括了刑事诉讼的民主、平等与协商思想，国家与公民个人在完全平等的基础上进行理性的对话与争辩。由国家检控机关来指控犯罪；通过独立而中立的司法机关严格依照公正的刑

① ［德］克劳思·罗科信：《刑事诉讼法》，吴丽琪译，法律出版社 2003 年版，第621 页。

事程序进行权威裁判；而犯罪嫌疑人与被告人不但拥有保持沉默等消极辩护权利，而且能够积极地参与直接关系到自身权益的刑事诉讼过程中。通过收集对自己有利的证据，提出合理的诉讼主张与要求，反驳控诉的种种指控，而且可以聘请民间的法律专家律师为其提供充分的法律帮助。实际上，现代法治国家都赋予犯罪嫌疑人与被告人以诉讼主体地位，并采取相应保障措施。一方面，严格限制侦检机关的权力；另一方面，注重强化犯罪嫌疑人、被告人权利保障，① 从而极大彰显了现代刑事诉讼的理性。控诉与辩护双方通过激烈对抗与理性争辩，既保证了程序的公正性，又能够揭示案件真相，为法官的准确裁判提供了前提和基础，从而实现刑事诉讼的实体公正，达到消解刑事冲突的目标。刑事冲突得到理性解决，当事人认罪服判之时，也是权利恢复与秩序稳定之日，刑事纷争的解决有效地保障了国家政策的实现。因此，解决刑事纷争与实施国家政策存在着共生共荣的生态平衡关系，把握这种平衡关系，合理界定刑事诉讼的目的并保证刑事诉讼运行机制的理性化是保障刑事诉讼系统稳定、持续而协调运行的重要基础。只有保持刑事诉讼解决纷争与实施政策目标向度之间的生态平衡，才可能有刑事诉讼良性运作的局面。

三、世界各国刑事诉讼新变化揭示了生态平衡规律的内在机理

第二次世界大战以来，特别是20世纪80年代以来，刑事诉讼法律制度在世界范围内出现了较为明显的变化，这些变化呈现出以下特征：以英美为代表的实行当事人主义刑事诉讼模式的国家普遍采取了强化实体真实，以提升刑事诉讼对社会秩序维护的基本功能。在通过立法限制过分的个人自由与权利诉求的同时，加强了惩

---

① 陈卫东、刘计划：《论犯罪嫌疑人的诉讼主体地位》，载《法商研究》2003年第2期。

治犯罪与预防犯罪的力度，从而对当事人主义的对抗式诉讼要素进行了调整，使得一度弱化的惩治犯罪功能得到了强化；以法德为代表的实行职权主义刑事诉讼模式的国家则普遍而广泛地扩大了犯罪嫌疑人与被告人的辩护权利，提升了刑事诉讼的人权保障功能。通过进一步减弱国家惩治犯罪的暴力性与威严性的同时，通过全面而周密的人权保障措施来增强辩护方的防御能力，使其积极而有效地参与刑事诉讼并影响其运行来实现其权利保护。我国也同样采取了这一弘扬刑事诉讼主体精神与人权保障内涵的许多举措，包括取消收容审查，改革强制措施，扩大犯罪嫌疑人与被告人的辩护权利，改革法庭审判模式，等等。实际上也是对刑事诉讼系统要素的调整，强化人权保障价值向度而弱化过强的惩罚犯罪价值向度。

从世界各国刑事诉讼的变化趋势能够体察生态平衡规律对于刑事诉讼法律制度的指导作用：一向以当事人主义自居的英美法国家逐渐发现单纯强调程序优先与人权保障价值存在一定缺陷。它导致刑事诉讼效率低下，不能有效地实现惩罚犯罪、维护社会秩序的法律目标。于是逐步强化刑事诉讼的真实发现功能，注重刑事诉讼的工具价值而削弱其内在价值以达到二者的平衡；相反，以职权主义自居的大陆法国家则纷纷以当事人主义诉讼模式为改革的理想模式。不断地强化刑事诉讼的人权保障，增强辩护力量，强调控辩的平等对抗与理性争辩而弱化国家强权。增强刑事诉讼的纠纷解决属性而弱化刑事诉讼的政策实施功能，注重彰显刑事诉讼的内在价值而抑制其工具价值。“两种制度正在从不同方向融汇为一种大体相当的混合的刑事诉讼法律制度。”① 这种刑事诉讼的矛盾运动实质就是生态平衡规律在刑事诉讼中的生动体现。根据生态学原理，生态系统要素之间、要素与系统之间以及系统与环境之间形成持续稳

---

① ［美］约翰·亨利·梅利曼：《大陆法系》，顾培东、禄正平译，法律出版社2004年版，第133页。

定的动态平衡时，系统就处于协调、健康的运行状态。随着世界性的市场经济格局的形成与民主政治的不断成熟，与此相适应的以平等协商和理性对话为特征的当事人主义诉讼必然成为新的刑事诉讼运行模式，不过它已经不是原来意义上的当事人主义诉讼而是既强调实体真实，又注重正当程序，既要求实现惩罚犯罪，又要求实现人权保障的当事人积极参与的刑事诉讼新模式。这种模式就是生态平衡原理的真实反映与理想追求，更是各国刑事诉讼所要达到的理想目标。长期偏重于惩罚犯罪的大陆法国家自然要增加人权保障的因素，而长期偏重于人权保障的英美法国家又必然要强化真实发现，故而存在上述两种不同方向的刑事诉讼改革取向。

世界各国刑事诉讼新变化不仅反映出各国刑事诉讼系统价值目标的校正、系统要素和结构的调整，而且也反映出各国刑事诉讼系统与外部环境的协调整合。刑事诉讼作为一个置身于社会环境中的系统不可能单独存在并独立运行，必然受制于更大的社会系统的影响与制约。李义冠先生考察美国刑事诉讼法律制度后感慨道，“一个国家的法律制度，作为一种上层建筑，总是应这个国家的政治制度和经济制度的需要而产生，并应这两种制度的变化而发展的。”① 研究刑事诉讼法律制度，除了要研究刑事诉讼系统内部诸要素之间的协调平衡关系之外，还必须研究刑事诉讼法律制度与其赖以生存和运作的政治制度、经济制度及其他社会制度等外部环境之间的动态平衡关系。现行刑事诉讼运行机制主要以各个国家刑事诉讼体系运行为主，尽管国际条约、公约及区域性的条约与公约对各国刑事诉讼产生了广泛影响，但是毕竟现在还是民族国家时代。各个国家刑事诉讼运作更多地受制于该国的政治、经济、文化等系统外部环境的影响与制约，受制于特定国家的历史传统、风俗习惯与民族文化，研究刑事诉讼的共性与个性就必须研究各国刑事诉讼背后的政

① 李义冠：《美国刑事审判制度》，法律出版社 1999 年版，序言第 3 页。

治、经济、文化、伦理道德与民族习惯等系统要素的差异。面对刑事诉讼法律制度的世界性趋同的发展态势，就必须研究刑事诉讼背后的政治、经济、文化等系统要素的共性才能得出可靠而准确的结论。本书在以后章节中将集中分析与全面阐述影响刑事诉讼系统的诸多环境要素，分析其与政治、经济、文化及社会结构等外部环境的若干联系与关联作用，从而揭示刑事诉讼的未来趋势并为中国刑事诉讼的改革提出可行的建议。

第二章 刑事诉讼生态的类型学分析

刑事诉讼生态是指特定社会结构下的人类社会严重冲突解决机制的具体样态与运行模式，而人类社会是一个不间断的历史发展过程。任何旨在将持续发展的人类社会生活武断地划分成具有不同特性的阶段都是不科学的，也是不符合历史事实的偏激作为。因为“历史的统一性在于，任何人试图叙述它的一小段，必定会感到第一句便扯破了一面无缝的大网。”① 梅特兰也曾经说过，历史是一张没有接缝的网。其实，社会也是一张没有接缝的网，处于这两张交织之网的法律天然与它的过去、与其他社会关系、社会生活缠绕扭结在一起，并且息息相关、血脉相通，任何一个法学家都不可能割袍断袖式地厘清法律，将其限制在一个狭小的范围之内。② 这就要求研究者注意不能随意割断任何制度的历史性、逻辑性与系统性，当然这也并不妨碍基于研究的需要而根据人类社会历史演进的总体特征来概括和总结所经过历史阶段的不同特性之间的明显差异。类型学方法正是这种归纳方法的具体运用。为了说明本书主题——刑事诉讼生态化，必须对人类社会严重冲突的解决方法通过概括和归纳来进行比较有说服力的合理分类。找出影响刑事诉讼生成和发展的系统要素特征及影响其运行和变迁的制度环境特征，从而

---

① ［美］泰格、利维：《法律与资本主义的兴起》，纪琨译，学林出版社 1996 年版，导论第 1 页。

② 尹伊君：《社会变迁中法律解释》，商务印书馆 2004 年版，第 27 页。

为刑事诉讼生态化提供理论上的依据。

第一节 传统与现代类型分析方法对于刑事诉讼研究的理论意义

传统与现代类型分析方法是伴随着现代化的研究而逐步形成的一种研究工具。而现代化理论，包括现代化政治、经济、社会、行为与比较研究理论，也可分为结构学派、过程学派、行为学派、实证学派、综合学派与未来学派的理论，可谓五彩缤纷，百家争鸣。其中以结构学派最有影响，它以结构—功能主义现代化理论为主要特征。他们信奉社会进化论思想，认为现代化是从传统社会向现代社会的转变，现代社会与传统社会之间的根本差别是结构分化、功能专门化与社会整合性。他们更加关注现代性与传统性的比较与转变，即重视转变结果，而不是转变过程，试图从社会、经济、政治、文化与知识等不同角度区分并阐述社会的不同类型或模式。帕森斯在他的著作《社会行动论》和《现代社会体系》中，沿用涂尔干的传统社会与现代社会的二元分类法，把社会发展过程看成是社会结构的进步性分化与社会功能的专门化。结构的分化程度与功能的成熟性代表了社会发展水平。现代社会与传统社会的基本特征，包括政治、经济、社会、知识与文化等特征，分别构成现代性与传统性。有学者认为，现代性就是以西方社会16世纪以降的发展进程为模本，以工业化、市场化、流动化、民主化、法治化为基本要素，以理性信仰为终极根据的一种社会理想图景或曰意识形态。① 从传统社会的传统性向现代社会的现代性的转变，涉及一系列社会结构与功能的根本转变以及社会的整合。在政治方面，简单

① 齐延平：《人的主体性、德性与法的现代性》，载《学习与探索》2006年第6期。

自然的村社权力系统与封建专制制度让位于民主制度，包括普选制度、党派制度与科层制度，等等；信仰自由代替了宗教统治。在社会方面的转变，包括结构的分化与层次化、功能的专门化与职业化、社会的流动、家庭的变化、知识的普及、社会世俗化等。社会整合则是对社会分化带来的破坏、冲突、失调与紧张关系的平衡。分化程度与科层化程度高、整合程度大与整合功能强的社会，是更现代的社会。社会学家列维在《现代化与社会结构》中分析了现代化的基本特征，而著名的政治学家亨廷顿总结了现代化过程的九个特点。①

对现代化理论的梳理，可以通过“传统”与“现代”这对范畴的对比、演绎勾勒出现代化理论的大致脉络。因为从最广泛的意义上讲，现代化首先是一个变革的概念，涵指传统生活方式及其体制向现代生活方式及其体制的历史更替。其实，早在现代化术语出现之前，现代化理论将观察对象与理论模式分为传统与现代并将其视为由前者向后者转变过程的见解的思想和方法就已形成。无论是涂尔干将社会分为“机械团结型”与“有机团结型”并将前者向后者之转变视为当然，还是马克斯·韦伯关于统治三种类型的观点，在实质上都与现代化理论关于“传统”与“现代”的两分法有暗合共通之处。在现代化理论的话语体系中，“现代”总是与“传统”相对比的，“现代”与“传统”之间形成了某种张力。这种张力首先不是一种年代学的时间对比，而是生存样式和品质的对比。现代及其所表明的生存品质和样式的变化，与传统的生存品质和样式构成了一种紧张关系。② 根据美国著名学者亨廷顿的观点，现代化本质上是一个革命的进程。因为这两种社会根本不同，从传统型到现代型的转变必然涉及人类生活方式根本的整体性的变化。

① 参见何传启：《现代化概念的三维定义》，载《管理前沿》2003 年第 3 期。
② 参见《现代性社会理论绪论》，上海三联书店 1998 年版，第 63 页。

可见，在现代化的理论架构中，传统与现代的关系始终是现代化理论诞生以来所借以发展的一条主线，传统和现代的两分法也成为理论上分析问题的基本框架和研究范式。①

如果运用现代化理论尤其是其传统与现代的类型学方法来分析刑事诉讼制度包括中国的刑事诉讼制度的话，会为研究打开一个新的视野。其一，现代化在作为一个复杂的理论范畴的同时，也是一种现实的社会运动形态。作为理论，它不仅是一种分析问题的框架与结构，同时也是对实际生活的理论观察与提炼。作为实践，它是一种发源于西方并逐渐扩展至全球的运动，至今仍在不少发展中国家持续进行着。现代化起源于15、16世纪的欧洲，但现在已成为世界性现象，一切现存社会都已经或正在成为现代化社会。包括刑事诉讼制度在内的法律制度实际上就是特定社会形态不可分割的有机组成部分，如果我们把现代化视为涉及方方面面的整体变化过程，那么就不得不承认包括刑事诉讼制度在内的法律制度同样存在一个现代化问题，同样可依照现代化有关理论加以分析。法律，总是与特定社会的生活形态紧密相连，对任何法律制度的理解都不能完全脱离该法律制度所为之服务并且对之加以调整的社会的历史。② 正如昂格尔所指出的，“法律的特性会因社会生活形态的不同而变化。每一社会都通过法律显示它用以团结其成员的那种方式的最深层奥秘”。③ 现代化也必然成为法律制度自身演化、发展的宏观方向与内驱动力。考察刑事诉讼法律制度的发展史，可以发现，与人类社会的现代化进程同步，刑事诉讼法律制度的发展也经

---

① 左卫民：《我国刑事诉讼制度若干改革基本理论问题研究》，载《中国法学》2003年第4期。

② [英] 巴里·尼古拉斯：《罗马法概论》，黄风译，法律出版社2004年版，第4~5页。

③ [美] R. M. 昂格尔：《现代社会中的法律》，吴玉章、周汉华译，译林出版社2001年版，第44页。

历了一个由传统型刑事诉讼法律制度向现代型刑事诉讼法律制度转化的艰难历程。因为刑事诉讼法律制度作为人类社会生活的特定制度必然随着人类社会的发展变化而逐步演进。传统社会向现代社会的转型也必定内含着传统刑事诉讼法律制度向现代刑事诉讼法律制度的转变。其二，现代化理论普遍承认传统与现代的两分法，即把社会形态分为传统社会与现代社会，相应地国家形态也被分为传统国家与现代国家，并使用传统性与现代性的概念与术语来涵指传统与现代之一切差异；同时，认为在全球范围内，自传统向现代的转变趋势是整体的、互动的、持久的和不可逆的。[①] 20 世纪的中国，包括 21 世纪的中国，都是一个以现代化为追求目标的社会，在可以预见的相当长的一段时期之内，向现代社会的过渡、转型都将是我国社会的基本态势。我国现行的刑事诉讼法律制度正是在这样的时代和社会背景下生成的，其指导理念和制度框架不可避免地带有这一时期的痕迹，我国当前正在进行的刑事诉讼法律制度改革，正是一个以型塑现代刑事诉讼法律制度为目标，对现行刑事诉讼法律制度进行根本改造的宏大工程。这一过程是一个艰难历程，也是可以用现代化理论的传统与现代的分析模式来加以评析的。

第二节　传统刑事诉讼生态的基本特征

根据传统与现代类型分析方法来解析刑事诉讼生态，就会发现现代刑事诉讼生态呈现出与传统刑事诉讼生态迥然不同的形态，从而蕴涵着二者的品质殊异和明显分野。比较传统刑事诉讼生态与现代刑事诉讼生态的不同性质及其面貌，对于深刻领会与全面体察现代刑事诉讼的基本精神，以把握时代脉搏，为我国刑事诉讼的现代

---

① 左卫民、周长军：《变迁与改革——法院制度现代化研究》，法律出版社 2000 年版，第 23 ~24 页。

化与生态化提供可资借鉴的参考建议具有重要的指导作用。

传统刑事诉讼生态包括作为刑事诉讼原生态的弹劾式诉讼与次生态的纠问式诉讼，尽管两种诉讼生态呈现出迥然不同的异质形态，并且在诸多方面差异极大。但与现代刑事诉讼生态相比较，两种亚形态的传统刑事诉讼生态从总体上讲都具有以下基本特征：

一、刑事诉讼目的片面化

“所谓目的，并不是指某种客观的趋势、自然的指向，不是指那种由自然的原因所引起的自然的结果，而是指那种通过意识、观念的中介被自觉地意识到了活动对行动所指向的对象和结果。”① 刑事诉讼目的系统是刑事诉讼的重要子系统，刑事诉讼目的是指立法者预先设定的、进行刑事诉讼所要达到的具体目标。宋英辉教授认为，刑事诉讼目的是指以观念的形式表达的国家进行刑事诉讼所期望达到的目标，是预先设计的关于刑事诉讼结果的理想模式。② 刑事诉讼目的是整个刑事诉讼的灵魂与核心，有什么样的刑事诉讼目的，就有什么样的刑事诉讼结构，也就产生什么样的诉讼功能。同时，刑事诉讼目的也反映了刑事诉讼程序的不同价值取向。因此，合理确定特定刑事诉讼目的对于实现刑事诉讼的整体价值目标十分关键。当然，刑事诉讼生态类型不同，其诉讼目的也存在着很大的差异。

作为古典刑事诉讼类型，弹劾式诉讼与纠问式诉讼在诉讼目的方面都表现出单一或片面的价值取向：弹劾式诉讼目的在于片面而简单地追求纠纷的解决与冲突的化解，因而将刑事诉讼完全看做是

① 夏甄陶：《关于目的的哲学》，上海人民出版社 1982 年版，第 227 页。

② 宋英辉：《刑事诉讼目的论》，中国人民公安大学出版社 1995 年版，第 2 ~ 3 页。

公民个人私人的事情。“原始审判的施行是为着被伤害人的利益的”,[①] 作为裁判者的法官往往保持消极地位与客观立场。既不主动提起刑事诉讼活动，也不积极收集证据，更不会对诉讼当事人采取任何强制措施，一切都由被害人提出诉讼请求，提出证据并将被告人带至法庭。“在原始群体中，法官开始只是一个仲裁人，他的裁决能为人接受是因为它可以避免争斗。”[②]《十二铜表法》的第1表第1条规定为：“若被传出庭受讯，必须出庭。若不到，则可于证人在场时，证实，然后将他强制押送。”[③] 该法律要求传讯人将被传讯人带到法庭而不是由法庭强制传讯。因为，弹劾式诉讼的出发点，是把犯罪人对被害人的侵犯，看成像民事诉讼那样的双方当事人之间的纠纷和讼争。[④] 庭审中法官保持中立，控辩双方平等举证与辩论，如果没有证据证明案件事实，将通过神判或神誓的方式解决。法官作出判决后不再承担职责而由原告自己执行。例如，在英国，“古代的刑事诉讼是提起重罪控诉，由受害人或者其家属通过此种方式将致害人交付审判，并通过决斗来证明他们的控告。”[⑤] 这种诉讼类型是人类社会最初的诉讼形式，由于生产力水平十分低下，国家政治刚刚萌生，社会治理体系还没有建立起来，加之人们的认识能力还很低，“犯罪被视为一般的私人权益冲突，审判以消解冲突为目的”[⑥]。但是，这种诉讼类型极不利于纠纷的真正解决

---

① ［美］E. A. 罗斯：《社会控制》，秦志勇、毛永政译，华夏出版社1989年版，第91页。

② ［美］E. A. 罗斯：《社会控制》，秦志勇、毛永政译，华夏出版社1989年版，第91页。

③ 由嵘等主编：《外国法制史参考资料汇编》，北京大学出版社2004年版，第126页。

④ 龙宗智：《刑事庭审制度研究》，中国政法大学出版社2001年版，第73页。

⑤ ［英］密尔松：《普通法的历史基础》，李显冬等译，中国大百科全书出版社1999年版，第464页。

⑥ 梁玉霞：《刑事诉讼方式的正当性》，中国检察出版社2002年版，第81页。

与社会秩序的切实维护。因为没有国家作为保护公民个人权利的强大后盾，单单依靠公民个人的力量来保护自己的利益是远远不够的。于是，“大量刑事行为不受惩罚这一事实，促使国家权力恍然省悟到追究犯罪不应仅要受害人参与，国家也有责任参与”①；纠问式诉讼则走向另一个极端，直接将刑事诉讼的目的定位于惩罚犯罪，维护统治秩序。这一反弹劾式诉讼类型的制度安排，国家专门机关全面而主动地介入社会生活，积极地发动被害人及其家属、亲友等知情人主动提供各种犯罪信息，然后依职权主动而秘密地展开案件调查。基于追诉犯罪的需要，常常将犯罪嫌疑人收监进行强制讯问甚至采取各种刑讯逼供手段以收集犯罪证据。整个刑事诉讼的侦查、起诉与审判由司法官员一手完成，其目的是将犯罪嫌疑人送上被告席，然后再绳之以法。因为纠问式诉讼的目的在于有效地侦查犯罪、控诉犯罪与惩罚犯罪，只需要赋予司法官员强大的国家职权就足够了。至于犯罪嫌疑人与被告人的辩护权利，一则与诉讼目的不符，二则可能会延缓和阻止追诉犯罪，所以是不应该也是不必要的。正如法国学者所言，“纠问式诉讼所要做的正是要竭力防止由于过分尊重个人权利而不能确保对犯罪人进行追究的情形发生，况且一个坏人也不值得受到给予一个公民的全部保障。”② 正因为刑事诉讼的目的在于维护公共秩序，为了大多数的利益与整体社会秩序而有效地进行惩罚犯罪，尽量地限制及剥夺犯罪嫌疑人的自由似乎更加有利，牺牲被告人的权利是换取大多数人和平安宁的必要代价。在这种纠问式诉讼中，“以单纯的惩罚、报复和威吓为原则，因而施罚手段往往很残酷”③。因此，在纠问式诉讼视野中，

---

① ［德］拉德布鲁赫：《法学导论》，米健、朱林译，中国大百科全书出版社 1997 年版，第 120～121 页。

② ［法］卡斯东·斯特法尼等：《法国刑事诉讼法精义》（上），罗结珍译，中国政法大学出版社 1999 年版，第 76 页。

③ 金良年：《酷刑与中国社会》，浙江人民出版社 1991 年版，第 3 页。

国家利益与社会秩序才是最重要的保护客体。至于刑事案件的涉案者，其权利保护不能影响到刑事诉讼的整体目的，即最大限度地追究和惩罚犯罪。

作为刑事诉讼价值观的外显物，刑事诉讼目的是刑事诉讼的航标，诉讼目的决定诉讼价值与结构，从而决定着刑事诉讼的功能与效用。传统刑事诉讼目的片面性缺陷受单向度的简单而机械的思维模式影响，方法论上的片面性导致刑事诉讼价值取向上的片面性：弹劾式诉讼的价值取向在于追求纠纷解决的个体化，张扬了个人的自由价值，但放弃了公共安全的价值与社会秩序价值；纠问式诉讼的价值取向则体现了追求惩罚犯罪的最大化，张扬维护社会整体秩序与公共安全价值，却损害了刑事诉讼个体价值和自由价值，无视被告人与被害人的利益，从而走向最终践踏人权、制造冤假错案的不归路。弹劾式诉讼与纠问式诉讼的诉讼目的都违反了系统辩证法与生态平衡的基本原理，忽视了刑事诉讼目的系统构造的协调与平衡。强调某一个目的向度而无视另一个目的向度，从一个极端走向另一个极端。这种方法论的形而上学主义必然导致刑事诉讼价值与结构受到损害，最终带来刑事诉讼的功能缺损。

二、刑事诉讼结构线形化

刑事诉讼结构或称刑事诉讼构造，“是指刑事诉讼法所确立的进行刑事诉讼的基本方式及控诉、辩护、裁判三方在刑事诉讼中形成的法律关系的基本格局。”① 刑事诉讼结构是实现刑事诉讼目的的手段和方式，刑事诉讼目的决定刑事诉讼结构；反之，刑事诉讼目的的提出和实现，必须以刑事诉讼结构本身所具有的功能为前提，同时又受刑事诉讼结构的制约。一个国家特定时期的刑事诉讼目的与结构有其内在的一致性，它们都受到当时占主导地位的关于

---

① 宋英辉主编：《刑事诉讼原理》，法律出版社2003年版，第223页。

刑事诉讼的法律价值观的深刻影响。[①] 从总体上说，传统刑事诉讼生态的典型特征体现为诉讼结构上的单一化与线形化：弹劾式诉讼的控、辩、审关系主要表现为当事人之间的互动。刑事诉讼中的裁判者仅仅充当第三人，参与刑事诉讼并在其中起着消极的仲裁者或调解者的作用，其行为对于控辩双方没有或有较少的强制约束力，从而直接影响到刑事诉讼裁判结果的有效性与权威性。例如，在罗马法中，"裁判官在告示中既不向个人发布命令性规范，也不直接地创造私人间的法律关系，因为他在形式上不是立法者；他只能自我调整自己的裁量权"，[②] 即拒绝某种诉权请求。在刑事诉讼的三方主体所组成的关系中，诉讼当事人双方构成了刑事诉讼的主要方面，裁判方没有也不可能与控诉方或辩护方构成实质上的权利义务关系，自然没有也不可能形成稳定的诉讼结构。推动刑事诉讼程序进行的也主要来自双方当事人的诉讼行动，裁判方没有也不可能成为诉讼的主导力量，故而弹劾式诉讼是一种非完全意义上的三角构造；纠问式的刑事诉讼，单纯强调惩罚犯罪，以实现维持统治秩序与公共安全为目的，国家机关取代了弹劾式诉讼中的原告来行使追究犯罪的职责，承担起查明案件事实，惩治犯罪的责任。"法官集侦、控、审职能于一身，信奉有罪推定，强调口供至上，由此，权力甚大之司法官员与权利受到蔑视之当事人（被告人）存在不可化解之张力。"[③] 刑事诉讼中的被害人不再具备原告身份而仅仅成为刑事证人。被告人不再是与控诉方平等的诉讼当事人而仅仅是刑事诉讼中的工作对象，其人身自由与权利不再受法律的保护，仅仅

---

① 宋英辉：《刑事诉讼目的论》，中国人民公安大学出版社 1995 年版，第 12～13 页。

② ［意］朱塞佩·格罗索：《罗马法史》，黄风译，中国政法大学出版社 1994 年版，第 251 页。

③ 左卫民、周长军：《变迁与改革——法院制度现代化研究》，法律出版社 2000 年版，第 167 页。

成为配合国家追究与惩罚犯罪的客体。从而形成了刑事诉讼的典型的二元诉讼构造生态，即国家专门机关与犯罪嫌疑人及被告人的对立与冲突关系，双方的权利义务关系严重不对等：一方面是国家专门司法官员拥有强大的刑事侦查与追诉权力，能够采取各种有利于查明案件事实的强制措施，却没有任何权力制约的概念与机制；另一方面是犯罪嫌疑人与被告人没有最低限度的防御手段和辩护权利，其身家性命完全掌握在以追诉犯罪和惩罚犯罪为己任的司法官员手中。国家专门机关依照法律规定以流水作业的方式来完成刑事诉讼程序的运作，最终实现惩罚犯罪的诉讼目的，我们说这种诉讼结构是典型的流水作业式的线形结构。

纵观传统刑事诉讼生态的两种亚形态，弹劾式诉讼中的控诉、辩护与审判虽然存在着较为明确的分工，双方当事人承担了刑事诉讼的控诉与辩护职能，作为第三方主体的国家司法官员充当了消极裁判者。双方当事人的关系体现为平等对抗与理性争辩，呈现出较为合理的结构关系；控诉、辩护与审判的关系则体现出法律的制约关系较为弱小，按照现代刑事诉讼理论来审视的话，控诉与审判应当是监督与被监督的关系，辩护与审判是保护与被保护的关系。而在古典弹劾式诉讼中，诉讼当事人与裁判方主要表现为一种平等的诉讼关系，他们之间的相互制约关系并不突出，严格地说还没有形成比较成熟的立体三角关系；而纠问式诉讼中的控诉、审判与辩护二元对峙格局完全否定了早期弹劾式诉讼正在分化的职能分工，由国家的司法官员来主导整个刑事诉讼的进程，承担了刑事诉讼中的侦查控诉与审判职能。对于辩护职能则认为与打击犯罪的根本目的相冲突而予以取缔，被告人也就沦为了刑事诉讼的客体，刑事诉讼呈现出典型的线形构造。因此，我们认为，传统刑事诉讼生态的重要特征表现为诉讼结构的线形化，它与现代刑事诉讼中的控诉、辩护与审判三者的互相依存、互相制约的立体三角结构存在着明显的本质上的区别。

三、刑事诉讼主体单一化

刑事诉讼主体是指与诉讼结果有法律上的利害关系，承担一定的基本诉讼职能，并对诉讼进行起重要影响作用的国家机关和当事人。[①] 按照这样的定义来理解刑事诉讼主体，它只包括三种：控诉职能的承担者控诉主体；辩护职能的承担者辩护主体；裁判职能的承担者裁判主体。传统刑事诉讼生态中的诉讼主体呈现出单一化态势：在弹劾式诉讼中，没有专门的控诉机关，刑事诉讼的发动完全任凭公民个人的主观意志而为，带有一定的随机性与可变性。“如果受害人没有足够的胆量和力量提出自诉，或作恶者有足够的胆量和朋友，在宣誓保证人的协助下宣誓无罪，犯罪就难以受到惩罚。”[②] 司法机关只是一个被动的仲裁机构，仅仅发挥着对受害者补偿和救济的一个公断者角色。其裁判内容也十分狭窄，没有像今天这样广泛的裁判范围与高度发达而精密的裁判规则。梅因指出，“古代法律还提供了其他证据，证明最古的司法官吏模仿着私人争执中人们的可能行为，在决定赔偿损害时，他们以在该案件的情况下一个被害人可能要采取报复的程度作为他们的指南。”[③] 可见，在古典弹劾式诉讼生态中，由于诉讼职能分化程度较低，直接影响到诉讼主体身份的确定。可以说弹劾式诉讼的诉讼主体比较单一，控诉、辩护与裁判都仅仅具有形式的意义，没有形成现代刑事诉讼中三者之间保持着相互制衡的实质性结构关系。

“在传统社会极端的纠问式诉讼模式当中，只有作为王权代表

---

① 徐静村主编：《刑事诉讼法学》（修订本，上），法律出版社 1999 年版，第 83 页。

② ［德］拉德布鲁赫：《法学导论》，米健、朱林译，中国大百科全书出版社 1997 年版，第 120 页。

③ ［英］梅因：《古代法》，沈景一译，商务印务馆 1984 年版，第 213 页。

的国家官员才是唯一的刑事诉讼程序主体。”① 由于国家成为刑事诉讼的主导者，司法官员代表国家行使侦查权、起诉权与审判权，公民个人仅仅具有向专门机关告发的义务而没有参与刑事诉讼并提出司法救济的权利，被害人不再成为刑事诉讼的主体。因而在纠问式诉讼生态下，被害人的权利被国家安全、公共秩序等社会公共利益所取代，从而造成被害人地位的边缘化、权利的虚无化现象；刑事诉讼中的犯罪嫌疑人与被告人则成为国家追诉的对象，他们必须配合国家专门机关查明案件事实以定罪处罚。因此，必须忍受国家专门机关对其进行的各种盘查、讯问及各种限制甚至剥夺自由的强制措施。“如果说过去的控告程序是在原告、被告和法官三个主体之间进行，则纠问程序中就只有法官和被控人两方。被控人面对具备法官绝对权力的追诉人，束手无助。”② 因为刑事诉讼法被定位于实现国家刑法的工具法，刑事诉讼被定位于实现惩罚犯罪与维护社会秩序的国家活动，凡是进入国家专门机关视野的犯罪嫌疑人与被告人都自然成为国家追诉和惩罚的对象，因为有罪推定原则决定了凡是不能证明自己清白的犯罪嫌疑人与被告人都是有罪的，因而也都应该受到刑罚处罚。“有感性的无辜者以为认了罪就可以不再受折磨，因而称自己为罪犯。罪犯与无辜者之间的任何差别，都被意图查明差别的同一方式所消灭了。”③ 正是这种片面惩罚犯罪的目的观使得在实行有罪推定的纠问式诉讼中，刑讯逼供等各种对犯罪嫌疑人与被告人进行肉体与精神折磨的现象十分普遍而严重。为了获取定案证据，往往不惜一切代价地采取各种手段对待被告人。因此，犯罪嫌疑人与被告人根本没有任何主体资格和辩护权利，只

---

① 刘涛：《刑事诉讼主体论》，中国人民公安大学出版社 2005 年版，第 83 页。

② ［德］拉德布鲁赫：《法学导论》，米健、朱林译，中国大百科全书出版社 1997 年版，第 121 页。

③ ［意］贝卡里亚：《论犯罪与刑罚》，黄风译，中国法制出版社 2002 年版，第 37 页。

有等待与接受国家专门机关任意处置的悲惨命运。唯一的诉讼主体就是代表国家进行追究与惩罚犯罪的司法官员，那些拥有对公民个人生杀予夺大权但又不受任何制约的权力主体。

“主体具有意识性、自觉能动性和社会历史性等基本特征，意识、思维是主体的机能和最重要的特征。”① 由于在传统刑事诉讼生态中诉讼主体要素的缺损，直接导致刑事诉讼的功能变异。在弹劾式诉讼中，由于国家控诉主体的缺位，往往导致应当追究刑事责任的案件得不到有效追究与惩罚；辩护主体要素的不充分，直接影响到对被告人权利的保障；而裁判主体要素的不充分，直接导致刑事诉讼进程的不确定性增加，对控辩双方的法律制约成分缺少，直接影响到刑事诉讼的判决效力与权威性。而在纠问式诉讼中，由于控诉主体与裁判主体的合二为一，导致刑事诉讼职能混淆，角色冲突频繁，诉讼功能严重扭曲。被害人权利代表在刑事诉讼中的缺位直接导致刑事诉讼的救济与补偿功能缺损，而被告人的诉讼地位客体化不但导致纠问式诉讼以牺牲被告人利益为代价来换取社会公共利益目的的程序正当性严重不足，而且导致纠问式诉讼在实体真实、惩罚犯罪目的的实现可能性方面大大降低。同时，建立在有罪推定与刑讯制度基础上的诉讼制度严重背离了法律理性，缺乏最低限度的道德正当性。仅仅以维护统治秩序为目的与至高无上的统治利益追求将直接扭曲诉讼功能，造成刑事诉讼背离其本当解决纷争、实现公正的原生态本质。其结果只能是刑事诉讼的工具性、暴力性得到无限的扩张，成为阶级社会维护统治阶级利益从而压迫广大民众的纯粹工具。

四、刑事诉讼程序工具化

从发生学角度来认识法律制度的起源，可以明显地看出程序是

① 《辞海》，中华书局，第 3143 页。

法律的母体与渊源。“这种程序中产生实体法的现象并非始自今日。原始社会没有实体法的观念，共同体的代表诉诸某种超自然的力量来解决纠纷的所谓审判就是依靠程序。即使对这种原始状态存而不论，只要回溯到英美法和大陆法历史的早期阶段就可以发现只有程序而不存在实体法观念的现象。”① 日本著名中国法律史学者滋贺秀三曾经指出：在欧洲法律史上，所谓“法”与诉讼有着本质上的相同之处；也就是说，法的原意是指通过诉讼达到的“正义”的结果，因此希腊语、拉丁语、德语和法语中的法都有“妥当”和“正义”的意思。② 从程序中产生法律的现象表明了程序对于法律的至关重要的意义。但是，那时候人们似乎并没有意识到程序的独立价值。漫长的法律实践使人们逐渐习惯于遵守实体法律的规定并内化为行为规范，程序从正统地位逐渐沦为附属地位，仅仅充当了法律实施的工具。在弹劾式诉讼生态中，消除冲突与补偿被害人的法律机制决定了刑事程序具有原生态气质：双方当事人平等争辩，国家司法官员居于消极中立地位，刑事程序的构造反映了原始民主政体架构与人们朴素追求和平安宁与平等正义的理想愿望。今天大量视为犯罪的行为当时被视为侵权，“在关于侵权的诉讼中，制裁的目的通常是对受害人进行赔偿，而不是惩罚侵权人。”③ 早期的刑事程序尽管包含了大量的平等民主色彩，而且是自然形成而非刻意人为设计的产物，它的首要功能仍然在于解决社会生活中存在的大量矛盾冲突，因此其工具作用是第一位的，尽管蕴涵了正当性与合法性等价值要素。合法性作为一个重要的政治学和法律社

① ［日］谷口安平：《程序的正义与诉讼》，王亚新、刘荣军译，中国政法大学出版社1996年版，第7页。

② ［日］滋贺秀三：《中国法文化的考察》，载王亚新、梁治平编：《明清时期的民事审判与民间契约》，法律出版社1998年版，第4~7页。

③ ［英］巴里·尼古拉斯：《罗马法概论》，黄风译，法律出版社2004年版，第223页。

会学范畴，其基本含义是指人们将某物、某行为过程及其结果、某制度或体制作为正当的东西，加以承认和接受的属性。① 随着弹劾式诉讼向纠问式诉讼演变，刑事程序的工具意义越来越突出。由于纠问式诉讼的目的定位于片面追求惩罚犯罪以维护统治秩序，刑事诉讼由原生态演化为次生态，解决纠纷不再是纠问式诉讼的直接价值目标，刑事程序内含的价值要素的序列被人为重新编排，程序的工具价值被遵从为最重要的，甚至是唯一的价值向度。在工具价值被夸张到无以复加的程度时，刑事程序的其他价值要素受到了排挤和压制，甚至扭曲。在追求实体结果最大化与惩罚犯罪最大化的纠问式诉讼程序中，诉讼程序自身对于实体的再现功能与校正功能被弱化，程序系统的自组织也完全被破坏，作为一个依附性的系统只能寄生在实体法系统之下。当程序系统完全丧失自身调节功能的时候，外部的实体法系统就完全操纵了该系统功能。此时，刑事诉讼程序就演变为纯粹的工具性系统。

传统刑事诉讼生态的工具化，更准确地说是纠问式诉讼的纯粹工具化导致刑事诉讼系统发生一系列的结构与功能演变：由最初的原生态刑事程序被改造为次生态的纠问式诉讼程序，以追求定分止争为最高目的的价值体系被异化为以片面追求惩罚犯罪价值最大化的价值体系；由模糊的原生态诉讼三角结构被扭曲为二元化的流水作业线形构造；由大体划分的诉讼职能被转化为单一诉讼主体行使混合职能。拉德布鲁赫针对这一刑事诉讼模式的重大转向时指出，“在今天看来，纠问程序的功绩在于使人们认识到追究犯罪并非受害人的私事，而是国家的职责。”② 其转变的根本动因在于传统刑

① ［日］谷口安平：《程序的正义与诉讼》，王亚新、刘荣军译，中国政法大学出版社1996年版，第10页。

② ［德］拉德布鲁赫：《法学导论》，米健、朱林译，中国大百科全书出版社1997年版，第121页。

事诉讼随着经济、政治及社会环境的剧烈变迁而发生的相应调整，这种系统环境的双向调整具有历史必然性。尽管刑事诉讼的平等性降低了，但是，国家追究犯罪责任的最终确立则是一大进步。“在刑事追诉权的发展史上，国家追诉最终取代被害人个人起诉和其后出现的公众起诉（又称社会起诉），而成为刑事追诉的基本的和主要的方式，有其历史的必然性——它是对犯罪本质的认识不断深刻和国家权力强化的结果。”① 尽管刑事程序的内在价值被抑制，刑事诉讼价值体系被重新编排，但刑事诉讼的工具理性却得到了强化，惩罚犯罪逐渐归于正统，即刑事诉讼成为惩罚犯罪的唯一通道，不再允许私力救济；尽管被害人被排除在刑事诉讼体制之外，但国家控诉职能却逐渐强大起来了。“纠问式制度突出地反映了人类社会从私人报复制度迈向文明社会门槛的又一重大进步。它的根本特征，首先在于私人控诉的减少甚至消失，而由国家官员的公诉取而代之。其次，法官从公正的仲裁人变为一个积极的审判官，他可以自由地收集证据，决定审判的性质和对象。另外，那种以两造当事人平等地在公正仲裁人面前相互辩论为特征的控诉式制度已经发生了很大变化，现在这种相互辩论发生在个人（被告人）与国家之间。”② 当然，不可否认，纠问式诉讼代替弹劾式诉讼是人类政治生活由原始直接民主制度向阶级政治转化的必然结果。以平等、自由、民主为核心的政治法律价值体系在阶级政治环境下必然转化为非平等、非自由与非民主的以集权专制为核心的政治法律价值体系。从历史发展的普遍规律来说，这种转变毕竟是不符合人类社会对于公平、正义、自由与和谐的社会理想的追求，因此，它必

---

① 宋英辉、吴宏耀：《刑事审判前程序研究》，中国政法大学出版社 2002 年版，第 44 页。

② ［美］约翰·亨利·梅利曼：《大陆法系》，顾培东、禄正平译，法律出版社 2004 年版，第 134 页。

然会被新的政治体系与法律体系所代替。与此相适应，传统刑事诉讼生态必将走向新的以商品经济、民主政治为依托的现代刑事诉讼生态。

第三节　现代刑事诉讼生态的基本特征

考察采用现代型刑事诉讼法律制度的国家，不论是英美法系国家，还是欧洲大陆法系国家，无不建基于自由、民主、法治等价值理念和宪政国家、市民社会结构之上，在政治、经济制度和社会文化观念方面都具有诸多共通性特征。正是这些社会和思想方面的共同特征，成为融构现代结构的基本要素，也支撑起现代型刑事诉讼法律制度的宏观背景。因为作为政治、社会制度主要内容的刑事诉讼法律制度之间不可能存在着质的不同，抑或重大差异。[①] 正基于此，我们看到，尽管由于司法传统和社会文化等方面的差异，现代刑事诉讼法律制度在亚形态上有大陆职权主义诉讼与英美当事人主义诉讼之分，但由于两者在制度形态上同属于现代类型和刑事诉讼法律制度，在程序理念和诉讼结构上具有更多的共通性特征。从而呈现为与民主政治及市场经济相协调的现代刑事诉讼生态，具体表现为：

一、刑事诉讼目的复合化

自从纠问式诉讼将惩罚犯罪纳入刑事诉讼的目的以来，惩罚犯罪就一直成为刑事诉讼活动的中心。现代刑事诉讼认为，惩罚犯罪作为刑事诉讼的目的，其理由有三：其一，是国家履行公共管理职能、保护公众利益的需要。现代国家不论其理论依据是社会契约

---

① 左卫民：《我国刑事诉讼制度若干改革基本理论问题研究》，载《中国法学》2003 年第 4 期。

论，还是马克思主义的阶级专政工具论，均认为犯罪是对社会公共秩序的严重破坏，而主要不是对被害人个人利益的侵犯；国家既然作为社会公共利益的代表，就有责任保护社会成员不受犯罪行为侵害。在发生犯罪时，国家有义务采取法律允许的手段及时查获犯罪人，并使之受到应得的惩罚，以恢复法律秩序。其二，维续既存社会秩序的需要。犯罪现象可以说与人类社会相伴相随，自从人类社会进入阶级国家社会以后，犯罪被认为是严重侵犯合法权益、破坏社会秩序的行为而纳入“公诉”之列，从那时起，刑事诉讼就开始与民事诉讼相区分。为维护既存社会秩序就有必要对犯罪行为进行惩处，以儆效尤。否则，社会秩序将会因为犯罪猖獗而动荡不安，社会生活将变得没有稳定性与安全感。因此，任何统治阶级都会高度关注整个统治利益与统治秩序的稳定性而对犯罪严惩不贷。现代社会同样需要稳定安全的生活秩序，这就不得不努力遏制犯罪与预防犯罪。其三，出于对刑罚权规制的需要。刑罚权作为国家权力的重要组成部分体现为一种公共权力，现代国家严格禁止私人自行动用，并且要求必须经过法律事先规定的程序，通过刑事诉讼活动才能实现。刑事诉讼成为现代国家追究犯罪与惩罚犯罪的唯一渠道，由公正独立的法院经法定审理程序后所作的生效刑事裁判，成为国家以刑罚方法制裁具体社会成员的唯一合法根据。从这个意义说，刑事诉讼就是国家证实犯罪、惩罚犯罪的活动，刑事程序是实现国家刑罚权的专门程序。从此，国家刑罚权就受到了严格的规制和管理，以防止该公共权力的滥用和扩散。

保障人权成为刑事诉讼目的，则是近代以来人权理论和民主宪政发展的必然结果。其理论依据在于：其一，建立在政治国家与市民社会二元论基础之上的个人自由主义原则。在政治国家与市民社会相分离的现代社会结构中，每个人作为平等的社会主体，在私法自治领域拥有不受公权侵犯的基本权利和自由。即使出于保护社会公共利益的需要也不得随意侵犯个人作为人应该享有的基本人权；

相反，以国家名义出现的政府必须在代表市民意志的法律授权范围内并在合理的限度内依照法律事先规定的程序行使权力，为实现刑罚权而采取的任何措施必须受到法律的严格限制。政府在推进刑事诉讼的每个环节上都必须有法律上的根据和理由。其二，建立在现代民主宪政制度下的个人权利至上原则。“自由主义者强调的是个人自由的优先性，认为构成一个社会的基本单位是个人，无论在发生学还是本体论的意义上，个人都是优先的。”① 人民主权原则与公民人权原则决定了现代民主宪政制度的总体框架，那就是在充分尊重公民个人意愿基础之上通过普遍民主决策后组成的国家公共权力必须充分反映和尊重人民的意志，并最终服务于人民利益。公共权力与公共意志必须保护公民个人的自由意志与基本权利，不得凌驾于公民个人之上。因此，公民个人的基本权利必须受到最大限度的保护，凡是限制与剥夺公民个人权利的行为必须经过严格的法律规定并由专门的司法机关作出裁判方能为之。现代宪政的核心也在于尊重和保护公民个人权利，规制国家权力的行使。其三，建立在国家与个人在事实上的不平等性决定了人权保障优先的原则。在社会契约论视野中，国家与个人关系不过是平等的契约而已，体现了完全意义上的地位平等与协商理性。事实上，政治国家与公民个人存在着巨大差距。前者是社会整体利益的代表者，拥有强大的国家权力资源、道德资源与物质资源；后者仅仅代表自己的普通公民个人，除了他单薄的自然肉体与维系生存的微不足道的生活资料外，没有任何可以与国家相提并论的东西。正是如此，“在国家作为追诉者具有压倒优势的刑事程序中，如何保障被告人的人权构成了程序正义的特殊内容”。② 现代刑事诉讼也正是在确认国家追诉和惩

---

① 顾肃：《自由主义基本理念》，中央编译出版社 2002 年版，第 23 页。

② ［日］谷口安平：《程序的正义与诉讼》，王亚新、刘荣军译，中国政法大学出版社 1996 年版，第 8 页。

罚犯罪的同时，高度关注公民个人在刑事诉讼中的代表者犯罪嫌疑人与被告人的基本人权必须得到切实有效的法律保障，从而将保障人权作为宪法与刑事诉讼法的重要目的。

“法律的任务就是努力在尊重个人自由和维护社会根本制度之间保持平衡。”① 可以说，现代刑事诉讼的目的是惩罚犯罪与保障人权的协调、平衡与统一，追求社会秩序、公共安全与公民个人权利、基本自由的协调平衡。不再像弹劾式诉讼那样仅仅强调纠纷的解决与纠问式诉讼的仅仅满足于惩罚犯罪的实现那样单纯的目的观，即惩罚犯罪只是刑事诉讼法目的的一个方面，其目的的另一个重要方面就是保障人权。② 追求刑事诉讼目的观的协调统一并不是要求刑事诉讼做到惩罚犯罪与保障人权的绝对对等与整齐划一，事实上二者在价值取向上是矛盾对立的，在许多时候是相互冲突又必须面临取舍的困难问题。正是二者的对立冲突，才更要求在追求刑事诉讼价值目标实现的过程中必须做到二者兼顾。当然不排除在某种情况下趋向优先保护公共安全价值而较注重惩罚犯罪，在某种情况下趋向优先保护权利与自由价值而较注重保障人权，从而使其保持一种动态平衡的态势。在发展中追求二者的统一、在动态中求得二者的平衡应该是比较适当的选择。具体取舍应该根据特定社会的政治、经济、文化、伦理道德、宗教信仰与民族习惯以及特定时期社会的治安形势、经济发展水平与犯罪率高低、司法资源构成状况来因势利导，灵活把握。也就是将原则性与灵活性相结合，辩证地加以理解并妥当地加以运用。从世界各国刑事诉讼的整体运行来看，也体现了这种辩证的刑事诉讼目的观。

---

① [英] 彼得·斯坦、约翰·香德：《西方社会的法律价值》，王献平译，中国法制出版社2004年版，第210页。

② 陈光中：《刑事诉讼法再修改之理论更新》，载《政法论坛》2004年第3期。

二、刑事诉讼结构立体化

惩罚犯罪与保障人权的复合性诉讼目的决定了刑事诉讼的基本结构：刑事诉讼中的控诉、辩护与裁判三方主体构成了一个稳定的立体三角形诉讼结构，由国家专门机关及官员——检察官负责刑事诉讼的控诉，由被告人及其辩护律师负责刑事诉讼的辩护，由独立的司法官员负责刑事诉讼的审理与裁判。这种结构在近、现代诉讼合理主义思潮的影响之下，力图实现查明客观真实与程序正当化的统一，因而比较协调于现代社会的价值理念和法治发展。① 三方主体各自承担独立完整的诉讼职能，形成了三者之间的相互依存及制衡关系。控诉主体与辩护主体遵从平等对抗原则，双方当事人地位平等与机会均等，一方不再具有优越于另一方的特权与地位，不再凌驾于对方之上。为了各自的诉讼利益而积极主动地参与刑事诉讼，并平等地行使诉讼权利，履行诉讼义务。对于控辩平等，卜思天·儒佩基奇指出，“对反社会行为者给予法律上的适当待遇似乎是自相矛盾的，但它在意识形态和政治上的积极意义就是，绝对地认可反社会个人在刑事诉讼中的平等和尊严，他在诉讼当中是一个与控诉方平等的主体，而不是任人摆布的客体。”② 控诉主体与裁判主体遵从完全分离原则，双方形成各自独立的组织系统，本着职能原则各自承担完全不同的职责：控诉机关负责刑事案件的侦查，收集犯罪证据与查获犯罪嫌疑人，根据案件情况对犯罪嫌疑人采取相应的强制措施，提出对犯罪的刑事指控；审判机关则本着司法独立与审判中立原则，负责对刑事案件进行独立的审理和裁判。当然，平等原则也要求审辩平等，即法官与被告人之间的平等。孟德

---

① 龙宗智：《刑事庭审制度研究》，中国政法大学出版社 2001 年版，第 94 页。

② ［斯］卜思天·儒佩基奇：《从刑事诉讼法治透视反对自证有罪原则》，王铮等译，载《比较法研究》1999 年第 2 期。

斯鸠指出，“法官还应与被告人处于同等的地位，或者说，法官应该是被告人的同辈。这样，被告人才不觉得他是落到倾向于用暴戾手段对待他的人们的手里。”① 控诉、辩护与审判的立体三角构造使得刑事诉讼发展为全新的格局，国家专门机关划分成职能不同而且各自独立的诉讼主体。控诉主体代表国家行使对犯罪的刑事侦查权与追诉权，拥有国家法律赋予的诸多行政权力；裁判主体则代表国家对所有刑事案件行使刑事审判权，对国家与个人之间的刑事争端进行独立而公开的审理并作出公正而权威的司法裁决。裁判主体遵从诉讼关照原则与司法独立原则，作为国家的司法裁判机构，必须基于司法独立与中立原则，站在公正立场上对诉讼争端根据证据进行独立裁判。并不因为身为国家机构之一就放弃独立地位与公正立场，同时对国家控诉机关的所有行为行使司法审查与司法监督权，以防止其任何侵犯公民个人权利的行为发生。面对刑事诉讼极不平衡的权力与权利态势，行使司法平衡器的职能，即对强大的国家控诉权力进行适当的抑制和全面的司法监督，对过分弱小的辩护权利的行使给予充分的关照，并保证其权利实现。辩护主体由犯罪嫌疑人与被告人本人与民间的法律专家辩护律师承担，辩护权利通过宪法和法律来具体规定并通过独立而中立的法官的司法裁判予以保障。由此，刑事诉讼中的控诉、辩护与审判形成了稳定而平衡的立体三角结构，这种结构对于实现刑事诉讼目的具有基础性作用，同时也体现着现代诉讼的基本原理与价值理念。

三、刑事诉讼主体多元化

现代刑事诉讼的立体三角结构决定了刑事诉讼主体要素的多元构成：控诉主体、辩护主体与裁判主体的平行与并列。其主体建构

---

① ［法］孟德斯鸠：《论法的精神》（上），张雁深译，商务印书馆 1994 年版，第 158 页。

是在近代启蒙以降社会契约理论与人的主体性理论基础上形成和发展起来的。它与近代人本主义思潮、人民主权观念、权力分立与制衡理论、公民人权思想等密不可分。人的主体性决定了人是一切设计和制度运行的主体，一切制度设计要以克服人性缺陷和满足作为主体的人的需要为基本出发点，要以保障和实现作为主体的人的主体性价值为最终目的。① 社会契约论认为国家乃是人们通过自愿联合形成协议的产物，“人们联合成为国家和置身于政府之下的重大的主要的目的，是保护他们的财产。”② 国家的代表者——政府的最终目的在于更好地保护人们的权利与自由，为了保证这一目的的实现，人民自由选举出他们的代表组成政府和国家。孟德斯鸠认为：每个国家都有三种权力：立法权、司法权和行政权，这三种权力相互独立，应由不同的国家机关来行使，而不应由同一个机关或同一个人来行使。③ 三权分立理论与权力制衡思想有力地推动着刑事程序改革。经过资产阶级革命，西方各国先后建立起以三权分立为框架的民主政治体系与以司法独立运行为标志的法治国家制度体系，刑事诉讼也完成了现代化的转变，对于犯罪的国家追诉责任从此由专门的国家控诉机关承担，不再由司法官员来兼任，从而完成了控诉职能与裁判职能的分离。人民主权与公民人权思想更有力地催生着人的主体性理论，政治民主必然要求诉讼民主，必然要求保障人权。刑事诉讼中的犯罪嫌疑人与被告人作为公民个人的代表自然成为法治关注的重要对象，因为基于人的自由意志决定了他们应当享有基本人权。但是，由于刑事程序的特殊性不同程度地限制了当事人及诉讼参与人的基本权利，对其课以特定义务以及产生不利

---

① 刘涛：《刑事诉讼主体论》，中国人民公安大学出版社 2005 年版，第 41 页。

② ［英］洛克：《政府论》（中译本，下），瞿菊农、叶启芳译，商务印书馆 1964 年版，第 77 页。

③ 顾肃：《自由主义基本理念》，中央编译出版社 2003 年版，第 270 页。

影响，故而必须赋予相应主体以程序权利。康德把人的自由视为根据人性而具有的唯一原初的、固有的权利，认为这本身就含有形式平等的思想，因为它意味着每个人都是独立的并是他自己的主人。他指出，任何人都没有权利仅把他人作为自己主观目的的工具。每个个人都应当永远被视为目的本身。[①] 刑事诉讼中的犯罪嫌疑人与被告人不应当成为国家追究和惩罚犯罪的工具，他们应当成为他们自己的目的本身，因此有权利为自己辩护，从而成为刑事诉讼中的重要程序主体。正是基于此，资产阶级革命后的刑事诉讼都确认了犯罪嫌疑人与被告人的刑事诉讼主体地位，赋予其广泛的辩护权并有决定聘请辩护律师的权利。犯罪嫌疑人与被告人及其律师成为刑事诉讼重要的主体要素之一，在刑事诉讼中与控诉方保持平等对抗与理性争辩，从而有效地维护自己的合法权益。

现代刑事诉讼结构正是在程序主体理论与人权保障理论影响下，在民主法治社会大环境中逐渐发展成熟的。其中，刑事诉讼主体多元性是其重要表征。其意义不仅仅在于国家专门机关的职能分化与权力分离上面，控诉主体与裁判主体的分离有效地克服了纠问式诉讼国家司法官员一身兼二任的弊端，从而保证了犯罪的有效追究与刑事诉讼的形式公正。而犯罪嫌疑人与被告人由纠问客体向诉讼主体的变化不仅完善了刑事诉讼结构，使得刑事诉讼形成了控诉、辩护与裁判三方主体良性互动格局，而且极大地提升了犯罪嫌疑人与被告人的诉讼地位，使得他们有与刑事诉讼中的控诉机构保持平等对话与理性争辩的机会和条件，更有利于保障犯罪嫌疑人与被告人的基本人权。刑事诉讼中的主体多元化格局生成促使一种科学的刑事诉讼立体三角结构的形成，这种结构正是实现刑事诉讼的双重目的的基本前提与重要手段。随着现代刑事诉讼理论的日益发

---

① ［美］E. 博登海默：《法理学—法律哲学与法律方法》，邓正来译，中国政法大学出版社 2004 年版，第 81 页。

展和成熟，被害人作为刑事诉讼中的重要因素在20世纪后半叶开始受到世界各国刑事诉讼理论工作者与司法实务者的高度重视。各国立法也逐渐向被害人倾斜以保护其利益并且不受再次伤害。例如，允许被害人参加刑事诉讼程序的部分环节，加大对于被害人的补偿力度，在定罪处刑方面听取被害的意见，等等。不过，将刑事诉讼被害人提升到诉讼主体并使其全程参与刑事诉讼则是比较少见的做法。因为刑事诉讼必须考虑国家与个人的平衡，被害人作为当事人势必影响到被告人防御权利的行使，同时必然影响到刑事诉讼程序的诸环节运行。尽管中国率先规定了被害人的刑事诉讼主体地位，但事实上被害人未能完全行使当事人的权利。笔者认为，借鉴其他国家的做法比较恰当，即刑事诉讼被害人的保护不必规定其为当事人，可以通过其他渠道来加强对其权利的保障，以避免对刑事诉讼中的控辩平衡的诉讼结构造成消极影响。

四、刑事诉讼程序理性化

“西方文明的知识历史所提供的大量权威典籍可以用来支持这样一个命题，即一个判断或一个结论，只有在它是以确定的、可靠的、明确的知识为基础的情形下，才能被认为是‘理性的’。”[①] 理性作为哲学中一个极为重要的概念却具有多种不同的内涵，不同时代有不同的理性观，站在不同视角也有不同的理解。英国哲学家罗素指出，“所谓理性，实际上可以用三个特征作为它的定义。首先，它依靠说服而不是依靠武力；其次，它谋求使用者所相信是完全正确的观点，进行说教；再次，在提出意见的过程中，它尽可能

① ［美］E. 博登海默：《法理学—法律哲学与法律方法》，邓正来译，中国政法大学出版社1998年版，第270页。

使用观察和归纳，尽可能地少用直觉。”① 传统刑事诉讼生态与现代刑事诉讼生态的一个典型区别就在于传统刑事诉讼程序充满了非理性因素：弹劾式诉讼的神灵裁判与神示证据制度，纠问式诉讼的刑讯逼供与肉体折磨、秘密和书面审判、口供最佳证据制度等等都是刑事程序非理性的表现。马克斯·韦伯指出，从罗马法的形式主义原则中发展起来的现代西方的理性法律，其主要特征是法律程序的理性化。在此意义上，脱离法律规则的和程序的行为都可被称为是非理性的。② 现代刑事诉讼正是建立在权力有限与人权保障的民主法治国家基础之上的以刑事正当程序为核心的诉讼生态。其目的在于和平而理性地解决基于犯罪而引发的政治国家与公民个人之间的刑事争端，从而救济权利和恢复社会秩序。作为刑事争端的解决机制，刑事程序既要体现国家追究犯罪与惩罚犯罪以维护社会公共秩序的基本功能，同时又要体现国家尊重和保障公民个人基本人权的国家义务。刑事诉讼程序是国家通过刑事诉讼活动最终实现刑罚权的唯一路径和通道，对于保证国家最大限度地查明案件事实，准确适用法律以惩罚犯罪，从而实现实体法律公正具有基础性意义。它能够有效防止私刑滥用，杜绝犯罪行为的法外私力救济，避免原始复仇现象再现。同时，它对于保证国家权力的规范行使，保障犯罪嫌疑人与被告人的程序权利免受国家权力的剥夺和侵犯，从而实现法律的程序公正具有决定性意义。而程序公正是实体公正的前提和基础，程序不公不可能有实体公正的结果，正是因为刑事诉讼程序关系到整个刑事诉讼价值目标的实现，世界各国无不努力修改本国刑事诉讼法律，调整刑事诉讼程序内容，使其保持价值诸要素的综合平衡。现代刑事诉讼遵从“程序乃实体之母体”的价值观念，

---

① ［英］伯特兰·罗素：《罗素文集》第 3 卷，靳建国译，内蒙古人民出版社 1997 年版，第 340 页。

② 陈金钊：《法律解释的哲理》，山东人民出版社 1999 年版，第 150 页。

充分尊重诉讼程序对于诉讼活动的规范作用，尊重诉讼程序的内在独立价值。从而形成了在程序中发现案件真实、在程序中实现法律公正的基本理念。程序正义虽然发源于英美法系国家的当事人诉讼程序，但已经成为世界各国人民的法律共识。特别是在大陆法系国家，正通过不断地修改本国刑事诉讼法，借鉴当事人主义的诸多做法，纠正其长期存在的重实体、轻程序，重国家职权、轻个人人权，重实施政策、轻解决纷争的价值观，加强了比较弱小的犯罪嫌疑人与被告人权利的保障；当然，英美法系国家也在不断调整本国刑事诉讼，纠正过分强调程序的形式主义做法，强化了刑事诉讼的真实发现与惩罚犯罪功能。世界各国刑事诉讼不断融合的现象十分显著，其主流趋势还是张扬了程序正义的旗帜。强化人权保障，充分重视程序本身的正义展现功能和对于刑事诉讼的实体公正的积极作用，最终实现程序公正与实体公正的和谐统一。

程序的理性不仅取决于程序本身具有内在的独立价值，而且取决于世界的多样性与复杂性决定了实体性法律的多变性与不确定性。“在现代社会中，法是可变的、可选择的，但这种选择又不是任意的、无限制的。程序排斥恣意却并不排斥选择。程序使得法的变更合法化了，使人的选择有序化了。”① 根据辩证法与系统论基本原理，世界处于不断的发展变化之中，实体性法律必须适应不断变化发展的人类社会生活。同时，认识论上的绝对性与相对性辩证统一原理决定了人们在特定时期对于某些问题的认识只能达到相对真实的程度，不可能完全认识整个世界。实际上，不但事实的确定性是相对的，法律的确定性也不再是可靠的，正如弗兰克所言，“从来就不可能，也永远不可能有准确预见未来的判决。”“法律的

---

① 季卫东：《法治秩序的建构》，中国政法大学出版社 1999 年版，第 18 页。

确定性只是一种神话，是成年人儿童心理的表现。”[①] 具体到刑事诉讼中对犯罪行为的认识，不能保证所有的刑事案件都能够得到完全准确的认识，但犯罪问题必须解决，国家与个人之间的严重刑事争端必须消解。只有通过法律程序的设定，诸如设立无罪推定原则、疑罪从无原则来加以解决；再如，在刑事证明体系中，我们不可能将刑事案件的实体真实证明到绝对的程度，由此建立自由心证的证据制度和阶梯性的证明标准，等等。这些事实都说明了刑事诉讼程序所具有的本体意义。刑事诉讼程序不仅仅具有实现刑法所赋予的惩罚犯罪的工具任务，还是工具理性与价值理性的协调统一。刑事程序的外在特征是国家追究犯罪与惩罚犯罪的必要工具，但它不仅仅是工具，它具有内在的独立价值。在人们追求的不同价值目标的时候，面临着艰难的选择，诸如惩罚犯罪与保障人权，维护公共安全与保障公民个人自由，实现公正还是追求效率，等等，必须对刑事程序的价值体系进行排列，力争做到价值的平衡与兼顾。

① 朱景文：《对西方法律传统的挑战》，中国检察出版社 1996 年版，第 26 ~ 27 页。

第三章　刑事诉讼生态性的政治维度

在人类社会实践领域，关于政治与法律范畴的若干现象构成了人类文明发展的重大奇观，对二者的研究也是浩浩荡荡，无数政治家、哲学家、思想家及法学家无不以洞察政治与法律的精神实质及其内在关联而皓首穷经。“法律与政治秩序密切相关，因为它需要有国家机器，即以法庭、法官、警察等方式来获得强制力。”① 一般来说，人们对法律所持看法不同，他们对法律与政治之间关系的把握也会不同。主张“法律只是权力关系的表述”的人，大多数认为“法律是政治的”；主张“理性是法律的生命”的人，则大多认为法律超越于政治之上。把握和分析法律与政治之间的关系时，不同的人也可能遵循不同的路径和方法。② 在当今时代，如果说政治是法律化的政治，法律是政治化的法律的话，作为更深刻反映政治与法律基本特征的刑事诉讼自然成为最为显赫的关注重心，因为刑事诉讼敏感的权力触角与道德神经紧紧连接着政治与法律的心脏。基于刑事诉讼法律制度直接关涉公民个人基本人权保障与国家权力规范运作的重大理论与实践问题，它必然成为任何时代任何国家政治法律制度的主要内容，而且已成为当代主权国家以及国际或地区组织密切关注的重要领域。如果要深刻领会政治法律的内在本质，准

---

① ［英］彼得·斯坦、约翰·香德：《西方社会的法律价值》，王献平译，中国法制出版社 2004 年版，第 65 页。

② 胡水君：《法律的政治分析》，北京大学出版社 2005 年版，第 46 页。

确把握当代政治法律制度的时代脉搏，找寻有价值的理论洞见，以刑事诉讼这个高度敏感的政治与法律神经中枢和核心场域为研究路径无疑是最佳的选择。同理，研究刑事诉讼法律制度，又必然涉及刑事诉讼赖以生存的政治法律环境，因为刑事诉讼法律制度与其政治法律环境保持着和谐共生、动态衡生及网络整生的系统构造，二者维系着共生互动的生态平衡。这就需要在正确理解政治与法律二者关系的基础上对刑事诉讼的政治法律环境进行深入研究，揭示刑事诉讼生态性的政治法律维度自然属于该理论研究的重要方面。

政治与法律都是古老的社会制度与学科门类，他们之间的关系又异常复杂，如何准确认识政治与法律的概念及内涵就成为本书首先必须面对的基础理论问题。马克思在运用唯物史观对市民社会、政治国家与法律发展的关系进行考察的过程中，对唯心主义的国家观、法律观进行了深刻批判。马克思说："正如古代国家的自然基础是奴隶制一样，现代国家的自然基础是市民社会以及市民社会中的人，即仅仅通过私人利益和无意识的自然的必要性这一纽带同别人发生关系的独立的人。"① 他又说："在古代国家中，政治国家就是国家的内容，其他的领域都不包含在内，而现代的国家则是政治国家和非政治国家相适应。"② 在马克思那里，国家乃是整个社会的政治形式的存在，市民社会则是社会物质交往的组织形式，法律是以国家名义出现的统治阶级的意志，法则是在市民社会物质交往过程中所形成的利益关系和法权要求。在市民社会和政治国家相分离的情况下，各种利益关系总是存在着"在历史上表现出来的两个方面，即个别人的私人利益和所谓的普遍利益，总是互相伴随的客观情形"③。而私人利益和共同利益的对立实质上反映了现实社

① 《马克思恩格斯全集》第2卷，人民出版社1960年版，第145页。
② 《马克思恩格斯全集》第1卷，人民出版社1960年版，第283页。
③ 《马克思恩格斯全集》第3卷，人民出版社1960年版，第272~273页。

会关系的对立，法和法律则是物质生活关系的变化发展所产生的不同利益关系在现实社会关系下的不同反映。所谓法，乃是市民社会中物质生活条件的现实运动所产生的利益关系，是与一定的物质生产方式相适应的应然法权要求。“法的关系正像国家的形式一样，既不能从它们本身来理解，也不能从所谓人类精神的一般发展来理解，相反，它们根源于物质的生活关系”①；所谓法律，则是政治国家中占统治地位的阶级意志的体现，是与一定的政治结构相适应的实然利益关系。法所反映的乃是市民社会中市民的“意志”，而法律反映的则是政治国家中统治阶级的意志。尽管法律作为统治阶级的意志，它可以对一定的权利作出规定，并调整一定的利益关系，但在现实生活中，在法律背后则存在着由物质生活关系的发展变化所产生的利益关系，即法的关系。物质生活关系既是决定法和法律的力量，也是国家形成的决定力量，即市民社会决定着国家、法和法律的形成和发展。

刑事诉讼活动，是国家作为社会共同体的代表对犯罪行为主体通过事先规定的法律程序进行侦查、起诉和审判以定罪处罚，从而解决严重刑事争端，维护合法权益及社会秩序的法律活动。刑事程序与刑事诉讼作为政治国家制度体系的重要组成部分，具有深刻的国家政治属性。特定国家在特定时期的刑事程序与刑事诉讼是其政治理想追求、政治治理模式与政治意识形态的典型表征。但是，刑事诉讼活动从本质上讲属于法律实践活动，它直接产生于人类社会各种纠纷与冲突的解决机制的运行之中。刑事程序与刑事诉讼具有当然的法律属性。阶级和国家的产生使得刑事诉讼具有了深刻的阶级性质，直接体现为维护统治阶级的特殊利益与政治秩序。当然作为体现统治阶级意志的法律也必然在一定程度上反映其他被统治阶级以及社会大多数人的意志而具有社会公共属性，使得法律成为特

① 《马克思恩格斯全集》第13卷，人民出版社1960年版，第7~9页。

殊利益与普遍利益的有机统一体。作为法律重要内容的刑事诉讼同样兼具政治属性与法律属性，但这两种属性不容混淆、合二为一或相互取代。因为个体存在是整体性存在的基础和前提，整体性存在是个体存在的形式和根据，故而，准确把握刑事诉讼的法律属性与政治属性及其内在关系是保证其整体功能实现的重要前提。否则，刑事诉讼系统将引发生态危机，继而酿成刑事诉讼的泛政治化、普遍惩罚化等重大错误，甚至造成法律阶级化乃至成为私人手中的玩物。纵观人类文明发展史，一度出现的法律政治化现象给社会秩序带来了严重的破坏，给个人人权带来了极大的侵害和威胁。任何时代的立法者、政治家与法学家都应当对刑事诉讼基本属性给予高度的关注、审慎的思考以及明确的界分。

第一节　政治法律的相对区分与衡态共生

一、政治法律的起源及其演化

政治与法律作为社会制度体系，是随着人类社会的渐进发展而逐步产生的。根据著名人类学家摩尔根的研究，人类社会根据各种发明和发现而来的智力发展的不同阶段，可以依次分为蒙昧期、野蛮期和文明期。在不同的发展时期，人类的家庭根据不同阶段和形式依次可分为血缘家庭、普那路亚家庭、对偶制家庭、父权制家庭和专偶制家庭。在摩尔根看来，在专偶制家庭产生的同时，就已经孕育了父权的萌芽。“当财产开始大量产生和传财产于子女的愿望把世系由女系改变为男系时，便第一次奠定了父权的真正基础。”①他进而认为，人类“对财产的最早观念是和获得生活资料这种基本需要紧密相联的”。随着人类生活资料所依赖的生存技术的增

① 《马克思恩格斯全集》第45卷，人民出版社1985年版，第366~367页。

进，财产的对象在每一个顺序相承的文明时期自然都增加起来。“财产的增长是与文明和发现的进展齐头并进的”。所以，任何一个历史时期的文明获得进步的标志，既“表现在发明的数量上”，也“表现在由这些发明造成的财产的种类和总额上”，均比“前一时期有着显著的进步”。而“随着财产形式的增加，关于占有和继承的某些法规也必然随之发展”。[①] 也就是说，“关于占有和继承财产的这些法规所依据的习俗，是由社会组织的发展状况和水平决定的。由此可见，财产的增长是与标志着人类进步的各个文化时期的各种发明和发现的增多以及社会制度的改善有着密切关系的。”[②] 这表明，财产与社会管理机关以及法律的产生，有着极为密切的内在关联。在野蛮时期的高级阶段，随着“定居的农业、手工业、对内的商业和对外的贸易”的不断发展，使得“为个人所有的巨额财产”“到处都可以看到”。但总体而言，“旧有的土地共有制”仍然“还没有被个人所有制取代”。[③] 与此相适应，该时期的家庭形式属于父权制家庭，奴隶制已经开始产生，而且“与财产的产生有直接的联系”。由于在同一个“管理机构”下的人数已经相当庞大，法律也随之产生，但无论是希腊人、罗马人，还是希伯来人的“最初的法律——在文明时代开始以后——主要只是把他们前代体现在习惯和习俗中的经验的成果变为法律条文”。[④] 马克思对于摩尔根关于私有制或私有财产的产生对社会进步具有巨大推动作用的结论深表赞同，认为“无论怎样高度估计财产对人类文明的影响，都不为过甚。财产曾经是把雅利安人和闪米特人从野蛮时代带进文明时代的力量。管理机关和法律建立起来，主要就是为了创

---

① 《马克思恩格斯全集》第45卷，人民出版社1985年版，第378页。
② 《马克思恩格斯全集》第45卷，人民出版社1985年版，第378页。
③ 《马克思恩格斯全集》第45卷，人民出版社1985年版，第389页。
④ 《马克思恩格斯全集》第45卷，人民出版社1985年版，第389~390页。

造、保护和享有财产。财产产生了人类的奴隶制作为生产财产的工具。”①

财产的增多不仅使人们产生了私有观念，而且使得人们之间开始产生奴隶制阶级分化。这时，“由于人的个性的发展以及当时个别人拥有的大量财富的增长，便产生了贵族；使一部分居民永远处于卑贱地位的奴隶制，促使形成以前各文化时期所不知道的对立状态；这种情况，再加上财富和官职，产生了贵族精神，这种贵族精神是和氏族所培植起来的民主原则相对抗的”。② 财产私有观念和贵族精神的滋长，对原先氏族内部的组织体系产生了深刻影响，并且这种贵族精神已经扎下了深根，但还没有强大到根本改变这些部落以前的管理机构中的民主性质的程度。因为建立在作为其结合原则的血亲纽带上的氏族社会在本质上是民主的。“氏族的全体成员都是人身自由的人，都有相互保卫自由的义务，在特有权利和个人权利方面一律平等；不论酋长或酋帅都不能要求任何优越权，他们是由血亲纽带结合起来的同胞。自由、平等、博爱，虽然从来没有明确表达出来，却是氏族的根本原则。”③ 在氏族社会中同样存在着包括“部落会议”在内的各种管理机构，但是，这些管理机构决不是现代意义上的政治社会，它仅仅是政治社会得以起源和发展的“萌芽”。④ 由于氏族作为当时“社会制度和管理制度的单位”，作为“组织起来的”“社会的基础”，其根本原则是血缘关系和绝对民主，因而它与“政治社会”或国家的本质是根本对立的。所以，“在氏族的基础上不可能建立政治社会或国家”，或者说“君主政体是与氏族制度不相容的”。⑤

---

① 《马克思恩格斯全集》第45卷，人民出版社1985年版，第377页。
② 《马克思恩格斯全集》第45卷，人民出版社1985年版，第397页。
③ 《马克思恩格斯全集》第45卷，人民出版社1985年版，第416页。
④ 《马克思恩格斯全集》第45卷，人民出版社1985年版，第437页。
⑤ 《马克思恩格斯全集》第45卷，人民出版社1985年版，第439页。

然而，财产和私有制的出现，使得氏族成员产生了财产私人占有的事实和观念。这种财产私人占有及所有的逐步形成，对于氏族社会的最终瓦解而向政治社会过渡起到了极大的推动作用。在各种私利和私有观念在氏族成员之间产生了各种矛盾和对抗的情况下，原有的氏族社会制度模式显然已经不能适应新的社会变化和需要，氏族社会的公共管理机构开始发生质的演变。例如，希腊人在野蛮时代高级阶段出现了“用土墙围绕、最后用整齐石块砌成的墙围绕的城市，建有城楼、胸墙和城门，以便能同等地保护所有的人并能大家合力防守”。[①] 能够“达到这种水平的城市，就表示已经有了稳定的和发达的田野农业，已经有了家畜群，有了大量商品和房产地产”。[②] 在这种情况下，也就“越来越需要有行政长官和法官、等级不同的军事和市政公职人员，也就有一定的招募和供养军队的方式，而这就需要有财政收入”。[③] 这就是说，随着城市的兴起，尤其是随着财产保护和社会管理任务的越来越重，氏族那种简单的管理人员和管理机构的运行模式已完全不能适应这种需要和变化。于是，“人民赋予原始的酋长会议的整个权力，经过分化而逐渐形成了各种权力。”[④] 但由于权力在分化的过程中没有进行严格的限制和具体界定，以至于出现了权力争斗现象，解决这个问题的办法就在于“需要用成文法代替习惯法”。[⑤]

马克思通过评析摩尔根对古代社会的分析，认为氏族社会向政治社会过渡的根本原因在于私有制的最终确立，社会公共管理机构和法律最终成为保护私有财产的重要手段。他充分认识到私有制产生在人类由氏族社会向政治社会过渡中的重要作用。私有制和私有

---

① 《马克思恩格斯全集》第45卷，人民出版社1985年版，第514页。
② 《马克思恩格斯全集》第45卷，人民出版社1985年版，第514页。
③ 《马克思恩格斯全集》第45卷，人民出版社1985年版，第514页。
④ 《马克思恩格斯全集》第45卷，人民出版社1985年版，第514页。
⑤ 《马克思恩格斯全集》第45卷，人民出版社1985年版，第514页。

观念瓦解了氏族传统的血缘联系，使得财富的获取成为人们生活的主要内容。与此相适应，要求保护私有制的政治组织与法律也就应运而生了。摩尔根等人的人类学著作通过对大量实证资料的占有和全面考察，验证了马克思关于人类社会发展的动力在于市民社会物质资料的生产和交换活动，并且根据物质生产活动的需要不断变革与之不相适应的社会组织形式与政治法律制度的人类社会发展的一般规律。

二、政治公共要素与阶级要素的生态平衡

“从历史角度看，政治制度产生于各种社会势力间的分歧和相互作用；它是解决各种社会势力间分歧的程序，也是组织手段逐步发展的结果。”① 如果我们不是简单地将政治与国家、阶级画等号的话，那么原始公社时期的政治纯粹就是一种简单的公共管理活动，公共性就成为该阶段政治的主要属性。摩尔根在《古代社会》中以大量资料证明了公共权力不仅在氏族社会已经存在，如部落议事会、人民大会，而且在部落联盟中以特有的方式和目的运作，对氏族社会发挥特有的作用。② 当然，作为一个类，人并不是一开始就处在政治生活之中的。刚从动物界脱离出来的人类，为了不被其他的动物所侵扰、所消灭，必然是群居的。为了生存和协调群体之间、个体之间的矛盾，刚刚形成的人类必然要发展组织公共生活的管理机构和为了管理而制定的各种约定俗成的、不成文的规则，从而实现人的社会化与组织化。氏族、胞族、部落制度正是人类在其发展的早期阶段上所产生的管理机构和管理规则的总和。③ 这时

① ［美］塞缪尔·亨廷顿：《变革社会中的政治秩序》，李盛玉等译，华夏出版社1988年版，第11页。

② ［美］摩尔根：《古代社会》，杨东莼、马雍、马巨译，商务印书馆1997年版，第75～79页。

③ 严强等：《宏观政治学》，南京大学出版社1998年版，第3页。

候，社会制度还处于混沌状态，宗教、政治、法律、习俗与道德浑然一体。当人类历史发展到原始共产主义中后期，随着生产力的发展，人类在经济领域中贯彻的不再是完全平均主义的分配原则，当交换和商业渗透到人类的经济活动之中并占据主要地位的方式时，人们的个体或团体的利益开始成为经济活动的主要动力。由于所占有的资源不同、在劳动中所能发挥的天赋能力的不同，再加上实际的机会不同，不同的人或集团所获得的利益也就不同。这种开始时的微小差异一旦积累起来，就会最终导致财富的两极分化。分工、交换、贫富两极分化，其结果是导致私有制出现，社会分裂为利益对立的若干集团。其中有些大的集团能够占有别的集团的劳动，阶级便开始产生。人类早期阶段的原始民主政治意义上的公共管理制度由于氏族、血缘关系的日益解体，各氏族混居造成原来适用于各氏族的伦理规范与行为规则发生矛盾冲突而失效。社会必须建立起超越于个别氏族或部落之上，对各个氏族都普遍适用的、并且是经过人们协商后自觉制定出来的种种新规范，新的规范与新的关系开始形成。从此以后，人类社会在其原有的血缘关系、经济关系、伦理关系、精神关系之外就产生出了一种新的政治关系——阶级政治关系。从阶级、阶层关系中分化出各种利益集团的关系，并逐步产生出与国家相联系的各种带有强制的关系。“国家的作用是在各利益集团之间进行协调，求得公共妥协，通过或批准反映妥协的法律，从而维护社会秩序。”① 阶级与国家的产生使作为公共管理的政治打上了阶级的烙印，从此，政治的阶级性成为其占主导地位的属性，政治的公共性也长期被阶级统治与阶级斗争所掩盖。由此看来，“‘政治’的核心概念是‘权力’，广义的‘政治’，可以遍及历史文明的每一面向。”“狭义的‘政治’，特别指涉社会秩序中以

---

① ［美］戴维·波普诺：《社会学》（下），刘云德译，辽宁人民出版社 1987 年版，第 405 页。

‘公共权力’为核心的一种秩序形式，可以称之为‘政治秩序’，这样的‘政治秩序’在‘国家’这种特殊的社会组织形式在历史上发展起来后，往往是以‘国家’为其建构基地。”①

马克思主义的经典作家，继承了政治学说史上有价值的思想成果，在总结政治实践经验的基础上，对国家、政治与法律进行了深刻而全面的揭示。他们以辩证唯物主义与历史唯物主义的方法论对于人类社会进行了一般考察，认为是生产力与生产关系，经济基础与上层建筑的矛盾运动促成了社会的发展与文明的进步。科学地分析了人类社会发展的基本样态，探索了人类社会发展的一般规律，指出正是特定社会的物质生活条件、生产方式与交往方式决定了该社会特定的政治法律结构及制度体系。深刻阐明了市民社会决定政治国家和法律，市民社会是国家的现实基础，国家意志是法律的一般表现形式，同时深入分析了阶级社会由于私有制的经济关系决定了国家与法律只能是维护私有制和阶级压迫的工具。着重分析了资本主义社会生产方式及其社会结构，揭露了资产阶级民主政治的虚伪性，深刻地指出资产阶级鼓吹的民主政治实质上就是维护资产阶级的统治利益与统治秩序的工具。从而撕掉了资本主义所谓的体现人民主权的议会政治公共性的面纱，公开主张无产阶级专政的鲜明的阶级性，认为只有在消灭一切剥削阶级，建立共产主义社会的时候才可能实现真正意义上的人民当家作主的民主政治和完全彻底的自由解放。为此，他们在强调国家政权问题是全部政治的核心问题和根本问题的同时，区分不同时期有不同的政治任务。在阶级对立时期，政治就是各阶级之间的斗争，政治就是无产阶级为争取解放而与资产阶级进行斗争的关系。无产阶级夺取政权后，进入社会主义时期，政治就与经济建设、民主管理相联系。马克思主义政治观

---

① 王健文主编：《政治与权力》，中国大百科全书出版社2005年版，“导言”第4页。

认为政治主要是处理阶级与阶级、集团与集团、人与人之间的关系，体现了阶级性、实践性和科学性三者的有机统一。

马克思主义经典作家着眼于人类解放的崇高事业，对人类的普遍幸福与个人的全面解放倾注了全部热情，他们所解读的政治更多地体现为对他们所处的资本主义上升时期的政治状况作出严厉的批判，因此更多地突出了政治的阶级属性。以提醒所有的无产阶级及其政党认识到在不可能通过合法斗争取得政权的情况下，只有通过暴力革命这条唯一路径。但是，他们并没有否认政治的公共属性，而认识到政治是一种公共权力，表现为对社会、对国家生活的统治、治理及控制。“随着城市的出现，必然要有行政机关、警察、赋税等等，一句话，必然要有公共的政治机构，从而也必然要有一般政治。”① 恩格斯明确指出，国家的“政治统治到处都是以执行某种社会职能为基础，而且政治统治只有在它执行了它这种社会职能时才能持续下去”。② 也就是说，国家的统治既包括阶级专政，又包括相应的公共秩序的维持、公共事务的管理。实际上，在马克思主义经典作家那里，政治具有双重属性，在阶级社会中，政治的阶级性得到了充分的体现，公共性所占据的比重较少。资产阶级千方百计地掩盖其统治的阶级本质而美化其民主成分，无产阶级则公开主张政治的阶级属性并同时承认政治的公共职能，体现了辩证唯物主义的政治观。到无产阶级取得政权，建立了无产阶级专政的社会主义国家后，基于人民民主的广泛性政治基础与群众性基础，对敌专政职能的范围大大缩小，最大的政治是进行社会主义现代化建设的时候，政治的公共性特征就得到了极大的彰显，这体现了政治的公共性与阶级性的有机统一。有学者指出，马克思在 1844 年的《关于现代国家的著作计划草稿》中，曾提出“无产阶级民主”和

---

① 《马克思恩格斯选集》第 1 卷，人民出版社 1995 年版，第 56 页。

② 《马克思恩格斯选集》第 3 卷，人民出版社 1995 年版，第 219 页。

“社会主义民主”两种形态，前者从革命的角度出发强调了民主与专政的共生性；后者则从建设的角度出发将民主同生产力发展以及与权利保障相联系。[①] 社会主义民主的主要任务变为扩大人民群众的民主权利，完善民主制度。[②] 当然，“马克思和恩格斯提出了对资本主义以及资本主义以前社会的社会秩序的精辟分析，但是关于社会的未来发展，他们只是指出了理想的共产主义社会目标，提出了如何实现这一目标的某些线索而已。实际上并没有明确地谈论革命后的过渡时期、该时期将持续多久、需要制定怎样的法律等等。”[③] 任何伟人都会受到所处社会历史条件和有限生命的限制，马克思主义经典作家对于共产主义社会阶段的政治法律制度也仅仅提供了某些预测。但是，由于我们对于马克思主义关于政治与阶级、政治与法律关系的片面理解，导致了社会主义国家过度强调阶级斗争理论。坚持认为在剥削阶级作为一个阶级被消灭后，社会的主要矛盾仍然是阶级斗争，从而高度强化阶级专政，甚至将一切社会活动都纳入阶级政治视野。这里，我们犯了一个将政治与阶级直接等同起来的严重理论错误，极大地强调了政治的阶级性而严重忽视甚至无视政治的公共性与社会性，片面地认为政治等同于阶级统治与阶级斗争，甚至人为地设计出阶级敌人与阶级阵线，从而导致阶级斗争的扩大化错误。因此，对于政治范畴，我们绝对不能简单地套用马克思主义经典作家的只言片语，就随便得出结论，并上升到意识形态的高度甚至作为判断政治立场的标准，而是坚持政治公共要素与阶级要素的动态衡生与生态平衡。这些都是社会主义国家用血的教训换来的宝贵经验。

---

① 佟德志：《在民主与法治之间》，人民出版社2006年版，引言第2～5页。

② 参见王沪宁主编：《政治的逻辑——马克思主义政治学原理》，上海人民出版社1994年版，第327页。

③ ［德］K. 茨威格特、H. 克茨：《比较法总论》，潘汉典等译，法律出版社2003年版，第425页。

三、法律的政治要素与规范要素的生态平衡

在与人类有关的问题中，没有几个像“什么是法律”这个问题一样，如此反反复复地被提出来并且由严肃的思想家们用形形色色的、奇特的甚至反论的方式予以回答。[①] 基于研究视角差异形成了各种各样的关于法律的本体论：诸如主张法律是主权者命令的分析法学派，主张法律是民族精神的历史法学派，主张法律是社会秩序的控制机制的社会学法学派以及主张法律是正义与秩序的综合体的综合法学派，等等。不同的理论进路当然会得出关于法律是什么以及应当是什么的不同结论。庞德总结道，“如果我们说，对分析法学家而言，法律就是制定法；对历史法学家而言，法律就是习俗；对哲理法学家而言，法律就是自然法，那么，我们基本上公正地对待了上世纪的主流法律学说，并且是以希腊哲学家所完全能够理解的方式表达了它们。”[②] 如果从历史的观点来看待问题，那么，我们认为历史法学派关于法律是特定民族的精神体现的主张阐明了法律的自我演进特性；如果从法律本身的结构来看，分析法学派提出的关于法律是规则的体系，无疑成功地对法律的内部结构进行了条分缕析；如果从法律的功能与效用来看，社会学法学派主张法律是使社会变得和谐有序的规则控制体系是深刻的洞见；而用比较全面的视角审查法律现象，从而提出法律是综合体的主张则体现了综合法学派的独到宏大思路。从人类社会文明发展的一般经验与逻辑来看，可以认为：法律作为一种社会现象，产生于人类社会的漫长发展进程中，既体现为社会文明的表达方式，也体现为社会文明的

---

① ［英］哈特：《法律的概念》，张文显等译，中国大百科全书出版社 1996 年版，第 1 页。

② ［美］罗斯科·庞德：《法律与道德》，陈林林译，中国政法大学出版社 2003 年版，第 157 页。

保障手段。作为社会文明的表达方式，法律本身表现为一种人类社会的理想，对正义、美德与善的一份认识和期盼；作为社会文明的保障手段，法律基于自身内部结构及其本质属性，决定了它必然成为任何社会首先选择的资源分配方式、冲突解决方式与共同体秩序维续模式。必然体现为对正义与秩序的保障，从而决定了法律发展主要来源于司法活动和立法活动。那么，法律受司法影响大还是受立法影响大，一个通常的看法是，英国法受司法影响大，而大陆法受立法影响大。实际上，如梅因所指出的，有意识的立法是法律文明达到一定阶段的产物，大陆法通过立法创设规则的历史悠久，但在以前，同样，许多法律规则的发展依靠的却也是司法。① 德国法学家考夫曼先生也指出，"历史的回顾说明了，法律远比今日人们称为'制定法'者，来得年代久远。"② 这说明，法律来源于人类社会漫长的司法实践活动，逐步将伦理习俗转变为法律规则。当然随着成文法的兴起，法律的制定遂成为国家机构的专门职能，而国家本身又是特殊利益与普遍利益的调节器，故而法律既具有作为规则本身的规范属性，也具有规则实施的社会属性。恰如哈德森所说，作为法律运作结果的"惩罚是了结案件的一种方式，而且法律的另一项功能也正是解决争端。争端可以在庭内或者庭外解决，不论在庭内还是在庭外解决争端，法律都对争端解决过程提供有益的指导和约束，同时也排遣和疏导争端各方可能使争端永久延续下去的情绪。法律也应该有助于确保争端的解决结果能够生效，比如借助于宣传或者通过强制性力量。"③

维尔指出，"西方政治思想史描绘的是一套价值——正义、自

① 李红海：《普通法的历史解读——从梅特兰开始》，清华大学出版社 2003 年版，第 234 页。

② ［德］考夫曼：《法律哲学》，刘幸义等译，法律出版社 2004 年版，第 205 页。

③ ［英］约翰·哈德森：《英国普通法的形成》，刘四新译，商务印书馆 2006 年版，第 19 页。

由、平等和私有权神圣不可侵犯——的发展和阐发，多少世纪以来这些价值的意蕴一直受到考查和争论；但同样重要的还有这样一个历史，它所争论的是必须有什么样的制度结构和程序，这些价值才能在实践中实现并相互和谐。”[①] 法律制度正是人们长期争执不休的问题之一，法律作为一种人类文明的综合体，具有规范性与政治性两种基本属性。规范性是指法律作为一种规范结构，正如分析法学派所认为的，它体现为主权者的命令。这种命令表现为权利义务的分配，表现为规定什么是可以做的、什么是不可以做的等规范要素。这实际上揭示了法律所具有的技术及强制属性，通过法律的规范与强制能够有效地协调社会各主体的权利与利益，有效惩戒不法者的反社会行为，从而维续社会和平与秩序。后者是指法律通过其规范性的命令来达到的结果或效用，体现为整合社会利益与保障社会秩序，实现社会的有序化。它实际上体现了法律的社会性或公共性属性，正如社会法学派所提出的，法律是人类文明与社会进步的保障机制。[②] 亦即，法律的政治要素与规范要素保持着衡态共生与相容相通的生态平衡关系。

法律现象与世界其他社会现象一样，都是由各种复杂要素的综合影响而形成其自身的发展脉络的。分析法学派希望从法律本身入手来研究法律现象，但他们却天真地认为法律犹如真空管中的气体不受外界一切因素之影响。而且仅仅以某个特定的国家法作为研究的全部对象，纯粹法学更极端地想象能够摆脱所有宗教、自然科学、伦理学、社会和政治因素来研究法律现象，实际上这些仅仅是法律研究的起始基点。当然作为基点的研究所揭示的法律是一种规

---

① ［英］M. J. C. 维尔：《宪政与分权》，苏力译，生活·读书·新知三联书店1997年版，第1页。

② 参见［美］罗·庞德：《通过法律的社会控制——法律的任务》，沈宗灵等译，商务印书馆1984年版，第13页。

则体对于认识法律的规范性有所助益，但是规则体本身就是社会与历史的综合产物，这是不容忽视的。作为规则体的法律来源于习俗、宗教、禁忌以及那些通过遗传得到维续的行为规则，还有发达社会的立法与司法所确立的行为规则，由此形成了一种复杂的规则网络，其目的在于实现法律的社会功能，即调整、规范人们的行为，促进社会和平与秩序。而对于法律规范的有效性与实效性而言，依赖于法律得到广泛认同和普遍遵从，也依赖于法律制裁等强制性因素。但是，单单凭技术性与强制性还不能使法律成为普遍有效的规则体。法律如果希望得到广泛认同就必须体现普遍的正义理念，合情理性与合道德性逐渐成为法律的主要内核，源远流长的自然法思想成为深刻影响人类文明的法治圭臬，就是法律的合道德性的典型表征。“法律要求社会成员的道德信仰具有最低限度的一致性。甚至在冲突型的社会关系当中，各方也必须承认这样的现实：为了战胜对手而进行的斗争必须依照特定的规则进行，如不得进行恫吓。在一个法律被人们看成保障公平的工具的社会里，法律最为繁荣。”① 早在古希腊时代，伟大的哲学家亚里士多德就指出了法治的基本要素是：“已经成立的法律获得普遍的服从”和“大家所服从的法律又应该本身是制订得良好的法律。”② 实际上，良好的法律来自于滋养其生存发展的社会中长期形成的公序良俗。柯勒指出，社会乃是真正的法律赐予者。法典委员会或法典起草人只是表达机制而已。由此可见，这些法典不应当根据作为个人的法律制定者的意志和思想加以解释，而应当从社会学的角度出发被解释成社

① ［英］彼得·斯坦、约翰·香德：《西方社会的法律价值》，王献平译，中国法制出版社2004年版，第42页。

② ［古希腊］亚里士多德：《政治学》，吴寿彭译，商务印书馆1997年版，第199页。

会的产物——法律制定乃是这个社会机制的一部分。[①] 在社会普遍公认的标准与规则逐渐进入法律规则体系的过程中，法官无疑充当了重要的角色，英美判例法体系就是最好的注脚；有着浓厚专制基础的大陆法国家则对立法有着天然的偏好，认为法律的强制性来自公共权威制定普遍性的强制规范。立法无疑是制定这些规则的最重要的功能体现，但是，如果仅仅认为法律是主权者的命令，是强者的自然逻辑，乃至于是纯粹的统治工具，仅仅认识到立法者制定的东西才是法律，而不管所制定的东西是否合道德性，是否能够得到广泛认同，那么法律就不可能得到长久的遵循。法律倘若仅仅成为维护强权政治的工具，就不可能成为人们普遍的信仰和得到遵循的规则。实际上，“如果没有某种认同的基础，任何政权都无法持久，这仅仅是因为，它必须减少赢得依从的代价。为寻求支持，统治者诉诸那些能够证明他们对服从的要求为正当的正统性原则。”[②]

法律系统的规范要素与政治要素维系着衡态共生与动态衡生的生态平衡关系，规范要素体现为法律的规则性与技术性，政治要素体现为法律的公共性与社会性。具体表现为法律通过程序运作来规范社会主体行为，调整社会利益，实现社会的秩序化，从而实现法律规范功能与政治功能的协调统一。在阶级社会中，法律体现为统治阶级将自己的意志通过立法上升为国家意志，当然不能说统治者的任何意志都可以上升为国家意志，在国家意志中并不是全然没有体现和反映被统治者的意志。统治者必须考虑在维护自身利益的同时如何行动才能有利于更好地统治，也就必然要考虑政治统治的合民意性。“法律所体现的意志也不会是统治者的一厢情愿，也不可

① ［美］罗斯科·庞德：《法理学》，邓正来译，中国政法大学出版社 2004 年版，第 168 页。

② ［美］诺内特、塞尔兹尼克：《转变中的法律与社会》，张志铭译，中国政法大学出版社 1994 年版，第 61 页。

能完全不顾及被统治者的基本需要、愿望和感受。”① 尽管法律的政治性在阶级社会中表现出强烈的阶级性，但它并不能直接取代法律的公共性或社会性。任何时代的统治者如果着眼于长远利益，考虑要做到“江山稳固”，在法律中必然要尊重社会其他利益集团的利益，力争做到统筹兼顾。“法律并不仅仅是用来维护统治阶级权力的一整套规则。不过，只要法律的首要目标是建立社会的和平和秩序，法律的价值观与统治阶级的价值观之间就没有冲突。社会稳定也是统治者的利益，只要统治者想要保持对社会的控制，他们就不会允许混乱得以蔓延。”② 而且为了有利于统治，他们将法律的阶级性隐藏起来，宣传自己的法律具有全民性与普遍效力。尽管这在资本主义社会中常常成为统治阶级的统治策略，但不能否认法律本身兼具公共性与阶级性的二元特征。“一切经验表明，没有任何一种统治自愿地满足于仅仅以物质的动机或者仅仅以情绪的动机，或者仅仅以价值合情合理的动机，作为继续存在的机会。相反，任何统治都企图唤起并维持对它的合法性的信仰。”③ 马克思主义经典作家关于法律是普遍利益与特殊利益调适器的精辟表述已经深刻表明，法律旨在实现利益协调与政治治理的协调统一。正如德国学者所指出的，法律不仅仅有对政治的确认和强化功能，而且“法律总是具有对政治施加限制的附加功能，这种限制所使用的方式是确认公民自由的自治领域，它们不得仅仅以社会整体利益的名义而受到侵犯。这一点可以从对公民权利的宪法保障、刑事诉讼程序中保护个人自由的许多规则、司法系统尤其宪法法院独立于行政机构

① 魏宏：《法律的社会学分析》，山东人民出版社 2003 年版，第 160 页。

② ［英］彼得·斯坦、约翰·香德：《西方社会的法律价值》，王献平译，中国法制出版社 2004 年版，第 39 页。

③ ［德］马克斯·韦伯：《经济与社会》（上），林荣远译，商务印书馆 1997 年版，第 239 页。

等方面看出来。”① 实际上，马克思主义经典作家的市民社会理论已经深刻阐明了政治国家必然以市民社会为其深厚基础，特定的政治形态与法律形态必然与特定的社会物质条件与生产力水平及生产方式相适应。尽管法律表面上体现着统治阶级的意志，但实质上是特定社会结构与精神的体现。②

随着资产阶级代议制民主的不断发展与世界性的人权运动的不断高涨，法律的公共性特征也不断地得到彰显。社会主义国家强调法律的阶级性没有错，问题在于如果忽视乃至无视法律的社会性，片面地将法律的阶级性夸张到极限，结果将会导致政治统治合法性的丧失。实际上，社会主义国家正是基于深厚的阶级基础与广泛的群众基础，因此法律的公共性与社会性特征应当更加明显，也应当更加具有公信力与权威性。而法律的规范性则是资本主义国家与社会主义国家法律的共同特征，法律的规范性取决于法律系统自身内部规范要素的互动与整合而日趋完善；同时，规范要素、命令要素与价值要素的协调兼容，才使得法律保持着相对独立的功能自治。法律的政治性则取决于特定时期的政治系统对于政治信仰、理念的提倡与特定政治结构与功能的界定。而政治本身并不完全意味着只存在阶级斗争，只有激烈的利益冲突与矛盾，实际上法律就是阶级社会中不同利益群体、不同的阶级或阶层相互妥协与合作以维护社会团结的集中体现。汉密尔顿指出：“在文明的民族里面必然产生许多利益集团，他们分成不同的阶级，各自不同的情感和认识，调

---

① ［德］K. 茨威格特、H. 克茨：《比较法总论》，潘汉典等译，法律出版社 2003 年版，第 428～429 页。

② 有学者指出，统治阶级意志论并不是马克思主义经典作家对法的本质定义，他们根本没有将资本主义的法视为理想的法，没有将体现资产阶级意志的法视为法的发展方向或法的发展的必然趋势的意思。将马克思、恩格斯对资产阶级法律的批判视为对法本质的一般概括是对经典作家原意的曲解。参见张恒山：《法理要论》（第二版），北京大学出版社 2006 年版，第 128～131 页。

和这些不同的错综的利益成为现代立法的主要任务。”① 从这个意义上讲，法律讲求的是秩序的稳定和谐、利益的大致平衡，从人类社会历史经验中可以得到法律所具有的维续社会秩序的政治功能的验证。正如博登海默所说：“一种极具洞见能力的法哲学会认为，无论在何种政治或社会制度下，法律都不可能要么完全是政府性的，要么完全是社会性的。这种法哲学一是认为法律产生于社会与其统治者间的紧张及协调关系之中，二是认为法律制度反映了命令性因素与社会性因素间微妙的互动关系；当然，这两种因素在不同国家和不同历史阶段中常常是交替占优势的。人们必须在政府与人民之间找到某种妥协方法以保护法律制度的完整性和效力。如果政府走得太远，超出了人民所能接受的限度，或者反过来看，如果一个前进中的国家被一个主张倒退的政府拖住，那么整个或部分法律制度就会陷入困境。”②

四、政治系统与法律系统的动态衡生与网络整生

随着人类社会的日益复杂化与多样化，作为人类法治文明典型表征的法律制度逐渐发展成为具有相当自治功能的独立系统，而体现人类文明重要维度的政治制度也表现出丰富多彩的体制格局。人类社会早期的政治法律不分的现象一去不返，政治领域与法律领域的界限越来越明朗，二者互不相扰、各自独立运行的特征十分突出。诸如司法独立、司法官不党、职业专门化、精英化、技术化等体现了法律系统相对独立的特征，而政治争论、党派斗争等问题不能诉诸法院的原则更体现了政治系统的相对自足性。但是，法律与

---

① ［美］汉密尔顿等：《联邦党人文集》，程逢如等译，商务印书馆 1980 年版，第 146 页。

② ［美］E. 博登海默：《法理学—法律哲学与法律方法》，邓正来译，中国政法大学出版社 2004 年版，第 345 页。

政治保持着动态衡生与网络整生的有机联系，不可能彻底分离或相互取代。政治是服务于社会公共管理的权力活动，公共权力的取得、运行与保障需要体现公共意志的法律来支撑，政治的合法性需要法律来表达和论证。权力是政治的核心要素，一定的权力配置就代表着一定的政治秩序。① 而"按照民主的理论，政府行为只有代表人民的意志，才具有合法性。从程序的概念出发，若各利益集团都参与了决策过程，并通过冲突和妥协形成了一种结果；若政府决策反映了这种结果，它的行为便是合法的。"② 国家权力理性运作与政治权威合法生成体现其工具理性，通过公共权力运作以追求公平与秩序的最佳和谐则体现出其价值理性。也就是说，权力的正当化运行不能离开对共同承认的普遍规则的遵循，否则就会出现权力的恣意，政治就会演变为强者的话语。"政治手段，凡能以最少的费用与困难，完成社会至善者，就是最优良的。""政治目的与手段，不能是不道德的，因为它们乃与人类安全的最高原则有关。""如法律然，政治不能与伦理分离，亦不能与之混为一物，而简直是个别的。"③ 法律作为一种具有普遍效力的共同规则体系，也必然服务于主流政治的理想追求，而法律规则通过具体适用最终形成的正义秩序本身就是政治的表现形式。政治与法律在为人类的持久和平与幸福、充分的个人自由与社会有序及和谐统一方面具有高度的协调一致性，都体现为高度的合伦理性。因此，政治的权术性与法律的强制性联姻，应当以道德理性为基础和前提。如果离开了基本的伦理尺度，离开了公平正义的核心价值观的指引，必然丧失其合理性与合法性信仰，最终迷失行动方向从而背离预期目标。因为

---

① 魏宏：《法律的社会学分析》，山东人民出版社 2003 年版，第 131 页。

② ［美］塞缪尔·亨廷顿：《变革社会中的政治秩序》，李盛玉等译，华夏出版社 1988 年版，第 27 页。

③ ［意］密拉格利亚：《比较法律哲学》，朱敏章等译，中国政法大学出版社 2005 年版，第 202 页。

若人类共同生活取一种合法形态，那么，它首先必须具有法的特征；其次，法必须达到正义的质量；最后，公正的法要保护公共法律制度，从而取正义国家的形态。①

近代民族国家诞生以来，法律主要体现为国家的意志，由国家强制力保证实施。离开了国家政权这个政治核心问题，法律就失去了存在的根据。“因为国家是属于统治阶级的各个个人借以实现其共同利益的形式，是该时代的整个市民社会获得集中表现的形式，因此可以得出一个结论：一切共同的规章都是以国家为中介的，都带有政治形式。”② 在阶级社会中，作为社会的规范体系，法律直接受政治制约，超越政治之外的法律是不可能存在的，有的只是不同的法律规范、不同的法律部门与政治的关系的远近之别。因为，“国家的作用是在各利益集团之间进行协调，求得公共妥协，通过或批准反映妥协的法律，从而维护社会秩序”。③ 一方面，法律作为利益妥协的体现反映着社会各个利益集团的地位、利益与意志，因此，法律更多的是利益的协调与平衡功能。另一方面，法律必然服务于特定的政治。与法律相比，政治占有主导地位，法律必然深受政治的影响。“在社会的结构中，法律命题是为政治权力所支配的。因此，在法律命题之中，必须或多或少地体现着一定的政治理想。在斗争中获得了胜利的社会力量，会通过创造法律命题的方式来强制保护自己利益的规范实现。因此，法律命题总是带有政治色彩的。”④ 这充分说明了政治与法律的唇齿相依的同构共生与网络

---

① ［德］奥特·弗利德·赫费：《政治的正义性》，庞学铨等译，上海译文出版社1998年版，第13页。

② 《马克思恩格斯全集》第3卷，人民出版社1960年版，第70~71页。

③ ［美］戴维·波普诺：《社会学》（下），刘云德译，辽宁人民出版社1987年版，第405页。

④ ［日］川岛武宜：《现代化与法》，王志安译，中国政法大学出版社1994年版，第232页。

整生关系。但是，法律具有独立的地位与完整的体系，保持着相对的自治性。尤其近现代以来，政治与法律的合道德性得到了极大的张扬，政治的权术性通过正义的法律来论证与表达，并对其恣意成分进行了有效抑制，而法律的规范性与政治性也得到了不断发展。政治与法律的互相渗透的现象越来越突出，政治是法治视野下的政治，是讲规则的政治；而法律是政治权力作用下的法律，是服务于政治的法律。随着国家法治化与政治民主化的进程的加快，现代法律与政治交融的特征将更加明显。尽管如此，法律作为规则体系，其根本属性在于规范性，这是法律保持独立、自治的重要品格，政治性乃是法律的功能属性，受到根本属性的制约。因此，在理论层面与实践层面都不能将政治与法律互相混同或是合二为一，否则，将导致严重的政治与法律异化现象，法律秩序、政治秩序与社会秩序都将陷入动荡不安的危险局面。

第二节　政治维度中的刑事诉讼生态

一、刑事诉讼生态系统的政治要素

刑事诉讼生态系统政治要素体现为刑事诉讼的政治性。所谓刑事诉讼的政治性，是指特定地域与特定时期的刑事诉讼形式深刻反映着该社会的政治理想与政治结构，以及通过特定的刑事诉讼系统运行旨在实现特定的政治目的所具有的本质特性。根据人类文明发展的一般经验，无论在任何时期任何地域，只要是人类社会共同体，必然存在着一定的政治形态及权威形式，这种公共集合体的目的在于对社会秩序的维续与对社会利益的保护及促进。这种公共目的必然要求相应的公共权威才能保证共同规则的遵循与公共秩序的维护。在前国家时代的原始社会中，权威是依靠宗教、图腾、禁忌以及惯例等形式得以维护的，主要体现为一种道德强制，以及通过神灵威严形成的心理强制。而在阶级社会中，随着阶级分化与阶级斗争的出现，作为统治者的阶级为了维护其统治阶级利益与统治秩序，开始构建国家统治机器，垄断全部暴力，组建军队、法庭、监狱、警察等强制力量来形成权威以巩固其统治。并通过制定和颁布法律来论证自己的政治统治的合法性，来惩治和预防任何反国家与反社会及其反现行统治秩序的犯罪行为。"法律与政治秩序密切相关，因为它需要有国家机器，即以法庭、法官、警察等方式来获得强制力。"① 民族国家对于直接威胁政治统治的外敌入侵、大规模社会分裂动用军队通过战争加以解决，而对于孤立的个人反对统治关系的行为，则通过规定为犯罪，通过刑事审判科以刑罚加以解决，刑事司法也就实际成为维护政治统治的常规手段。阶级社会的政治权威则主要通过法律强制得以体现。刑事诉讼尽管从一开始就是以解决争端的形式而出现的，有着自己安身立命的内部秩序与自生自发的功能结构。但是还必须依赖于外在的一种强制力量才能实现其最终的目的，由此决定了刑事诉讼从诞生的时候起就注定要与强制结缘。正如韦伯所说，"较其他制度性组织的共同体，政治共同体的构成更加明显地是为其成员规定各种义务，其中多半是他们必须完全履行的义务，因为他们清楚地知道，这种义务的设置是以可能实施的暴力为后盾的。"② 随着神灵逐渐在世俗生活中淡出，王权专制逐步形成，权力就成为阶级统治的核心，法律开始沦为国家暴力的外壳，刑事诉讼这一集中体现统治阶级意志的法律工具自然成为其巩固统治、维系政权的重要手段。

刑事诉讼的政治性表现为通过刑事争端解决机制的持续运作维

---

① ［英］彼得·斯坦、约翰·香德：《西方社会的法律价值》，王献平译，中国法制出版社 2004 年版，第 65 页。

② ［德］马克斯·韦伯：《论经济与社会中的法律》，张乃根译，中国大百科全书出版社 1998 年版，第 341 页。

护特定社会共同体的秩序。“很显然，人类可以无自由而有秩序，但不能无秩序而有自由。必须先有权威，然后才能对它加以限制。”[①] 任何形态的政治必然追求理想的统治秩序与社会秩序，并且首先考虑的是如何从根本上维护统治秩序，其次才是考虑安定团结的社会秩序。因为只有统治秩序得以巩固后，统治者才有可能考虑通过决策与政令来维系社会团结，促进社会秩序的生成。否则，政治统治的合目的性就会落空。要维护统治秩序，就必然利用刑事诉讼这个十分有用的政治工具，而阶级政治身兼阶级性和公共性的二维特征决定了刑事诉讼的阶级性与社会性二维属性。因为，一方面，刑事诉讼是有效化解统治威胁的主要手段，通过动用国家权力，对于特定的反现行统治行为与反社会秩序行为等犯罪行为主体进行确认与惩罚，以消除一切障碍，从而实现统治的目的。从这个意义来讲，刑事诉讼是维护特定阶级政治统治的当然工具，刑事司法过程就是政治权力运作的典型表征。“就刑罚而言，对犯罪者实施刑罚处罚，是统治阶级行使国家权力的表现。”[②] 对于任何阶级政治统治形式来说，刑事诉讼都具有阶级属性。另一方面，刑事诉讼通过对犯罪者进行定罪处罚的刑事司法活动也维护着社会共同体的整体秩序，因而刑事诉讼具有社会公共属性。随着政治理念的转变，政治形态与政治结构的变化，刑事诉讼的阶级政治属性与社会公共属性的比例会发生相应的变化。在阶级社会中，一般说来，在政权建设初期，为了巩固特定的政治权力和维护大体有序的社会秩序，统治者一般都要制定严厉的法律，对直接危害其阶级统治的犯罪行为实施严厉的制裁。而随着政权基础的巩固，统治者为了争取更多的支持与民意，一般都采取宽刑轻罚的刑事手段。一旦发生社

① ［美］塞缪尔·亨廷顿：《变革社会中的政治秩序》，李盛玉等译，华夏出版社1988年版，第8页。

② 谢佑平：《刑事司法程序的一般理论》，复旦大学出版社2003年版，第41页。

会动荡，出现较大的异己势力的时候，又会出现严苛的刑事政策并加大对违法犯罪的打击力度，从而尽量消除对统治形成威胁的力量，巩固统治秩序与社会秩序。刑事诉讼法律制度的阶级政治属性与社会公共属性会在特定时期与特殊情况下出现不同的分配权重的情形，体现了刑事诉讼的政治属性的多变性与灵活性特征。

从人类社会发展的历史来看，伴随着社会公共事务的增多，政治活动的日益复杂化，刑事法律制度日益专业化与技术化，政治与法律进行着同步进化并呈现出相对分化和密切互动的态势。一般说来，政治的形态决定了法律的基本形式，而一定的法律形式也直接或间接地影响着政治的发展。著名的程序法学者达玛斯卡说，“我相信政府结构和政府功能这两种政治因素在很大程度上影响着程序规则的生长环境，并因此在很大程度上决定着程序制度的基本设计。”① 由此，深刻揭示了政治制度对法律制度的全面影响。在原始社会的简单社会共同体中，政治比较单纯，而法律也表现为解决争议的活动，诉讼的民主性、平等性色彩较为浓厚。进入阶级社会以后，激烈的阶级矛盾与阶级斗争使得政治与法律打上了深刻的阶级烙印，政治集中表现为阶级压迫与阶级统治而不是政治的协商对话，法律则表现为统治阶级的纯粹政治工具，即运用刑事诉讼及刑罚手段达到统治目的。法律尤其是刑事法律表现出相当的严厉性与暴力性，缺乏理性与人性。奴隶社会时代与封建专制时代的专横刑事司法程式与野蛮残酷的刑罚措施深刻体现了专制政治的阶级本质。② 随着资产阶级启蒙运动的兴起与工业革命的完成，资本主义商品经济的蓬勃发展，封建专制统治秩序受到了空前的挑战，与此

---

① ［美］米尔伊安．R. 达玛什卡：《司法和国家权力的多种面孔》，郑戈译，中国政法大学出版社 2004 年版，致中国读者的引言。

② 参见［法］米歇尔·福柯：《规训与惩罚》，刘北成等译，生活·读书·新知三联书店 1999 年版，第一、二章；金良年：《酷刑与中国社会》，浙江人民出版社 1991 年版。

相伴的野蛮落后的刑事法律制度逐渐走向衰落。资产阶级政治统治取代封建专制统治后，民主、人权、平等思想深入人心，而这些口号正是资产阶级团结广大人民群众组成广泛的统一战线，形成革命力量的重要源泉。资产阶级革命成功之后，基于自身利益需要与对广大人民群众要求的回应，将民主政治、自由平等、保障人权、法律公正等思想通过法律固定下来。并进行了政治的民主化与法律的人性化改革，政治的民主性与公共性要素得到了极大的发展。但是，这并不能抹杀、取代政治的阶级性，取得胜利的资产阶级仍然要通过法律的手段以维护其统治利益与统治秩序。同样，任何以推翻资产阶级现行统治秩序的活动必然遭到法律的严厉制裁。因此，资本主义社会的法律尽管比封建社会进步了许多，但是，法律的阶级性特征依然存在。以马克思列宁主义武装起来的无产阶级及其政党，以推翻资本主义制度，建立共产主义理想社会为最终目标，与资产阶级进行了不屈不挠的政治斗争与武装反抗斗争。并在苏联、中国等国家先后取得了胜利，完成了资产阶级民主革命与社会主义革命的转变，成功建立了社会主义国家。为了巩固无产阶级革命政权，必然将自己的阶级意志通过立法转变为国家意志，从而建立社会主义法律制度体系。通过刑法、刑事诉讼法等法律手段对一切敌对势力进行镇压与惩罚，打击一切危害国家安全、威胁革命政权与社会主义秩序的犯罪行为。刑事诉讼法律与刑事司法成为维护无产阶级政权与巩固社会主义制度及维护社会主义新秩序的重要工具，这同样体现了法律的政治功能。在消灭了一切剥削阶级之后，社会主义社会的中心任务是转入大规模的经济建设。“经济工作是当前最大的政治，经济问题是压倒一切的政治问题。”① 但是，阶级斗争还在相当长的时期内存在，为维护无产阶级的统治秩序与广大人民群众的利益，通过刑法、刑事诉讼法等法律手段来制裁各种犯罪

---

① 《邓小平文选》第2卷，人民出版社1994年版，第194页。

以保障公民合法权益与维护社会主义社会秩序就成为社会主义国家刑事法治的重要内容。刑法中的危害国家安全罪、反革命罪都是法律的政治工具的典型表现，刑事诉讼通过特定刑事程序所进行的定罪处罚活动最终实现法律目的与政治目的，体现了深刻的政治属性。对此，马克斯·韦伯作了高度概括，“在早期，甚至那些被公认为是重罪的诉讼也不是由组织化的共同体进行的，除非在宗教或军事利益的压力下，共同体才负责这种诉讼，而现在，由政治强制机制保障的公诉包括对人身和财产的各种伤害。于是，政治共同体垄断了暴力的合法使用，并且逐渐地将它转变为权利保护制度。”①

二、刑事诉讼生态系统的法律要素

刑事诉讼生态系统的法律要素体现为刑事诉讼的法律本质属性。它是指刑事诉讼作为人类社会严重冲突解决机制与社会控制机制所应当具备专业化、技术化、规范化的纠纷解决的裁判特性，刑事诉讼的法律性表现为以下基本特征：

（一）刑事诉讼将权力活动技术化

如果将刑事诉讼看做解决严重冲突的社会机制，那么在最初的人类文明发展时期都存在这种机制，而这种机制的运作最初并不是依赖于权力，而是依靠权威。阶级与国家的出现使得权威形式转化为权力形式。权力是命令与服从，支配与被支配的管理体系。正如韦伯所说，“支配乃是权力的一个特殊个案”，“权力——亦即将个人之意志加诸他人行动的可能性——的支配可以出之以各种形式”②。也就是说，权力存在着显形的强制内容。沃尔特也指出，

---

① ［德］马克斯·韦伯：《论经济与社会中的法律》，张乃根译，中国大百科全书出版社 1998 年版，第 346 页。

② ［德］马克斯·韦伯：《支配社会学》，康乐、简惠美译，广西师范大学出版社 2004 年版，第 3 页。

"最有用的权力概念既不会在它的领域内排除说服和强制，也不会认为权威或暴力何者更为重要，更具有终极性。"① 自从国家产生后，公共权威被以暴力为后盾的国家权力所取代，权力就成为维护统治秩序的主要力量。犯罪最初作为解决私人之间的争端也就被视为对现行统治秩序造成危害和威胁的行为逐渐被纳入国家政治生活。诚如人类学家霍贝尔教授所言："在原始法的发展过程中，真正重大的转变并不是人与人之间的关系中实体法上的从身份到契约——尽管这是欧洲法在其后来发展过程中的一个显著的特征，而是在程序法上的所发生的重心的重大转移，维护法律规范的责任和权利从个人及其亲属团体的手中转由作为一个社会整体的政治机构的代表所掌管。"② 国家介入刑事诉讼意味着以暴力为后盾的权力强制成为争端解决机制的基础和保障，使得这种争端解决方式成为国家统治的专门技术。从此，刑事诉讼活动演变为国家法律活动，它既不同于国家之间的战争行为，也不同于氏族或部落时代的血亲复仇等私人行为。刑事诉讼是统治者将一些在他们看来是对现行统治秩序与社会安宁造成危害和威胁的行为事先规定为犯罪并广而告之，然后运用这些法律来解决现实生活中发生的犯罪行为的过程。通过刑事立法与刑事司法，国家权力逐步被专门化、技术化，刑事法律制度体系也就成为国家权力体系的重要组成部分。

法律制度与政治制度都是人类社会智识的结晶，他们随着社会进步而逐步成长，并且互相影响与互相关联。法律制度的技术因素与律令因素的增长使得法律理性不断孕育生长，从而使得法律的规范性与政治的正统性得到了加强，逐渐从单纯依赖于暴力的政治走向依赖于具有内在合理性的法律统治，即逐步完成由传统政治向现

---

① ［美］丹尼斯·朗：《权力论》，中国社会科学出版社 2001 年版，第 103 页。

② ［美］E. A. 霍贝尔：《初民的法律》，周勇译，中国社会科学出版社 1993 年版，第 369 页。

代法治的转换。而内在合理的法律统治从根本上取决于法律的内在价值得到肯定和遵从，取决于权力技术与法律技术的规范实施和发展完善，因为实质意义上的法治国家不仅要求国家受法律的约束，而且要求法律本身具有社会的正当性。① 考夫曼先生指出，“法条基本结构非是一命令，而是一规范，命令是一为实现在规范内所包含之价值的手段。但是法律是规范，然其却非以合法性为满足，因为规范所要求的是道德性。”② 内在合理的法律特性支撑了刑事法律的合理性发展方向，刑事诉讼从其本质上讲是解决争端的司法活动。即调整国家与公民个人之间发生的严重冲突，并根据法律内在价值来解决这些冲突，从而确保利益纷争的顺利解决与社会秩序的和谐安宁。在刑事诉讼漫长的发展历史中，经历了由私人复仇发展到国家主动纠问，后又回归于程序公平和人性化辩论模式的持续转化，除了剧烈的政治变革与思想观念转变等重大影响之外，刑事程序内部因素对于自身的理性化与正当化发展发挥着积极作用。正是这种“法律形式化”进程使得权力逐渐受刑事诉讼法律制度设计与程序安排而具备了理性成分，淡化了最初的纯粹暴力意味。因为“司法形式主义使法律制度可以像技术性的理性机器那样运行。因而，它能够保证个人或团体在相对宽泛的自由制度里活动，并使之可预料自己行为的法律后果。程序包含了特殊的和平竞争，被作为‘游戏规则’而得到遵守。”③

（二）刑事诉讼将权力活动规范化

刑事诉讼是国家权力深刻作用的典型形式，而国家权力代表的主要是统治阶级的政治意志。为使政治制度化并获得合法性与正统

---

① ［德］哈特·穆特·毛雷尔：《行政法学总论》，高家伟译，法律出版社 2000 年版，第 106 页。

② ［德］考夫曼：《法律哲学》，刘幸义等译，法律出版社 2004 年版，第 312 页。

③ ［德］马克斯·韦伯：《论经济与社会中的法律》，张乃根译，中国大百科全书出版社 1998 年版，第 227 页。

性，统治阶级必然将本阶级的意志上升为国家意志，并对国家权力加以法律规范，以形成固定的权力运作模式与稳定的政治秩序，如果任由权力主体完全自由地运用权力，将会给既存的政治秩序与社会秩序造成根本性的破坏。于是，统治者所进行的立法过程既是将个人权力、个别意志转化为国家权力与国家意志的过程，同时也是将国家权力进行技术处理的规范化过程，即实现如韦伯所说的官僚制度理性化的过程。这种理性来源于组织结构的完善化，即“官职呈等级序列，上级监督下级，由此确定的规章规定各自的权限和职责，确立了对公务分级审理的程序”，以及职务活动的法规化、专业化、形式化、程序化和规范化等方面。① 于是，一套形式主义的法律制度得以建立，刑事程序遂成为规范刑事诉讼活动的重要手段。“自有刑法存在，国家代替受害人施行报复开始，国家就承担着双重责任：正如国家在采取任何行为时，不仅要为社会利益反对犯罪者，也要保护犯罪人不受受害人的报复。”② 将刑罚处罚收归国有体现了惩罚的国家专属性质与规范特征，而刑罚又必须借助于刑事诉讼这一中介，“刑事诉讼是犯罪的必然后续结果，是刑罚的两个最基本要素——犯罪与刑罚——之间一个必不可少的连接号。没有刑事诉讼，刑罚的实体规则就得不到适用，犯罪也就不可能随之受到当处之刑罚。”③ 严格形式化的刑事诉讼法律制度的建立，使得国家的政治功能与规范功能完成了顺利的交接与转换。当然，国家权力活动的规范程度取决于一个国家政治制度的发展水平与发达程度，从而决定了政治的阶级性与公共性的各自所占比例。在前

---

① 苏国勋：《理性化及其限制——韦伯思想引论》，上海人民出版社 1988 年版，第 215 页。

② ［德］拉德布鲁赫：《法学导论》，米健、朱林译，中国大百科全书出版社 1997 年版，第 96 页。

③ ［法］卡斯东·斯特法尼等：《法国刑事诉讼法精义》（上），罗结珍译，中国政法大学出版社 1999 年版，第 5～6 页。

资本主义国家，封建专制势力成为主要的政治势力，他们凭借强大的经济实力与军事实力获得了统治地位，并借助于神权与特权维系统治。对于犯罪采取了残酷野蛮的刑事司法手段予以严厉惩治，法律成为维护其暴政的赤裸裸的纯粹工具，政治的阶级性远胜于公共性，法律的阶级性则遮蔽了其规范性。进入资本主义时代，资产阶级成为占优势地位的政治势力，凭借民主、自由与人权理念而获得广泛支持的资产阶级取得了统治地位，各资本主义国家的统治者先后将人民主权、公民人权、民主政治与法律平等口号载入本国宪法与法律之中，企图以政治的公共性弱化政治的阶级性。资产阶级通过民主选举获得了统治的正统性与合法性，将自己阶级的意志通过立法转化为国家意志。政治的公共性得到了显著扩张，阶级性受到了相当抑制。通过法律，政治权力获得了法理上的正当性与合理性。当政治权力通过立法手段转化为刑事诉讼法律的规范内容时，也就给权力戴上了枷锁，使得权力的运行轨迹受到刑事诉讼程序的调控与规制。其法律的阶级性色彩被淡化，法律的技术性与规范性获得了较大发展空间。进入社会主义国家新时代，代表广大人民群众的无产阶级政党丝毫不否认政治法律的阶级性，公开宣称法律是无产阶级专政的工具，揭示了政治与法律的本质。通过立法将无产阶级的政治意志转化为国家意志，通过刑事法律与刑事司法活动对一切犯罪实施定罪处罚，以维护无产阶级政权和社会主义制度。由于新生社会主义国家没有经验可以借鉴，再加上长期敌我斗争所形成的浓厚的阶级斗争情结。在社会主义的政治与法律问题上，面对变化了的形势，过分夸大了社会主义时期的阶级斗争，将政治与法律的阶级性扩张到了极为危险的境地，从而导致了像前苏联的“肃反运动”与中国的“反右倾斗争”那样严重的政治法律错误。

政治与法律都具有两面性，当社会主义革命胜利、剥削阶级作为一个阶级被消灭之后，政治的公共性就应当成为矛盾的主要方面，而阶级性则居于次要方面，政治的阶级性应当服从于政治的公共性。因为政治的公共性是普遍利益的重要体现，而政治的阶级性则反映了特定阶级的特殊利益；同样，法律也应当是全体人民意志的体现而不是特定阶级自己意志的产物。因为作为全体人民根本利益和意志的反映和体现的载体——社会主义法律为了能够维护广大人民群众的共同利益，就应该形成不受个别意志所左右的共同意志，并宣布这种意志对所有人一律适用。有学者指出，契约论就应当成为中国法治建设的观念基础，“契约论理论因其以个人为原点、以理性为依据、以协议为形式对以‘法律的应被服从性’为主线的有关现实社会法律实践所提出的或面临的诸多问题能作出有连贯逻辑的合理阐释，所以，契约有资格作为当代法治实践的理论指导。”① 社会主义国家阶级斗争不再是社会的主要矛盾，法律的阶级性就应当退居次要地位，法律的公共性与规范性应当处于主要地位。社会主义国家通过普遍的民主选举组成的立法机关来制定代表全体人民意志的法律，并通过法律的技术化与规范性运作来体现法律的消解冲突功能，最终实现法律的政治功能与公共政策功能。但是，在相当长的时期内，阶级性被当作社会主义国家政治与法律的本质属性，而忽视甚至无视政治与法律的公共性。具体表现为：“在法学的阶级话语中，国家暴力被无产阶级所垄断。无产阶级专政是不与任何人分掌而直接依靠群众武装力量的政权，专政是直接凭借暴力而不受任何法律限制的政权。”② 即使在今天的中国刑事立法与刑事司法中，法律的阶级性仍然处于正统的意识形态地位，从而使得刑事法律体系的政治意味与阶级性色彩太浓。每当社会治安形势恶化、刑事犯罪率上升时，为了有效遏制刑事犯罪，维护社会治安，往往将打击犯罪直接上升为政治行动，刑事案件的侦查、起诉和审判就如同战争时代进行的攻坚战与歼灭战。技术意义上的

① 张恒山：《法理要论》（第二版），北京大学出版社 2006 年版，第 144 页。
② 转引自叶传星：《法学的阶级话语》，载《法律科学》2006 年第 1 期。

刑事司法活动被涂上了浓厚的政治色彩，留下了残酷敌我斗争的沉重阴影。以这种理念来对待犯罪及控制机制的刑事诉讼将产生严重的负面效应，因为它严重混淆了政治与法律的关系，混淆了其公共性与阶级性的关系，试图以政治运动与阶级斗争取代法律，取代专门的刑事司法活动。这不但无利于有效打击犯罪，往往偏离法律的既定轨道，导致权力失去应有的约束与控制，公民权利则可能得不到有效的法律保障。

（三）刑事诉讼将权力活动程序化

刑事诉讼活动是解决刑事冲突以维持社会秩序的刑事司法过程。通过刑事法律的制定和实施，政治权力得以技术化和规范化，而立法与司法技术也最终服务于政治意图。政治系统与法律系统呈现出相互分离而密切互动的发展态势。政治理想通过法律程序转化为具有可操作性的具体步骤，权力活动被程序化而成为有规则的法治。难怪有学者指出，“合理而公正的程序是区别健全的民主制度与偏执的群众专政的分水岭。”① 通过刑事程序可以保证权力运行的有序性，保证权力受刑事诉讼的程序控制以维护形式上的公正性，从而树立法律的权威性，赢得政治公信力。“在刑事程序中，正当程序原则的实质是通过程序机制的设置来确保国家追究犯罪的活动按照公正的程序轨道进行，防止国家滥用刑事追诉权、侵犯国民人权。”② 刑事程序具有工具属性，即能够通过刑事程序达到惩罚犯罪、维持社会秩序的目的，也具有价值属性，即刑事程序本身具有内在合理的道德正当性。随着刑事程序的不断演进，由工具属性的绝对统治逐渐让位于以价值属性居优势地位的二者保持生态平衡的态势。“刑事诉讼程序，既应当保护社会，也应当保护个人的自由与辩护权利，没有对个人权利的尊重，就不可能有真正公正的

① 季卫东：《法治秩序的建构》，中国政法大学出版社 1999 年版，第 51 页。

② 谢佑平：《刑事诉讼视野中的司法审查》，载《中外法学》2003 年第 1 期。

制裁。”① 经过资产阶级革命，世界大多数国家的刑事程序都历经改革，普遍被注入了人权保障因素。刑事程序的工具理性受到了相当的抑制，价值理性得到了普遍肯定、认可。由此使得程序正当性获得空前发展，刑事正当程序成为法治国家的核心与标志。“在法治国家的刑事诉讼程序中，对司法程序之合法与否，被视为与对有罪之被告人、有罪之判决及法和平之恢复，具有同等之重要性。”②社会主义国家公开承认刑事程序是维护无产阶级专政，维护社会主义社会秩序的政治工具。不过，刑事程序除了工具理性，它还具有价值理性。强调工具性而忽视价值性就会陷入“法律工具论”的实用主义泥潭，给权力恣意留下活动空间。长期以来，由于过度强调法律对于阶级统治的依附，法律作为社会正常生活的中立性工具属性和公正性价值被掩饰了。法律保障个体权利的属性被忽视了，法在实现其社会公共职能方面的作用和价值就完全被置于次要地位。③ 实际上，社会主义国家的刑事程序应当继承资本主义国家法治理论的优秀文明成果，其正当程序的理论与实践值得我们借鉴。刑事诉讼正是通过刑事程序将激烈的利益冲突等政治问题进行技术化处理，将政治视野中的敌人转化为法律视野中的犯罪嫌疑人与被告人，并通过程序步骤认定事实、适用法律来实现惩罚犯罪、保障人权的诉讼目的以维护政治秩序。刑事诉讼通过程序获得了正当性与合理性，也就使得政治获得了合法性与正统性。

刑事诉讼法是刑事诉讼活动的准据法，它规定了刑事诉讼的目的与任务，应当遵循的基本原则、活动准则、活动方式及具体步

---

① ［法］卡斯东·斯特法尼等：《法国刑事诉讼法精义》（上），罗结珍译，中国政法大学出版社 1999 年版，第 3 页。

② ［德］克劳思·罗科信：《刑事诉讼法》，吴丽琪译，法律出版社 2003 年版，第 5 页。

③ 参见［美］安德鲁·内森：《中国权利思想的起源》，载夏勇主编：《公法》，法律出版社 1999 年版，第 56 页。

骤。刑事程序具有工具属性，更具有价值属性。程序内在价值的协调与平衡成为程序安排的重心，刑事正当程序成为刑事法律制度的基石，也是权力规范化与政治民主化的重要保障。它通过程序的规范运作解决纷争，维续和平安宁的社会秩序。“程序价值的存在基础在于解决争执的内在目的。我们已经知道，工具主义方法主要是针对查明真相这一目的，除了因解决争执要靠正确的判决而与解决争执有所牵涉外，它并不过问解决争执这一目的。法律程序有助于从心理层面上和行为层面上解决争执。法律程序的诸多内容无助于判决之准确性但有助于解决争执。”[①] 同时，刑事诉讼体现的是国家与公民的互动关系，刑事程序的正当性程度决定着公民个人的权利保障程度，也直接检测着国家与公民关系的平等性程度。刑事程序的人性化与正当化是资本主义国家法律理性化与政治民主化的双重体现，也是其民主政治与国家法治的重要推动力量。在社会主义国家中，法律则代表着最广大人民群众的利益和意志，具有广泛的群众基础与坚实的政治基础。实行依法治国，建设社会主义法治国家更加要求刑事程序的正当化与理性化，要求理性对待犯罪与定罪处罚过程的刑事诉讼，充分保障犯罪嫌疑人与被告人的基本人权，努力化解严重刑事争端，最终实现定分止争目标，以维护和谐的社会秩序。

任何时期任何地域的刑事诉讼都具有政治倾向性与法律技术性，政治倾向性表现为特定社会政治权威的结构与形式，也体现为特定社会不同利益主体的政治地位与力量对比。在阶级社会中，刑事诉讼的政治性体现为社会公共性与阶级性兼具的特征，通过特定刑事诉讼活动最终实现维续既存社会秩序、达成社会团结的目的。无论是在前国家的古代社会中，还是国家时代的阶级社会中都需要

① ［美］迈克尔．D. 贝勒斯：《法律的原则——一个规范的分析》，张文显等译，中国大百科全书出版社 1996 年版，第 32 页。

维护社会整体秩序，刑事诉讼的社会性正是通过具体的诉讼活动来维系社会共同体的这种团结关系。著名社会学家涂尔干认为，人类社会完成了由较原始的机械社会转型到较现代的有机社会的历史性转换，其典型特征是法律由压抑性法律向恢复性法律转变，[①] 作为惩罚犯罪的刑事程序也实现了由绝对的工具理性向价值理性转向。刑事诉讼的政治性尤其体现在阶级社会中维护统治者利益的工具特性，即具有深刻的阶级特性，当然也在一定层面上体现其公共性与社会性，是阶级性与社会性的有机体。但归根到底，刑事诉讼活动是一种法律实施活动。刑事诉讼的政治性不应当也不可能抹杀其法律属性。刑事诉讼是根据刑事诉讼法律所规定的诉讼程序，对于特定的刑事案件进行审理，并作出最终裁判的法律活动。刑事诉讼的政治功能必定取决于并通过其法律功能才能得到实现。就刑事诉讼的法律功能来说，它是旨在通过刑事诉讼程序解决特定的刑事案件，以消解一切冲突乃至严重的刑事冲突，实现社会的和谐秩序与社会利益，维护和平。刑事诉讼法律功能的实现构成了其政治功能的牢固基础，其政治功能是其法律功能的扩展与张扬。

三、刑事诉讼系统要素失衡——刑事诉讼泛政治化

“法治思想是基于这样一种观念，即统治者和被统治者之间某些性质的相互交往，包括互惠和程序公平，对于他们各自利益而言都价值重大；其不仅仅是实现其他社会目标的一种方式，而且他们

---

① 在压抑性法律下，犯罪者做出的任何举动，如果被紧密结合的社会视为违反当时强大的集体意识时，很可能就会受到严厉的惩罚；恢复性法律则为有机社会集体意识消退的标志，在此种法律下，犯罪者可能只被要求顺从法律或对那些被他的行为伤害的人提出补偿。参见［美］乔治瑞泽尔：《当代社会学理论及其古典根源》，杨淑娇译，北京大学出版社 2005 年版，第 15 ~ 16 页。

不可以为了这些其他目标而轻易牺牲。”① 刑事诉讼体现了主要代表统治阶级意志的国家权力与作为被统治阶级的公民个人之间的矛盾冲突关系，是国家政治规范运作的最敏感、最困难的领域。任何时代的统治者都高度重视刑事立法与刑事司法，因为这直接关系到统治阶级的统治利益与统治秩序的巩固，当然也关系到社会整体利益与社会秩序的维护。刑事诉讼体现了国家权力的强制属性，通过国家权力作用于刑事诉讼程序的各个环节并最终解决因犯罪而带来的权益失衡与社会失序等问题。“法律是冲突的创造物，也是冲突的解毒药。”② 刑事诉讼具有高度的政治特性，其运作直接关系到政治的稳定运行与社会的和平与安宁。另一方面，刑事诉讼本身是一项解决争端的法律活动，通过刑事诉讼主体的多方参与，查明案件事实，准确适用法律，最后作出公正判决，从而达到定分止争的目标。刑事诉讼的法律特征决定了它的规范性与技术性，尤其是刑事程序的法定性决定了刑事诉讼的控诉主体、辩护主体、裁判主体都必须严格遵循程序的要求展开活动。遵从司法独立、裁判中立、控审分离、控辩平等、有效辩护等基本原则，按照法律规定的程序独立运作并形成系统内部的自我调节机制和循环机制。因此，刑事诉讼的规范性是其本质特征，而政治性是规范运行的法律后果与必然结论。当然，二者是密切相关又相互制约的关系。实际上，刑事诉讼活动深刻揭示了政治与法律的共生与互动关系。政治为法律提供运作基础，而法律为政治提供基本规则。法律服务于政治，而政治又服从于法律。两者体现了极为复杂的矛盾运动。尽管政治与法律的关系往往体现为政治法律的一体化，但是不能以政治取代法

① *Natural Law and Natural Rights*(Oxford, 1980), 273 - 274. 转引自［英］T. R. S. 艾伦：《法律、自由与正义——英国宪政的法律基础》，成协中等译，法律出版社 2006 年版，第 37 页。

② ［美］R. M. 昂格尔：《现代社会中的法律》，吴玉章、周汉华译，译林出版社 2001 年版，第 30 页。

律，或者以法律取代政治。因为二者虽然存在着互相转换、互相依赖、互相作用的共生关系，但是二者各自的功能是不能互相替换的，更不能互相取代或混淆。因为二者仍然保持着相对分化的系统自治关系，既相克相抑，又相依相靠，这正是现代社会结构与功能分化与互动的结果。

马克思主义科学地揭示了社会历史发展的基本规律，指出作为政治法律等上层建筑必然服从并服务于特定的经济基础，阐明了科学社会主义的基本理论，为无产阶级争取全人类的解放事业指明了方向。在关于政治与法律关系问题上，马克思主义经典作家认为，法律是政治的工具，政治性质决定法律性质，在阶级社会中，政治具有阶级性，法律也当然具有阶级性。但是，“马克思的分析是针对 19 世纪上半叶英国早期资本主义的背景作出的。实际上不能不同意他关于资产阶级自由主义的法律秩序的功能的观点。几乎不能否认，它的基本制度——如契约、竞争、财产和遗嘱的无限制的自由——真实反映了市民企业主阶级的经济利益。”① 马克思主义经典作家对于政治与法律的复杂性与多面性未能充分加以阐述，对于社会主义政治和法律内涵及其关系的理论也未能加以全部展开。马克思主义的后继实践者们未能在此基础上更深入、全面地理解和研究马克思主义经典作家的政治与法律理论。经典作家对于资本主义政治法律所作的理论概括的特殊性也没有引起后继者们足够的注意，而直接将其作为社会主义国家政治与法律理论的理论基础与行动指南。在社会主义国家取得决定性胜利之后，当经济建设成为最大的政治的时候，社会主义国家的苏联与中国，都相继犯了“左”的错误。随着经济问题的泛政治化，法律问题也出现了泛政治化现象。一波接着一波的政治运动，经济问题与法律问题的无限上纲乃

---

① ［德］K. 茨威格特、H. 克茨：《比较法总论》，潘汉典等译，法律出版社 2003 年版，第 424 页。

至发展到无产阶级专政下的继续革命，以及社会主义国家无产阶级政权下不断进行的阶级斗争。其目的是防止社会主义变质，反修防修成为最紧要的政治任务，最终导致国家社会生活普遍政治泛化、刑事化的严重后果。随着政治全面渗透于国家与社会的各个方面，法律也就完全成为政治的纯粹工具并挣脱程序的束缚，充当政治的马前卒。于是开始出现最为危险的局面：法律不再是正义而是暴力的化身。当统治阶级强调一切都政治化的时候，刑事诉讼这一最为严厉，对付敌人最为有效的镇压工具也就脱离了法律的控制，权力恣意与滥用就在所难免了。于是，革命的暴力开始张开它那血盆大口，吞噬着无辜的生命；阶级阵线的尖刀开始撕裂最温情的家庭与最甜蜜的爱情，绞杀一切伦理道德。哪怕一句不谨慎的话，就可以将人送上断头台；[①] 哪怕一份充饥的馒头，也可以将人送进监狱。[②] 在一切问题都是政治的时候，为了实现特定的政治目的，刑事司法也被迫沦为政治的暴力工具，刑事诉讼的规范性与技术性就被其阶级性与政治性全面抹杀。

经济、政治与法律本来是密切联系又相对分离的三个重要社会子系统，但是在社会主义国家的苏联与中国都犯了经济问题政治化、法律问题政治化与政治功能无限放大的严重错误，以至于政治系统主宰乃至吞并了经济系统和法律系统，这是值得我们深入思考的问题。为了加快经济建设的步伐而赋予经济以强烈的政治意义，这在相当程度上克服了传统社会忽视经济工作的流弊，唤起了广大群众投身于社会主义现代化的热情。但是，在确认并进一步提升经济建设之政治属性、政治价值的同时，一段时间内一些社会主义国

① 张培田、张华：《近现代中国审判检察制度的演变》，中国政法大学出版社2004年版，第135页。

② 张培田、张华：《近现代中国审判检察制度的演变》，中国政法大学出版社2004年版，第120页。

家却由此走上了经济问题泛政治化的道路。经济发展的主体、目标、战略、具体方式都趋向于政治化，甚至经济生活本身也趋于政治化。通过经济问题的泛政治化，政治利益成为衡量一切经济活动的根本标准。① 随着经济问题的泛政治化倾向的日趋严重，人们对于经济问题的不同看法与意见也就染上了政治的色彩。在我国20世纪50年代末，由于经济工作的盲目冒进带来国民经济的严重困难所引发的争议被认为是路线问题，政治上的反右斗争到反右倾机会主义最后演变为阶级斗争，政治空气越来越浓，中国政治陷入“左”的严重误区。作为与政治密切联系的法律，也开始出现政治泛化的现象。人们对于法律理论与法律制度的学术探讨逐渐带上了政治的有色眼镜。法律制度尤其是审判制度随之受到批判和攻击，如认为审判独立必须废除，改为党委审批案件制度；② 主张无罪推定与律师辩护原则是资本主义的东西，应当取消；反对法官坐堂问案，提倡群众运动式审判制度；反对三机关分工负责，主张联合办案，等等。正如学者批评指出：综合反右对“无罪推定”，“有利被告”，“法官自由心证”的批判，充分反映出当时服务于政治需要而否定遵循法制建设和司法审判的科学性、继承性及规律性特点。③

作为人类社会利益调节器的法律一旦沦为实现政治目标的工具和手段，法律自组织系统便被完全破坏，而一旦法律变成了阶级政治的屠刀，社会也就成为普遍刑事化的战场。随着“大跃进”的提出，以经济建设为主的大跃进运动，成为全国各行业必须投入的政治运动。新中国司法审判机关基于服从党的领导和发挥专政工具

① 宋惠昌等：《政治哲学》，中共中央党校出版社2003年版，第291~292页。

② 张培田、张华：《近现代中国审判检察制度的演变》，中国政法大学出版社2004年版，第98页。

③ 张培田、张华：《近现代中国审判检察制度的演变》，中国政法大学出版社2004年版，第110页。

职能为人民民主专政政权服务的立场，也不甘落后地参加“大跃进”。于是对审判制度和程序进行大胆的创新，采取强化调处委员会，三机关联合办案，实行“一长代三长，一员代三员”的集中办案制度，办案指标具体量化，实行分段包干就地审判制，等等。为了实现所谓的“无反革命，无盗窃，无抢劫，无强奸……的“几无”目标，各地普遍要求多捕、多判、多管制，企图以此在短时间内达到消灭一切反革命和其他刑事犯罪活动的目的。[①] “大跃进”时期对审判制度的变通与创新，明显暴露出当时以司法审判紧密为政治服务的特点，从而演绎出一系列诸如标榜所谓群众路线的审判制度，简化必需的审判制度和审判程序，以及追求跃进式审判改革以及高指标办案效率等偏向，在实际审判工作中造成严重后果，错误地判处了一些不应当服刑的人。[②] 乃至发展到文化大革命时期，各地公安机关、检察机关和法院机关被砸烂，各种司法审判制度被搁置，全国基本上停止了正常的执法和司法活动。其目的在于从走资本主义的当权派那里夺取司法审判权，实行所谓的“群众专政”。群众专政指挥部否定了既有的审判制度和审判程序而实行法西斯式的“司法审判”，处理案件实行侦查、起诉、审判一竿子插到底的做法，往往只凭发案单位的“群众专政”组织报送的材料定案。所谓审判，充其量只是为了制作一纸既定的判决，办一个“合法”的手续而已。在军事管制委员会接管司法机关后，新成立的审判组织在废弃审判制度的同时，大搞逼供、诱供、指名问供甚至刑讯逼供，进行秘密审判，禁止被告人申辩。对于重大案件，各地动辄召开万人公审大会进行批斗，直接宣布判决，随后不容被告人上诉就游街示众并交付执行，从而制造了从党和国家领导

---

① 程维荣：《中国审判制度史》，上海教育出版社 2001 年版，第 287 页。

② 张培田、张华：《近现代中国审判检察制度的演变》，中国政法大学出版社 2004 年版，第 119 页。

人、各级领导干部直到普通群众的大量冤假错案。其数量多，层次高，株连广，堪称历史罕见。[①] 不管是依靠群众专政，还是军事管制，“文化大革命”期间对法律制度的否定和破坏，对中国的法制建设产生了深远的影响，历史的创伤永远留在人们的心里，而制度与文明被摧残后留下的阴影更不可能在短时期内彻底消除。经济的泛政治化与法律的虚无化导致中国政治泛化与刑事泛化倾向的极端膨胀，全民政治的结果是社会秩序的动荡不安与国家法制的荡然无存，经济与社会发展长时期停滞甚至倒退，这是值得国人认真反思的深刻教训。

四、刑事诉讼生态系统功能自治及其与政治秩序的协调互动

根据社会学的基本理论，随着社会的日益复杂化，社会结构与社会系统逐渐发展成为多层次多功能的系统构造。尽管各个系统间存在着互相整合与互相作用的密切关系，但系统本身也具有自我创生、自我复制的系统特性。“系统各部分个体存在和整体性、整体化存在的统一，为保持自身个体存在的相对独立性，它与别的部分相离相拒，甚或相克相抑，为实现自身的整体性和整体化存在，它和其他部分相合相和，相生相长，两者辩证统一，从而形成平衡态的共生，构成整体的活态延续，造就系统生存性。”[②] 卢曼也指出，在分化程度递增的现代过程中产生了一种社会，在这个社会里不存在任何拥有无可争辩的中心或部分，但它们具有相对稳定性。[③] 现代社会中的经济、政治与法律都属于整个社会系统中的子系统，各个子系统通过其自身的系统要素完成内循环，从而实现系统的自身

---

① 程维荣：《中国审判制度史》，上海教育出版社 2001 年版，第 294 页。

② 袁鼎生：《生态视域中的比较美学》，人民出版社 2005 年版，第 83 ~ 84 页。

③ ［美］S. 霍姆斯、C. 拉莫尔：《卢曼的社会分化理论述略》，载苏国勋、刘小枫主编：《社会理论的诸理论》，上海三联书店 2005 年版，第 183 页。

功能，系统之间通过互动与整合完成整个社会系统的协调平衡，实现社会大系统的整体功能。现代社会的发展正是遵循了社会学与系统论的基本原理而日趋复杂多元，成为功能齐全的大社会，为人们提供更便利的服务与机会，促使财富的增加与文明的进步。

卢曼认为，法律的分化以某种程度的政治分化为前提，因为必须有一套机构进行决策并强制推行它们。但是政治过程经常妨碍法律自治，法律自治的形成，仅仅依靠政治发展是不够的，还必须借助于：（1）主权援引，即系统单位借助于法典证明自己的沟通和行为是正当的；（2）立法主权，即法律系统中组织制定法律的能力。① 现代社会已经发展为一种多元权力中心的网络治理结构，“人们无需要求一个唯一的权力中心来控制其余部分。相反，在没有一个唯一的权力中心的控制下，在潜在的否决位置范围内可以存在一种平衡，而在权力系统内也能保持一种法律秩序。只要将所有权力中心限制在一个可实施的宪法范围内操作，那么就能保持一个多中心的秩序。”② 作为法律制度系统之一的刑事诉讼同样属于一个高度自治的功能系统，程序的自治使得刑事诉讼与外界系统保持相当的独立性与隔离性。凡是进入该系统的刑事案件，按照固定的程序运行，不受外界任何因素的影响与左右。程序的自治充分体现了法律的规范性与技术性特征，正如季卫东先生所说：“程序具有开放的结构和紧缩的过程，随着程序的展开，参加者越来越受到‘程序上的过去’的拘束，而制度化的契机也由此形成。程序开始于高度不确定状态，但其结果却使程序参加者难以抵制，形成一种高度确定化的效应。因此，如果我们要实现有节度的自由、有组织

① ［美］乔纳森．H. 特纳：《社会学理论的结构》，吴曲辉等译，浙江人民出版社1987年版，第147页。

② ［美］迈克尔·麦金尼斯等主编：《多中心治道与发展》，上海三联书店2000年版，第496页。

的民主、有保障的人权、有制约的权威、有进取的保守这样一种社会状态的话，那么，程序可以作为其制度化的最重要的基石。”① 由此可见程序对于制度的重要意义。刑事诉讼的重要性不仅在于程序的基本特性，而且更在于刑事诉讼涉及确定强制性权力的运行轨迹，确认涉及任何普通公民个人的基本权利剥夺与保护的重大法律价值取向，这些关系人类文明永恒价值重要性而产生的刑事正当程序正在成为世界各国法律制度与政治制度的核心理念与制度灵魂。基于世界各国关于政治法律理论与实践及我国政治法律理论与实践的经验教训，必须审慎思考当代民主与法治之间的内在关系、宪政与依法治国的内在关系、法治国家与刑事正当程序之间的内在关系。审慎处理好政治与法律的关系，处理好刑事诉讼系统与政治环境的关系。

首先，必须正确把握政治的基本属性。在当代中国建设社会主义法治国家的进程中，政治理所应当是指社会主义民主政治，是人民当家作主的公开政治，是“权为民所用，利为民所谋”的规范政治。在社会主义革命任务完成的情况下，无产阶级及其政党的中心任务与主要使命不再是阶级斗争与阶级革命，而是引导广大人民群众投身于现代化建设与积极参与公共事务的民主管理。政治的公共性与社会性应当成为其主要内容。作为公共管理事务的民主政治，讲求政治的公开、公平、公正与正当合理性，讲求政治的规范性运作。这就不得不依赖于程序，因为现代程序与民主政治及个人自由存在着紧密的联系，“处于平等地位的个人参加决定过程，发挥各自的角色作用，具有充分而对等的自由发言的机会，从而使决定更加集思广益，更容易获得人们的共鸣和支持。”② 为了保证政治的民主性与公共性，必须实现政治的法律化，即通过法律手段来

① 季卫东：《法律程序的意义》，载《中国社会科学》，总第 79 期。
② 季卫东：《法治秩序的建构》，中国政法大学出版社 1999 年版，第 80 ~ 81 页。

保证政治运作的理性，使得权力得到规范行使，实现政治权力的规范化、程序化运作。并使其服从于法律规则，即政治运行必须遵循法治的理念、精神和规范。詹宁斯认为，法治是民主自由政体与专制政体的试金石，法治在本质上依赖民主制度的存在。因为政治权力最终依赖于享有自由的人民的自由选举，其结果，权力必然是分立的。民主自由政体必然会创造一种法律能够平等公允地实施，排除了诸如在获取证据、进行侦查时的不正当手段的使用，政府的管理能够取得人民的主动承认和合作以及人人可以反抗政府、畅所欲言的自由气氛。因此，他反对将法治作为政治理论的标签，而主张对构成宪政现实基础的法治原则的探讨应基于对英国悠久的历史传统所累积下来的丰富经验成果的分析和挖掘。① 而且权力本身是根植于价值并用来分配价值的，因而权力运作必须服从于合乎理性的价值目标与价值判准。"任何现世的权力都不应该是无限的，不论这种权力属于人民，属于人民代表，属于任何名义的人，还是属于法律。人民的同意不能使不合法的事情变得合法：人民不能授予任何代表他们自身没有的权利。"② 政治目的在于实现一种"善"的理想秩序，政治行为也应当是符合规则的理性行为，不能因为其愿望良好就可以不遵从现代社会多数同意的代议制民主政治与自由宪政的基本原则而任意地动用国家权力以达到某一个或多个政治派别的政治目的。即使多数同意的现代民主政治也还要保护少数不同意见者的利益，因为真理可能掌握在少数人手里，少数也可能变为多数。"在民主制度中，社会利益就是大多数人的利益；一旦形成了

---

① ［英］詹宁斯：《法与宪法》，龚祥瑞等译，生活·读书·新知三联书店 1997 年版，第 216 页。

② ［法］邦雅曼·贡斯当：《古代人的自由与现代人的自由》，李强译，商务印书馆 1999 年版，中文版序言。

多数，必然会出现少数集团或少数人的利益被忽视的倾向。”① 哈耶克教授专门就多数同意的立法提出了警告，“就在民主理想取得表面成功的时候，制定法律的权力与发布指令的政府权力却落入了同一个机构的掌控之中。一个机构同掌两种权力，必定会导致这样一种结果，即最高政府当局可以随心所欲地和及时地制定最有助于它实现特定目的的法律。”② 他郑重提出了解决多数暴政的出路在于完成立法议会与政府议会的二元分立，实行有限民主的新型宪政体制的创新思路。

其次，必须理性地对待犯罪。如果将犯罪定义为严重侵犯受法律保护的利益而应接受较为严重处罚的行为，那么犯罪是与人类社会相伴生的现象，因为它实际上就是严重利益冲突的表现形式。社会学家认为冲突具有一定的积极意义，“只有存在冲突的地方才有行为意识和自我意识；只有在这样的地方才有理性行为的条件。”库利甚至指出，“在某种意义上，冲突是社会的生命之所在，进步产生于个人、阶级或群体为寻求实现自己美好理想而进行的斗争之中。”③ 根据社会学与犯罪学的基本理论，犯罪属于一种正常的社会现象，它尽管是一种恶，但是一种必要的恶，一种“有用”的恶。在中国现阶段有这样那样的犯罪，从历史唯物主义、辩证唯物主义角度来说，都是正常的，甚至是有用的。“有用”从政治学角度来说，也可以得到解释，即现行统治的合法性来源在哪里。正是因为有对现行统治有破坏作用的犯罪存在，现行统治才会有合法

① ［英］彼得·斯坦、约翰·香德：《西方社会的法律价值》，王献平译，中国法制出版社 2004 年版，第 103 页。

② ［英］弗里德利希·冯·哈耶克：《法律、立法与自由》（第二、三卷），邓正来译，中国大百科全书出版社 2000 年版，第 418 页。

③ ［美］L. 科塞：《社会冲突的功能》，孙立平等译，华夏出版社 1989 年版，第 6 页。

性、正当性。[①] 刑事犯罪的确侵害了人民民主专政的政治秩序与广大人民群众的整体利益，威胁着社会和平安宁的整体秩序，需要惩治犯罪，更需要遏制犯罪上升态势。但是，我们还无法消灭犯罪现象，它与其他生命机体一样随着社会的发展而生生不息。我国著名的犯罪学家严景耀先生就指出，“犯罪不是别的，不过是文化的一个侧面，并且因文化的变化而发生异变。它是依据集体的一般文化而出现的，它既不是一个离体的脓疮，也不是一个寄生的肿瘤。它是一个有机体，是文化的产物。”[②] 铲除一切犯罪是那些天真的政治家与法学家的纯粹幻想。意大利刑法学家菲利指出：“我纠正的一个一直被滥用的古老比喻，犯罪一直被比喻成是应当被刑法的堤围在中间的激流，否则文明社会就会被这种激流所淹没。我不否认刑罚是围堵犯罪的堤坝，但我断言这些堤坝是不会有多大的力量和效用的。每个国家都会从其长期的令人悲痛的经历中发现，它们的刑罚之堤不能保护其免遭犯罪激流的淹没；而且，我们的统计资料表明，当犯罪的萌芽已经生成时，刑罚防止犯罪增长的力量特别弱。”[③] 犯罪既然是利益冲突的表现形式之一，只要利益主体不同，必然存在着各种显在或潜在的冲突，尤其在利益主体日益多元化的今天，我们更不可能做到避免所有的利益冲突。因此，必须容忍犯罪，理性地对待犯罪，我们只能构建完善的利益协调机制与冲突的解决机制，并通过规范化、技术化的方式加以妥善解决。应当提倡一种宽容精神对待多元社会利益及价值观的和平共存。在《大不列颠百科全书》中是这样解释“宽容”一词的，“宽容（来自拉丁文 TOLERARE——忍耐）：允许别人有判断和行动的自由，耐心、

---

① 卢建平：《刑事政策与刑法》，中国人民公安大学出版社 2004 年版，第 232 页。

② 严景耀：《中国的犯罪问题与社会变迁的关系》，载谢立中编：《中国社会学经典读本》，北京大学出版社 2007 年版，第 455 页。

③ ［意］菲利：《犯罪社会学》，中国人民公安大学出版社 1990 年版，第 76 页。

不带偏见地容忍那些有别于自己或普遍接受的观点、行为的人。”[①]在主体日益多元化、利益复杂化的现代社会，应更加提倡宽容精神。以宽慰、包容的心态对待世间的一切人和事，也包括容忍那些严重的犯罪行为的存在并冷静地加以处理，才能最大限度地化解各种矛盾纷争，促进社会和谐。妥协精神与宽容精神还应当成为政治法律的核心价值理念，阿克顿曾以“妥协是政治的灵魂”为题发表了专题评论。[②] 那是因为妥协体现了主体的平等地位并奠定相互沟通对话机制，从而促使体现公正与秩序的法治的生成。“英国法治的成长表明，自由法治只有在各种异质要素相生相克、共存共荣的多元社会中才能形成并得以维续。多元的社会、政治和经济结构及多元文化价值是自由法治成长的必要的社会基础，在此基础上发展着的自由主义哲学本身体现了多元化价值以及实现这些价值的多元的社会规范制度。体现多元利益和价值要求的自由法治是一种宽容的社会合作、妥协的制度性安排，是一种人与人良好共处的、合理交往的平衡的互动的社会模式。”[③] 利益的多元存在必然产生多元的价值观与政治文化主张，对多元化事实的承认是自由法治与宽容政治的基本前提。在现代政治视野中，刑事诉讼解决的是因为严重危害及其威胁现行统治秩序的犯罪，但是能否简单理解为它就是阶级斗争的典型表现却是我们需要认真反思的问题。法律视野中的刑事诉讼，解决的是因为刑事犯罪而引发的作为公共机构的国家与普通公民个人之间的刑事冲突，这实际上就是将政治视野中作为反抗统治的政治行为转换为法律视野中的违犯法律的行为，通过技术性的手段理性地加以解决。刑事诉讼作为解决严重刑事犯罪的技术

---

① ［美］房龙：《宽容》，秦立彦、冯士新译，广西师范大学出版社 2004 年版，第 4 页。

② 参见［英］阿克顿：《自由史论》，胡付胜等译，译林出版社 2001 年版，第 165 页。

③ 张彩凤：《英国法治研究》，中国人民公安大学出版社 2001 年版，第 303 页。

活动，充分体现了法律的规范性质，体现了法律的公正性与权威性。作为刑事诉讼依据的刑事诉讼法，正是这种高度规范性与技术性的集中概括，它严格规定了刑事诉讼活动必须遵循的刑事诉讼基本理念与原则，以及具体的程序步骤与准则，规定了刑事诉讼主体及行为规范，规定了违反程序的法律后果与相应责任。“刑事诉讼程序，既应当保护社会，也应当保护个人的自由与辩护权利，没有对个人权利的尊重，就不可能有真正公正的制裁。”① 通过对刑事诉讼法的适用，遵照刑事程序规定而展开刑事诉讼活动，最终实现刑事纷争的有效解决，从而恢复失衡的权益配置，维护和谐的社会秩序与稳定的政治秩序，即通过刑事诉讼的法律规范功能实现其特有的政治协调功能。

最后，必须把握刑事诉讼的政治属性与法律属性以及正确处理好二者之间的转换关系。第一，必须明确在社会主义条件下，政治的中心任务不再是大规模地进行阶级斗争，而是公共事务的民主管理。政治成为一种公共权力的规范运作体系，公共性成为社会主义民主政治的主要属性。第二，明确刑事诉讼活动是一种法律实施活动，是一种解决严重刑事冲突的裁判活动，尽管这一裁判活动所解决的问题对于国家政治来说具有决定性的意义，但不能否认它的解决法律争端的诉讼本质，不能否认刑事诉讼必须服从于法律的规范性要求与技术性规则。第三，刑事诉讼的政治性质体现为因犯罪行为直接侵害了法律规定的权益，直接或间接地损害了社会公共利益，破坏了社会整体秩序，因此具有相当的政治意义，但是，这是基于犯罪的行为后果与法律影响而言的。就犯罪的原因来说，不外乎两种情况：其一，直接与现行统治秩序相对抗的反国家、反社会行为；其二，侵害不特定的个人或团体的利益从而间接地危及统治

① ［法］卡斯东·斯特法尼等：《法国刑事诉讼法精义》（上），罗结珍译，中国政法大学出版社 1998 年版，第 3 页。

秩序的行为。两种情况基于犯罪的社会危害性的不同而在刑罚惩罚的严厉性方面加以区分，这就是法律政治属性的基本表现形式。如果因为存在针对特定个人或团体抑或直接针对国家统治秩序与现行制度的犯罪行为就得到简单的结论认为这是严重的政治挑衅，就必须从重从快从严打击，甚至认为可以发动一场或多次的政治运动乃至直接诉诸暴力乃至武力，那么人类社会经过漫长发展积累而生成的法制文明就显得多余。可见，解决犯罪问题，哪怕是性质最为严重的暴力犯罪问题，都不能以单纯的政治价值观来加以判断，也不能运用单纯的政治手段加以解决，（政治解决实际就是武力或暴力解决）而必须通过法律的手段加以理性解决。因为"法律是人类的最伟大的发明，别的一切发明使人类学会驾驭自然，而法律使人类学会自己驾驭自己。"① 当然，"法律是被揭示的；这关于法律创设和解释的原则及其含义是十分清楚的"。② 正如霍贝尔先生所说："法的工作就是解决争议，制约或惩罚不法行为，并使争议双方的关系恢复平衡，以使一度曾被扰乱的生活秩序再继续其正常的过程。"③ 著名的社会学法学派代表人物庞德认为："社会控制的主要手段是道德、宗教和法律。在开始有法律时，这些东西是没有区别的。" 而"在近代世界，法律成了社会控制的主要手段"。④ 人类文明发展到今天，所得到的经验就是要使得社会保持持续平稳的发展态势与生成大体和平的秩序，人类就必须服从于自生自发的行为规则，这个规则就是法律。西塞罗说，"我们都是法律的奴隶。正因为如此，我们才是自由的。如果没有法律所强加的限制，每一个人

---

① 转引自李龙：《宪法基础理论》，武汉大学出版社 1999 年版，第 100 页。

② ［德］马克斯·韦伯：《论经济与社会中的法律》，张乃根译，中国大百科全书出版社 1998 年版，第 80 页。

③ ［美］E. A. 霍贝尔：《初民的法律》，中国社会科学出版社 1993 版，第 314 页。

④ ［美］罗·庞德：《通过法律的社会控制》，沈宗灵等译，商务印书馆 1984 年版，第 9～10 页。

都可以随心所欲，结果必然是因此而造成的自由毁灭。”① 严格地说，法律是被发现的而不是制定出来的，制定出来的规则只能说发展了不证自明的法律。运用法律来治理国家、调整社会关系已经是被世界各国所普遍认同的一般原则，尽管因为社会的千变万化而使得各国的社会政策、刑事政策进行着不断的调整，但都要经过政策与法律的衔接实现政策的法律化，从而使得法律保持着相当的稳定性与持续性。“根据法律来进行统治的政府事业同公民与国家之间的关系的道德视角存在密切联系。如果政府严重漠视合法性的存在，依法而治的政府将不可避免地堕落为行使‘非法的不受限制的权力’——表现出对人权的残酷漠视。”②

法治国家的重要标志是法律的功能自治，权力的有限行使，政治的规范运作。作为权力集中体现的刑事诉讼活动必然受到宪法与法律的严格规制，由此构成的刑事正当程序划定了权力与政治的运行边界。权力必须得到控制是千百年来人类政治文明的重大成果，正如柏拉图和亚里士多德对狂热追求权力的警告，洛克和孟德斯鸠关于“权力的集中便是自由之死”的论断，杰弗逊和麦迪逊对权力容易趋向于暴政的判断，詹姆斯·密尔顿和阿克顿“权力使人腐败并滥用”的言说，以及像基佐这样的历史学家把了解权力天生的缺陷、弱点和弊病视为“我们时代的独特优势”的态度，都促使西方国家寻找一种有效的办法，来防止权力的集中、专断和滥用。③“法治思想也不可避免与某些基本的制度安排存在联系。平等的基本观念，与我们关于正义和公平信念的核心紧密相连。要求在立法的过程中所有的成年公民都拥有平等的发言权：普遍投票在

---

① ［英］彼得·斯坦、约翰·香德：《西方社会的法律价值》，王献平译，中国法制出版社 2004 年版，第 202 页。

② ［英］T. R. S. 艾伦：《法律、自由与正义——英国宪政的法律基础》，成协中等译，法律出版社 2006 年版，第 32 页。

③ 程燎原、江山：《法治与政治权威》，清华大学出版社 2001 年版，第 189 页。

今天可能被视为法治的核心要素。除此之外，依然存在对某种形式的权力分立原则的默示承诺。”“一个可以随心所欲地创制法律，并决定它自己是否违反法律的内容的政府，绝不是一个法治之下的政府。”[①] 由此，人们通过权力分立与权力制约的政治法律制度来有效规制国家权力，从而保障政治治理的规范运行，实现公民个人权利与自由的最大化。刑事正当程序从一开始就承担了这种约束权力的最重要的使命，因为刑事诉讼最能够体现国家权力的深刻而全面的运作，它是国家政治最敏感的区域，也是权力最难驾驭的地带。作为程序法律的刑事诉讼法不仅规定了展开刑事诉讼活动的基本程序、步骤与方式，而且体现了国家政治的作用方式以及政治向法律转换的基本模式。“如果将法律理解为社会生活的形式，那么作为‘形式的法律’的程序法，则是这种形式的形式，它如同桅杆顶尖，对船身最轻微的运动也会做出强烈的摆动。在程序法的发展过程中，以极为清晰的对比反衬出社会生活的变化，其次序令人联想到黑格尔精神发展过程的正反合三段式。”“刑事程序的历史，清楚地反映出国家观念从封建国家经过专制国家，直到宪政国家的发展转变过程。”[②] 作为奉行民主政治的现代世界各国，无不承认国家权力来源于人民的授予，无不承认政府权力有限，而且必须受到人民的权利监督与权力的互相监督，权力的分立与制衡成为公认的政治原则。维尔指出，“分权学说显然信奉的是这样一种政治自由观，这种自由观的关键是限制政府权力，而这种限制最好通过在政府内进行划分、防止权力集中于一群人手中来取得”。[③] 而按照

① ［英］T. R. S. 艾伦：《法律、自由与正义——英国宪政的法律基础》，成协中等译，法律出版社2006年版，第30页。

② ［德］拉德布鲁赫：《法学导论》，米健、朱林译，中国大百科全书出版社1997年版，第143页。

③ ［英］M. J. C. 维尔：《宪政与分权》，苏力译，生活·读书·新知三联书店1997年版，第14页。

当今的德国法学思想，对于国家权力，必须进行划分和限制，同时对于公民，必须给予他可以要求法院审查的权利；以这种双重方式，使公民不仅在国家权力的强制性措施面前得到保护，而且还在任何的，也就是说包括国家权力对其权利的非强制性侵犯面前得到保护。[①] 在法治国家中，人民主权通过普遍选举的代议制民主形式转化为国家权力与国家意志，普选权成为"人民主权意志的内容"[②]。国家权力再通过宪政体制分化配置到立法、行政与司法三大功能环节中，那么在解决被告人刑事责任的刑事诉讼中，必须体现权力的分散配置与互相制约原则，由专门的机关或个人履行法律规定的侦查、起诉、辩护与审判职能，而不是按照统治者的政治意愿随心所欲地直接处置犯罪者。这里，政治与法律的区分是明确的，二者是不能互相取代与互相混淆的。否则，将产生严重的消极后果甚至带来政治灾难。如果说政治的法律化将无序政治化为有序政治的话，那么，法律的政治化就是将有序的理性政治化为无序的非理性政治。结果是政治与法律的双重功能失灵，就会出现政局动荡与社会失范的结局。实际上，西方敏锐的研究者早就发现，政治与法律的分离、政治的规范性与民主性以及法律的理性化正是资本主义文明进步不可缺少的条件。昂格尔认为，"法律秩序的产生是与现代欧洲自由主义社会的形成联系在一起的。一方面，政治与行政的分离，另一方面，政治与审判的分离，不仅构成立宪的奠基石，而且还成为政治思想中的一个指导原则。"[③] 当然，他们认为资本主义只能在西方产生的论断是存在偏见的，但至少阐明了法律的理性化以及法律取得完全自治的独立地位对资本主义的发展来说

① ［德］赫尔曼：《〈德国刑事诉讼法典〉（中译本）引言》，载《德国刑事诉讼法典》，李昌珂译，第6页。

② 《马克思恩格斯选集》第1卷，人民出版社1972年版，第406页。

③ ［美］昂格尔：《现代社会中的法律》，吴玉章等译，中国政法大学出版社1994年版，第51页。

是至关重要的也是必不可少的先决条件。

“法律与政治在现代社会不再是政治对法律或者法律对政治的整体支配关系，它们都是社会的子系统，相互独立，彼此通过各自的交流媒介进行信息交换。”① 我们主张政治与法律的相对分化，强调二者各自独立的系统运作。但并不否认二者存在着千丝万缕的关系，而且在某种情况下存在互相转换与互相整合的可能性，因为政治与法律都同属于上层建筑，都是人类文明的重要表现形式。根据结构与功能主义的社会学理论，社会的高度分化是建立在高度综合的基础之上的，越是分工细密的社会，各个分化的系统之间的联系就越紧密；反之，越是简单的社会，就越是松散的社会。政治与法律随着人类社会发展到今天已经呈现出高度分化的特征，但二者的联系反而更加密切了，表现在政治与法律都体现了人类和平、自由与幸福的理想，都在不断地促进文明的全面进步，都反映着人类社会为着正义、公平、人权与和平的大同社会在不断地追求着“善”的政治与“良”的法律，政治与法律的理想都体现为追求公正、和谐的社会秩序。尽管在实践中政治往往偏离了理想的轨道，成为某些政治家实现权力欲望的工具，而法律有时也被迫充当了这种权术政治的爪牙和屠刀。现实中的工具主义政治与工具主义法律只能是人类社会某些阶段的极为肤浅的认识与实践，真正永恒意义上的政治与法律包含了无比深邃的内容，政治与法律在较深层次上的交融与整合则丰富并完善着两大系统的价值功能体系。

在当今的政治实践与法律实践领域，二者的互相影响日益明显，法治国家理想就是现代政治与法律的共同诉求。法治国家要求政治的民主化与法律化，而法律本身也要求符合人类正义标准，符合一般伦理道德要求。因为，“如新康德主义的领军人物所表达的那样，我们是通过法律寻求正义的。但是，为了法律实现正义，我

① 胡水君：《法律的政治分析》，北京大学出版社 2005 年版，第 52 页。

们必须阐明时代的理想。即便我们无法通过阐明社会的、政治的以及法律的理想，去确定一种必须坚持的永恒自然法的每个细节——或者至少确定其主要路线，但是，我们还是可以推动司法审判不断进步，并实现当时当地的理想。”① 法律的政治意义在法治国家条件下得到了更大程度上的彰显，表现为法律的理想体现了人类政治的基本初衷，法律实践也成为人类政治生活形式的基本表征。“法治模型的一个基本特征以及机构自治的一种保障，就是政治意志与法律裁判的分离。”② 当然，我们既不能无视政治与法律的相对分离，更不能无视二者的互动整合。具体到刑事诉讼领域，刑事诉讼活动的功能自治要求与政治保持着相对的隔离，禁止政治权力对于刑事诉讼法律活动的干预与影响；刑事诉讼活动的结果就当然地体现为一种政治意义，一种政治态度，一种政治立场；正当法律程序指引下的刑事诉讼展开过程及其结果就体现为一种民主政治的系统构造，相反，非理性的程序引导下的刑事诉讼的展开及其结果则体现为一种专制政治的系统构造。为了民主政治的进步，必须改造刑事诉讼，使之接受正当程序的制度安排，权力受到程序的控制与管理，权利得到程序的关照与救济。为了刑事诉讼的理性化，必须建立民主协商的政治体系，对于国家权力进行科学而分散的配置，使得权力之间，以及权力与权利保持适当的平衡与张力，维系权力运作的协调性与有序性。“通过商议性政治而产生的合法的法律，体现了这样一种解决问题的程序，它需要知识、加工知识，以便为调节冲突、追求集体目标而制定规划。社会整合的其他机制不堪重负时出现的功能缺口，是由政治来填补的。在这样做的时候，它使用

① [美] 罗斯科·庞德：《法律与道德》，陈林林译，中国政法大学出版社 2003 年版，第 151 ~ 152 页。

② [美] 诺内特、塞尔兹尼克：《转变中的法律与社会》，张志铭译，中国政法大学出版社 1994 年版，第 63 页。

的是法律这种语言。”① 也就是说，法律是政治过程的媒介，政治与法律呈现着密切互动的运行格局。作为法律重要内涵的刑事诉讼与政治秩序的互动协调共同促进制度文明的更新与发展，共同促进人类社会理想目标：个人的充分自由与社会的和谐秩序的良性循环与平衡互动。从而最终实现“法律的任务就是努力在尊重个人自由和维护社会根本制度之间保持平衡”② 的制度目标。

第三节　刑事诉讼法律制度与其政治环境的生态平衡

一、原始民主政体与传统弹劾式诉讼制度的生态平衡

政体是政治学与宪法学的核心概念。政体学说发端于古希腊的政治家和思想家们对国家、公民和政权组织形式所作的经验总结和探索性思考。柏拉图和亚里士多德都曾经对希腊的城邦政治进行了全面的考察和分析，提出了较为系统的政体类型及其分类依据的理论，并初步提出了混合政体是好的政体选择的政体设计思想。后来的法学家，如西塞罗、波里尼乌斯都认为君主政体、贵族政体和民主政体的混合实现了权威、智慧和自由平等的最佳结合，因而是最佳的政体选择。混合政体主要存在于雅典民主政治时期和罗马共和国、罗马帝国时期。在这样的政体形态中，权力受法律的制约，政体主要由君主要素、贵族要素和民众要素构成，从而使政体的运作体现出权威、智慧与民主的协调和统一。这是一种国家政治权力分立但权能不分立的一种政体形式。

---

① ［德］哈贝马斯：《在事实与规范之间——关于法律和民主法治国的商谈理论》，童世骏译，生活·读书·新知三联书店 2003 年版，第 393 ~394 页。

② ［英］彼得·斯坦、约翰·香德：《西方社会的法律价值》，王献平译，中国法制出版社 2004 年版，第 210 页。

实际上，混合政体的雏形在人类社会的早期历史阶段就已经存在。早在原始氏族社会就出现了权力制约观念和机制的萌芽。在摩尔根看来，由一个酋长会议、一个人民大会和一个最高军事统帅组成的政府，可以被看做是“三权并立的政府”。其中，酋长会议的权力在于提出和制定法案，这些法案只有通过人民大会才能发挥效力，酋长会议成了一个预先筹商的会议。可见，人民大会与酋长会议形成了相互制约的关系，同时二者共同制约着最高军事统帅的权力。① 早期社会这种权力结构态势逐渐演变为雅典和罗马城邦国家的政体形式。雅典混合政体是建立在一定的社会经济基础和相互制衡的权力结构基础之上的参与型民主政体形式。在梭伦改革之前，雅典已经成为希腊最强大的奴隶制城邦国家，统辖着整个阿提卡城邦，随后经过领土征服而成为统治东起爱琴海、西至西西里岛、南至意大利广大属地的大帝国，为雅典民主政治提供了坚实的财政支撑，形成了工商贵族、氏族贵族和平民相互制衡的权力结构，为民主政体的建立和运作提供了政治基础。同时，理智主义精神也为民主政体的形成和发展提供了文化意识的支持。梭伦改革的成果在于，“依靠同意的统治取代了依靠强迫的统治，倒立的金字塔被颠倒了过来。通过使每一个公民都成为其自身利益的看守者，梭伦将民主因素引入了国家。”② 由此开创了雅典古典宪政发展的历史进程：雅典公民以国家制度为中介，通过多渠道的方式参与国家决策、法律创制和司法裁决活动，成为国家政治生活的重要力量。这种参与型民主政治有效地反映了不同阶层的利益要求，成就了利益平衡的古典宪政体制。我国学者指出，“古希腊各城邦基本上建立

---

① ［美］摩尔根：《古代社会》，杨东莼、马雍、马巨译，商务印书馆 1997 年版，第 116 ~ 117 页。

② ［英］阿克顿：《自由的历史》，林猛等译，贵州人民出版社 2001 年版，第 9 页。

了分权制衡的政体，各邦的立法、行政、司法等权力分别由不同的机构和官吏行使。”“在古希腊没有任何人拥有绝对权力，专制统治不可能发生。”①

与雅典混合政体的精神气质相比较，罗马共和政体更多一些贵族要素。国家权力分别掌握在元老院、百人团会议和执政官手里。两个执政官由公民大会选举，任期一年。由于执政官没有薪金，加上竞选的费用昂贵，唯一能够作为候选人的不是贵族阶层就是骑士阶层。元老院由氏族长老和退任的执政官组织。执政官平时负责处理国家政务，紧急状态则由一人任独裁官。根据比尔德和克劳福德的看法，大约2000名骑士和元老院成员控制了罗马的政治、法律、军事和经济进程。② 但是，罗马混合政体也具有公民要素和执政官要素。公民大会是罗马共和国的立法机构。行政官员或执政官员的法令首先要在一系列预备会议中讨论，然后提交给公民大会通过正式会议进行投票表决。如果这项法令得以通过就立即成为法律，而不需要得到元老院的正式批准。公民大会也可以因选举行政官、保民官和其他次要官员的候选人等特定目的而召集。公民大会还执行某些司法职能，并拥有正式宣战的权力。执政官在享有很高威望的同时，其决策有可能受到另一名执政官或任何一名保民官的否决，因而他的权力是受到一定限制的。罗马共和政体中还设有副执政官或称执法官，其主要职能是司法。波利比乌斯认为，罗马共和国属于混合政体形式，他把元老院看做是罗马共和国中的贵族因素，把公民大会看成是民主因素，而执政官则成为君主因素。这些政体的结构要素都平等地具有各自的最高权力。“如果人们只注意执政官的权力，那罗马国家就完全是君主政体，如果人们只注意元老院的

---

① 何勤华、张海斌主编：《西方宪法史》，北京大学出版社2006年版，第24页。

② ［美］斯科特·戈登：《控制国家——西方宪政的历史》，应奇等译，江苏人民出版社2001年版，第99页。

权力，它又完全是贵族政体，而如果只注意民众的权力，它显然又是民主政体。”①

虽然历史上没有雅典时期刑事诉讼的详细记载，但可以从其民主宪政制度框架与健全的陪审法院运作来推知古希腊弹劾式诉讼的基本情况。梭伦执政时期是雅典民主宪政的开创时期。② 梭伦就任后进行了一系列的政治和法律方面的改革，为雅典民主政治的形成奠定了宪法基础。亚里士多德指出：“在梭伦的宪法中，最具民主特色的大概有以下三点：第一而且是最重要的是禁止以人身为担保的借贷，第二是任何人都有自愿替被害人要求赔偿的自由，第三是向陪审法庭申诉的权利，这一点据说便是群众力量的主要基础，因为人民有了投票权利，就成为政府的主宰了。”③ 陪审法院成为雅典最高司法机关以保障根本法的实施。陪审法院原意是“作为法庭的公民大会”，它由行政官于集市日在市场上审理诉案，并由有空暇的若干公民参加。这一制度充分体现了雅典公民参与审判的权利，也是司法权力制约立法和行政权力的制度构造，因而成为雅典民主宪政制度的重要组成部分。有学者认为，通过陪审法庭的方式参与统治，说明了雅典政治的制度结构在历史上是一个多层次、有着相互约束的权力机构的主要政体。④ 在雅典民主宪政制度中，用法律的形式规定了公民具有接受裁判的权利、辩护权利、反诉权利和处分权利等宪法性程序权利，这使得雅典诉讼程序带有深刻的弹劾式特征。接受裁判权又称裁判请求权，是现代社会人们所拥有的宪法性权利。“这项基本权利自梭伦改革时起就已经成为雅典宪法

---

① 徐大同：《西方政治思想史》，天津教育出版社2000年版，第55页。

② 参见何勤华：《外国法制史》，法律出版社2001年版，第65页。

③ ［古希腊］亚里士多德：《雅典政制》，日知、力野译，商务印书馆1959年版，第12页。

④ ［美］斯科特·戈登：《控制国家——西方宪政的历史》，应奇等译，江苏人民出版社2001年版，第80页。

的支配性原理。根据古雅典的法律观念，接受裁判的权利不仅是指当事人将纠纷提交给一位公正的第三人裁判，更主要的是指当事人将纠纷提交由业余法官组成的法院进行审判，因为这种法院代表了全体雅典市民的意志。”① 此外，雅典还通过规定当事人向法院起诉可以免去任何费用的法律措施来消除不合理的诉讼障碍，以确保当事人接受裁判权的实现。“无论是有关公共利益的案件，或是有关私人利益的案件，在绝大多数情况下都是由一方当事人启动，并且提出诉讼请求的目的和主张的范围也都由这一方当事人予以明确化。梭伦改革的一个最主要的成果莫过于赋予了任何当事人在遭受不法行为侵害后，享有自愿决定是否起诉的权利。除此以外，梭伦改革的另一个成果就是使诉讼程序的进程主要受当事人主义的支配。”② 同时，在证据的提出方面，也完全受到当事人主义和辩论主义的支配。举证方法的选择责任和证明责任完全由具有利害关系的一方当事人承担。当然，程序运作的当事人主义与法院机构的人员组成密切相关，陪审法庭的法官都是业余法官，陪审员在每年的年初都要用宣誓的方式承诺，他们将依据法律和雅典人民的法令进行裁决投票。但是，在缺少可适用于某一案件的法律规定时，人们将期望他们采用接近公平的观念进行裁判。这意味着，法官可以自由地根据人类生活的基本准则对纠纷作出最恰当的裁断。从这种意义上讲，古雅典诉讼法律制度内含了相当浓厚的以平等、民主为内容的弹劾要素、法官自由心证要素及自由创制法律要素。

罗马继承和发扬了希腊的民主宪政制度与自然法精神，形成了个人权利平等、契约自由、私人财产不可侵犯等罗马法的精神，创建了较为完备的罗马法体系，达到了简单商品经济法律的最高峰。《十二铜表法》作为罗马第一部成文法典，更体现了罗马法奉行私

① 陈刚：《民事诉讼法制的现代化》，中国检察出版社 2003 年版，第 256 页。
② 陈刚：《民事诉讼法制的现代化》，中国检察出版社 2003 年版，第 260 页。

权神圣、程序优先的法制理念，它与其浓厚的民主宪政传统互为表里，不可分割。因此，有学者认为《十二铜表法》是罗马历史从礼制社会转向法治社会的分野。[①] 从《十二铜表法》对于诉讼程序规定的具体内容中，不难发现在古罗马王政时期以及共和国早期实行弹劾式诉讼，对于诉讼实体内容的规定也突出了对于私人权益的保护。根据该法律规定，科处极刑属于百人团民众会议的职权范围。民众会议诉讼处于刑事司法的中心，执法官在民众会议中提起诉讼，勒令被控告者于规定的时间内在民众会议出庭，提出控告，提交证据，被告人则进行辩护，发表辩护演说。执法官如果不中止诉讼就正式提出控告要求判处某人极刑或罚金刑，民众会议通过审理后或者按照执法官的建议科处刑罚或者宣布无罪释放。[②] 再者，该法律明确要求任何执法官不得处死或鞭笞已经提出申诉的罗马市民，“向民众申诉制度”被罗马人视为对市民自由权的最高宪制保障。它使那些拥有治权的执法官不能以最严厉的方式适用强制权和惩罚权，尤其是判处死刑的权力。[③] 从罗马民众会议对严重刑事案件的审判程序来看，控审分离、控辩平等、裁判中立的弹劾式诉讼构造已经发展得相当成熟，这种诉讼结构的形成与运作当然与罗马古典民主法治背景息息相关。

此外，弹劾式诉讼的形成与发展还与该阶段人们对于犯罪的认识有关。梅因认为：“所有文明制度，都一致同意在对国家、对社会所犯的罪行和对个人所犯罪行之间，应该有所区别，这样区别的两类损害，我称为犯罪和不法行为。”[④] 但是，这种区别在古代社会却并不是十分明显的，除了个别直接针对城邦或神灵的行为被作

---

① 陈可风：《罗马共和宪政研究》，法律出版社 2004 年版，第 55 页。

② 何勤华、张海斌主编：《西方宪法史》，北京大学出版社 2006 年版，第 107 页。

③ 参见［意］朱塞佩·格罗索：《罗马法史》，黄风译，中国政法大学出版社 1994 年版，第 154 页。

④ ［英］梅因：《古代法》，沈景一译，商务印务馆 1959 年版，第 208 页。

为犯罪以外，其他行为均被视为对受害人个人的侵害来予以解决。亦即，“在法律幼年时代，公民赖以保护使不受强暴或诈欺的，不是‘犯罪法’而是‘侵权行为法’”①。“它所采用的程序，主要是模仿私人生活中可能要做的一系列的行为，即人们在生活中发生了争执，但在后来不得不把他们的争执提交和解。高级官吏谨慎地仿效着临时被召唤来的一个私人公断者的态度。”② 弹劾式诉讼之所以在这个时期存在，一是在人类社会由原始公社向奴隶制社会的过渡时期，人们保留着原始的血亲复仇观念，并将大量的“犯罪”视为针对个人的“侵权行为”；二是与原始氏族公社的民主制度继续在新的经济社会条件下发展密切相关，古希腊的民主政体充分体现了人们对于平等参加政治生活的巨大热情以及对法律平等与正义的深切渴望。正如贡斯当所指出的，“古代人的自由在于以集体的方式直接行使完整主权的若干部分：诸如在广场协商战争与和平问题，与外国政府缔结联盟，投票表决法律并作出判决，审查执政官的财务、法案及管理，宣召执政官出席人民的集会，对他们进行批评、谴责或豁免。”③ 古罗马共和国时期继承了希腊文化的精华，更致力于权利建设与法治建设。“罗马虽然没有能够发展出古代希腊意义上的民主制，但是，在罗马公民的政治权力逐步扩展的过程中，他们受到法律保护的权利也在不断地扩展。这种在法律保护下的权利相对于希腊的政治思想与实践而言，由于它强调的不是公民对城邦政治活动的参与而是国家对公民必须提供的保护与服务，因而是一种崭新的内容，对于以后西方政治思想中自由权利等观念的发展具有深远的意义。”④

---

① ［英］梅因：《古代法》，沈景一译，商务印务馆 1959 年版，第 209 页。

② ［英］梅因：《古代法》，沈景一译，商务印务馆 1959 年版，第 211 页。

③ ［法］邦雅曼·贡斯当：《古代人的自由与现代人的自由》，阎克文等译，上海人民出版社 2003 年版，第 47 页。

④ 唐士其：《西方政治思想史》，北京大学出版社 2002 年版，第 124 页。

尤其值得提及的是，罗马刑事诉讼中的正当程序观念得到了相当的发展。审判应当依据先前的传统如期进行，必然考虑当事人双方的辩护理由，从而按照法律的一般规定给予正当的法律判决。在任何情况下，像野蛮人或肆无忌惮的暴君那样不经审理而处罚他人的做法都不应该在和平时期采用，否则将会成为可怕的先例。塔西佗记述说，元老院一部分议员曾企图对尼禄时代的一个臭名昭著的告密者不经审判而予以惩罚。而其他议员则坚决认为，应该给予时间，应当公开处罚；按照惯例，即使是对于人民最为憎恶的有罪被告人也应当进行审判。无论谁作出的判决，如果他没有让其中一方当事人陈述自己的意见，哪怕判决事实上是正义的，该法官的审判行为也不正当。在罗马法学家看来，兼听当事人双方的意见是确定而无须陈述的一个司法原则。① 由此可见，接受裁判和相关的陈述权、辩护权等司法上的权利已经取得了宪法性权利的形式。当然有必要指出，“罗马社会不平等影响了司法制度的运作；许多证据表明原告不能享有与社会地位尊崇的被告同等的诉权。”②

“从政治上看，控诉式诉讼程序与民主制度比较协调，而民主制度都要广泛地组织公民参与公共事务管理，并且在个人、个人权利同国家的关系中，给予前者突出的地位。所以，控诉式诉讼程序是一种极有效地保证受追诉人利益的诉讼程序。”③ 古希腊和古罗马的民主政体模式与弹劾式刑事诉讼法律制度保持着深刻的默契证实了二者衡态共生关系的不可割裂，政权组织形式与权力运行模式直接决定了刑事诉讼模式的基本框架与运行形态，而弹劾式的刑事

---

① 参见［爱尔兰］J. M. 凯利：《西方法律思想简史》，王笑红译，法律出版社2002年版，第72～73页。

② 参见［爱尔兰］J. M. 凯利：《西方法律思想简史》，王笑红译，法律出版社2002年版，第69页。

③ ［法］卡斯东·斯特法尼等：《法国刑事诉讼法精义》（上），罗结珍译，中国政法大学出版社1998年版，第76页。

诉讼模式的系统运行又反过来支持并推动着民主政体结构的稳定发展与日趋完善。因为原始民主政体主张普遍的政治参与、权利平等与权利救济，这些思想反映在解决冲突的刑事诉讼法律制度架构中，必然与不告不理、控辩平等、中立裁判与理性司法的弹劾式诉讼原则与精神内核相匹配。早期弹劾式的刑事诉讼模式最终成就了古典民主政体的制度理想，成为人类社会在面临个人冲突与社会冲突时作出的最初制度选择。

二、专制集权政体与传统纠问式诉讼制度的生态平衡

以自然经济、宗法伦理和权力本位为基础的君主集权专制政体建立在人的依附关系基础之上并通过社会等级和人身依附的社会结构来实施阶级统治。君主集立法、行政、司法与军事于一身，并把绝大部分权利以特权的形式赋予其他统治阶级，而广大的民众则享有很少的权利，法律关系的核心要素不是权利本位而是义务本位，法律调整以确认等级依附关系为基本价值目标。更准确地说，“当法律出现以后，它却既不维护传统的宗教价值，也不维护私有财产。它的基本任务是政治性的：对社会施以严格的政治控制”①。这种政体的主要特征是：

其一，集权政体模式在体制上表现为集权，是一种专制体制。集权政体不仅将地方权力集中于中央，而且把中央的权力集中于君主（皇帝），形成君主或皇权专制，即以皇帝独裁专制行使最高统治权的概括，是由一整套能够保证皇帝顺利行使权力的制度所构成，以保证皇权至上，使之具有绝对的权威性和独断性。② 以皇权

① ［美］D. 布迪、C. 莫里斯：《中华帝国的法律》，朱勇译，江苏人民出版社2003年版，第7页。

② 韦庆远、柏桦编：《中国政治制度史》（第2版），中国人民大学出版社2005年版，第69页。

专制为核心的国家力量非常强大，完全吞噬并支配社会，而社会对国家的功能期待萎缩，造成政治国家本身的功能分化程度低下的历史结果；在这种集权政体中，立法、行政、司法虽然有一定的权能分工，但建立在人身依附等级结构基础上的政治国家，行政手段是最适宜的统治方式。立法司法都是依附于行政，为专制皇权服务的，统治者可凭借手中的权力任意侵犯公民的人身自由、安全和财产，因而是没有法律秩序可言的。中国古代社会是东方社会专制主义的典型代表。在古代中国，国家是皇帝的私有物。皇帝不仅是国家的最高统治者，还拥有对全国所有公私财物的最终所有权。当时的国家不是严格意义上的封建国家而是家产制国家。① 西欧的封建社会是以庄园经济为基础的，庄园是“中世纪时代的土地管理单位”，也是“社会结构中主要的和正规的组织细胞”②。在庄园内部，庄园主行使各种经济、行政、司法等统治权；在外部关系方面，以庄园土地的大小为基础形成了等级分明的领主与封臣之间的关系，具有典型的人身依附特征。

其二，集权政体的根本目的是通过身份等级法，维护宗法血缘关系和集权统治。在以人与人的依赖关系为基础的社会中，低水平的生产力发展决定了血缘亲属关系在社会关系中的重要地位。以人身依附和等级特权为特征的身份社会的社会关系结构必然要求在法律上公开确认不同社会主体在法律上的不平等地位，并依据人的身份配置法律权利义务。在西方，领主与封臣、贵族与平民、庄园主与农奴、家庭内部成员都具有不平等的法律地位；在东方，印度法律确认婆罗门、刹帝利、吠舍和首陀罗不同种性之间的等级差别；

① 参见［德］马克斯·韦伯：《儒教与道教》，洪天富译，江苏人民出版社 1997 年版，第 54～77 页。

② ［英］詹姆斯·汤普逊：《中世纪经济社会史》（下），徐家玲等译，商务印书馆 1961 年版，第 359～360 页。

中国古代法律承认不同民族之间、官民之间、宗族内部不同辈分的人之间的不平等。不同的法律地位决定了不同的政治、经济和社会地位，在古代达到一定地位的官吏可以占田、免税，政治上可以当官；在法律适用方面，贵族可以通过“官当”和“八议”来免罪或减刑；法律还规定，卑贱不得告尊长，贵族官吏与平民涉讼可以不出庭，贵族犯普通刑事罪不受刑讯拘系等。总之，集权政体的法律基础体现出从立法到法律适用，从实体法到程序法方面的特权法与等级法特质。正如韦伯指出，中国古代法律制度的反形式主义倾向，其本质是等级社会与集权政治的核心特征所导致，“中国司法行政的非理性化不是由宗教，而是由世袭的因素所造成的。在中国，至少在一定的历史时期，法律的预言就像一般的预言不为人知，也不存在相应的法学家阶层以及特殊的法律训练。所有这些都与政治团体的世袭性有关。这种世袭性与法律的理性化是格格不入的。”①

其三，集权政体在组织国家政权、运作国家权力的时候，倾向于实现国家权力最大化、民众义务最大化。亦即，集权政体以等级特权法作为自己的法律基础，坚持义务本位和权力本位的价值取向。集权政体用繁多的禁忌和作为义务构筑法律体系，很少用权利性规范来调整社会关系。以义务本位的社会价值为基础，政权组织上必须体现出权力本位的政治意识，国家机构成为权威无限而又不负国家责任的政治组织。因而，这样的权力架构及其运作机制必然奉行法律工具主义的政治原则，在权力与法律的关系中，法律依附于权力，是权力主体用来控制民众的政治工具，掌权者利用手中的权力可以任意剥夺人民的法律权利，对权力的追求成为人们最重要的人生目标。因此，现代有限政府、责任政府、法治政府的政体理

---

① ［德］马克斯·韦伯：《论经济与社会中的法律》，张乃根译，中国大百科全书出版社1998年版，第233页。

念无从发生，而官制法和刑法却非常发达，将刑罚视为最高主宰，认为只有刑罚才能使整个世界井然有序。梁启超先生在谈到中国政治法律起源时曾解释了产生的原因，“盖初民社会之政治，除祭祀斗争以外，最重要者便是讼狱，而古代所有权制度未确立，婚姻从其习惯，故所谓民事诉讼者殆甚稀，有讼皆刑事也。对于破坏社会秩序者，用威力加以制裁，即法之所由起也。”① 魏特夫也指出，“中国的治国策略认识到必须以儒家的理性和道德形式表达它对于恐怖刑罚的需要。但是，刑罚是所谓法家以及受到法家影响的荀子那样的儒家的主要武器。在整个帝国时期，这始终是官方政策的基础，我们现在称作司法部的机构，在传统中国叫刑部。”②

在社会控制手段的选择方面，集权政体以道德习惯作为社会控制的主要手段，使得法律在社会调整体系中处于较低的地位，并导致法律形式的非理性化。在不同的社会中，由于社会结构不同，维持社会秩序所需要的手段也不一样，因而法律在社会调整体系中的地位也就不同。前资本主义社会，宗法血缘是社会关系的纽带，由此决定了政治国家与市民社会的高度同构是该社会类型的基本特征。因此，在这种社会架构中，社会调整机制要求贯彻义务本位和权力本位的社会治理原则，通过牺牲个人利益，依靠内心的道德强制力，神秘的道德压力来左右人们的行为，达至整个社会的消极性安定。③ 在中国，以儒教为代表的道德伦理规范成为社会调控的最重要手段，法律成为伦理道德的附属品，是实现道德要求的附加手段，从而泛道德主义、人治主义和皇权至上构成传统法律文化的典型特征。正是这种社会治理方式的选择，导致法律形式化程度较

---

① 梁启超：《先秦政治思想史》，江苏广陵古籍刻印社 1990 年版，第 46 页。

② ［美］卡尔. A. 魏特夫：《东方专制主义》，徐式谷等译，中国社会科学出版社 1989 年版，第 137 页。

③ 参见［英］马林诺夫斯基：《文化论》，费孝通译，中国民间文艺出版社 1987 年版，第 7～8 页。

低，法律还没有与其他社会调整体系相分离，呈现出“混合法”特质的局面。在西欧，“无论在俗界还是在教界，法律都没有完全与社会控制的其他过程相分离，也没有与其他类型的智识形态相分离。完整的世俗法并没有从一般部落习惯、地方习惯和封建习惯中，或者从王室和皇室的一般习惯中‘发掘’出来。”① 在中国，从西汉到清末的两千余年，是中国传统法律文化最重要的发展时期，“在法律思想领域形成了最突出的特点：‘法礼合治’——维护中央集权的君主专制国家的‘法’和维护宗法家族秩序的‘礼’两者合二为一。在法律实践上，是‘成文法’与‘判例法’相结合，形成‘混合法’的法律样式。”②

与传统集权专制政体所生成的制度环境相适应，刑事诉讼呈现为典型的纠问式诉讼生态，这种生态的形成正是专制集权政体环境下的必然产物。专制政体的政治架构体现为权力高度集中，它必然要求刑事诉讼构造与整个国家政治架构保持协调与统一，刑事诉讼作为国家专制政治机器的重要组成部分，必然体现其集权思路。正如梅利曼所说，“在大陆法系国家中，过分强调采用纠问式的审判方法，是由于罗马法的复兴和受教会审判程序法的影响所引起的。而最重要的原因，则是集权制国家的兴起。”③ 因此，刑事诉讼中的权力不分、职能混同的纠问式诉讼客观上反映了专制政体本身的内在要求。只有在控诉权与审判权集中于政府专门官员一个人手中时，才可能最大限度地发挥惩治犯罪、维护专制统治秩序的目的。同时，对那些犯罪行为人最大限度地限制乃至剥夺其自由和权利才能够保证这种目的的成功实现。“从政治上看，中央集权国家的领

---

① ［美］哈罗德·伯尔曼：《法律与革命》，贺卫方等译，中国大百科全书出版社1993年版，第101页。

② 武树臣：《中国传统法律文化》，北京大学出版社1994年版，第35页。

③ ［美］约翰·亨利·梅利曼：《大陆法系》，顾培东、禄正平译，法律出版社2004年版，第135页。

导者很热衷于纠问式诉讼，尤其是在政治制度具有专制倾向时，以及把社会利益放在个人利益之前的情况下，更是如此。因为纠问式诉讼所要做的正是要竭力防止由于过分尊重个人权利而不能确保对犯罪人进行追究的情形发生，况且一个坏人也不值得受到给予一个公民的全部保障。”① 在专制集权政体视野中，纠问式刑事诉讼就是实现其全部政治目标的主要工具与法律手段。

在西方，纠问式诉讼较早出现在教会法中，主要用于告发和惩罚异端，经验表明，异端随时随地都有，而教廷不可能保持一支常备的十字军。因此，必然有一种制度，有一个能够严密监视并立即扑灭无论何时何地冒出来的异端的强有力的机构。② 为了惩罚异端，教会确认了法官作为控告人的诉讼程序，在这种程序当中，法官集控告者、起诉人、法官和陪审团的角色与职责于一身，采用秘密原则和书面原则，对犯罪人开始采用刑讯。在审讯异教徒或宗教犯罪的案件中，被告人并不是审判者的兄弟，而是魔鬼。在他不愿意如实供述自己的罪行或供出其他异端时，火与剑就是对付魔鬼最好的办法。那些宗教裁判员，经其上司任命后，在法律上直接依赖于罗马教皇宫廷，这就使教廷能够“迅速而坚决地同被认为是宗教和社会灾难的事物作斗争”。宗教裁判员们生性凶残、狠毒而冷酷。例如，托马斯·德·托克马达，西班牙的第一个宗教裁判员，18 年间判处 10 万人以上，其中有 1 万人被活活烧死。③ 自 13 世纪宗教裁判所正式建立，宗教裁判所在欧洲横行 600 年，千千万万无辜者被烧死，成为“献给上帝的美味佳肴”，宗教裁判所犯下了累

---

① ［法］卡斯东·斯特法尼等：《法国刑事诉讼法精义》（上），罗结珍译，中国政法大学出版社 1998 年版，第 76 页。

② 易延友：《沉默的自由》，中国政法大学出版社 2001 年版，第 24 页。

③ 龙宗智：《刑事庭审制度研究》，中国政法大学出版社 2001 年版，第 85 页。

累的血腥罪行，把人间变成了地狱。[①] 随着西欧封建化进程加快以及教会诉讼程序的深刻影响，世俗王权为巩固其集权统治纷纷借鉴教会采用的纠问式诉讼程序。欧洲大陆世俗法院在 13 世纪开始出现由国家对犯罪提起刑事控诉，至 14 世纪，纠问式诉讼已经有了坚实的基础，部族法开始遭到抛弃，特定诉讼已经掌握在强有力的王室官员手中，他们有启动诉讼、积极追究犯罪人的责任。随着刑讯制度的兴起与检察制度的产生，纠问式诉讼在西欧世俗政权中得到全面确立。至此，纠问式诉讼已经走出弹劾式仅仅将诉讼作为寻求个人补偿和寻求个人安宁的藩篱——它已经作为权力，特别是上升时期的王权实行社会控制的工具。[②] 于是，专制政体与纠问式诉讼的共生就成为历史的鲜明写照。伏尔泰在描述法国专制政体下的刑事司法时认为："世上的暴君很少比路易十一通过刽子手杀死的人更多，所施的酷刑更为别出心裁。根据当时的历史记载，路易十一在位时期，被公开或秘密处决的共有 4000 人。黑牢、铁笼、锁链，这些都是这个专制君主留下的见证物，至今还令人望而生畏。"[③] 而路易十四颁布的《路易法典》使野蛮与独裁合法化：政府派出大批密探，监视人民的举动；国王或大臣可以随意出具命令逮捕人民；囚犯不经审判却被监禁数年。[④]

中国早期社会是酋邦制社会[⑤]，它是以酋长为中心的一个金字

① 董进泉：《黑暗与愚昧的守护神——宗教裁判所》，浙江人民出版社 1991 年版，第 117 页。

② 汪海燕：《刑事诉讼模式的演进》，中国人民公安大学出版社 2004 年版，第 118 页。

③ ［法］伏尔泰：《风俗论》（中），梁守锵等译，商务印书馆 1997 年版，第 290 页。

④ 参见［美］威尔·杜兰：《世界文明史·路易十四时代》卷上（8），幼狮文化公司译，东方出版社 1999 年版，第 20 页。

⑤ 参见谢维扬：《中国国家形成过程中的酋邦》，载《华东师范大学学报》1987 年第 5 期。

塔形的分层社会系统。没有部落联盟那样的民众大会，只是各部酋长的议事会。由于较部落联盟更少制约，因而首领的独断专行很快导致绝对王权的形成。古代部落战争十分频繁浩大，由此也决定了权力成为直接影响中国社会发展进程的决定性要素，这给中国刑事诉讼程序带来了深刻而深远的影响。中国古代的法、律、刑同义，而刑又“起源于兵”。古书有言，“大刑用甲兵，其次用斧钺；中刑用刀锯，其次用钻凿；薄刑用鞭扑。”① 尽管中国周朝的诉讼必须“两造俱备，师听五辞”，体现了弹劾式诉讼的基本特征，但也要求法官“惟察惟法”，主动查明案件事实并严格依照法律定罪量刑。这说明弹劾式诉讼程序中蕴涵着非常活跃的权力成分，法律要求裁判者积极主动地依照职权查明案件事实而不仅仅强调消极中立。进至秦汉时期，中国进入高度集权专制的封建社会，中央集权的政治体制必然体现在以惩罚犯罪为主要目的的纠问化刑事诉讼中。梁治平认为，在中国法制史上，法与刑并无根本差异；或者说，法的核心意思就是刑，与正义和权利这样一些西方法的基本理念邈不相涉。② 法律是集权政治的工具与惩罚的手段，集中表现在刑罚上面，在统治者眼里，刑罚被看做是成功治理国家的一种必要手段，只有刑罚才能使整个世界井然有序。③ 中国封建刑事法律体系十分完备，制度非常精细，充分体现了法律维护封建专制集权统治的根本要求。贺卫方教授认为，中国古代司法审判传统具有以下特征：一是集权而非分权；二是知识的统治；三是非专业化知识的

---

① 《汉书·刑法志》。

② 梁治平：《法辨》，载《法律的文化解释》，生活·读书·新知三联书店1994年版，第280~309页。

③ ［美］卡尔.A.魏特夫：《东方专制主义》，徐式谷等译，中国社会科学出版社1989年版，第136页。

统治；四是没有对抗的司法。① 具体从封建纠问刑事诉讼的内部结构来看，就横向诉讼结构而言，司法官员集侦查、控诉与审判职能于一身，实行的是行政兼理司法；就纵向诉讼结构分析，没有明显区分刑事诉讼阶段。例如，在我国唐朝刑事诉讼中，侦查活动与审讯活动合一，没有明显的审前阶段与审判阶段之分，整个审判程序一体化。《唐律疏议断狱》规定："以狱官令，察狱之官，先备五听，有验诸证信，事状疑似，犹不实者，然后拷掠"。这就是说，"审讯必先以情，审察辞理，反复参验，犹未能决，事须讯问者，立案同判，然后考讯"。封建司法官员为查明案件事实真相，拥有广泛的侦讯和处分的权力，甚至进行刑讯逼供；而被告人则严重客体化和对象化，成为重要的证据来源和发现案件真实的工具。整个刑事诉讼过程体现了为维护封建专制统治秩序与等级特权制度体系而直接针对公民个人发动的行政性惩治犯罪的活动，纠问式诉讼是封建专制政体的必然产物与孪生兄弟，二者具有高度的同构共生与协调统合关系。

三、现代民主政治体制与辩论式诉讼制度的生态平衡

"分权学说生发于比较古老的理论，它成了混合政体的对手，同时又成为一种工具，扩大和发展了这一制度而成为 18 世纪的均衡政制理论。"② 现代民主政体实际上是建立在政治多元主义和对抗性基础之上的，以深厚的个人主义及权利本位作为主体性价值追求的分权政体模式。而且，这种分权制衡的民主政体必然体现法治主义，因为，"分权制衡与法治在一定程度上是相互重叠，互为因

---

① 贺卫方：《中国的司法传统及其近代化》，载苏力、贺卫方主编：《20 世纪的中国：学术与社会·法学卷》，山东人民出版社 2001 年版，第 176～185 页。

② ［英］M. J. C. 维尔：《宪政与分权》，苏力译，生活·读书·新知三联书店 1997 年版，第 3 页。

果的。”① 在社会结构上，高度发达的商品经济瓦解了人身依附的社会结构，使得集权主义和专制主义的政治统治失去了坚实的宗法血缘关系的支撑；市民社会的成长和壮大造成了政治国家与市民社会的分离，导致了社会等级的非政治化。现代民主分权政体与市场经济秩序及其文化和政治因素密不可分，这种政体形式具有以下基本特征：

其一，现代民主政体在权力结构方面把国家权力分为立法权、行政权与司法权，并由不同的国家机构行使。一般来说，议会行使立法权，行政机关行使行政权，法院行使司法权。通过普遍的合法议会选举组建政府机关并在分权的框架内实现国家权力分立体制的制度化。分权不仅体现在国家权力的横向关系方面，而且还体现在纵向方面。在宪法框架内，分权政体不仅将国家权力在中央与地方之间作了合理分配，而且还实现了国家权力与公民权利的分离。随着社会分工日益复杂化与国家职能的深度扩展，国家已经广泛介入社会生活，行政权力不断膨胀，行政部门行使了广泛的自由裁量权，有限政府变成了与市民社会互动的政府、能动的政府；在这样的法治国家里，国家权力仍然具有分离制衡的结构形式。新自由主义代表人物哈耶克认为，宪政原则不仅意味着要对行政自由裁量权施加必要限制，而且还明确地规定行政机关在公民和私人领域中不享有自由裁量权。此外，司法权与立法权必须严格区分，这是一个自由国家的首要原则。② 昂格尔也认为，“为了确保普遍性，行政必须与立法相分离；而为了确保一致性，审判必然与行政相分离。实际上，这两个分离恰恰是法治理想的核心。由于它们，法律制度

① 陈宏毅：《法治、分权、资本主义与香港前途》，载《香港法律与香港政治》，中国香港广角镜出版社 1990 年版，第 71 页。

② 参见［英］弗里德利希·冯·哈耶克：《自由秩序原理》（上），邓正来译，生活·读书·新知三联书店 1997 年版，第 218 页。

应该成为社会组织的平衡器。”①

其二，现代民主政体通过宪法实现权力与权利的平衡配置，确立公私法的界域，规范公权力的行使，维护私法主体自主自律的契约自由权利。“西方宪政的现代历史都在于试图确定政治权力的合法边界，同时将这些不同边界引入分权所要求的不同的国家机构。”② 其目标在于保障公民的自由与权利。“宪法是为了更好地保护自由而分散权力，与此同时，其也思忖着实践能够将这些分散的权力整合，形成一个能够运转的政府。其告诫各个部门分离但相互依赖，自治但互惠。”③ 就私法来看，资本主义的财产所有权是近代商品交换关系的前提和基础。财产所有权是市民社会个人自由进行社会交往，自主结成各种社会关系，并在其中追逐个人利益的基本权利。财产所有权凝聚社会主体的意志，体现于契约关系之中。洛克强调指出，“人们联合成为国家和置身于政府管理之下的重大的和主要的目的，是保护他们的财产。”主权者的“权力绝不容许扩张到超出公众福利的需要之外，而是必须保障每个人的财产”。④ 因此，财产所有权被称作基本人权，成为宪法所要保护的重要对象，财产私有权不可侵犯被确立为资本主义宪法的一项基本原则。资本主义不仅通过发达的民法制度，尤其是产权制度来保障私人财产权，而且通过宪法确立国家对私人财产权的保护义务。对私人财产权的双重保护乃是和市民社会与政治国家相分离的社会结构相适

---

① ［美］昂格尔：《现代社会中的法律》，吴玉章等译，中国政法大学出版社 1994 年版，第 47～48 页。

② T. R. S. 艾伦：《法律、自由与正义——英国宪政的法律基础》，成协中等译，法律出版社 2006 年版，第 71 页。

③ T. R. S. 艾伦：《法律、自由与正义——英国宪政的法律基础》，成协中等译，法律出版社 2006 年版，第 72 页。

④ ［英］洛克：《政府论》（下），瞿菊农等译，商务印书馆 1983 年版，第 77、88 页。

应的一种制度安排。在这种构架内，财产权不仅不受其他社会主体的干涉、侵害，而且还独立于国家权力，国家非依法也不能干涉；就公法来看，资本主义国家不仅将公民基本自由与权利通过宪法加以明确规定，还通过刑法与刑事诉讼法来切实保障公民个人免受国家权力的非法侵害。人的各种自由权利是公民个人赖以生存和发展的前提和条件，正是公民个人充分自由的首要性，决定了资本主义市场经济体系必然要求法律制度对于公民自由进行全面而充分的法律保护。各资本主义国家宪法明确规定了公民个人享有广泛的自由权利，如美国宪法第四修正案规定："人民的人身、住宅、文件和财产不受无理搜查和扣押的权利，不得侵犯。除非可能的理由，以宣誓或代誓言证实，并详细地写明搜查地点和扣押的人或物，不得发出搜查和扣押状。"法国1791年宪法则将1789年通过的《人权宣言》作为整个宪法的总序言，其他各国宪法也都先后确认对于公民个人自由、权利、财产等基本人权的法律保障。从此，人权保障与权力规制成为世界各国宪法和法律的最重要的内容。这深刻体现了现代民主政体所致力于保持权力与权利的协调与平衡的内在原因。

其三，现代民主政体实现了代议制民主与分权制衡的统一。主权在民原则和分权制衡原则是西方资产阶级民主制度的两个重要内容。主权是国家的基本要素，这是指国家的对内最高统治权和对外平等交往权。主权在民是民主政治和分权政体的逻辑基础，而代议制民主则成为人民主权的实现形式，分权制衡成为最好的政权构架。"分权在原则上是为了确保法律创制的一般性；而且大量经过深思熟虑的、内在一致的和公开的规则发挥着宪法壁垒的作用，以保护公民免受激情的、草率的或歧视性的行政行为的侵害。"[①] 为

---

① T. R. S. 艾伦：《法律、自由与正义——英国宪政的法律基础》，成协中等译，法律出版社2006年版，第66页。

了保证国家权力的行使服务于保障公民的自由和权利这一根本目的，就必须使这些国家权力之间形成某种制衡关系。“如果同一个人或是由重要人物、贵族或平民组成的同一个机关行使这三种权力，即制定法律权、执行公共决议权和裁判私人犯罪或争讼权，则一切便都完了。”“在那里，一切权力合而为一，虽然没有专制君主的外观，但人们却时时感到君主专制的存在。”① 孟氏的分权制衡理论深刻地影响了西方的政权组织形式。在西方近现代宪法中，“差不多都把国有机关分为立法机关（议会）、行政机关（总统或内阁）和司法机关（法院）三种，把立法权、行政权、司法权分别载入一个文件之内，这个原则最彻底的表现就是美国宪法。”② 为了保证代议制民主不至于成为多数人的集权与暴政和统治与压迫少数人的机器，分权制衡就成为这种民主政体的最低限度的制度保障。在宪政框架下，国家权力严格分离，立法限于制定“外部规则”，即制定一般性法律，而且不得与宪法相抵触并接受以发现自生自发秩序并制定“内部规则”为宗旨的法官的司法审查。③ 司法审查成为现代宪政法治的核心环节，成为保障公民权利与规制国家权力的重要制度屏障。“这些法院还履行着这样一个职能：权威性地表达具体的法律是什么。无论何时，只要一个规则有疑问，那么法官就必须对之作出有约束力的解释。解释是任何规则适用的一个不可缺少的步骤。警察、检察官和文职官员在他们工作的每个阶段也都进行解释——这些解释与法官解释的区别在于，司法解释具有权威性品质，而其他官员的解释，尽管通常被接受为有效解释，但原则上要服从司法审查。在合宪政府体制中不能忽视这种区别的重

---

① ［法］孟德斯鸠：《论法的精神》（上），张雁深译，商务印书馆 1961 年版，第 156～157 页。

② 龚祥瑞：《比较宪法与行政法》，法律出版社 1985 年版，第 69 页。

③ 参见［英］弗里德利希·冯·哈耶克：《法律、立法与自由》（第一卷），邓正来等译，中国大百科全书出版社 2000 年版，第 152～205 页。

要性，因为我们如果还不准备让行政者最后决定法律之含义的话，那么就必须保持一些对行政者的法律解释的独立制约。如果我们忽视了这一事实，我们就确实生活在一个由官僚说话算数的社会，而不管这些官僚有多仁慈。"[①] 美国法学家德沃金教授也指出：法院的职能在于决定双方的法律权利。对于公共利益的宽泛考虑恰恰是政府和立法机关关注之事项。如果个体权利完全受制于功利考量或多数人的偏好，其价值将荡然无存；因此对个体权利的保护不能留给通常的政治程序。[②]

置身于现代民主政体制度环境下的刑事诉讼法律制度必然反映和体现其根本要求，即贯彻国家权力分离制衡原则，要求刑事诉讼架构体现权力分立与司法独立的基本原则与精神。刑事诉讼中的警察与检察官代表国家行使国家追诉权力，而法官是以公正无私的中立裁判者身份对刑事案件行使审判权。法官确保公正审判的职责使他必须决定对被告人处理的正义优先于控诉，在控诉中警察或追诉者的行为是在进行责难，被告人的禁止自证其罪的特权为其提供了辩护：无论是在审判之前还是在审判过程中他都享有有限的沉默权。尽管富有争议，但这一特权有助于确保刑事审判的敌对性质不会对被告人造成过多的不利影响；而且排除裁量的存在可以通过为权力滥用提供有效救济而维护审判的完整性。[③] "法院的完全独立在限权宪法中尤为重要"[④]，因为法院在现代社会刑事诉讼中主要

① ［英］M. J. C. 维尔：《宪政与分权》，苏力译，生活·读书·新知三联书店1997年版，第313页。

② T. R. S. 艾伦：《法律、自由与正义——英国宪政的法律基础》，成协中等译，法律出版社2006年版，第74页。

③ See generally T. R. S. Allan, "*The Criminal Trial and the Judge's Exclusionary Discretion*", in Hyman Gross and Ross Harrison (eds.), Jurisprudence: Cambridge Essays (Oxford, 1992).

④ ［美］汉密尔顿等：《联邦党人文集》，程逢如等译，商务印书馆2006年版，第392页。

是作为“权利的庇护者”① ——公民权利和社会自由的捍卫者的面相出现的，法院成为公民寻求权利救济、评判追诉机关权力行使正当性的舞台。现代民主政体的内在本质与核心精神在于对公民个人自由与权利的尊重与保障，这种精神体现在国家与公民个人之间的争斗中更能够彰显法治国家的制度理性。它就必然要求国家宪法和法律确认和遵循罪刑法定原则与无罪推定原则，对于犯罪的追究和惩罚必须有着明确的法律根据，并严格依照法定程序由独立和中立的法官进行审理及作出有罪判决后才能实施。刑事诉讼实际上就是将国家与公民之间的刑事纷争置于特定的程序空间，并通过平等对话与充分争辩的三方互动机制理性地加以解决的裁判活动。基于刑事诉讼中国家权力与公民个人权利的非平衡性与二者地位的非对等性，人权保障标准与法治内在精神必然要求刑事诉讼程序严格规制国家权力运作并切实保障公民个人在刑事诉讼中的基本权利。于是，一种体现民主、人权、平等的刑事正当程序得到了宪法确认和司法发展。它要求国家控诉机关必须有合理的证据并严格依照法律规定的程序进行侦查与控诉，所有行为必须接受司法官员的授权与审查；赋予犯罪嫌疑人与被告人广泛的辩护权利，使其能够与国家侦查控诉机关进行平等的协商、对话与交涉；司法官员本着中立和客观的立场不偏不倚地进行刑事审判，监管国家追诉权力是否合理运作并为犯罪嫌疑人与被告人提供司法救济与诉讼关照。体现审判中立、控审分离、控辩平等与有效辩护的“等腰三角形”诉讼构造由此形成，这种诉讼构造实质上就是现代民主分权政体的本质要求，是以保障人权为最高价值取向的宪政法治的深刻体现。

随着市场经济体系在全球范围内形成，民主政治在世界格局中深度拓展，保障人权运动日益高涨，作为调整国家权力与公民个人

---

① ［德］拉德布鲁赫：《法学导论》，中国大百科全书出版社 1997 年版，第 100 页。

权利紧张关系的刑事诉讼法律制度在世界各国已经或正在发生着巨大的变化。那种将国家权力与公民个人之间的刑事纷争通过协商对话与理性争辩的刑事正当程序被大多数国家所认同，并确定于本国的宪法和法律之中。中国台湾地区学者王兆鹏指出，美国“联邦宪法中之人权法案，大部分即专为保障刑事被告人的刑事程序法上之权利而设”①，“联邦最高法院能完成正当程序革命或刑事诉讼法的宪法化，乃通过证据排除法则完成。而该法则的要旨为：违法取得的证据，不论证据价值如何，在审判中皆不得为对被告人论罪的基础。”② 美国宪法性刑事程序印证着宪政体制与刑事诉讼的内在联系：现代民主宪政架构为刑事诉讼的正当化提供了制度环境，反之，刑事正当程序的强化也反过来促进政治体制的民主化与现代化。因为正当刑事程序体现的是对个人人格尊严与自由权利的充分尊重，诉讼主体的平等参与、理性对话及中立法官的公正裁判，所体现的正是民主协商的政治理念和分权制衡的宪政精神。亦即，“在刑事审判中公正原则承认被告人作为一个道德主体的尊严和自治。公正审判的权利确保了对被告人处理的质量，它能适当地反映被告人的尊严和自治，在这一意义上，它是一项绝对的权利，构成了法治的基本要素之一。”③ 因为，“公正审判要求适用正当程序和法制原则，这些都是对人权的最基本的保护。”④ 随着人权的国际保护机制的逐步完善，犯罪嫌疑人与被告人所享有的基本自由与程序权利已经成为国际人权法调整的重要内容并业已成为世界各国宪法和法律的重要渊源之一。在公民权利的国家保护与国际保护发生

① 王兆鹏：《美国刑事诉讼法》，北京大学出版社 2005 年版，第 3 页。

② 王兆鹏：《美国刑事诉讼法》，北京大学出版社 2005 年版，第 4 页。

③ ［英］T. R. S. 艾伦：《法律、自由与正义——英国宪政的法律基础》，成协中等译，法律出版社 2006 年版，第 44 页。

④ 杨宇冠：《人权法——〈公民权利与政治权利国际公约〉研究》，中国人民公安大学出版社 2003 年版，第 229 页。

冲突时，根据国际公约效力优先的原则应当首先适用国际保护机制以防止主权国家对公民权利的任意剥夺和故意侵犯。有学者指出，为了加强人权的国际保护，“世界公民权利必须加以制度化，并对所有政府都具有约束力。国家共同体必须以制裁作为威胁，至少能够做到督促它的成员作出合法的行为。”① 内含最低限度人权保障标准的刑事司法国际准则实际上就是世界绝大多数国家所共同承认并切实遵守的刑事正当程序，通过对该准则的强制实施以督促那些刑事司法程序不完善的国家尽快向国际最低司法准则靠拢。进而间接地促使这些国家政治制度的民主化与理性化，从而实现二者的双向互动。由此可见，现代民主政体制度环境与现代刑事诉讼法律制度存在着不可分割的生态平衡关系，现代刑事诉讼的良性运作不能离开它赖以生存的体制环境。当然，刑事诉讼也通过系统运行对其体制环境发生直接影响，实现二者的衡态共生与有机整合。

第四节　当代中国刑事诉讼法律制度与其政治环境的冲突与调适

纵观当代中国刑事诉讼生态，既不同于历史上出现的弹劾式诉讼与纠问式诉讼的传统诉讼类型，也不同于活跃在现代世界刑事诉讼舞台上的职权主义诉讼和当事人主义诉讼类型。中国现行刑事诉讼样态具有复杂多面性：兼有现代刑事诉讼类型的特质，但又未完全包容现代刑事诉讼的精神；挣脱了传统刑事诉讼模式的羁绊，但还内含传统刑事诉讼的大量制度及文化基因。这充分说明了中国刑事诉讼法律制度正处于由传统类型向现代类型转变的过渡期。刑事诉讼生态与其赖以生存的政治环境密切相关，当代中国特定的政治

① ［德］哈贝马斯：《包容他者》，曹卫东译，上海人民出版社 2002 年版，第 206 页。

架构与政治制度决定着现行刑事诉讼的基本结构与运行模式，政治环境变迁也决定着中国刑事诉讼生态的渐次变化。

一、当代中国刑事诉讼法律制度的现代要素与传统要素并存

当代中国刑事诉讼生态可以说是集现代因素与传统因素于一身，处于现代商品经济与民主政治大潮中的改革开放前沿的社会主义中国，解决刑事纷争的诉讼体制必然渗透着浓厚的时代气息。1996 年通过的刑事诉讼法修正案对我国 1979 年的刑事诉讼法进行了较大幅度的改革和调整，规定了未经法院判决对任何人不得确定有罪原则与疑罪从无原则，废除了收容审查与免予起诉制度，规范了强制措施制度，改革完善了刑事庭审制度与辩护制度。充分体现了惩罚犯罪与人权保障相统一的立法思路，契合了现代刑事诉讼法律制度的发展趋势。故此，“修正后的刑事诉讼法，较之 1979 年刑事诉讼法有很大进步”①。但是，与世界各国刑事诉讼的制度架构和运行机制相比较，还存在着明显的差距，处于深层次矛盾中的传统因素仍然发生着内在的深刻影响，具体表现在以下方面：

其一，刑事诉讼目的的非平衡性。现代社会将刑事诉讼视为解决发生于公民个人与政治国家之间的刑事争端的理性裁判活动，由于公民个人与政治国家的非对等性决定了刑事诉讼必须高度重视并通过制度来保障国家权力与公民个人在诉讼中的地位、机会、待遇与资格的平衡与协调。国家权力必须受到严格规制，公民个人权利必须得到法律保障与诉讼关照。那么，对于刑事诉讼这一严重争端解决机制来说，则要求必须在尊重犯罪嫌疑人与被告人的基本人权的基础上，依照客观公正原则来认定案件事实与适用法律。这就必然要求人权保障成为刑事诉讼目的的重要方面，亦即，在保障人权

---

① 徐静村：《论我国刑事诉讼法的再修正》，载《21 世纪中国刑事诉讼程序改革研究》（代序），法律出版社 2003 年版，第 2 页。

的前提下实现惩罚犯罪的目的。我国刑事诉讼目的对于人权保障的强调还没有完全到位，而且缺乏具体的制度及规则的支持；① 刑事诉讼法学界也认为刑事诉讼从本质上是国家行使刑罚权的活动，揭露、证实和打击犯罪，是现代刑事诉讼的首要目的。② 惩治犯罪的优先性导致诉讼目的要素之间的非平衡性。

其二，刑事诉讼结构的非合理性。现代刑事诉讼结构深刻体现了权利与权力的适度平衡与一定张力，权力与权力的协调与制衡，由此构成科学而合理的三角立体诉讼结构。有学者指出，尽管欧美刑事诉讼法律制度有各种类型，但在制度的内在精神和基本轮廓上，它们包含着更多的“家族相似性”，都属于现代诉讼制度类型。③ 我国现行刑事诉讼结构还存在着很大的缺陷，侦查、起诉与审判等专门机关本着相互配合原则协同作战，共同对付犯罪的任务决定了他们的同体同质性。刑事诉讼法规定的分工负责、相互配合、相互制约原则更多方面强调了配合而制约不足，犯罪嫌疑人与被告人则属于国家追诉对象，其实体权利与程序权利受到多方限制，因而其辩护主体性权能难以全面展开。整个诉讼结构属于一种倒三角的流水线结构，从而深刻地暴露出权力的恣意与权利的孱弱本质。④

其三，刑事程序的非理性化。基于程序的重要意义，现代刑事

---

① 1996 年刑事诉讼法的目的修改为：“为保证刑法的正确实施，惩罚犯罪，保护人民，保障国家安全和社会公共安全，维护社会主义社会秩序”。2004 年中国宪法修改时将“国家尊重和保障人权”内容写入了宪法文本。

② 参见郝银钟：《刑事诉讼目的双重论之反思与重构》，载《法学》2005 年第 8 期。

③ 吴宏耀：《现代法视野中的刑事诉讼》，载《政法论坛》2004 年第 3 期；另参见李心鉴：《刑事诉讼构造论》，中国政法大学出版社 1992 年版。

④ 龙宗智教授认为，我国的刑事诉讼是一种线形结构，并指出它不应该是刑事司法的基本结构，这种结构存在着某些内在机能缺失，需要通过其他制度进行适度校正。参见龙宗智：《相对合理主义》，中国政法大学出版社 1999 年版。

诉讼要求必须遵循正当法律程序以公平解决刑事争端，那么，国家专门机关必须严格遵守刑事程序规定展开诉讼活动。否则，这些行为将受到实体法律和程序法律的制裁，以保障作为弱势群体的犯罪嫌疑人与被告人的基本人权并发挥规制国家权力的重要功能。在“重实体、轻程序，重打击、轻保护”的片面惩罚思想影响下的中国刑事诉讼在相当程度上仍然存在着轻视法律程序的观念，只要将犯罪嫌疑人与被告人定罪处罚，所进行的职权行为即使违法都无关紧要的思想依然如故，以至于刑事诉讼过程中存在着严重的刑讯逼供、超期羁押、重复追诉、司法不独立、审判不中立等违背司法公正甚至侵害人权的若干现象。[①] 刑事诉讼中的现代因素与传统因素的并存引发了诸多矛盾冲突，部分制度改革由于缺乏配套制度和相应观念支持，且与系统整体环境相脱节而难以正常运作，致使修正后的刑事诉讼法律原则和精神没有得到全面贯彻执行，最终使得刑事诉讼的现代性严重缺失，刑事诉讼化解严重争端、展现程序公正与实体公正的能力十分有限。

二、当代中国刑事诉讼法律制度所赖以生存的政治环境

当代中国刑事诉讼现代因素与传统因素并存的独特现象是与其赖以生存及运行的政治结构及制度环境不可分割的，正是当代中国政治体制的现代性要素与传统性要素并存从而造就了刑事诉讼法律制度的基本格局。当代中国政治体制的现代性要素表现在：其一，人民代表大会制度与政治协商制度体现了主权在民的基本思想。根据我国宪法，中华人民共和国的一切权力属于人民。全国人民代表大会和地方各级人民代表大会是人民当家作主、行使政治权利的制度形式，它体现了人民主权的宪政原则，是一种代议民主制；而中

---

① 参见陈瑞华：《程序性制裁理论》第二章，中国法制出版社2005年版，第70～120页。

国共产党领导的多党合作和政治协商制度，是中国的一项基本政治制度，充分体现了中国政治的广泛民主性与普遍代表性。其二，人民代表大会制度下的“一府两院制”反映了中国政府组成形式与权力结构形式，同样深刻体现了权力分立与制衡的现代政治原则和精神。根据我国宪法规定，全国人民代表大会是国家的最高权力机关，最高行政机关、最高司法机关由其产生并对其负责，受其监督；而地方各级人民代表大会是地方权力机关，地方行政机关与司法机关由其产生并对其负责，受其监督。立法、行政与司法权力实行分立，体现了国家权力的合理分工与独立行使。其三，国家宪法确立了司法独立的基本原则。根据宪法规定，人民法院独立行使审判权，人民检察院独立行使检察权，不受行政机关、社会团体和个人的任何干涉。这从制度上保证了司法权的独立行使，从而体现了现代法治的基本精神。其四，宪法对权力和权利作出了比较明确的规定和界分，为保证国家权力的有限行使与公民个人权利的有效保障提供了制度上的支持和法律上的依据。

任何“纸面上的法律”要想变为“实践中的法律”或“活的法律”，非经不懈的奋斗不可。[①] 事实上，中国政治体制与政治结构的现代化与理性化远非一部宪法所能够实现的，况且制度的运行必然取决于一定的条件。因为“一个自由法治社会的形成及维续，仅有法律是不够的，仅有法治主张也是不够的，依法治理恐怕更是难以为继的，必须有一厚实的以维护自由法律理念为己任的诸多社会要素以及它们之间的关系和良性互动过程所构成的多元基础背景和制度化的合理规范技术条件”[②]。现代民主政治是在市场经济相当发达、市民社会发育相当成熟、法律制度相当健全的基础上得以

---

① 张彩凤：《英国法治研究》，中国人民公安大学出版社 2001 年版，第 54 ~ 55 页。

② 张彩凤：《英国法治研究》，中国人民公安大学出版社 2001 年版，第 307 页。

形成的，这些对于当代中国来说都还没有实现。源远流长的传统特权专制文化与宗法伦理观念给新中国社会主义民主政治结构及运行机制带来了深远影响，使得当代中国政治中的传统因素仍然相当活跃：其一，中国共产党领导下的多党合作与政治协商制度尽管被国家宪法确认，但是，由于没有具体的《政党法》，使得合作与协商缺乏规范明确的操作程序①；中国共产党作为执政党如何在宪法和法律范围内活动还缺乏具体法律规范，“迄今为止，我国还没有任何法律来专门规范执政党的活动，而主要是依靠党章和党中央的文件，这样，在某种程度上造就党章和党中央的文件获得高于宪法、法律的地位。”② 其二，执政党与国家权力机关的关系还没有理顺，如何处理加强党的领导与保证国家机关依法行使法律赋予的职权两者的关系还存在着诸多误区，结果出现以党代政、以党压政的现象。其三，国家专门机关之间的分工权限并不明确，还存在着职责不清，交叉重叠与相互扯皮推诿现象。权力之间的制衡关系不突出，也不平衡，无法形成权力的相互制约的良性关系。其四，司法权没有实现真正的独立运行，从而无法从制度上保证权利的救济与权力的规制。由于司法裁判权受到多种上位权力的控制，导致司法权独立行使的原则严重受损。正如贺卫方教授所指出的，“无论是根据现代宪法的规定，还是征之于目前的一般实践，我国的司法独立均不意味着独立于共产党的领导。在这个意义上说，国家的司法

---

① 政党法是指由国家最高权力机关制定的对政党的组织设立、活动原则、权利义务等项内容予以明确规定的法律文件。以国家的名义进行专门的政党立法始于20世纪60年代。目前，世界上已有德国、俄罗斯、土耳其、以色列、韩国、塔吉克斯坦、蒙古、乌兹别克斯坦、阿尔巴尼亚、匈牙利、泰国、巴基斯坦、印度尼西亚、伊朗等几十个国家颁布了专门的政党法。参见王韶兴等：《政党法治：一种新型的政党文明形态》，载《文史哲》2005年第1期。

② 曲新久：《刑事政策的权力分析》，中国政法大学出版社2002年版，第123页。

机构也就是党的司法机构"。[①] 民主集中制作为指导党和国家政治生活的基本原则，更多的是强调了集中而非民主。群众民主意识的淡薄与民主制度的缺乏直接导致权力的滥用与恣意，权力失控现象与权力滥用现象还普遍存在，相比之下，权利空间受到了相当的挤压与收缩，无法构成对权力的有效制约。

三、政治体制环境与刑事诉讼法律制度的相互调适及生态平衡

正如达玛斯卡教授所指出的法律程序与占统治地位的政治意识形态之间的亲和性的研究有着非常光明的前景那样，司法程序同政治权力的关系正在受到众多研究者的更多关注。[②] 政治体制与意识形态必然深刻作用于法律程序与诉讼结构，而后者必然对前者施加若干重大影响。亦即，特定的政治体制必然生成相应的诉讼结构，政治体制发生改变，诉讼制度仍然维持原状就会与新的政治体制发生抵触甚至激烈冲突。而且，我国正在进行的司法体制改革与刑事程序改革所带来的诉讼制度创新必然给传统政治结构与政治体制施加相当压力，从而引发二者的紧张或冲突，这就势必要求推动相应的政治体制改革以保持政治系统与法律系统的平衡互动。刑事诉讼结构与制度的调整应当与政治结构和政治制度改革相协调，适当调适政治系统与法律系统要素以维持二者的生态平衡。

由于当代中国政治结构还存在着诸多非理性的制度基因，传统因素，如等级、特权、人治思想还不时影响着中国政治运行的整体格局，使得当代中国政治的民主程度还不充分，法制还不健全。"民主政治是当前中国社会发展的一个薄弱环节。迄今为止，民主

---

① 贺卫方：《司法的理念与制度》，中国政法大学出版社 1998 年版，第 44 页。

② ［美］米尔伊安．R．达玛什卡：《司法和国家权力的多种面孔》，郑戈译，中国政法大学出版社 2004 年版，导论第 12 页。

政治仍然是我们奋斗的理想目标，而不是既存的客观现实。”[①] 现代宪政要求权力必须服从于法律的统治，并且取得合法性与正统性。“法治思想的核心在于这样一种信念，即法律提供保护每个公民免受他人——包括最有权势的人——专断意志的侵犯的方式。通过以一般法律的方式进行强制管理，社会的政治统治者不能挑选出特定人群进行特别对待。法律是用来在统治者和被统治者之间构成一道壁垒，以保护个体免受拥有政治权力一方的敌对性歧视。”[②] 美国政治家潘恩指出，“在专制政府中国王便是法律，同样地，在自由国家中法律便应该成为国王，而且不应该有其他情况。”[③] 法治框架下的法律必须真正体现全体人民的意志并具备公平正义等良性道德内涵。这就必须建立与健全普遍而公正的选举制度和代议制度，通过实现立法权的普遍代表性来保证人民主权的彻底实现。马克思就把普选权说成是“人民主权意志的内容”[④]，那是因为没有普选制就没有代议制，就不可能实现代议制的民主内涵，国家的合法性依据就被质疑。[⑤] 弗里德曼也指出，“选举是现代国家运作的基本程序，而投票正如许多人所认为的那样是最后的合法形式，也是政府所仰赖的最终基石。”[⑥] 现代民主宪政要求将国家权力划分为立法、行政与司法，并且实现相互制衡，要求司法权的独立运行并赋予其违宪审查的权力。“尽管分权的形式可以随着宪法的不同

---

① 张千帆等：《宪政、法治与经济发展》，北京大学出版社 2004 年版，第 205 页。

② ［英］T. R. S. 艾伦：《法律、自由与正义——英国宪政的法律基础》，成协中等译，法律出版社 2006 年版，第 30 页。

③ ［美］托马斯·潘恩：《潘恩选集》，马清槐等译，商务印书馆 1981 年版，第 35～36 页。

④ 《马克思恩格斯选集》第 1 卷，人民出版社 1972 年版，第 406 页。

⑤ 杨心宇主编：《现代国家的宪政理论研究》，上海三联书店 2004 年版，第 69 页。

⑥ ［美］弗里德曼：《选择的共和国——法律、权威与文化》，高鸿钧等译，清华大学出版社 2005 年版，第 47 页。

而有所更易，但最高法院独立于政府和立法机关似乎对于法治更具根本意义。因此，如果我们拒绝对立法权能作出任何限制——即使关于特定案件的判决——我们便因此否定了立宪主义。”① 因为，“最高法院是一个国家制度体系中独立行使司法权并居于司法体系最高位阶的司法系统，具有终极的国家审判职能和强大的社会控制功能，它通常为一个国家的宪法、司法习惯和法律文化所界定并成为一国政治权力体系的重要组成部分。”② 在相当程度上，我国民主政治还处于初级阶段，人民代表大会制度还需要不断完善。如何保证民众普遍参与立法权以体现全民意志还需要通过具体制度加以规范，如何保证立法权不被滥用和发挥应有的功能还需要认真研究；如何加强依法行政，保证行政权力的合法规范行使，如何保证司法权的独立运作等都需要在制度和观念层面下大力气解决。如何解决在党的领导下实现党政分开、权力分立、司法独立等还需要从理论上阐明和在制度上规范。在这样庞大的制度系统工程建设背景下，中国刑事诉讼法律制度就不可能立刻达到现代法治国家的成熟程度及普遍标准。刑事诉讼发展史深刻表明了其与政治环境的适应性与匹配性，有什么样的政治制度，就有什么样的诉讼制度。要改变刑事诉讼整体格局，就必须推进中国政治体制改革，只有在中国政治体制改革取得丰硕成果的时候，现代刑事诉讼法律制度的架构才可能完全生成。

当然，特定政治体制与政治架构下的刑事诉讼结构与制度也并不是消极被动地适应其政治要求，它也可以反作用于决定其结构、功能乃至运行的政治体制和政治制度。当二者相互适应时，就处于良性互动关系，政治环境生成刑事诉讼结构与制度，而刑事诉讼系

---

① ［英］T. R. S. 艾伦：《法律、自由与正义——英国宪政的法律基础》，成协中等译，法律出版社 2006 年版，第 93 页。

② 左卫民：《最高法院若干问题比较研究》，载《法学》2003 年第 11 期。

统的调整也必然对政治环境优化带来积极影响。也就是说，政治系统与法律系统是互惠的制度系统，任何系统中的制度要素发生变化，必然给整个系统乃至相关系统及环境带来连锁的共振效应。因为，系统与环境具有共生互塑的基本特性。“系统的整体性一方面是在系统内部各要素间的相互作用中体现的，另一方面也是在系统与环境相互联系中体现出来的。”① 系统规律启发我们，从中国民主政治体制现代化与刑事诉讼理性化大计着眼，应当尽量促成政治系统与法律系统的要素变化以带动整个系统的制度更新。在当前中国政治体制改革逐步推进的情况下，也应当持续推进刑事诉讼系统微观领域中的制度变革，从而逐步生成符合现代刑事诉讼要求的制度结构并通过刑事程序更新与刑事司法改革来促进政治体制改革的持续进步。政治体制与诉讼结构的协调互动关系决定了诉讼结构调整可以直接影响政治体制改革，但诉讼结构又仅仅是政治架构中的子系统，改革不会对政治体制全局带来直接冲击，这就避免了改革带来的振荡和负效应，从而实现改革的稳步推进。

① 毕道村：《现代化本质》，人民出版社 2005 年版，第 90 页。

第四章　刑事诉讼生态性的经济维度

马克思主义经典作家关于经济要素对于人类社会系统的重要意义进行了全面而充分的论述，辩证唯物主义与历史唯物主义揭示了人类社会历史发展的一般规律。正是生产力与生产关系、经济基础与上层建筑的矛盾运动构成了整个人类社会发展的主旋律，一定社会的物质生活条件及生产方式决定了人们的交往方式以及特定的政治法律制度，当然后者对前者也会产生一定的反作用。马克思科学地论证了经济要素对于社会发展的原动力作用及其基础意义，他的推论得到了人类学家的证实。美国考古学家摩尔根教授根据对古代社会的实证研究成果，将人类社会划分为蒙昧时代、野蛮时代与文明时代所提供的材料正好说明了生产方式对于社会制度的决定意义。马克思对摩尔根关于对人类上古时代财富和私有观念对社会发展演变影响的考察深表赞同，他指出，“现在，财富的增长是如此巨大，它的形式是这样繁多，以致这种财富对人民来说已经变成一种无法控制的力量。‘人类的智慧在自己的创造物面前感到迷惘而不知所措了。然而，总有一天，人类的理智一定会强健到能够支配财富——单纯追求财富不是人类最终的命运。自从文明时代开始以来所经过的时间，只是人类已经经历的生存时间的一小部分。”①马克思对此评论道，对财富的追求只应占人类生存的一小部分，

① 《马克思恩格斯全集》第45卷，人民出版社1985年版，第397～398页。

"而且是很小的一部分。"① 马克思继续引用摩尔根的资料论述道："只是人类将要经历过的生存时间的一小部分。社会的瓦解，即将成为以财富为唯一的最终目的的那个历程的终结，因为这一历程包含着自我消灭的因素——这（即更高级的社会制度）将是古代氏族的自由、平等和博爱的复活，但却是在更高形式上的复活'。"② 从而深刻地揭示了私有观念及私人占有制度而导致的财富扩张极大地促进生产力的发展以及社会的巨大变革，经济基础改变带来的是上层建筑及政治法律制度的相应调整，人们不再满足于单纯的物质利益而在于追求自由和平与平等正义的理想。

尽管有学者对马克思主义的辩证唯物主义与历史唯物主义思想提出质疑，如庞德就认为，"法律的内容以及司法和行政过程的运作，必定而且完全是由一个在经济上占据支配地位的阶级过分主张的自我利益所决定的。——从这个角度进行研究的许多论者似乎都特别着迷于马克思所谓的阶级斗争，以至于除此以外，他们根本就对任何其他在法律秩序中或在司法和行政过程中发挥作用的因素视而不见。"③ 但实际上，马克思主义经典作家本人并不认为经济是社会发展的唯一决定因素。恩格斯早就指出，"政治、法律、哲学、宗教、文学、艺术等的发展是以经济发展为基础的。但是，它们又都是互相影响并对经济基础发生影响。并不是只有经济状况才是原因，才是积极的，而其余一切都不过是消极的结果。这是在归根结底不断为自己开辟道路的经济必然性的基础上的互相作用。"④ 可以肯定地说，马克思主义经典理论对于解释人类社会历史发展的一般进程具有充分的说服力。马克斯·韦伯对此评价道："显然，

① 《马克思恩格斯全集》第45卷，人民出版社1985年版，第398页。

② 《马克思恩格斯全集》第45卷，人民出版社1985年版，第398页。

③ ［美］罗斯科·庞德：《法理学》，邓正来译，中国政法大学出版社2004年版。第259页。

④ 《马克思恩格斯选集》第4卷（下），人民出版社1972年版，第506页。

任何法律保障都是直接地为经济利益服务的。即使不尽如此，经济利益也是影响法律创设的极重要原因。任何法律秩序的权威保障都以一定方式依赖于社会团体的一致行动，而社会团体的形成又在很大范围里依赖于物质利益的安排。”① 当然，今天运用系统论与生态学的理论来分析，经济要素、政治要素、法律要素及其他要素对于人类社会的发展进程都会发挥各自不同的协同作用。在不同的历史时期，各个要素所发挥的作用必然存在着差异。在前近代社会，无论如何经济要素都发挥着决定性的影响与作用，因为只有在影响人类社会生存的经济条件得到改善的前提下，人类社会文明才可能得到提升与进步；在近代社会，生产力得到了空前的释放，物质与财富的充分涌现为政治成为影响人类社会发展的核心要素准备了条件，人们关于对自由、平等、人权的追求极大地促进了民主与法治的诞生与成长；进入现代社会，法治的成熟标志着法律至上即法律中心时代的来临，规则要素开始在人类社会中发挥着关键作用。“自治型法原则上是以法官为中心和由规则约束的。作为法律秩序象征的恰恰是法官，而不是警察和立法者。”② 哈耶克教授指出，这是因为“从法治乃是对一切立法的限制这个事实出发，跟着来的结论便是法治本身是一种绝不同于立法者所制定之法律那种意义上的法。无疑，宪法性规定可以使侵犯法治变得更加困难，也可能有助于影响阻止普通立法者对法治的非故意侵犯。但是，最高立法者绝不可能用法治来限制他自己的权力。这是因为他随时可能废除他自己制定的法律。法治因此不是一条法律中的规则，而是一条有关法律应当是什么的规则，它是一种后设的法律的理论或是一种政

① ［德］马克斯·韦伯：《论经济与社会中的法律》，张乃根译，中国大百科全书出版社 1998 年版，第 33 页。

② ［美］诺内特、塞尔兹尼克：《转变中的法律与社会》，张志铭译，中国政法大学出版社 1994 年版，第 66～67 页。

治理想。”① 为此，他提出法律应当具备的特质在于：第一是普遍性及抽象性，第二是平等地应用在所有人身上，第三是确定性。而要做到这一点，离开法官的司法适用当然是绝不可能实现的。现代系统理论与生态学认为，社会系统存在着若干系统要素（子系统），要素之间的聚力与张力形成一定的稳态结构，要素的协调与整合促成系统的变迁并最终促成社会的变迁，要素之间配置方式不同，所形成的结构就会不同，社会就表现出不同类型的整体时代特征。也就是说，不同的社会形态有着不同的要素组合形式，要素在系统中所发挥的功能就存在着一定的差异。在考察人类社会发展进程的宏观视野中，经济要素首先成为必须关注的领域，当然，政治要素与法律要素在现代社会中正发挥着日益明显的聚合功能与协调功能。

第一节　传统刑事诉讼法律制度与其经济环境的生态平衡

传统刑事诉讼生态存在两种亚类型，即弹劾式诉讼生态与纠问式诉讼生态。两种类型的传统刑事诉讼生态与传统的经济形态具有密切关系，并受其深刻影响与制约。随着自然经济逐步向商品经济发展，诉讼类型的各种要素也逐渐发生变化，推动着刑事诉讼系统逐步由量变到质变并产生新的诉讼形态。由于世界各国的自然条件、地理环境、民族习惯与历史传统的差异，造成了东西方经济发展的巨大差异，从而决定了其对于刑事诉讼的不同作用与影响。体现在刑事诉讼生态类型上，西方发达的简单商品经济使得弹劾式刑事诉讼生态发育比较完善和成熟，而且持续的时间比较长，对于以

① 转引自石元康：《当代西方自由主义理论》，上海生活·读书·新知三联书店2000年版，第92~93页。

后的刑事诉讼法律制度走向影响也较为深远；而在东方国家，尤其是中国长期形成的自然经济形态：灌溉农业经济决定了刑事诉讼从它诞生的时候起就表现出相当浓厚的纠问化倾向，从而直接决定和影响到刑事诉讼的运行方式及其演变方向。随着近代社会资本主义商品经济体系的建立，西方国家刑事诉讼较为顺利地完成了其生态转型，而中国由于商品经济未能获得充分发展，市场经济发育起点较低，并且目前正处于发展演变转型期，其中还带着许多传统经济制度的痕迹。与之相适应的上层建筑政治法律制度则表现出相当浓厚的集权色彩。我国现行的刑事诉讼法律制度本质上是一种集权特征明显的刑事诉讼法律制度，它与作为宪政型刑事诉讼法律制度的职权主义诉讼之间还存在较大差距。① 反映在刑事诉讼法律制度上，存在较多的传统纠问因素，国家权力要素特别活跃，使得刑事诉讼中的个人主体性较弱，人权保障的理念和制度都存在诸多不足。因而，具体分析经济类型的特征及其发展与刑事诉讼生态演变的内在关联性对于促进我国刑事诉讼生态转型，并加快市场经济建设具有十分重要的意义。

一、伦理秩序下的弹劾式诉讼与原始经济环境的生态平衡

弹劾式刑事诉讼法律制度作为最早的刑事诉讼模式，其主要特征表现为：行政与司法合一；无专门的起诉机关，实行私人告诉，法官比较消极被动，进行客观中立裁判；原告和被告的诉讼地位平等，享有对等的权利，承担对等的义务。② 盖因在国家出现以前，“吾人维持自己地位之利益，不外于自力救济。易词言之，即系复仇。关于责任之法则，其为起源于复仇”。“复仇为刑事责任之起

① 万毅：《底限正义论》，中国人民公安大学出版社2006年版，第103页。

② 参见谢佑平：《历史视野和文化语境下的刑事诉讼模式》，载《复旦学报》（社会科学版）2003年第4期。

源，同时亦为民事责任之起源。”[①] 于是在相当长的时期内，大部分今天被视为犯罪的行为都通过自力救济解决。国家出现以后，在制度设置上仍然体现了对这一古代习俗的尊重，虽然有“不法”，并因之产生争执和解决纷争问题，但却不以“犯罪”的方式处理。[②] 伯尔曼指出，“设立由过错亲属偿付受害者亲属的确定的金钱制裁，是12世纪以前欧洲所有民族法律的一个显著特征，而且也确实是处在某个发展阶段的每个印欧民族法律的一个显著特征。”[③] 具体表现“在功能方面，对于由过错者亲属偿付受害者亲属这种对犯罪的金钱制裁制度的判断主要不是根据足以制止、惩罚犯罪行为和为犯罪行为而赔偿的程度，而是根据足以防止家族间仇杀、尤其是促进敌对家族间谈判和调解的程度。”[④] 为此，梅因总结道：“国家在最早时代通过其法院而进行干涉，很少是由于某种原因国家受到了损害这个观念，这在下述的情况中可以看出，即在原来的司法行政中，它所采用的程序，主要是摹仿私人生活中可能要做的一系列的行为，即人们在生活中发生了争执，但在后来不得不把他们的争执提交和解。高级官吏谨慎地仿效着临时被召唤的一个私人公断者的态度。”[⑤] 当然，该阶段的纠纷解决模式还没有作为独立的刑事诉讼法律制度从宗教、道德、风俗习惯中完全分化出来，必然深刻地带有原始文明的诸多痕迹：伴随着第三人解决诉讼纠纷模式的还有私人决斗，没有完全停止的血亲复仇与借助宗教仪

---

① ［日］牧野英一：《法律上之进化与进步》，朱广文译，中国政法大学出版社2003年版，第14页。

② 周密：《中国刑法史》，群众出版社1985年版，第22页。

③ ［美］哈罗德·伯尔曼：《法律与革命》，贺卫方等译，中国大百科全书出版社1993年版，第64页。

④ ［美］哈罗德·伯尔曼：《法律与革命》，贺卫方等译，中国大百科全书出版社1993年版，第64页。

⑤ ［英］梅因：《古代法》，沈景一译，商务印书馆1996年版，第211页。

式与神灵指示的神判，等等。因为，“氏族的内部秩序是依靠内部纪律来维持的，但是这些氏族集团间的利益冲突导致了依靠自力和私人决斗的结果，因此流血的私人决斗便成了一种主要的社会制度。政治上有组织社会的第一项任务就是对依靠自力和私人决斗进行节制，从而使私人决斗和流血斗争得以消除。”①

弹劾式诉讼模式主要存在于人类社会从家族、氏族及部落原始共产体社会发展到阶级与国家诞生后的奴隶社会时期。维持自身的生存是人类社会发展进步需要优先考虑的因素，由于人类自身的弱小性决定了最初必然是以团体身份——家族为单位而维续其生存的。马克思指出：“血亲家族是第一个社会组织形式。”在血亲家族阶段，一个家族就是一个集团，一个公社，一个生产单位。家族成员中男的从事狩猎，女的从事采集和养育小孩，人们过着集体劳动、共同消费的生活。随着社会生产力的发展，采集范围的扩大，狩猎和捕鱼的兴起，食物增多并促进了人口的增长，人类社会进入到母系氏族公社阶段。“这种简单的组织，是同它所产生的社会条件完全适应的。它无非是这样的社会条件所特有的、自然长成的结构；它能够处理在这样组织起来的社会内部一切可能发生的冲突。对外的冲突，则由战争来解决；这种战争可能以部落的消灭而告终，但决不能以它被奴役而告终。”② 在氏族社会中，每个氏族都有自己的名称，有共同的宗教信仰、共同的墓地，死者的财产转归同氏族人所有。氏族成员有相互援助的义务，在同氏族成员受到外族伤害时，全氏族人要帮助复仇。恩格斯曾经对该阶段作过生动的描写，他说：“这种单纯质朴的氏族制度是一种多么美妙的制度啊！没有军队、宪兵和警察，没有贵族、国王、总督、地方官和法

---

① ［美］罗·庞德：《通过法律的社会控制——法律的任务》，沈宗灵等译，商务印书馆1984年版，第95～96页。

② 《马克思恩格斯选集》第4卷，人民出版社1962年版，第154页。

官，没有监狱，没有诉讼，而一切都是有条有理的。——大家都是平等、自由的，包括妇女在内。他们还不曾有奴隶；奴役异族部落的事情，照例也是没有的。”①

人类学家梅因指出：“不论在任何方面都明显地表示着，原始时代的社会并不像现在所设想的，是一个个人的集合，在事实上，并且根据组成它的人们的看法，它是一个许多家庭的集合体。”②在氏族社会中，家庭乃至更大的单位氏族成为原始的经济共同体与道德共同体，氏族的经济职能体现随着家庭及家族的扩张，逐渐发展为氏族及氏族部落。氏族长对氏族成员的生存承担责任，而道德职能则体现于氏族成员的过错被视为整个氏族的过错。因此，在一个古代社会，据我们所设想到的，虽然是多种多样的，但“家族”是它的典型。“凡族长死亡时，一个家族仍能结合在一起而不分散，这时候共产体就开始存在了，如果是这样，则社会起源的解释是很简单的。在大多数的希腊国家中，以及在罗马，长期存在着一系列上升集团的遗迹，而‘国家’最初就是从这些集团中产生的。罗马人的‘家族’、‘氏族’和‘部落’都是它们的类型，根据它们被描述的情况，使我们不得不把它们想象为从同一起点逐渐扩大的一整套同心圆，其基本的集团是因共同从属于最高的男性尊亲而结合在一起的‘家族’。许多‘家族’的集合形成‘氏族’或‘大氏族’。许多‘氏族’的集合形成‘部落’。而许多‘部落’的集合则构成了‘共和政治’。”③因此，连接家庭与家族的“血缘”纽带是我们今天认识古代社会关系的关键环节，而家庭及家族则构成了古代社会的基础细胞。这为我们理解“血亲复仇”提供了有效的途径，也为认识传统社会的人伦道德关系形成的伦理秩

① 《马克思恩格斯选集》第4卷，人民出版社1962年版，第92~93页。

② ［英］梅因：《古代法》，沈景一译，商务印书馆1984年版，第72页。

③ ［英］梅因：《古代法》，沈景一译，商务印书馆1984年版，第73~74页。

序提供了重要参照系。

母系氏族公社适应了生产力十分低下的社会状况，随着生产力的进一步发展，母系氏族逐渐向父系氏族公社演进，氏族制度也就开始走向解体。在新石器晚期，人们开始冶炼铜、铁，金属工具的使用大大提高了社会生产力，人类社会相继出现三次社会大分工，产品出现大量剩余，这就为私有观念的产生创造了物质基础。父系家族公社又称家长制大家族，是父系氏族公社的基本细胞，几个父系家族公社组成一个父系氏族公社。一个父系氏族公社一般包括一父所生的几代子孙及其妻室，有的还包括奴隶在内。父系家族公社有一个由选举产生的家族长，负责组织和领导生产，安排生活，管理财务，主持祭祀。家族长拥有支配家族全体成员的权利，实行独裁，使家族失去了原来民主平等的生活。梅因指出："最古社会的家族组织曾在少数法律制度学上留有明白而广大的标志，显示出'父'或其他祖先对于卑亲属的人身和财产有终身的权力——在人类原始联合的所有特色中，没有比这种权力更多地被大量的证据所证明；但也没有比这种权力更为普遍地、更为迅速地从进步共产体的惯例中消失掉。"① 正是这种天然的家父权成为中外宗法伦理道德体系的根源，成为个人永远无法摆脱的束缚。随着"家父制"的建立，人类婚姻形态也发生了一个大变革，即从对偶婚制中产生固定的一夫一妻制度：在婚姻关系上男女不再是临时的结合，而是牢固持久的；男女双方不平等，由于妻子在经济上依赖于丈夫，她在家庭中也就处于被统治地位；一夫一妻制家庭是独立的经济单位。一夫一妻制出现后，由于各家庭经营管理、劳动技能不同以及其他经济原因，使得父系家族公社内财产分化日益加剧，促使了父系家族公社的瓦解，也促使以血缘关系为纽带的父系氏族的解体。个体家庭从父系家族公社分离出来后，由于社会分工、手工业和商

① ［英］梅因：《古代法》，沈景一译，商务印书馆1984年版，第77～78页。

业的发展以及财产分化等原因，某些个体家庭离开原来氏族居住的地方而移居别处形成没有血缘关系的杂居。这样，由于人口的流动，结果使许多不同的氏族部落的居民聚集在一起，他们为了共同的经济利益组成一个统一体。于是，以地域为纽带的农村公社开始出现，这种组织一直残存到近代社会。与此同时，氏族以及氏族部落内部履行公共职能的原始民主机构，如人民大会、长老议事会逐步退化，氏族长和部落酋长的职位蜕变为某些富有家族的世袭职位。韦伯曾指出，“直接民主制的行政，其存在是不稳定的。随着经济分化的出现，行政职务即可能落入有产者的手中。其原因不在于他们有过人的资质或专门知识，而只是因为他们有‘余暇’兼职性地来处理行政事务，报酬很低或根本是无偿的。”① 当人民大会变得无足轻重，以军事首长为代表的奴隶主贵族夺取了全部权力的时候，氏族制度的机关逐渐脱离了自己在人民、氏族、胞族和部落中的根子，而整个氏族制度就转化为自己的对立物：它从一个自由处理自己事务的部落组织转变为掠夺和压迫邻人的组织，而它的机关也相应地从人民意志的工具转变为反对自己人民的一个独立的统治和压迫机关。

“第一次社会大分工，在使劳动生产率提高，从而使财富增加并且使生产场所扩大的同时，在既定的历史条件下，必然地带来了奴隶制。从第一次社会大分工中，也就产生了第一次社会大分裂，即分裂为两个阶级：主人和奴隶，剥削者和被剥削者。”随着私有制的出现，阶级也产生了。“所谓阶级，就是这样一些集团，由于他们在一定社会经济结构中所处的地位不同，其中一个集团能够占有另一个集团的劳动。”阶级矛盾与阶级斗争，最终导致原始共产体社会的崩溃和国家的产生。正如恩格斯指出的那样，“国家决不

---

① ［德］马克斯·韦伯：《支配社会学》，康乐、简惠美译，广西师范大学出版社2004年版，第13页。

是从外部强加于社会的一种力量。国家也不像黑格尔所断言的是‘伦理观念的现实’，‘理性的形象和现实’。毋宁说，国家是社会在一定发展阶段上的产物；国家是表示：这个社会陷入了不可解决的自我矛盾，分裂为不可调和的对立面而又无力摆脱这些对立面。而为了使这些对立面，这些经济利益互相冲突的阶级，不致在无谓的斗争中把自己和社会消灭，就需要有一种表面上凌驾于社会之上的力量，这种力量应当缓和冲突，把冲突保持在‘秩序’的范围以内；这种在社会中产生但又自居于社会之上并且日益与社会脱离的力量，就是国家。”① 当然，初期的国家保留着较多的氏族制度遗风，一方面，国家治理机构还在逐渐形成及完善之中；另一方面，原始共产体维系社会团结的家庭、家族及氏族纽带还没有完全截断，以伦理道德、宗教信仰为调整人类社会关系纽带的伦理秩序还具有较强的凝聚力。因此，奴隶社会前期的政治形态承继了原始氏族公社时期社会公共管理遗留的民主、平等的传统，这又主要得益于该时期的原始共产分配体制所带来的人人平等相待、共同享受劳动成果的经济制度。随着私有制度进一步扩张，等级分化加快，与之配合的传统伦理道德体系的建构，奴隶社会政治制度逐渐成熟，法律制度必然从政治伦理道德体系中分化出来形成独立的系统结构，并巩固已经成形的新的经济关系与政治关系。因为反映在一批古代法典的内容上，这些法典“只是表明和记载经济关系的要求而已。”②

奴隶社会时期，世界主要奴隶制国家制定并颁布的法律有：中国周王朝的《吕刑》、古巴比伦王国的《汉谟拉比法典》、古罗马的《十二铜表法》及古印度的《摩奴法典》，这几部法典比较全面地记载和反映了该时期世界各个地域的社会经济、政治状况。就刑

① 《马克思恩格斯选集》第4卷，人民出版社1972年版，第164～165页。

② 《马克思恩格斯全集》第4卷，人民出版社1972年版，第122页。

事诉讼法律制度而言，主要有以下特点：其一，刑事诉讼法律制度体现了对于奴隶社会统治阶级的经济利益，对于财产与拥有的奴隶特别加以保护的基本功能。其二，刑事诉讼采用对席审理的方式进行，原告被告双方都必须出庭。《吕刑》云：“两造具备，师听五辞，五辞简孚，正于五刑。”[①] 其三，诉讼由诉讼当事人推动，法官保持相对消极立场。特别是在古罗马，大量旨在确保诉讼进行的诉讼行为，由当事人负责实施。在诉讼过程中，即使当事人举证不能，法官也不会为查明案件事实真相主动地传唤证人作证或收集证据。[②] 其四，疑难案件一般通过神灵裁判或通过决斗解决。其五，大都建立了较系统而专门化的司法机关与司法官员，实行案件的上诉制度与复审制度。从该时期刑事诉讼的内部结构与功能来看，反映了从原始氏族社会到奴隶社会前期这一阶段社会的经济与政治特征，体现了刑事诉讼法律制度重在解决冲突以维护社会秩序、维护基本经济制度的法律目的。

在由原始共产体社会到奴隶社会前期这一阶段，法律实施活动主要表现为弹劾式诉讼，这种诉讼模式与当时的经济发展水平与政治形态是高度适应的。奴隶社会前期较多地保留了氏族公社广泛流行的平等、民主意识和正义观念，共同劳动、共同消费的共产分配体制使得刑事诉讼这种纠纷解决方式带有浓厚的原始民主与平等色彩。在很大程度上，弹劾式诉讼促进了成文法律的产生，这主要是基于和平与秩序的需要，防止过度复仇带来的更大纷争。“最早设计的法律，是通过要求被害血亲放弃复仇行为和规定旨在确定事实的机械的审讯方式，来调节并最终制止私人间的战争。这种维持和平的制度的观念，在增加了许多其他的职能后，也还是继续存

① 徐静村：《走向法治的思考》，法律出版社 2003 年版，第 10 页。

② 汪海燕：《刑事诉讼模式的演进》，中国人民公安大学出版社 2004 年版，第 26～27 页。

在。”“在一个不以个人为单位而以血亲集团为单位的血亲组织社会中，法律的任务只是在各个好战集团之间保持和平这样一个简单任务。”① 伯尔曼针对萨里克法关于列举要求犯有各种罪行的人向受害方支付金钱处罚时，指出其目的“就是把纠纷当事人双方引向服从地方集会（百户区法院）的判决，而不是通过血族间的仇杀解决纠纷，或者就是为受害家庭和侵害家庭间的谈判提供一种基础。”② 由此，解决争端与恢复和平的诉讼目的决定了弹劾式诉讼的基本特征。当然，共产分配体制是与生产力十分低下，消费品没有剩余的经济状况相适应的。一旦生产力水平得到提高，社会分工出现与新技术的采用，使得消费品出现大量剩余，就自然会产生私有制，产生阶级与国家。贫富分化的结果是两大阶级的对立与矛盾斗争，刑事诉讼法律制度就会逐渐地由一种单纯的纠纷解决机制演变为国家惩罚犯罪，维护社会秩序的工具。正如法国学者指出，“中世纪早期的司法制度已经有导致‘暴力不受惩罚’的危险。这种情况为王权所不容忍，随着王权日益扩大其范围并且不断深入其责任的内容，更是如此。”③ 弹劾式诉讼模式也就随着社会经济、政治的变迁逐渐转变为纠问模式。一种以共同的伦理道德和宗教习俗为核心的公共权威体系逐渐被一种以武力和暴力为核心的国家权力体系所取代，平等而中立并超脱于争执双方的私人第三者逐渐蜕变为以维护国家权威和统治秩序并凌驾于双方之上的国家权力部门。诚如马克思所指出的，原始氏族共同体在历史上解体以后，

① ［美］罗·庞德：《通过法律的社会控制——法律的任务》，沈宗灵等译，商务印书馆 1984 年版，第 11 页。

② ［美］哈罗德·伯尔曼：《法律与革命》，贺卫方等译，中国大百科全书出版社 1993 年版，第 63 页。

③ ［法］卡斯东·斯特法尼等：《法国刑事诉讼法精义》（上），罗结珍译，中国政法大学出版社 1999 年版，第 75 页。

"立即产生统治和隶属关系，强制关系。"① 刑事诉讼主体平等协商的诉讼救济机制被等级命令与支配服从的国家刑罚机制所替换。在这一阶段，法律制度逐渐从政治、宗教、道德等系统中完全加以分离，逐渐由以习俗为中心的伦理秩序转向以权力为中心的行政秩序。不过，从总体上来说，古老习俗形成的伦理道德体系调整社会关系是该阶段社会秩序占主导地位的特征。

二、行政秩序下的纠问式诉讼与农业经济环境的生态平衡

随着奴隶制国家的建立与王权的逐渐强化，封建采邑制与庄园经济的兴起，奴隶制度逐渐向封建制度演变。"封建制度就其最广的意义来说，是精神的动物世界，是被分裂的人类世界，它和下面这种人类世界相反：后者自己创造了差别，它的不平等现象不过是平等的各色折光而已。封建制度不发达的国家，即等级制度占统治地位的国家里，人类简直是按抽屉来分类的。"② 等级价值倾向逐步在社会政治系统与经济系统中的要素发生的变化中得到了显现。民族国家的兴起与西方基督教的泛滥使得西方诸国逐渐进入群雄逐鹿的封建割据时代，而东方民族在深受中国儒家、道家与法家文化熏陶下，早已进入稳定的封建专制政治秩序之中。"历史上的中华帝国，虽然屡遭战事，却一直是一个安宁的世界帝国。固然，中国的文化发展一开始就打上了纯粹军国主义的烙印。"③ 尽管东西方封建经济制度形似而神非，而且最终结局完全相异。但在刑事诉讼类型上却大致相似，即采用一种纠问的诉讼形式。纠问式诉讼在形态上表现为官方主动追究犯罪，刑事诉讼活动延长至证据收集阶

---

① 《马克思恩格斯全集》第49卷，人民出版社1982年版，第464页。

② 《马克思恩格斯全集》第49卷，人民出版社1956年版，第142页。

③ ［德］马克斯·韦伯：《儒教与道教》，王容芬译，商务印书馆2004年版，第68页。

段，即由官方主动侦查犯罪，收集犯罪证据，继而采取刑讯逼供手段，强迫犯罪人招供。刑事诉讼不再采用对席审理方式，一般采取秘密讯问、书面审理的间接方式。“受到控诉的人仅仅是一个被动的角色，对其进行的诉讼程序甚至对其本人都予以保密。”① 刑事诉讼体现为专制国家与公民个人的二元对峙格局，犯罪嫌疑人与被告人处于诉讼客体地位，诉讼权利严重不对等。刑事诉讼的证据制度通过法律对证据的形式与证明效力统一作出规定。其中，口供作为最重要、效力最强的证据形式。②

进入奴隶社会就意味着进入了国家法时代，国家以将所有的暴力收归自己所有并全部垄断这些暴力的行使为基本特征。因此，阶级国家法律具有以暴力为后盾的国家强制性。这种强制性是以国家的军队、法庭、监狱等暴力机关的存在为前提的。进入奴隶制后期，随着王权的不断加强，国家逐渐地不再将刑事诉讼看做是公民私人之间的纠纷解决过程，而是将这些冲突行为看做是直接对现行统治利益与统治秩序造成严重威胁的犯罪行为。刑事诉讼也不再满足于赔偿当事人的物质损失与双方自行和解为最终目的，而是通过严酷的定罪处刑以强化统治秩序并使社会等级秩序化。因为，犯罪行为威胁或损害的不仅仅是当事人的利益，更直接、现实地威胁到统治阶级的利益，从而构成对现行统治秩序的严重挑战。刑事诉讼的结构与功能自然要随着经济环境与政治环境的变化逐渐发生演变。

（一）西方纠问式诉讼模式与封建庄园经济生态

就西方而言，随着日耳曼人征服罗马帝国并在西欧建立一系列

① ［法］卡斯东·斯特法尼等：《法国刑事诉讼法精义》（上），罗结珍译，中国政法大学出版社 1999 年版，第 77 页。

② 中国封建社会没有法定证据制度，这与我国封建王权强大以及没有形成与王权抗衡的地方势力有关，故而并不需要法定证据制度来约束司法官吏的权力。参见汪海燕：《刑事诉讼模式的演进》，中国人民公安大学出版社 2004 年版，第 111 ~ 112 页。

小王国之后，西欧的社会制度发生了根本变化。奴隶主与奴隶两个阶级在日耳曼征服和奴隶起义的过程中被消灭，随之出现了三个新兴阶级：封建主阶级、农奴阶级与自由农民。随着战争结束与采邑制度的推行，封建领主土地占有制经济——庄园经济制度开始在西欧确立：由庄园的领主与依附于他的农民——农奴及少数自由人构成的以城堡、堡垒或设防的寺院为中心的庄园社会开始建立。“封建领主单位和地方政治单位（村庄、百户区、郡）可以是也经常是并存的。”① 庄园本身是一种组织，一种制度。在这种制度中，庄园的领主可以是国王、大贵族，也可以是骑士。庄园主的领主地位和农奴对人的人身依附，都是不可改变的身份，就像个人的私有财产一样要世世代代世袭下去。庄园是一个将政治、宗教、军队、经济等多种性质综合在一起的社会共同体。每个庄园都有自己的法庭、军队和行政管理制度，王室无权过问。庄园的管理中心是庄园法庭，通常设在庄园领主的城堡里，庄园的领主对庄园内的农民享有司法权、征税权和政治统治权。凭借这些权力，庄园主得以向农民征收税款、要求农民承担各种劳役、解决人们的争端，惩罚罪行。庄园的“这种法庭由所有自由民、庄园的农民而不包括奴隶的定期集会所构成。庄园法庭也解决刑事纠纷和民事纠纷。”② 庄园的土地分为两类：领主的保有地和农民的份地。农奴及附属农民是封建庄园的直接生产者。其中，农奴地位最低，受压迫和剥削最重。农奴有自己的份地、自己的家庭，有自己的独立经济，因而具有奴隶所没有的生产积极性。但是，农奴仍然是不自由的人，在人身上必须依附于领主，不得随意离开主人，领主可以将农奴连同土

---

① ［美］伯尔曼：《法律与革命——西方法律传统的形成》，中国大百科全书出版社 1993 年版，第 366 页。

② ［美］伯尔曼：《法律与革命——西方法律传统的形成》，中国大百科全书出版社 1993 年版，第 366 页。

地一起转让、赠送和出卖。农奴份地的所有权属于封建主，作为土地上的依附关系，农奴要像其他身份的佃农一样，受封建地租剥削。

与封建庄园制度相适应，在国王与大封建主之间、大封建主和小封建主之间也形成了以权利义务联系起来的封君与陪臣的关系，形成了封建等级制度。① 国王是全国土地的最高所有者，他把大片土地分封给大封建主——公爵、伯爵、边地侯、大主教、主教、修道院长等。大封建主又把自己的大部分土地分封给中等封建主——子爵、男爵等。中等封建主之下，又分封许多小封建主——骑士。上一级封建主是下一级封建主的领主；下一级封建主是上一级封建主的附庸（即封臣）。领主与附庸之间，互有权利和义务。附庸必须为领主效忠，每年固定带领一定数量的骑士奉召为领主服军役；领主对附庸的义务在于领主要保护他的附庸。领主与附庸双方如果任何一方未履行义务，这种臣属关系都可能破裂，或领主将采地没收，或附庸将土地转归更上级领主，也可将采地变为私有地。领主与附庸的关系也世代相传。凯利指出，“所有形式封建制度的核心和共同的特征是义务的相互性；封臣要忠于领主，反之，领主要保护和支持封臣，如果领主未能尽到这一义务，封臣有权终止自己的忠诚。”② 这种双务性的封建模式的普遍性，尤其是良好的统治者对人民应尽的义务的普遍教义使得契约关系解释国王—臣民关系成为可能。③ 梅特兰认为封建地产保有制度是整个中世纪史的核心，“诚如维诺格拉道夫的研究所表明，正如城邦国家对于古代社会所具备的意义一样，封建化的国家和社会组织形态是中世纪制度方面

① 何勤华主编：《法国法律发达史》，法律出版社2001年版，第7～8页。

② ［爱尔兰］J. M. 凯利：《西方法律思想简史》，王笑红译，法律出版社2002年版，第91～92页。

③ ［爱尔兰］J. M. 凯利：《西方法律思想简史》，王笑红译，法律出版社2002年版，第86～87页。

的支配性因素。整个组织形式都建立在封建契约基础之上，个人地位很大程度上取决于他相对于土地的地位；换言之，土地保有决定了个人的政治权利和义务。”①

西方土地分封制度与庄园制度决定了整个国家中的国王、领主、附庸、最底层的自由民与农奴之间的结构性关系，逐渐形成了西方封建制度特有的封建法与庄园法，前者是指调整领主（包括最大的领主国王）与其附庸的经济法律关系，后者调整领主（最小的领主）与依附于土地上的自由民和农奴的经济法律关系。虽然封建法与庄园法都是非正式的习惯法，但“在1050年到1150年这一个世纪里，封建主义在西方得以合法化，因为封建法和庄园法在这里第一次被想象为与属于它们自己的一种生活相结合的法律体系，通过它们，封建关系和庄园关系的所有方面都获得了自觉的调控。”② 根据伯尔曼教授的分析，封建法关于封臣对领主各种形式的人身依附转变为各种财产义务，同时，领主对封臣各种形式的直接的经济支配权转换为征税，这实质上是给封臣留下了更多的人身自由和经济自主。随着双方权利义务的具体化与明确化，领主与封臣权利互惠性逐渐得到增强。因为除了作为所有人臣服的领主即国王以外，每个领主也是其他个人的封臣；除了最低层庄园主统治的不是封臣而是农奴和其他农民外，作为分赐采邑的结果，每个人占有采邑的封臣也是其他某个人的领主。由此，封建法使西方第一次有了延续几个世纪的、有关较高等级和较低等级人们之间相互的法律义务的体验。正是西方封建法所具有的独特的客观性、普遍性、整体性、发展性，使得统治阶级内部有了权利义务平衡的根据，从

---

① 李红海：《普通法的历史解读——从梅特兰开始》，清华大学出版社2003年版，第59页。

② ［美］伯尔曼：《法律与革命——西方法律传统的形成》中国大百科全书出版社1993年版，第362～363页。

而有效地制约着权力的恣意。就庄园法而言，伯尔曼指出，农民和庄园主之间的互相依赖关系在某种程度上克服了农民在法律上无保障的困境。“在 11 世纪和 12 世纪农民用规定的金钱支付代替劳役和其他义务，是全欧洲广泛流行的做法，这不仅反映了货币渗入到庄园经济，而且反映出该时期庄园法趋于客观性和普遍性。”“庄园法的强化一方面表明领主与他的侍从之间尖锐冲突利益的权力制衡，另一方面表明领主与全体庄园农民之间尖锐冲突利益的权力制衡。”① 庄园土地分为由管家管理的由农民耕作的领主土地和农民持有的土地，这种双重农业体制为直接劳动者自然而主动地改进生产力留下了余地，为农民将自己的经济利益分离于领主的经济利益并追求自己的经济利益这种倾向提供了法律基础。而当农民的利益受到领主的侵犯时，可以向庄园法院提出救济，而庄园法院有时也能够抵制领主管家和官吏而给予农民以法律救济。他还可以越过领主和直接首领向领主的封建上司或王室当局申诉，在万不得已的情况下，他们还可以逃亡。“庄园内赋予农奴以法律人格即承认他们是庄园共同体的‘公民’，具有在法院诉讼的权利和义务，其本身就是任何旨在废除农奴制的运动出现很久以前对于这种制度的一种潜在的挑战。对于各种法律体系（包括庄园法体系）的整体性和发展性的信念以及有关经验转而助长了这种挑战。对庄园法体系整体性的信念和经验要像对待自由农民那样同等对待农奴。”② 西欧封建法与庄园法是整个西方正在成长的法律体系中的重要组成部分，正是它们的系统化发展并与其他法律体系汇合最终成为强大的法治潮流。我国学者就指出，“在近现代宪政兴起的过程中，曾有

---

① ［美］伯尔曼：《法律与革命——西方法律传统的形成》，中国大百科全书出版社 1993 年版，第 393 页。

② ［美］伯尔曼：《法律与革命——西方法律传统的形成》，中国大百科全书出版社 1993 年版，第 404 页。

相当多的指责指向封建主义，谴责其不平等、不自由以及种种专断和压迫行为，但是近现代的宪政主义在很大程度上却是从封建主义发端的，这种辩证性质的历史发展事实上并不奇怪。”①

伯尔曼对于西欧的封建法与庄园法体系概括出以下几个主要特征：(1) 客观性和普遍性；(2) 领主权利和封臣权利的互惠性；(3) 参与裁判制；(4) 整体性及发展性。由此可以看出，整个西欧领主裁判带有相当的弹劾式诉讼成分。尤其是梅特兰强调指出的“领主不是法官，被告要由与他地位相同的人作出判决”的同位审判制度具有现代法律制度的某些特质。正是这种体现权利义务对等、控辩平等、裁判中立的弹劾式诉讼制度使得西欧中世纪好讼之风盛行，由此使得公平正义、权利平等等法律意识得到了发展。伯尔曼指出，“封建法律义务相互性、封建特权平等性和封建管辖权的等级制得到了封建贵族方面极其好讼的习气的支持。”这种好讼性与权利互惠性一样，“不仅构成了封建法律体系中的一个结构性要素，而且还表明了封建法对西方法律意识发展的一个重要贡献。”② 实际上，弹劾式诉讼在整个欧洲中世纪时期有着浓厚的传统基础和广泛的观念影响，不过随着教会秩序的强化与王权势力的上升，教会法与王室法领域的刑事诉讼逐渐向纠问化方向发展，“弹劾式诉讼的范围只是逐渐缩小，并不是所有的刑事案件都立即适用纠问式；而弹劾式演化为纠问式也是一个漫长的过程，即在过渡时期的诉讼中，既有弹劾的因素，又有纠问的因素，只不过纠问的因素在中世纪后期最终占据上风。”③ 纠问式诉讼主要体现于世俗领域与精神领域的权力得到不断强化的王室法与教会法之中，而

---

① 何勤华、张海斌主编：《西方宪法史》，北京大学出版社2006年版，第157页。

② [美] 伯尔曼：《法律与革命——西方法律传统的形成》，中国大百科全书出版社1993年版，第378页。

③ 汪海燕：《刑事诉讼模式的演进》，中国人民公安大学出版社2004年版，第65页。

教会权威与王室权威之间的异乎寻常的紧张关系又使得法律权威获得了最高地位并使得二者得以协调及适度平衡，并使得权力能够受到实质的限制而降低纠问诉讼的权力异化倾向。当然，伯尔曼的分类分析显然过高地估计了早期法治传统对于西方各封建国家的影响力，对于错综复杂的封建经济、政治法律关系作了简单化的归类分析。从历史材料中所揭示的社会状况以及社会矛盾要复杂尖锐得多，封建王室法、教会法、封建法、庄园法、城市法与商法都处于相互冲突与调和之中，各种权力的争斗也时分时合，刑事司法的野蛮残酷充分暴露出法治理念与传统对于权力约束的局限性，法律对于下层民众的救济的有限性反映出西方各封建王国阶级矛盾十分激烈，农民大规模的起义造反就是矛盾激化的典型表现。

（二）中国纠问式诉讼模式与中国封建经济生态

就东方而言，恩格斯曾指出：古代的公社，在它存在的地方，从印度到俄国，在数千年中曾经是最野蛮的国家形式即东方专制制度的基础。① 在东方国家，土地私有制没有得到充分发展，国王或皇帝是土地的最高所有者，即“普天之下，莫非王土”。“在亚细亚形式中，不存在个人所有，只有个人占有。”② 这是亚细亚生产方式最根本、最突出的特点，是“了解东方天国的一把真正的钥匙”。恩格斯称它为“东方全部政治史和宗教史的基础”。③ 因为“土地所有权的前提是某一些人独占着地体的一定部分，把它当作他们的私人意志的专有领域，排斥一切其他的人去支配它。”④ “完全的、自由的土地所有权，不仅意味着毫无阻碍和毫无限制地占有土地的可能性，而且也意味着把它出让的可能性。”⑤ 马克思在19

---

① 《马克思恩格斯选集》第3卷，人民出版社1962年版，第524页。
② 《马克思恩格斯全集》第46卷（上），人民出版社1962年版，第49页。
③ 《马克思恩格斯全集》第28卷，人民出版社1962年版，第256页、第260页。
④ 《资本论》第3卷，人民出版社1962年版，第803页。
⑤ 《马克思恩格斯选集》第4卷，人民出版社1962年版，第163页。

世纪60年代通过对东方国家公社土地所有制的研究，深化了他早年关于人类社会生产方式变迁的一般发展过程的概括，将亚细亚的生产方式视为人类社会经济形成和发展过程的第一个时代或原生形态。他指出："大体说来，亚细亚的、古代的、封建的和现代资产阶级的生产方式可以看做社会经济形态演进的几个时代。"① 然而晚年的马克思经过深入的研究得出结论，"并不是所有的原始公社都是按照同一形式建立起来的。相反，它们有好多种社会结构，这些结构的类型、存在时间的长短彼此都不相同，标志着依次进化的各个阶段。"② 并阐述了分析古代社会历史的方法论原则。他指出："地球的太古结构或原生结构是由一系列不同时期的沉积组成的。古代社会形态也是这样，表现在一系列不同的、标志着依次更迭的时代的阶段。"③ 他认为，人类历史有两个形态，即公社所有制为基础的古代的或原生的形态和以私有制为基础的包括建立在奴隶制和农奴制基础上的次生形态。东方社会的农业公社处于由以公有制为基础的社会向以私有制为基础的社会形态过渡的阶段，因此东方农村公社具有双重属性。马克思认为，东方的村社制度"始终是东方专制制度的牢固基础；它使人的头脑局限在很小的范围内，成为迷信的驯服工具，成为传统规则的奴隶，表现不出任何伟大和任何历史首创精神。"④ 在马克思看来，东方专制制度的基础在于亚细亚的落后生产方式与双重性的东方村社制度。它使社会交往闭塞而孤独，使人们过着闭关自守的生活，造成了国家与社会的孤立状态，进而使东方专制制度能够长久地存在和延续下去。同时，在东方，亚细亚共同体的政治表现形式因为具体历史条件的差异性而有

① 《马克思恩格斯全集》第13卷，人民出版社1962年版，第9页。
② 《马克思恩格斯全集》第19卷，人民出版社1963年版，第448页。
③ 《马克思恩格斯全集》第19卷，人民出版社1963年版，第444页。
④ 《马克思恩格斯全集》第9卷，人民出版社1961年版，第146页。

所不同，这种现象是由多种因素决定的。“部分地取决于部落的天然性质，部分地取决于部落在怎样的经济条件下实际上以所有者的资格对待土地。也就是说，用劳动来获取土地的果实；而这一点本身又取决于气候，土壤的物理性质，受物理条件决定的土壤开发方式，同敌对部落或四邻部落的关系，以及引起迁移、引起历史条件等等的变动。”① 亦即，这种落后的生产方式是由落后的生产力水平决定的，它取决于一定的生产者、生产资料与生产工具的实际情况。不过，马克思注意到生产力与生产方式和政治结构与政治权力的关系，他认为在印度社会中，“在直接劳动者仍然是他自己生活资料生产上必要的生产资料和劳动条件的‘所有者’的一切形式内，财产关系必然同时表现为直接的统治和从属的关系，因而直接生产者是作为不自由的人出现的。”② 这里的社会经济关系具有超经济强制性质，这种性质与东方国家土地所有制关系是密切相关，相辅相成的。“从直接生产者身上榨取无酬金剩余劳动的独特经济形式，决定着统治和从属的关系”；“这种生产关系本身产生的经济制度的全部结构，以及它的独特的政治结构，都是建立在上述的经济形式上的。任何时候，我们总是要在生产条件的所有者同直接生产者的直接关系——这种关系的任何形式总是自然地同劳动方式和劳动社会生产力的一定的发展阶段相适应——当中，为整个社会结构，从而也为主权和依附关系的政治形式，总之，为任何当时的独特的国家形式，找出最深的秘密，找出隐蔽的基础。” 从一定的经济形式出发来寻找一定的国家形式赖以产生的秘密和基础，“这并不妨碍相同的经验和事实，自然条件，种族关系，各种从外部发生作用的历史影响等等，而在现象上显示出无穷无尽的变异和程度

① 《马克思恩格斯全集》第46卷（上），人民出版社1979年版，第484页。
② 《马克思恩格斯全集》第25卷，人民出版社1974年版，第890页。

差别只有通过对这些经验所提供的事实进行分析才可以理解。”①实际上，马克思主义经典作家通过分析东方亚细亚农村公社经济制度与专制国家的关系阐述了经济结构与政治结构之间的密切联系。正如恩格斯所说，“一切政府，甚至最专制的政府，归根结底都只不过是本国状况所产生的经济必然性的执行者。它们可以通过各种形式——好的，坏的或不好不坏的——来执行；它们可以加速或延缓经济发展及其政治和法律的结果，可是最终它们还是要遵循这种发展。”②

当然，如果运用系统论思维来全面考察经济制度与政治制度的关系、生产力与生产关系、经济基础与上层建筑的关系，我们就会发现辩证唯物主义与历史唯物主义是系统论的基础，而后者则是前者的丰富与发展。马克思主义的经典作家深刻地分析了经济关系与政治关系的作用原理，实际上不自觉地运用了系统论与生态学的基本理论来考察这些因果变量关系，只不过系统论与生态学在那个时代还没有形成完整的理论学说与科学方法。系统论认为客观世界是由系统形式组成的，而任何系统又是个体存在与整体存在的统一，即系统个体是整体化的个体，系统整体又是结构化的个体存在形式。要素、系统与环境三个向度的同构共生、动态衡生与网络整生造就了客观世界的系统性存在。经济与政治是同构共生而又互利互惠的社会系统形式，在很大程度上，一定时代的生产力决定那个时代的生产关系，而特定的生产方式又决定着与之相适应的经济制度与政治制度。那么，生产力又是由哪些因素决定的呢？我们知道生产力是由生产者、生产工具与生产资料等要素构成的，生产力水平反映了生产者素质的高低、生产工具的先进程度与生产资料的占有情况。而生产者的素质的高低取决于受教育的程度，生产工具的先

① 《马克思恩格斯全集》第25卷，人民出版社1974年版，第892页。
② 《马克思恩格斯全集》第38卷，人民出版社1974年版，第364～365页。

进程度决定于生产者的创造性发挥程度与先进生产工具的推广程度，生产资料的占有情况取决于经济制度的安排。也就是说，生产力发展离不开政治制度与经济制度的安排，离不开促进生产力不断获得解放和迅速发展的制度环境。这就是说，经济系统与政治系统是互惠的关联系统，二者相互作用并保持着密切互动的系统运行状态。先进的生产力将产生先进的生产关系，而先进的生产关系又会促进生产力的高速发展；特定的经济基础产生特定的上层建筑，而好的上层建筑巩固并强化经济基础；特定的经济制度决定特定的政治法律制度，而好的政治法律制度会巩固并促进经济制度的优化。

晚于马克思60年出生的著名社会学研究者马克斯·韦伯运用了全新的分析方法来考察社会历史发展，考察政治、经济与法律制度的互动关系。韦伯认为，中国的封建制与西方的封建制存在着本质的区别，“很显然，中国的政治分封制最初与（西方所谓的）封建领主土地所有制本身并无干系。”① “造成等级的并不是通过自发称臣托庇及授勋封地而获得的采邑，而是——原则上至少是——恰恰相反：高贵的宗族属性决定着受封的资格，家族出身等级越高，封官级别也就越高。我们发现，在中国封建的中世纪，大臣及至某些使臣的职位都攥在某些家族手心儿里，就连孔子也是上流社会的一员，因为他出生于一个统治者家庭——它们主要靠政治决定的收入，其次靠世袭地维系的地产来支付它们的地位所需的经费。”②“在西方，采邑的世袭性是水到渠成的。采邑主的地位按其有无裁判权来划分，恩赐按服从方式来划分，最后，骑士等级同其他等级、特别是同城市贵族的等级划分，是在一个已经牢牢地通过土地专有以及所有（广泛）可能的交换获利机会组织起来的社会内部

① ［德］马克斯·韦伯：《儒教与道教》，商务印书馆2004年版，第81页。
② ［德］马克斯·韦伯：《儒教与道教》，商务印书馆2004年版，第82页。

完成的。"[①]"中国则与西方相反，宗族的世袭卡里斯马——在我们所知道的时期内——始终是第一位的（至少从理论上讲是这样）。"[②]

中国土地的政治分封制与封建土地地主所有制构成了中国封建经济制度的全部内容。纵观中国历朝历代的兴起、发展与灭亡的过程，实际上展现了中国封建时代土地流转的大体过程：每当新的王朝开始既是政治权力即官职与爵位的分配过程，也是经济权力即土地、财产及人口的分配过程。从这里，我们能够深刻理解政治与经济的相因性及相互间的动态转化格局。一大批封建地主就此产生，这种产生过程类似于西方的封建领主制度，中国社会也产生了类似西方中世纪时代那样的皇帝、领主、农民与农奴的结构性关系。但是，首先，"历史条件相同时，重大的自然差别可能导致决定性的制度差别"，[③] 正如马克斯·韦伯的上述分析，中国与西方的封建经济制度存在着本质差异。中国所在区域是一个典型的灌溉农业耕作区，农业的重要性决定了大型水利工程必不可少，由此必然产生高度复杂的工程技术与组织技术。于是，"中国古代所盛行的以国家为中心的封地制度同中世纪欧洲的骑士封建制度之间的差别引人注目地表现在：欧洲的封建时代几乎没有公共工程，而这种工程——治水等——在中国的战国时代却有巨大发展。"[④] 集中物力、财力与人力的中央集权等级制度就是适应这种现实需要而产生并逐渐形成的。崇尚权力，崇尚礼治，没有法治传统，因而也就不可能形成像西方封建时代那样的封建法与庄园法体系。其次，中国是

---

① ［德］马克斯·韦伯：《儒教与道教》，商务印书馆2004年版，第83页。

② ［德］马克斯·韦伯：《儒教与道教》，商务印书馆2004年版，第83页。

③ ［美］卡尔. A. 魏特夫：《东方专制主义》，徐式谷等译，中国社会科学出版社1989年版，第3页。

④ ［美］卡尔. A. 魏特夫：《东方专制主义》，徐式谷等译，中国社会科学出版社1989年版，第24页。

"世袭的国家形态，尤其是行政与法律适用的世袭性质，在政治上产生的典型后果是：不可动摇的神圣王国与绝对自由的专横与恩宠的王国并存。"①。再次，在中国，"受严格的家长制控制的宗族势力十分强大，这种宗族势力实际上就是在中国经常讨论的那种'民主'的体现，不过，它只意味着：（1）封建等级制的中止；（2）世袭官僚制行政的粗放；（3）家长制宗族的坚不可摧和万能，同'现代'民主毫无共同之处。"② 而且很早就完成了世俗与神灵的分离，没有西方强大的教会势力及教会法体系与世俗政权及世俗法体系构成势均力敌的紧张与制衡关系。正是单极化的强大权力体系作用于中国封建经济结构，使得经济发展受制于外部环境，长期处于落后的亚细亚生产方式，生产力发展无法取得实质性的突破。传统理论认为，正是中国封建社会的小农经济、自给自足的封闭体制造就了中国等级化的专制政治体系。我们认为问题并不如此简单。根据中国历史发展的一般进路，权力在中国古代社会演化中一直扮演着关键的角色，这是解释中国刑起于兵的主要原因之一，也是中国很早就形成了一套复杂的官僚体系的重要因素。中国封建经济制度及其财政税收制度、官职俸禄制度、吏治刑律制度共同构成了一个生态链条，使得专制政治体制与分散的小农经济体制保持着高度的"共生"与"协调"状态：以皇帝为最高统治者的行政等级官僚体系在王朝开始时就与封建地主的土地所有制度相配套，各行政区域的主要官员就是当地的土地所有者、地主与豪绅。尽管中国多数王朝实行土地国有，禁止土地买卖。但是，权力的恣意横行与无所约束决定了这些规定大多只是一纸空文，利用权力掠夺、兼并、买卖土地在中国历代王朝都是十分普遍的现象。实际上，从各个王朝封建地主组成的各层次看，中上层封建地主主要是靠政治途

---

① ［德］马克斯·韦伯：《儒教与道教》，商务印书馆2004年版，第154页。

② ［德］马克斯·韦伯：《儒教与道教》，商务印书馆2004年版，第150页。

径形成的。例如，明代的皇帝、诸王、公主、功臣、外戚、大宦官、缙绅构成了封建地主集团的中上层。人数虽然不多，由于它们是封建地主阶级的核心部分，封建主的性格基本上是由他们决定的。在他们形成的过程中可以看到政治特权比经济手段更有权威。封建地主占据大量土地后将土地佃给农民耕作，然后征收各种赋税，加之中央政府的赋税与官员俸禄也体现为实物形式，给各级官员随意加征赋税提供了便利条件。而中国封建时期推行的户籍制度与里甲制度更成为以皇帝为代表的统治者控制生产者、奴役生产者的重要工具。封建国家的一切赋税和徭役都是根据地籍和户籍摊派和征收，农民既受制于严格的地主土地依附，更受制于中国基层社会组织形式——宗族的束缚。宗族既是中国基层经济组织形式，也是中国基层政治组织形式，是中国封建专制深厚的物质基础与精神基础。宗族既是中国小农经济体系具有支配性的经济结构，也是中国具有支配性的政治结构。它与“三纲五常”的宗法礼教伦理体系共同构筑了坚实的等级化网络社会结构，对新的生产力的发展与新的生产关系的形成构成了极其强大的阻力。加之封建统治者历来奉行“重农抑商”的经济政策，使得商品经济萌芽如何顽强也最终摆脱不了被扼杀于摇篮中的悲惨命运。有学者指出，中国封建社会的文人、官僚与地主三者之间就形成了一个生态循环圈。这个生态循环圈把社会的经济、政治、文化贯穿于一体。文化可以直接转化为政治，政治权力又可以直接转化为经济。① 尽管中国农业主要属于灌溉农业，需要组织大规模的水利、防洪等农业工程，作为共同体中的弱势群体的农民应该能够组织起来形成集体力量与官僚地主势力相抗衡以获得更好的待遇，但是，高度专制的行政管制与严厉的刑罚处罚迫使下层民众循规蹈矩，而无所不在的宗教礼法文化

① 南开大学历史系中国古代史教研室：《中国古代地主阶级研究论集》，南开大学出版社1984年版，第23页。

与宗族势力罗网又从根本上瓦解了农民组织的反抗意志与能力。因此，在中国封建时代一般不可能形成与中央乃至地方政治势力相抗衡的反对势力甚至对抗力量，只有在农民实在忍无可忍的情形下被迫进行大规模起义。其结果便是王朝更换，历史再次陷入重复的命运，这就是所谓的“历史周期律”。

正是对于中国封建经济制度与政治制度共生关系的深刻分析，马克斯·韦伯认为中国与西方最大的不同在于缺乏理性的法律制度。“中国、印度、伊斯兰法地区以及所有理性的立法与理性的审判没有取得胜利的地方，都有这样一个命题‘专横破坏着国法’。这个命题在西方中世纪曾经推动了资本主义法律制度的发展，而在中国，它却无法做到这一点。因为，一方面没有作为政治单位的城市的法人自治体；另一方面也没有从保障特权和使特权固定化的角度确立最重要的法律制度：在中世纪，这两者合起来，正是借助这些基本原则，创造了所有适合资本主义的法律形式。”① 法律在集权专制的中国社会中始终充当着权力的工具与奴仆，那些手中掌握着万顷良田和巨额财富的地主与贵族本身就是权力官僚体系中的朝廷大员，为了自身的更大经济利益随时准备动用权力为其鸣锣开道与牟取私利。立法与司法成为确保与获取经济利益的重要手段，权力通过这些所谓的“合法”途径获取土地、人口及财产。中国诸如小说、戏剧等文学形式深刻反映中国的行政、司法官僚体系如何相互串通一气、草菅人命的黑暗状况的事例如《十五贯》、《窦娥冤》、《杨乃武与小白菜》等等，举不胜举。

终归于一点，中国社会有着强大的专制传统，没有法治传统，也没有分解出制衡权力的任何力量，造成了中国社会的政治权力单极化现象。这不仅影响中国政治必然走向专制集权，而且导致经济系统无法保持最低的自治，一种超经济的强制渗入经济法律及社会

① ［德］马克斯·韦伯：《儒教与道教》，商务印书馆2004年版，第154～155页。

制度的方方面面。小农生产方式不是仅仅能够依靠社会自身自发而自然演进的，而是由于外部的政治系统对其进行了严格控制的结果，小农经济在向商品经济发展过程中遭到了政治权力的扼杀；只有惩罚而没有权利的法律体系成为统治者手中的玩物乃至屠刀同样是外部政治环境造成的，权力改变了法律系统的自我生态演化进程，被强行纳入国家集权政治体系之中，使得法律依附于政治的局面最终形成。“反形式主义的家长制的作风从不遮遮掩掩，对任何大逆不道的生活变迁都严惩不贷，不管有无明文规定。最重要的则是法律适用的内在性质：有伦理倾向的世袭制追求的并非形式的法律，而是实质的公正。”① 法律没有自己独立的发展空间与经济没有独立的发展空间具有同样的结果。经济与法律共同受制于权力系统的既定安排，无法保持系统内部的自我调节以形成有序循环，更不可能保持外部系统之间的有序循环。权力系统支配着经济系统与法律系统按照权力的要求运行，最终酿成权力系统的自我恶性膨胀，驾驭乃至吞没了其他社会系统。“社会经济、思想文化本来有自己的性质和活动原则，但在政治至上、权力本位的社会结构下一切都被政治化了，因而其他社会要素皆失去了自己的固有性质，失去了自主性。在政治中心的社会结构中法律也被政治化、权力化了。因此，法律只有政治功能、权力功能，从而也只具有权力化的性质。”②

我们认为，在考察中国刑事诉讼法律制度生态的经济方面时，应当运用马克思的辩证唯物主义方法论，尊重生产力决定生产关系，经济基础决定上层建筑的辩证法原理。并着重考察生产关系对生产力发展、上层建筑对经济基础的反作用与具体影响，因为在长

---

① ［德］马克斯·韦伯：《儒教与道教》，商务印书馆2004年版，第155～156页。

② 刘进田、李少伟：《法律文化导论》，中国政法大学出版社2005年版，第51页。

期的理论研究中偏重于决定关系而忽视反作用关系。把握系统论与生态学方法有利于克服上述错误倾向，因为“生态哲学的整生原理与辩证哲学的网络联系原理有深层的同一性，两者结合，既促进了各自的充分发展，又形成了生态方法的最高层次——网络整生的方法”①。中国刑事诉讼法律制度作为法律制度的一个子系统，与其他社会宏观系统如政治、经济、文化等外部环境构成了活态共生与动态衡生的网络整生结构，而且发生着持续交错影响与互相作用。考察中国封建纠问式诉讼生态也就必然应当全面考察封建社会的经济系统、政治系统、文化系统之间的互动关系。我们认为，中国封建纠问式诉讼与中国传统的封建地主土地所有制度与自给自足的生产方式密切相关，更与中国传统的封建专制集权政治制度、传统伦理道德及宗法礼教文化密切相关。相对而言，封建专制的政治制度对于诉讼制度的生成影响更大。因为封建纠问式诉讼形态最有利于巩固封建专制的政治制度，最有利于维护封建等级化的经济基础。在统治阶级需要保护其经济利益例如在土地占有、财产获取与赋税转移的过程中，刑事诉讼就可以发挥着决定性的作用，统治阶级为了维护其统治地位与社会秩序运用刑事司法这个“合法”的暴力手段能够轻易地达到目的。中国封建纠问式诉讼仅是维护封建集权专制的工具，而且将这一工具职能运用到最大限度。与此不同的是，西方封建纠问式诉讼却不完全仅仅具有诉讼的工具作用，而且发挥着法律的一般形式化与理性化的功能，为资本主义的最终形成发挥了积极的牵引功能与规范功能。从这个意义上说，韦伯所说的西方资本主义受惠于理性而形式化的法律制度安排具有一定合理性及客观现实意义。也正是在这一意义上，中国封建纠问式诉讼作为封建政治制度的重要组成部分，在相当程度上阻止和延缓了中国社会经济发展与制度文明的进步。

---

① 袁鼎生：《生态视域中的比较美学》，人民出版社2005年版，第89页。

总的来说，纠问式刑事诉讼，是适应封建极权统治不断加强的趋势和统治阶级残酷镇压日益高涨的农民反抗的需要而逐步产生的，是统治阶级获取并巩固经济利益最重要的法律手段。在君主专制社会，为了维护统治，镇压反抗，必然实行集权和残酷统治。这种统治不仅表现在刑事实体法上，还表现在刑事诉讼程序上。“实体法都具有本身特有的必要的诉讼形式，例如中国法里面一定有笞杖，和中世纪刑法的内容连在一起的诉讼形式一定是拷问。”① 纠问式刑事诉讼与封建专制主义的政治制度、经济制度保持着密切关联的生态互动关系。封建社会的自然经济关系，必然产生封建家长制，产生农民对土地及地主的依附关系。这种家长制和人身依附关系使统治者个人具有绝对的权威，形成金字塔式的权力机构及控制社会、操纵广大劳动群众的生杀予夺大权专制网络。这种统治关系反映在刑事诉讼程序制度安排中，必然是野蛮的、黑暗的和纠问的。这种纠问式诉讼充当了维护封建地主土地所有制经济关系乃至由此形成等级宗法伦理关系，维护着封建集权专制的政治统治的法律工具。这种诉讼模式的具体运行实际上反映了专制王权上令下从的单向运作特征，由此形成的是一种行政秩序下的诉讼格局。随着经济结构及形态的更替和演变，政治制度与法律制度的进化，封建纠问式诉讼必然被新的诉讼形态所取代。

① 《马克思恩格斯全集》第 1 卷，人民出版社 1956 年版，第 178 页。

第二节　现代刑事诉讼法律制度与其市场经济环境的生态平衡

一、法律秩序下的控诉式诉讼与商品经济环境的生态平衡

“近代资本主义在西方世界的出现，是同西欧中世纪中后期特定的社会历史条件密切相关的。西欧社会从前近代社会向近代社会的历史转变，就所有制关系而言，是从一种形态的私有制（古典型的或日耳曼型的）向另一种形态的私有制（纯粹形态的）之演化。而在传统东方社会，私有制的发展是很不充分的，公社所有制以及以此为基础的君主国家所有制成为所有制关系的主导形态，因之东方社会的发展必然有其特殊的历史轨迹。”① 控诉式刑事诉讼法律制度正是随着西方资本主义生产方式的确立与资产阶级革命胜利后建立起来的资产阶级民主政治架构而逐渐由传统刑事诉讼模式演化而来的。资本主义生产关系产生的前提是社会生产力的发展、社会分工的扩大和商品经济的增长。第一，生产技术的进步推动了西欧社会生产力的发展。14 至 15 世纪，西欧各国主要的工业生产部门已经普遍采用水力、风力等新的动力资源，从而大大提高了生产效率。动力技术的改进，对纺织业、采矿业、冶金业等生产部门都产生了很大影响，促使这些部门也相继采用新的技术。第二，生产力的发展和生产技术的进步，扩大了社会生产的分工，不仅使生产活动日趋专业化，也引起生产结构的变化：手工业与农业进一步分离，新兴手工业部门的大量涌现及其内部生产的专业化，工业产品与农业产品专业化地区不断出现。第三，生产力的发展和社会分工的扩大导致商品生产的增长，商品种类和商品流通量进一步扩

---

① 公丕祥：《东方法律文化的历史逻辑》，法律出版社 2002 年版，第 141 页。

大。英、法等国逐渐形成了国内统一市场，个体小生产已经不能满足日益扩大的市场需要，因而要求手工业从小生产向大生产过渡。同时，商品经济在城乡都普遍地瓦解着个体小生产，直接动摇了封建社会的经济基础。一方面，城市的手工业行会被日益加剧的竞争所摧毁；另一方面，随着货币地租取代劳役地租和实物地租，农民开始与市场发生联系并逐渐摆脱对封建主的人身依附关系，使自给自足的农村自然经济走向瓦解。

由封建小生产方式向资本主义小生产方式过渡，不仅上述条件是其必不可少的重要前提，而且还必须具备两个条件：一是货币和商品转化为资本，二是直接生产者与生产资料分离。创造这两个条件的过程，就是资本的原始积累。商品经济的发展，促进了封建制度的瓦解，资本主义产生的这两个条件逐渐从封建制度中孕育出来。在激烈的竞争中，小商品生产者加速分化，少数人发财致富，集中了大量货币，变成了资本家。多数人则贫困破产，丧失生产资料，变成靠出卖劳动力的雇佣劳动者。在西欧各国资本主义生产关系产生和发展的历史上，这两个条件主要是通过对农民土地的剥夺与殖民掠夺等暴力手段实现的，从 14 世纪资本主义萌芽产生以来，经过约两个世纪的发展，到 16 世纪中期，资本主义生产已经初具规模，随着雇佣劳动与资本的出现，资本主义时代即将来临。与此同时，整个西欧相继发生着一系列重大历史事件：地理大发现引发的商业革命，通过以西欧为中心的世界贸易网络把原来半封闭的地区性经济联系起来，形成了资本主义的世界性市场；文艺复兴运动从根本上解放了人们的封闭思想观念；宗教改革运动则沉重打击了封建制度的国际中心罗马天主教会，动摇了古老的封建土地所有权关系的宗教堡垒与封建专制的根基，大大推进了西欧封建社会向资本主义社会的过渡进程。最终这些物质领域与精神领域的革命力量积蓄到一起，以排山倒海的气势爆发出来，形成了影响整个人类历史进程的世界范围内的资产阶级革命风暴：1640 年的英国资产阶级革命、1775年的美国独立战争、1789年的法国资产阶级大革命等等，由此构成了人类近代历史上伟大变革的宏伟画卷。至此，资产阶级革命最终战胜封建专制势力，人类社会进入新的历史发展阶段。

控诉式刑事诉讼就是在西方经济变革、政治改革与社会变革的宏大背景中逐步从纠问式诉讼的母体中破茧而出，完成了自身的蜕变而成为新型的诉讼形态的。它与资本主义商品经济形态具有天然的契合性，资本主义商品经济表现为生产主要是为了获取利润而不是消费，这就意味着必然存在商品交换的市场。商品的自主生产与自由交换决定了市场规则的普遍性与统一性，决定了商品生产者之间的平等互利的法律关系的确立，决定了消费者的一体法律保护。因为“权利的一种调整会比其他调整产生更多的产值。但除非这是法律制度确认的权利安排，否则通过转移和合并到达同样后果的市场费用会如此之高，以致最佳的权利配置以及由此带来的更高的产值也许永远不会实现。”① 也就是说，商品经济需要新型的具有客观性与普遍约束力的政治法律制度，尽量克服和消除封建社会的专制垄断与等级特权等不平等的法律现象。同时，商品经济统一市场的确立要求打破封建诸侯割据的统治状态与行政封锁的孤立局面，要求建立统一的行政官僚管理体系与形式化和理性化的法律制度体系。著名的社会学家马克斯·韦伯强调指出：“在这方面中具有毋庸置疑的重要性的是法律和行政机关的理性结构。因为，近代的理性资本主义不仅需要生产的技术手段，而且需要一个可靠的法律制度和按照形式的规章办事的行政机关。”② “法律确定性所具有

---

① ［美］罗纳德·科斯：《论生产的制度结构》，盛洪、陈郁等译，生活·读书·新知三联书店1994年版，第158页。

② ［德］马克斯·韦伯：《新教伦理与资本主义精神》修订版，于晓、陈维纲译，陕西师范大学出版社2006年版，导论，第10页。

的抽象的形式主义和实现实体目标的愿望之间存在不可避免的冲突。司法形式主义使法律制度可以像技术性的理性机器那样运行。因而，它能够保证个人或团体在相对宽泛的自由制度里活动，并使之可预料自己行为的法律后果。程序包含了特殊的和平竞争，被作为‘游戏规则’而得到遵守。”①

控诉式诉讼就是适应资本主义形式化法律体系的需要而逐渐发展起来的解决刑事争端的刑事诉讼模式，刑事正当程序就是这种形式化法律的代表。“在西方旧的身份共同体关系解体与资本主义新秩序确立这一历史过程中，有两项制度起到了神奇的作用：一个是社会或私法领域的契约，另一个是国家或公法领域的程序。”② 形式化的法律程序要求刑事诉讼必须具备普遍性、客观性等形式化要素。刑事诉讼的理性要求刑事诉讼结构必须体现权力的分化制衡原理，必须体现自由、民主、人权等新的政治伦理与经济伦理观念，亦即，必须体现“资本主义精神”。由此，具有形式而理性的刑事诉讼法律制度，能够有效制约国家权力在刑事诉讼各个环节上的具体展开以保障诉讼当事人的基本人权，从而有效维护了公民的自由、财产、人格尊严等权利。通过刑事诉讼的理性化运作解决刑事争端，从而为资本主义商品经济的正常运转提供良好的外部条件。实际上，刑事诉讼法律制度与经济秩序的变迁保持着同构共生的态势，二者深刻的互惠性体现于控诉式诉讼的最终形成与资本主义商品经济乃至市场经济秩序的全面建立。正如马克斯·韦伯所说，“现代商业交往的节奏需要法律制度，即具有强大拘束力保障的制度，具有可确定和可预见作用。最后经济生活已经扫除了那些曾是法律和法律保障的绊脚石的组织。这是市场发展的必然结果。市场

① [德] 马克斯·韦伯：《论经济与社会中的法律》，张乃根译，中国大百科全书出版社 1998 年版，第 227 页。

② 引自季卫东：《法律程序的意义》，载《中国社会科学》总第 79 期。

团体的支配地位要求法律制度具有根据合理规则可预计的作用。”①控诉式诉讼与商品经济的契合性就在于该法律制度具有明显的可预见性与确定性，通过具体化、法典化的规定来确保那些被卷入刑事诉讼中的普通公民个人的正当、合法的实体利益与程序利益，并主动积极地参与刑事诉讼并与社会利益及公共秩序的代表者国家专门机关进行平等的对话交涉以解决争端。这种品格正是资本主义理性的经济秩序与理性的法律秩序互惠交往的基本体现，是保证资本主义经济正常运行的制度前提。伯尔曼在分析西方近代法律传统时就认为，正是近代西方法律体系的形成为资本主义在全世界范围的扩展提供了结构性与制度性的关键因素。他专门引用了马克斯·韦伯有关资本主义的论述，因为在韦伯看来，高度发展的、合理的法律制度的存在是资本主义出现的必不可少的先决条件。韦伯曾指出：“正如我们所见，经济条件在所有的地方（在社会发展中）都起到一种重要的作用，但在任何地方这种条件独自和本身都不是决定性的……对于那些在商品市场中具有利益的人们来说，总体上法律的合理化和系统化及……细节上不断依赖法律的程序发挥功能，构成资本主义企业……存在的最重要的条件之一，资本主义的企业没有法律的保障就不能存在。”② 换言之，权利即资源的分配若欲达到效率最优，必须通过法制形式形成当事者之间进行自由交涉的条件，结果的决定均以交涉过程为基础。这意味着司法程序乃至法律制度整体的构成是否妥当对于市场机制的运行及其利用具有极其重要的意义。③

实际上，刑事诉讼法律制度作为法律制度体系的有机组成部分

---

① ［德］马克斯·韦伯：《论经济与社会中的法律》，张乃根译，中国大百科全书出版社 1998 年版，第 35 页。

② 转引自［美］伯尔曼：《法律与革命——西方法律传统的形成》，中国大百科全书出版社 1993 年版，第 652 页。

③ 季卫东：《法治秩序的建构》，中国政法大学出版社 1999 年版，第 47 页。

及重要功能环节与经济结构及发展状况具有密切的生态关系。在经济形态由封建的自给自足的小农经济向资本主义商品经济形态过渡的过程中不能没有法律制度尤其是刑事诉讼法律制度的保障，在资本主义商品经济逐步形成并最终向市场经济发育成熟的进程中更不能离开刑事诉讼法律体系这一外在制度条件。因为尽管刑事诉讼解决的是因为犯罪而引发的公民个人与国家之间的刑事争端，但是，国家权力的垄断性与支配性力量决定了公民个人遭遇国家权力侵犯的高度危险性。公民个人权利与自由的丧失必然导致其经济活动能力的丧失，对于公民个人权利与自由的充分保障也就是对经济活动自由的最大保障。从这个意义上说，刑事诉讼法律制度中对于国家权力的管理控制程度决定着经济发展的发达程度和经济结构形成的合理程度。表面上看来，经济活动与刑事诉讼没有多少直接关联，但从本质上说二者是完全一致而又相辅相成的动态共生关系。因为商品经济活动是经济主体获取利润的生产活动，经济主体的人身自由与财产权利是从事经济活动的基本前提，没有对于经济主体的人身自由与财产权利的制度保障就不可能有商品经济秩序的形成。有学者认为："财产是指可以买卖的东西，那么既然一个人的自由也能买卖（如可以自由地出卖劳动力），所以自由就是资产，而且也是财产。"① 将自由与财产等同起来可能不会为中国学者所接受，但至少阐明了个人自由对于经济活动的至关重要性。从人类第一个宪章性的人权文献——英国的《自由大宪章》中的关于刑事诉讼的若干规定可以得出保护个人自由和权利的经济需求和政治需求与刑事诉讼法律制度的密切关联性。而且，"英国法治是以普通法来展现自身的，而普通法本身又是以诉讼程序为中心起家和维续的。公正的程序犹如自由的契约，在资本主义新秩序的形成和构建中所

---

① ［美］约翰．R．康芒斯：《资本主义的法律基础》，寿勉成译，商务印书馆 2003 年版，第 29 页。

起的重要作用是有目共睹的。”① 只要看看西方资产阶级革命时代所颁布的若干宪章文献与人权宣言就能够轻易地感知刑事程序不断形式化和理性化进程的无须多加解释的历史必然性与逻辑必然性：刑事诉讼直接关系着公民个人的基本权利与自由。有了这些关于公民个人权利与自由的刑事法律保障，才可能为经济主体的自由活动提供前提与基础。相反，如果经济主体在从事自己生产经营活动中，随时存在着人身自由的威胁，随时都可能遭到拘留、逮捕等人身强制与搜查、扣押等财产强制，也就根本无法保证经济活动的可预见性与确定性。经济主体没有机会参与市场竞争甚至可能退出市场，商品经济必然萎缩甚至走向凋零。因此，可以认为与商品经济的成长发展过程相伴生就是刑事诉讼逐步理性化、形式化的过程，就是权力受到规范控制的过程。西方各国深受罗马法思想的浸润，法治观念与法律意识在极其深刻而广泛的层面被接受和传播，包括那些爱好专制的皇帝与国王也不例外，加之西方基督教会与世俗王权的斗争最终使法律获得了至高无上的正统地位。尽管随着中世纪封建国家专制政权的形成，刑事诉讼特别是欧洲大陆的王室诉讼与教会诉讼中一度呈现纠问倾向，尤其是到 14 至 15 世纪后期君主专制政体形成后的刑事诉讼的纠问化程度大大加重。但从总体上说，西方各君主专制国家没有发展到绝对王权至上与绝对的教会权力至上的地步。随着资本主义生产关系的萌芽、宗教改革与文艺复兴等思想解放运动的兴起，资本主义革命所掀起的政治、法律与社会变革，在这些外部因素的作用下，刑事诉讼系统的诸要素在逐渐转化，使得诉讼模式最终由纠问式向控诉式转变。

需要注意的是，西方资产阶级革命后在刑事诉讼法律制度完成转型后，呈现出英美法系国家的“辩论式”诉讼形态与大陆法系国家的“职权式”诉讼形态。我国研究者不适当地夸大了辩论式

---

① 张彩凤：《英国法治研究》，中国人民公安大学出版社 2001 年版，第 305 页。

诉讼与职权式诉讼之间的差异而忽视了两种诉讼形态都是在西方资产阶级革命后经过制度改革后所逐步形成的，他们具有相同的制度背景与法治基因。研究者在很大程度上忽视了前二者都实际体现了资本主义商品经济秩序与资产阶级民主宪政制度架构的根本要求而在诉讼制度层面进行的共同转变。那就是国家刑事司法权力最终根据刑事诉讼的职能不同而完成了明确的分化过程，普遍地认同了国家权力必须受到法律与程序的控制以及涉及刑事诉讼中的公民个人应当受到全面的法律保障，从而形成了具有普遍意义的“等腰三角形”的刑事诉讼内部结构。体现的正是主权国家与公民个人在平等对话与理性交涉的基础上解决刑事争端的诉讼格局。正如有学者所说，在我国普遍存在着对两大诉讼模式的误解。[①] 我们认为，两大诉讼模式不是本质性或根本性的差异，而是在相同的经济制度与政治制度的基础上体现了他们各自在历史传统、文化形态与观念意识方面的不同而呈现出一定的差异。就如同一棵大树上的两个分枝而不是两棵生活在截然不同的土壤中的大树所呈现的质的区别，那是因为辩论式诉讼与职权式诉讼都存在着完全相同的商品经济基础。

二、现代刑事诉讼法律制度与市民社会及市场经济环境的生态平衡

现代市民社会是以私人利益追求为纽带连接而成的“利益与需要的体系”，它是指“社会成员按照契约性的规则，以自愿为前提，以自治为基础进行经济活动、社会活动、文化活动以及议政参政活动的生存生活领域，它是社会成员生活的一部分私域和非官方

---

① 左卫民：《我国刑事诉讼制度改革若干理论问题研究》，载《中国法学》2003年第4期。

公域的综合”。[①] 市民社会成员以利益和需要为纽带建立起彼此既相互对立又相互依赖的物质交往关系，这就为市场经济发展提供了比较理想的社会组织基础。[②] 市民社会及市场经济和现代法治有着天然的亲缘关系，市民社会是以契约关系建立起来的人与人的利益共同体，它从根本上说完全是由市场经济内部的法权关系所决定的人际交往和利益实现的组织形式。因为市民社会成员之间赖以实现各自交换目的和利益需要的“这种具有契约形式的（不管这种契约是不是用法律固定下来的）法权关系，是一种反映着经济关系的意志关系。这种法权关系或意志关系的内容是由这种经济关系本身决定的”。[③] 因此，马克思认为市民社会实际就是所有权、平等与自由的“三位一体”。[④] 这是因为以商品生产和商品交换为内容的市场经济，是以各个不同财产私有者的存在及其相互交往为前提的，是“以私有者同私有者的关系中的人同人的关系为出发点的”[⑤]。市场经济法律制度对财产所有权的确认和保护，为商品生产和交换提供了可靠的法律保障，而各个不同的财产所有者对不同商品使用价值的需要，以及对商品交换价值的追求，则是市场交换得以运行的内在动力。这就是说，拥有各自商品所有权的市场主体之间进行平等交往和自由交易，乃是市场经济秩序得以形成和运行的前提条件。法律对私有财产所有权进行平等的保护和确认，则是市场经济得以正常运行的必要保证。

市场主体之间基于财产所有权平等的商业交往关系，以及彼此

---

① 金民卿：《市民社会市场经济现代化》，载《宁夏党校学报》1999年第4期。

② 王兆良、朱福梅：《简析市民社会与市场经济的关系》，载《安徽农业大学学报》（社科版）2000年第4期。

③ 《资本论》第1卷（上），人民出版社1975年版，第102页。

④ 秦国荣：《市民社会与法的内在逻辑》，社会科学文献出版社2006年版，第425页。

⑤ 《马克思恩格斯全集》第42卷，人民出版社1956年版，第102页。

在利益上的相互依赖和需要，虽然直接表现为一种金钱关系或商品关系，但是相对于“昏暗的中世纪”那种“一切生活领域，都是以人身依附为特征的”① 社会关系状况而言，他们乃是以货币和商品交换为纽带建立起来的、在法律上作为所有权主体存在的平等关系和契约自由关系。市场主体的这种契约关系不是像中世纪身份社会那样，将“个人的出生”作为“特定的社会地位、特定的社会职能”② 的唯一根据，而是以利益和金钱的获取为目的，以公平交易为交往法则，以共生共存的利益相互“博弈”和以竞争为内容的平权关系。在市场经济条件下，财产所有权不仅是法律对市场主体劳动所得的充分肯定，更是市场主体得以生存和进行市场交易的前提。每个市场主体只有在承认和尊重对方是财产所有权主体的前提下，在自由平等交换的基础上，在使自己首先成为实现对方私人利益手段的同时，才能使对方成为实现自己私人利益的手段。从而使市场交易双方达到各自实现对方利益和需要的“双赢”目的。所以，不同市场主体在进行交换活动中，只有形成彼此公认的商业交往规则或行为规则，才能既可避免不同私人利益间的相互对立与冲突而致同归于尽，又可在肯定的、普遍的、共同遵守的规则条件下能够精确地计算交易成本，预测交易结果，从而实现各自的私人利益，这是市场经济法律得以产生的最为深刻的根源。

市场主体通过商品货币交换建立起了彼此紧密相连的关系，这就必然要求市场能够形成规范市场主体行为的交易规则，必然以法律牢固确立起平等、自由、公平自愿等为基本价值取向的市场交易秩序。市场经济就是市场主体享有为法律所保障的财产权和契约自由的经济形态，市场主体所享有的这种法律自由不仅是一种价值理念，更是一种具体的市场交易规则和制度设计。只有在市场经济法

---

① 《马克思恩格斯全集》第49卷，人民出版社1982年版，第192页。

② 《马克思恩格斯全集》第1卷，人民出版社1956年版，第377页。

律制度的统摄和保护下，市场主体才能获得真正意义上的契约自由与财产安全。正如美国经济学家罗纳德·科斯所说，“权利的界定是市场交易的基本前提”①，市场经济法律对市场主体权利的肯定，对市场主体平等自由的保障，是市场主体能够按照自己的意志和判断从事市场交易行为的前提，也是其利益实现的必要保证。这种平等与自由不仅作为一种市场道德观念和价值准则渗透到交易行为中，而且具体表现为市场主体在人格、商品价值、货币关系以及互为利益实现手段的平等和从事市场交易行为的完全自由，由此也就形成了市场经济的利益衡平机制与市民社会成员之间互为手段和目的的利益实现格局。也就是说，市场主体利益生成与实现的内在机理在于：市场主体只有在相互尊重对方所有权、平等和自由的基础上，使自己成为对方利益实现的手段，才能在相互利用与合作中实现自身的私人利益。正是市场主体在彼此利益的实现上形成了既相联系和需要，又相对立与竞争的关系，使得市民社会主体的市场竞争越激烈，利益对立越明显，就越会产生规则和秩序的强烈要求。市场经济作为市场主体通过商品等价交换而实现各自利益和需要的有机体，其主要经济内容就是平等自由地进行商品市场交换。市场本身其实就具有市场主体平等的、没有差别的“经济规定”性，市场主体之间的相互联系或利益关系就是法律上的所有权、自由、平等交换关系。随着市场交换的日益频繁和利益交往关系的日渐复杂，市民社会成员就特别需要法律对所有权、交易平等与自由等市场主体权利进行有效的保护，特别需要形成稳定、安全的市场法治秩序。正如马克斯·韦伯所言，“现代商业交往的节奏需要法律制度，即具有强大拘束力保障的制度，具有可确定和可预见的作用。最后，现代经济生活已经扫除了那些曾是法律和法律保障的绊脚石

① ［美］罗纳德·科斯：《论生产的制度结构》，盛洪、陈郁等译，生活·读书·新知三联书店 1994 年版，第 73 页。

的组织。这是市场发展的必然结果。”①

市场经济运行的内在要求在于实现市场主体之间的平等自由与自主自愿，在于市场主体的人格独立与充分的行动自由与自主选择权利。那么市场经济法律制度不仅要充分体现对于市场主体财产所有权的一体法律保护，而且更重要的是对市场主体的人身自由、意志自由与行动自由进行充分而全面的法律保护。如果说财产所有权是市场主体行动的目的与最终指向的话，那么市场主体的自由特别是其人身自由则是其实现各自目的的首要条件和基本前提，这就要求市场经济法律制定关于保护市场主体的意志自由、行动自由与个人隐私自由的基本规则。不仅要求所有市场主体不得随意侵犯他人的个人自由，同时也必然要求国家公共权力不得随意限制和剥夺市场主体的意志自由、行动自由与个人隐私自由。因为个人自由对于市场主体的经济活动具有基础意义，个人自由受到干涉、限制与侵犯，必然使其参与市场经济的范围受到限制和阻碍，也就必然损害到市场经济运行本身。“权利的一种调整会比其他调整产生更多的产值。但除非这是法律制度确认的权利安排，否则通过转移和合并到达同样后果的市场费用会如此之高，以致最佳的权利配置以及由此带来的更高的产值也许永远不会实现。”② 故而，市场经济条件下的法律制度反映了经济运行的客观规律，它不仅仅在于规范市场主体的行为，而且更主要的是规范国家权力的运行，要求国家公共权力必须根据法律限定的范围和程序行事而不得随意侵犯市民社会的私人领域，这就必然要求国家进行立宪与立法活动，将国家权力纳入法治的轨道以建立法治秩序。哈耶克认为，“在自由的社会

---

① ［德］马克斯·韦伯：《论经济与社会中的法律》，张乃根译，中国大百科全书出版社 1998 年版，第 35 页。

② ［美］罗纳德·科斯：《论生产的制度结构》，盛洪、陈郁等译，生活·读书·新知三联书店 1994 年版，第 158 页。

中，每个个人都拥有一个明确区别于公共领域的确获承认的私域，而且在此一私域中个人不能被政府或他人差来差去，而只被期望服从那些平等适用于所有人的规则。”① 从西方资本主义民主宪政与市场经济发展的历史轨迹来看，市场经济的发展壮大与资本主义宪政法治的进程不可分离，相生相伴。就是因为市场经济内在的规定性决定其必然通过体现普遍性的法律来为市场经济的良好运行提供制度支持与规范引导，只有如此，市场经济秩序才可能形成。

刑事诉讼作为国家政治的重要组成部分构成国家公共权力活动的重要领域，市场经济要求国家刑事司法权力运行必须受到严格的宪法与法律的规制，那是因为刑事诉讼中的国家权力对于市场主体而言具有根本意义与全局影响。因为刑事诉讼旨在对于犯罪进行惩治，刑事程序的展开直接涉及公民个人的自由与财产受到一定的限制甚至被全面剥夺。一般来说，国家刑事司法权力介入的领域将对既定利益格局产生重大影响，不仅导致市场主体根本不可能完全根据自己的意志进行自主的选择，甚至面临行政权力的侵害可能对其构成致命的打击。如果没有刑事正当法律程序，没有中立公正的司法在关键的时候挺身而出发挥有效的制衡作用并提供司法救济，那么政府对公民权利的侵犯将直接摧毁市场理性。② 市场经济运行的自主性与自愿性从根本上决定了国家权力必须受到法律的严格监管，否则权力的随意行使及其滥用将给市场秩序带来毁灭性的破坏。正因为如此，世界各国的基本法——宪法与作为应用宪法的刑事诉讼法都一直致力于建立和健全解决国家与公民个人刑事争端的刑事正当程序，通过该程序来严格限制国家刑事司法权力的界限，

---

① ［英］弗里德利希·冯·哈耶克：《自由秩序原理》（上），邓正来译，生活·读书·新知三联书店 1999 年版，第 264 页。

② 参见张千帆等：《宪政、法治与经济发展》，北京大学出版社 2004 年版，第 32 页。

以确保其理性运作；而且保证作为市民社会的主体公民个人的基本权利与自由不受国家权力的随意侵犯和伤害。刑事司法活动的目的和功能之一就在于确保市场经济秩序的有序性，但它却是以限制和剥夺犯罪嫌疑人与被告人的基本权利为手段和代价，而且其运作既可能有效保护市民社会主体的权利和自由不受犯罪的伤害，也可能会不适当地限制和剥夺到那些并非是犯罪人的普通公民个人的权利和自由。正是因为刑事诉讼的“双刃”效果，法治国家才既赋予国家专门机关享有追究犯罪人的刑事司法权力，同时又通过赋予普通公民个人的辩护权利以抵御国家强权，从而实现权力与权利的大致平衡；通过将国家追诉权力与审判权力分离并将追诉权置于审判权之下以监管国家追诉的公正性，对公民个人的申诉给予全面的司法救济来保证刑事司法的谦抑性、公平性与正当性。

市场经济的运行和发展与现代刑事诉讼生态是相互协调、同生共长的有机体，市场经济的内部规定性决定其政治组织形式必然是民主与法治的宪政形式，从而决定了现代刑事诉讼法律制度的基本面貌。因为，“个人自由常常是与政府的民主形式相伴随的。而且，从历史上看，在民主制度下，个人自由比任何其他政府形式之下更容易受到保护。”① 因为，“权利不是社会的一套特殊安排而是一系列解决冲突的程序，这个认识后来成为许多西方政治法律思想的核心观念。”② 通过平等参与程序的过程就是民主协商的过程，亦即，民主政治也就是体现为一种协商的程序。为此，哈贝马斯指出，“商议性政治的程序构成了民主过程的核心”③。市场经济主体

---

① ［英］彼得·斯坦、约翰·香德：《西方社会的法律价值》，王献平译，中国法制出版社2004年版，第204页。

② ［美］R. M. 昂格尔：《现代社会中的法律》，吴玉章、周汉华译，译林出版社2001年版，第81页。

③ ［德］哈贝马斯：《在事实和规范之间》，童世骏译，生活·读书·新知三联书店2004年版，第368页。

平等与契约自由的基本特征决定了解决刑事争端必须体现国家与公民个人平等原则，将刑事诉讼视为一种发生于国家与公民个人之间的严重争端并依照法定程序理性地加以解决的社会机制就成为现代法治国家对待犯罪与刑罚的总体思路。要求国家将所有涉及刑事诉讼的犯罪嫌疑人与被告人视为国家普通公民个人中的一员，确认其无罪公民地位与基本权利和自由，保证他们能够积极参与到涉及自己基本权利的刑事程序中去，从而体现一种协商与对话的争端解决机制；市场经济的自主自愿性决定了国家刑事诉讼活动必须贯彻权力制衡原则，权力的强制性决定了其运行必然体现一种统治与服从的关系，本身是与市民社会所主导的自由与自主原则相抵捂的。这就要求通过市民社会的权利来抑制国家强权，以权力分立与制衡来达到权力控制的目的，因此必然要求刑事诉讼中的控诉权、审判权与辩护权的严格分立行使并形成大致的均势；市场经济主体的充分自由本性决定了国家主持刑事程序，开展刑事诉讼活动必须高度尊重公民个人自由与尊严的根本原则，以宪法和法律为依据来履行法定职能，最大限度地保障公民个人的基本权利与自由，只有在万不得已的情况下才能够限制公民个人的人身自由与隐私自由乃至公民个人的财产所有权。英国学者拉兹认为，正是法治提供了法律尊重个人尊严的基础。尊重个人尊严必须将人们作为能够计划和构思他们将来的人来看待。一个奉行法治的法律体制应当满足这一要求，即努力通过影响他们对于欲为之事的深思熟虑来指导人们的行为，从而尊重他们的理性和自治。① 只有如此，才能够既保证国家履行公共管理职能，切实维护社会秩序，又保证市场经济的良性运行和健康发展。使得市民社会与政治国家处于良性发展与平衡互动的健康状态之中。因此，市场经济条件下的现代刑事诉讼法律制度充分

---

① ［英］T. R. S. 艾伦：《法律、自由与正义——英国宪政的法律基础》，成协中等译，法律出版社 2006 年版，第 37 页。

体现了市场经济秩序内含的平等、民主、自由价值，二者维系了一种高度协调的生态平衡机制。

第三节　经济维度中的我国刑事诉讼生态

一、计划经济环境与我国超职权主义刑事诉讼法律制度的衡态共生

新中国建立之后，国家致力于改变过去半殖民地半封建的自给自足的小农经济状况，发展民族工业体系与独立的国民经济体系。但是，由于中国民族工业基础薄弱，长期遭受帝国主义的掠夺与封建地主及官僚买办阶级的压迫与剥削，加上多年的战争使得国家的经济体系处于崩溃的边缘。为了迅速恢复经济，保障人民生活，国家采取了政治、经济、法律等多种手段来整顿当时比较混乱的经济秩序和社会秩序。经过三年调整，国民经济基本恢复，为了早日建成社会主义，国家又制定了"一化三改造"的过渡时期的总路线，即实现社会主义工业化，并同时进行农业、手工业和资本主义工商业的社会主义改造。帮助分散的个体小农经济与手工业经济走合作化道路，并对资本主义工商业进行社会主义改造。到 1956 年春，过渡阶段任务圆满完成。共产党的"八大"即时确立了"国家的主要任务是在新的生产关系下保护和发展生产力，全党要集中力量发展生产力"① 的正确方针。但是，随后中国的经济发展与政治运行开始步入"左"的误区，早日建成社会主义的崇高理想发展为急功近利的冒进路线，特别是"大跃进"的发生，是"毛泽东同志、中央和地方不少领导同志在胜利面前滋长了骄傲自满情绪，急于求成，夸大主观意志和主观努力的作用，没有经过认真的调查研

① 《丰碑》（中央卷），中央文献出版社、人民日报出版社 2001 年版，第 180 页。

究和试点"而"轻率地发动"起来的。它使"'左'倾错误严重地泛滥开来"。[①] 由经济挂帅引发政治挂帅继而发展为"全民政治"的泛滥，最终导致"文化大革命"十年动乱。直到党的十一届三中全会才从根本上解决了党和国家的政治路线与思想路线问题，中国才走上了以经济建设为中心的正常发展轨道。建国三十多年来我国社会主义建设取得了辉煌成就，但是，高度集中的计划经济体制与高度集权的政治体制严重束缚了中国国民经济及民主政治的可持续发展，对社会各领域产生了广泛持续而尤为深远的影响力，法律制度由于受到计划体制与人治政治传统的影响丧失独立自治能力而带有浓厚的工具特性和依附特性。

（一）计划经济模式对政治法律制度的广泛影响

我国长期以来实行以高度集中、统一为特征的计划经济体制，国家所有制模式赋予了政府无限的权力，将政府推到社会结构中至高无上的地位，使国家有可能凭借所控制的全部社会资源在非经济领域实行全面和直接的控制，使经济领域之外的其他社会结构深深地烙上了这种所有制模式的印迹。庞德曾指出，"英美经验所表明的结果：行政机构实现它们认为紧迫的目的的热情，会使它们看不清自己的职能，而且还会致使它们认为宪法对它们的限制以及对个人权利的保障，在面对它们热情努力实现其所认为的最为重要的政府目标时，都应当让路。"[②] 美国著名经济学家诺斯也曾说过，"国家的存在是经济增长的关键，然而，国家又是人为经济衰退的根源；这一悖论使得国家成为经济史研究的核心，在任何关于长期变迁的分析中，国家模型都将占领显要的一席。"[③] 计划经济是一种

---

① 《关于建国以来党的若干历史问题决议》(注释本)，人民出版社 1985 年版，第 23 页。

② ［英］弗里德利希·冯·哈耶克《自由秩序原理》（下），邓正来译，生活·读书·新知三联书店 1997 年版，第 14 页。

③ ［美］道格拉斯·诺斯：《经济史中的结构与变迁》，陈郁等译，上海三联书店 1991 年版，第 20 页。

国家干预的经济形态，是通过国家控制和分配权利的经济秩序，它所要求的是经济权力高度集中。无论是宏观的经济政策还是微观的经济决策权都集中在中央以及各级国家行政机关的手中，企业的生产经营活动均在统一的计划约束下进行，劳动者既无自由选择职业的权利，更没有自主投资决策的权利。这种经济权力的高度集中必然发展为以政治权力替代经济权力。诚然，经济权力也可以对他人实行强制或压迫，但是只要权力是分散的，则其危害程度便是有限的，而且是可以规避的或者防范的。然而当经济权力转化为政治权力之后，就变成涵盖一切的力量，形成前所未有的集中计划和集权政治。不仅企业经济活动禁锢在各级行政条块之中，而且每个人的存在和要求也无不从属于政治大潮，染上行政等级和特权的色彩。当然，“国家高度集权的计划经济体制曾极大地推动了工业化的进程。但从世界范围来看，建立这样的经济体制，本意在于避免市场经济的无政府状态所造成的资源巨大浪费和劳动极度贫困。结果却是西方国家市场经济的这些缺陷在政府的适当干预下得到了改善，相反倒是计划经济由于政府的高度集权而日渐表现出效率低下和劳动者普遍贫困。”① 正是由于计划体制中的计划控制代替了个人的分散决策和自我负责，行政强制与长官意志泯灭了人们的自主意志和自我创造，才造成了普遍的依附性甚至“被奴役”，导致个人经济自由的丧失和经济人格的非独立性，继而是个人自由、权利与尊严的丧失，也导致生产效率的极大衰退和财富的增长缓慢。

计划经济是人类建构理性主义的产物。在人类社会历史的发展变化过程中，理性的力量是巨大的，但是并非全能的，在人类社会中总会存在人类理性所不及的事物与现象。人类的理性是有限的，受到每个人的历史存在世界的具体制约，如果盲目推崇理性的无限

① 李留澜：《契约时代——中国社会关系现代化研究》，社会科学文献出版社2006年版，第71～72页。

能力，则会导致“致命的自负”①。理性主义有两种形态：进化理性主义和建构理性主义。前者认为社会、经济和法律都是按照演化的方式自然发展而成的，而不是任何人依据理性设计出来的，因此，社会、经济、法律制度都不可能以演绎推理的方式加以建构。后者则对人类理性无限盲从自信，主张一切社会、经济、法律制度都是由人类伟大的理性创造出来的，既然人类自身创造了各种制度与文明，那么人类也能够按照理性设计随心所欲地对其加以重构和改造。人类理性的这种傲慢自大导致了人们不懈地试图按照理性的原则重建社会。不可否认，建构理性主义的确有一种巨大的魔力，人们在不知不觉沦为他的俘虏之后，还往往“不识庐山真面目”。计划经济就是这种以理性设计为基础所建构的一个理想的社会经济制度。恩格斯曾明确指出，“解决社会问题的办法还隐藏在不发达的经济关系中，所以只有从头脑中产生出来，社会所表现出来的只有弊病；消除这些弊病是思维着的理性的任务。于是，就需要发明一套新的更完善的社会制度，并且通过宣传，可能时通过典型示范，从外面强加于社会这种新的社会制度是一开始就注定要成为空想的，它越是制定的详尽周密，就越是要陷入纯粹的幻想。”②

事实证明，计划经济本身导致经济发展的效率低下和管理体制的僵化，不利于产品的商品化与市场化，因而导致经济失去活力，社会失去积极性与创造性，最终产生干与不干一个样，干好与干坏一个样的绝对平均主义大锅饭现象。更严重的是计划经济导致一个全能的政府。全能政府的权力没有固定的界限，可以做力所能及的所有事情。法律仅仅是政府统治的工具，政府的行为不存在违法的问题。而对有限政府而言，政府和公民一样必须站在法律之下思考

① 参见［英］哈耶克：《致命的自负》，刘戟锋等译，东方出版社 1991 年版，第 71 页。

② 《马克思恩格斯选集》第 3 卷，人民出版社 1995 年版，第 724 页。

和行动。[①] 计划经济实际上是行政经济和命令经济，一切经济行为全部纳入行政既定安排之中，经济活动以及司法活动就具有了深刻的政治意义，亦即，经济就是政治，法律也是政治。“国家逐步建立起全面的高度集中的计划经济管理体制，对企业的原料和产品均实行统一的调拨”，“计划成为订立合同的根据和基础，合同是实现计划的手段和集中形式。在此基础上，一些地方用物资调拨单取代经济合同，也就是自然而然的事了。”[②] 而作为政法机关的“人民法院是无产阶级专政的工具之一，它的根本任务是实行对敌斗争；同时处理人民内部矛盾性质的案件”[③]，计划经济时代的法律运作着重强调了服务于经济政治需要的重要性，相对忽视了法律系统的内在规律性与自身独立性。第二届全国司法会议决议总结指出，“司法工作方面配合了土地改革、镇压反革命、‘三反’、‘五反’等各项运动，维护了人民民主专政的秩序和人民的民主权利。”[④] 在20世纪50年代提出“鼓足干劲，力争上游，多快好省地建设社会主义”总路线后，农业提出“以粮为纲”，工业提出“以钢为纲”的口号，生产建设上的高指标和浮夸风开始泛滥；全民大干农业、工业，跑步进入社会主义的思想转化为具体的方针政策加以全面实施，与之相伴的是政治上的反右倾机会主义路线斗争和法律上的严厉打击反革命分子和各种敌对势力、维护无产阶级专政政权的刑事司法运动。“大跃进”运动造成国民经济出现严重困

---

① 张文显主编：《政治与法治——中国政治体制改革与法制建设的思考》，吉林大学出版社1993年版，第21页。

② 强世功：《法制与治理——国家转型中的法律》，中国政法大学出版社2003年版，第155页。

③ 《关于人民法院工作若干问题的规定》（1962年12月10日），载武延平、刘根菊主编：《刑事诉讼法学参考资料汇编》（中），北京大学出版社2005年版，第920页。

④ 武延平、刘根菊主编：《刑事诉讼法学参考资料汇编》（中），北京大学出版社2005年版，第773页。

难、人民生活水平大幅度下降的恶果，20 世纪 60 年代开始不得不对国民经济进行调整。经济上开始纠正过“左”的政策，但政治上却陷入更严重的“左”倾错误，乃至发展到“文化大革命”十年动乱。随着阶级斗争扩大化与国家社会生活全面政治化，司法也就成为服务于对敌斗争，保卫无产阶级专政政权的锐利武器。在 1963 年的最高人民法院、最高人民检察院、公安部关于及时办理重大的现行犯案件的联合通知中指出，“在这 69 个死刑案件里，办得最快的 18 天，有一个案件办了 4 年 1 个月——但这足以说明多数案件办得不够及时，这是不利于对敌斗争，不利于社会主义建设的。人民群众已经表示不满，应该引起我们的严重注意。”① 法律的极端工具化导致普遍的刑事泛化，使得整个社会陷入普遍的惩罚与混乱之中，“惩罚的社会意味着通过运动的治理已经发展到了极限，惩罚性法律和法律的纪律化无所不在地充斥着整个社会。”②

反思我国 20 世纪 50 年代到 70 年代的经济、政治与法律生活，计划经济、集权政治与法律刑事化倾向是相互作用和紧密关联的，计划经济模式必然带来高度集中的权力运作，权力单极化运作的必然结果不得不依赖于高度惩罚性的法律制裁。它们是互为因果、同生共长的有机体，要想在计划经济基础上生长出民主政治制度和理性的法律制度无异于缘木求鱼。因为民主与法治本质上是商品经济的产物与市民社会对政治国家的诉求，而在计划经济条件下是不存在自由的商品经济和自治的市民社会的。因此，社会主义国家的民主与法治建设就缺乏必要的经济条件与社会根基。虽然社会主义国家有自己的民主与法治形式，但是其实践的后果无一不走向“法

① 武延平、刘根菊主编：《刑事诉讼法学参考资料汇编》（中），北京大学出版社 2005 年版，第 929 页。

② 强世功：《法制与治理——国家转型中的法律》，中国政法大学出版社 2003 年版，第 165 页。

制”下的人治和专制。在计划经济的条件下，政府控制了所有的经济资源，制定了无所不包的经济计划，每个社会主义公民的职责只是被动地接受国家的计划，而不能够根据自己的知识安排自己的生产经营活动，他的生存与发展都严重依赖于国家政府的经济计划。在这种情况下，他没有任何的基础与条件表达自己的意见，更不能充分施展自己的能力。对公民物质生产的控制，实际上就是对其生活本身的控制。社会的公共领域也全部被计划所覆盖，没有“私域”的存在，个人没有独立自由的生存空间。只有国家，没有社会，更没有个人，有的只是政府的权威和计划的权威。“在一个国家为唯一真正雇主的国家，反抗意味着慢慢地饿死。那个不工作不得食的旧原则现已为一新的原则所代替，即不服从不得食。”①

在一个只有服从、计划和权威的社会中，是无法实现民主的。因为民主的要义在于公民自由地表达个人的权利和要求，并通过自主独立的社会自治组织参与国家的政治生活，进而形成对国家权力的制衡和约束。而法治的真实含义在于国家和政府首先遵守法律，在宪法和法律的框架内行使统治和管理职能。如果国家和政府把经济计划当作法律来执行，那么必然是“政策之治”和“领导之治”。而政策是多变的，领导又是充满欲望和带有生命激情的，“欲望就带有兽性，而生命激情自会扭曲统治者甚至包括最优秀之人的灵魂。法律即是摒绝了兽性的理智。”② 可见，在个人没有充分的自由权利的情况下，在个人没有作为民主宪政之国的公民而受到尊重的情况下，社会主义民主与法治不仅在现实生活中难以得到真正的实现，而且破坏民主与法治建设的行为，也无法得到遏制。社会主义国家的民主与法治建设也必须在改变计划经济体制的基础

① ［英］弗里德利希·冯·哈耶克《自由秩序原理》（上），邓正来译，生活·读书·新知三联书店 1997 年版，第 169 页。

② 《亚里士多德选集》（政治卷），中国人民大学出版社 1999 年版，第 115 页。

上才能得以实现。当然，政府制定经济计划在任何社会中都是极其必要的，但是如果计划是一个无所不包的计划，那么不仅是不必要的、低效率的，而且也是对民主与法治基础的破坏。亚当·斯密曾指出，“试图指导私人以何种方式运用其资本的政治家，不仅是其本人在瞎劳神，也是在僭取一种无论如何也不能安心地授权给枢密院和参议院的权力：由一个愚蠢和专断到幻想自己是适用于行使这种权力的人掌握它，是再危险不过的了。”[①] 政府对国家经济的全面掌控不仅违背了经济发展自身的规律，而且使社会主义民主与法治建设遭到破坏。

在新中国成立后的30年里，中国政治、经济与法律领域发生了诸多重大事件，这些事件无不相互关联、相互作用与相互影响，以至于许多事件本身已经分辨不出究竟属于政治问题、经济问题还是法律问题。正是在面对这些重大问题的时候，我们的党和国家还没有成熟到能够长期保持高度清醒的头脑处理中国社会主义现代化过程中不断出现的各种新的复杂的问题，使得问题接着问题，从而陷入了极为混乱的问题迷阵之中。经济问题政治化、法律问题政治化、政治问题意识形态化的后果是最终走向极端，将所有问题都上升到政治高度的结果是通过动用最为严厉的刑事司法来加以解决，最终走上全面政治泛化和普遍刑事泛化的歧途，造成了极为恶劣的消极影响。计划经济的特征就是命令经济，就是行政经济，经济活动通过指令进行上传下达、请示汇报、强制命令乃至完全不尊重客观经济规律，从而助长了武断与蛮干的所谓“人定胜天”思想。在我国大跃进与人民公社化运动中出现的颗颗卫星上天的种种荒唐之举就是这种计划经济的极端表现，凡是本着实事求是原则尊重客观经济规律的言论与行动就被视为“反对党与社会主义制度”，也就等同于反革命分子并作为人民的敌人从政治上加以批判，从人身

---

① ［英］哈耶克：《通往奴役之路》，中国社会科学出版社1997年版，第59页。

上加以攻击，再通过刑事司法的方式定罪处罚。诸多针对经济方面的问题而提出的正确意见被戴上政治的帽子甚至被打击为所谓的“右派”，不仅受到无限的批斗和舆论谴责，而且有的还要受到刑事处罚。刑事司法在“左”的政策主导下逐渐演变为实现特定政治目的的纯粹工具，丝毫不具有法律自治功能，从而严重损害了自身的公正性和权威性。因为“政府的任务与政府用于完成任务的手段之间的差距，无论根源是什么，也不管它是否存在于早期国家的软弱无力的善或极其自信的政府的能动性，它都会降低法律确认权利和节制权力行使的能力”。① 当然，为了实现“有令则行，有禁则止”的高度集中的计划经济模式，就必然存在等级化的官僚机构与权力体系，在这种经济体系与政治体系中，权力成为最活跃、最具有决定意义的要素。并通过刑事诉讼这个最具有威慑力的专政工具来实现经济与政治目标，就再容易不过。所以说，高度集中的计划经济必然会与高度集权的政治体制相协调，而高度集权的政治体制必然会与高度纠问的工具化刑事诉讼相协调，这是我国建国30年以来刑事诉讼生态与计划经济模式的共生关系的集中概括。

（二）计划经济环境下的中国超职权主义刑事诉讼生态

1979年7月7日，全国人民代表大会通过了《中华人民共和国刑事诉讼法》。“这部法典正是当时‘拨乱反正’的产物，因而必然要求其内容和精神充分体现当时政治上强调高度集中统一、经济上要求保障迅速恢复和发展社会主义公有经济，所以对刑事程序立法，自然特别看重其稳定社会秩序方面的价值和作用。”② 这是新中国制定的第一部刑事诉讼法，它标志着我国刑事诉讼法律制度

① ［美］诺内特、塞尔兹尼克：《转变中的法律与社会》，张志铭译，中国政法大学出版社1994年版，第43页。

② 徐静村：《论我国刑事诉讼法的再修正》，载徐静村主编：《21世纪中国刑事程序改革研究》，法律出版社2003年版，第1页。

建设步入正规化、法制化轨道。我国1979年所确立的刑事程序是在刚刚经历十年动乱后随着党和国家的政治生活正常化，人们普遍希望安定的生活和稳定的社会秩序的迫切要求下出台的，该法典深深地打上了那个时代的烙印。1979年刑事诉讼法确定了："以马克思列宁主义、毛泽东思想为指针，以宪法为根据，结合我国各族人民实行无产阶级领导的、工农联盟为基础的人民民主专政的具体经验和打击敌人、保护人民"的指导思想。并规定了：司法机关依法行使职权；专门机关与群众相结合；以事实为根据，以法律为准绳；公民在适用法律上一律平等；司法机关分工负责、互相配合、互相制约；诉讼以民族语言文字进行；审判公开；辩护制；陪审制；保障诉讼参与人依法享有的诉讼权利等基本原则。刑事诉讼法强调了公、检、法三机关必须在刑事诉讼活动中实行分工负责、互相配合和互相制约的原则，特别是对如何更好地发挥检察机关在诉讼活动中的法律监督作用，作了许多新的规定；强调了司法机关必须保障当事人和其他诉讼参与人依法享有的诉讼权利，特别是对保障被告人及其辩护人充分行使辩护权作了更加具体明确的规定；对保障司法人员客观地、全面地收集、审查和判断证据，保障诉讼参与人真实地提供证据、证言，特别是对严禁刑讯逼供，防止诬告、伪证等方面，作了许多有针对性的规定；明确规定了对被告人在侦查中的羁押期限和审查起诉、一审、二审的期限以及需要延长对被告人的羁押期限时允许延长的时间和必须履行的法定程序；根据原则性与灵活性相结合的原则，着重在诉讼程序方面对公检法机关的职权、相互关系以及诉讼参与人的权利、义务等问题作出规定。①

我国第一部刑事诉讼法所确立的刑事程序既不同于纠问式诉讼程序，也不同于欧洲大陆的职权式诉讼程序，深刻地反映了我国特定的文化意识及法律观念传统，体现了社会主义法制普遍经验与中

① 参见王国枢主编：《刑事诉讼法概论》，北京大学出版社1981年版，第53页。

国共产党在民主革命时期、社会主义革命和建设时期对于法律制度的艰辛探索。总的说来，我国刑事诉讼较接近大陆职权式诉讼模式，例如：实行职权主义诉讼模式的国家与我国都强调权力因素在诉讼中的作用，即强调利用职权发现案件真实，如控审距离接近；法官主导审判，并利用职权发现真实；控辩双方不平衡，辩护权相对于当事人主义国家较弱；证据的采用在很大程度上是以实质真实为标准。但在我国刑事诉讼中，不仅控诉权受到外部的制约较少，控审距离更加接近；而且，犯罪嫌疑人、被告人的辩护权或其他权利相对较少；再加上由于体制方面的原因，刑事诉讼法规制之外的权力往往也影响刑事诉讼的运行甚至结果。故而，我国诉讼中的权力因素较之职权主义国家更加活跃，如果将其归类于职权主义诉讼模式就无法体现我国刑事诉讼运行的特殊性，我们认为，我国1979年的刑事程序是介乎于纠问式程序与职权式诉讼之间的一种我国特定的环境中形成的超职权主义刑事诉讼程序。正如谢佑平教授所说，“较之职权主义诉讼模式，我国的‘超职权主义’诉讼模式的‘重打击、轻保护’的观念特征体现得更为充分，有过之而无不及。”①

我国1979年刑事诉讼法的颁布体现了我国计划经济形态的时代需求，也是我国高度集中统一的政治体制所决定的。尽管党的十一届三中全会启动了经济体制改革的进程，但是法律具有保守性和稳定性，它是对既有的经济体制与政治体制的法律确认和肯定，是对以后的经济体制和政治体制走向的引导和保障。该刑事诉讼法律以维护国家安全、社会公共安全和社会秩序为首要任务，强调了通过打击犯罪实现社会正常的生产秩序、工作秩序与生活秩序。刑事诉讼法是“为了打击敌人、保护人民的实际需要制定的，充分体

---

① 谢佑平、万毅：《刑事诉讼法原则——程序正义的基石》，法律出版社2002年版，第250~251页。

现工人阶级和广大人民意志和利益，巩固人民民主专政，保障社会主义现代化建设的锐利武器。”① 正是基于此目的，法律全面赋予了国家专门机关极其广泛的职权和极大的自由裁量权，以充分发挥国家政法机关的专政职能及与犯罪作斗争。至于国家权力之间的严格分工负责与制约则必须服从于打击犯罪的最高目标而具有灵活性与变通性，从而形成了流水线的司法作业模式。这种刑事诉讼模式与计划经济的命令与服从模式是协调一致和同态共生的，而且具有相同的运作机理，即权力在整个制度体系中发挥着关键作用，这种权力运作体现为从上到下的单极指向，通过权力达到支配经济运行与刑事司法运作的目的。当然，极为活跃的权力因素在这种超职权主义刑事诉讼模式中，完全能够有效维护计划经济模式下的生产关系与生产力。通过打击各种计划经济违法犯罪行为直接保障了该经济形态的正常运行。不过，随着计划经济向社会主义商品经济的转型，商品经济形态所需要的制度环境就不再是权力支配一切的局面，而是要求对市场主体的平等、自由与权利的维护和保障的法律制度。随着经济体制改革的逐渐深入，我国超职权主义的刑事诉讼模式也面临着转向的重大机遇和挑战。

二、市场经济改革与我国控辩式诉讼制度的相互调适及生态平衡

我国从20世纪70年代末启动市场取向的经济体制改革，改革全面地深入到各个领域并引起了广泛而持续的积极影响和动力效应。中国经济体制创新的伟大实践经历了一个从农村到城市，从对内搞活到对外开放，从小范围试点到整体推进并向纵深发展的波澜壮阔的历程。在这一历程中，中国经济体制创新实践出现了三座重要里程碑：一是从中共十一届三中全会开始进行市场取向改革到中共十二届三中全会通过《中共中央关于经济体制改革的决定》，提

① 《中国大百科全书·法学卷》，中国大百科全书出版社1984年版，第76页。

出商品经济是社会主义经济发展的不可逾越的阶段，并确定以计划经济为主、市场调节为辅的重要原则，这标志着中国社会主义经济已开始在实践中运用市场手段。二是从邓小平南方谈话和中共十四大确立社会主义市场经济体制的改革目标到中共十四届三中全会通过《中共中央关于建立社会主义市场经济体制若干问题的决定》，确定社会主义市场经济体制的基本框架，这标志着中国社会主义经济的发展模式正式确立。三是从中共十六大提出建立完善的社会主义市场经济体制的任务到中共十六届三中全会通过《中共中央关于完善社会主义市场经济体制若干问题的决定》，这标志着中国社会主义市场经济开始走向成熟和完善。中共十六大以来，在全面建设小康社会的新时期，中国社会主义经济体制创新也在有条不紊地向前推进。

在我国经济体制改革的深层次推进并建立现代企业制度尤其是现代产权制度的同时，我国政治领域尤其是司法领域的改革也在逐步推进，1996年刑事诉讼法修正案的颁布正是中国刑事法律制度改革取得阶段性成果的具体表现。随着我国市场经济体制的建立和发展，必然要求作为上层建筑的政治法律制度进行相应的调整，以适应新的经济体制与运行机制。市场经济体制与计划经济体制最大的区别在于它需要明确而规范的法律制度而不是严厉的行政命令性的统制经济模式，这就要求法律制度为市场运行提供可操作性的平等遵守的普遍性规则，即马克斯·韦伯所说的法律应当具有形式化特征。只有明确而规范的法律制度才可能为市场主体提供可预见性的与确定性的行为规范，也才可能保证整个市场体系的有序化与规范化运行。而法律的非形式化特征将无法指引市场主体的心理预期，可能导致扼杀市场主体的行为动机，最终导致市场失灵与萎缩。我国在建立和健全社会主义市场经济的过程中，从极为广泛的层面进行了法律制度的改革实际上体现了上述基本思路。刑事诉讼法正是为了适应市场经济体系的充分发展而进行相应调整的重大举措。刑事诉讼法将立法目的从原来的打击犯罪修订为惩罚犯罪与人权保障并重，并从人权保障方面进行了诸多制度改革，如废除收容审查，改革强制措施，改革法庭庭审制度，等等。大量的改革措施体现了市场经济的基本要求，因为合理的经济秩序的形成不能没有与之相适应的社会秩序作为其存续和发展的空间，市场经济体制所内含的平等、自由、权利保障与规则的普遍化与客观化等特征要求体现于以人权保障、社会公正等为价值取向的法律制度系统的良性运作。而刑事诉讼法律系统正是通过规范国家权力与公民个人权利发生冲突的刑事争端的解决机制与程序，从而体现出对于社会秩序的稳定有序发挥独特的秩序生成功能。人性化、正当化与理性化的刑事诉讼法律制度对于市场经济秩序具有不可或缺的引导和保障作用。

由于刑事诉讼法学基础理论研究深度不够，立法技术欠缺，传统的政治、文化、思想、意识和法制观念滞后，最终使得我国1996年的刑事诉讼法修正案只能是市场体制转轨和社会转型过渡时期的法律修正案。正如台湾地区学者指出，“修正后的刑事诉讼法，如与刑事司法的国际标准相较仍然存有相当差距。这些差距大致是，未充分保障审判独立、未完全落实法官中立、被告人缄默权的保障不周、违法采证未被排除、辩护人的权限仍受钳制、被告人无充分的防御权、原告与被告人地位不对等、强制措施仍然过分严苛等。”① 该修正案从刑事诉讼法律制度系统的整体视角全面综合加以把握还很不够，对于刑事诉讼法律制度在整个法律系统中以及在整个社会制度领域的地位及功能方面的研究还有待于深入，刑事诉讼法律制度本身的系统性、科学性与正当性考量还需要全面斟酌。故而，现行刑事诉讼法律运作还存在多方面的问题，制度系统

① 张丽卿：《刑事诉讼制度与刑事证据》，中国台北元照出版公司2000年版，第266页。

与外部环境也存在一定程度的紧张，从而直接影响到刑事诉讼法律制度的基本功能。就刑事诉讼与经济环境的关系而言：现代经济制度的核心是产权制度，而现代法律制度的核心是人权保障制度，刑事诉讼法律制度的理性运作正是国家对于人权保障的理论与实践的深刻反映和真正体现，因此，“刑事诉讼法又称为应用之宪法、宪法之施行法、宪法的测震仪或法治国的大宪章”①。尽管我国现行刑事诉讼法律在诉讼目的上提出惩罚犯罪与人权保障并重，辩护制度的修改也体现了对涉及刑事诉讼的公民强化保护的思路。但是，作为国家政治运作的核心领域——“权力”的分立制衡与合理规制依然没有得到比较合理的解决，权力集中与权力滥用现象仍然表现突出。由于司法体制没有进行大的调整，刑事诉讼中的国家权力：侦查权力、起诉权力与审判权力没有进行实质上的严格区分。表现为虽然在宪法与刑事诉讼法中确立了分工负责、相互配合、相互制约原则，并规定了公检法的法定职责。但是，受我国政治体制所限，在权力的实际运行中，公安机关拥有极为强大的刑事侦查权力，检察院作为法律监督机关更处于法院权力之上位，作为司法裁判的法院却没有真正独立的刑事司法权力。权力没有得到完全分化必然导致权力之间无法形成真正而有效的制约，权力失去制约必然滥用的先验逻辑在人类社会实践中早已得到验证，从而成为人们需要遵循的普遍真理。同时，系统具有共生的特性，“如果整体平衡的共生关系受损后不及时修复，生态系统就会走向解体，各部分也随之衰落或消亡。这种一荣俱荣、一损俱损的整体关联性的存在，是系统的共生关系决定的。”② 以权力运作为核心的政治系统与以规则为中心的法律系统是相互依赖的系统结构，在权力问题没有得到根本解决的情况下进行刑事诉讼程序和制度的局部改革很难有所

---

① 林钰雄：《刑事诉讼法》（上），中国人民大学出版社2005年版，第18页。

② 袁鼎生：《生态视域中的比较美学》，人民出版社2005年版，第84页。

成效，还可能造成制度系统出现混乱甚至相互抵触的情形。更可能造成制度改革的心理预期在相当程度上落空，从而直接造成公民个人权利、自由、隐私及人格尊严等基本人权在刑事诉讼中无法得到最低限度的制度与程序保障。国家现行刑事司法权力结构不仅在刑事诉讼的具体环节中使得法律制度与程序规则受到极大威胁和破坏，而且还延伸于经济秩序乃至社会秩序等系统场域之中。例如：刑事强制措施不受严格的法律控制和司法监督必然直接威胁到自由竞争的市场经济秩序以及公正和谐的社会秩序。进而，刑事诉讼制度缺陷必然给市场经济的正常运行带来严重的消极影响。为此，季卫东教授郑重指出，“现代化过程中的国家，在确立高效率的经济发展这一首要目标之后，切不可忘记及时设定一个足以保障市场竞争的平等和资源分配的公正的社会目标。这意味着必须在非经济领域中进行一场深层改革，否则就会断送经济方面已经取得的成果。这也意味着要对权力结构进行重新组合，其任务不妨用一句话来概括：管理方式的合理化。在改革过程中，与选举、立法以及行政领域相比较，司法权的合理化应该先行。”①

我国刑事诉讼领域所存在的问题与市场经济运行中存在的问题具有如此密切的关联性与相因性，以至于刑事程序的非正义可能直接导致市场运行出现梗阻，而且他们相互影响可能演化为恶性循环态势。市场经济运行过程中的规则的非普遍性与非客观性，在经济特权领域依然存在，一体化的商品大市场无法形成。各地区、各部门之间的行政壁垒与贸易壁垒十分突出，表现在各地区保护本地的经济发展而不惜动用行政手段甚至司法手段，排斥甚至禁止外地商品在本地销售等等行为，表现出市场经济的畸形化倾向。在刑事诉讼方面，由于权力高度集中并且单极化运行，整个刑事诉讼的所有环节都被行政权力所控制与引导，通过上级监督下级的唯一的方式

---

① 季卫东：《法治秩序的建构》，中国政法大学出版社 1999 年版，第 222 页。

发挥作用，必然造成法律救济的完全虚置，从而形成诉讼严重阻塞现象和矛盾外溢现象。而程序外的监督又处于司法权力的上位，这使得刑事诉讼功能系统被外部力量所左右甚至被完全操控，而外部力量的非理性决定了法律公正实现的可预见性大大降低。在这样的情况下，刑事诉讼与市场经济都面临着恶性发展的危险。

马克斯·韦伯指出，从罗马法的形式主义原则中发展起来的现代西方的理性法律，其主要特征是法律程序的理性化。在此意义上，脱离法律规则和程序的行为都可被称为是非理性的。[①] 实际上，市场经济秩序的形成很大程度上依赖于理性的法律制度，因为理性的法律制度可以为市场经济提供良好的制度环境，直接促成市场经济秩序的生成和发展。刑事诉讼法律制度本来属于高度理性化和形式化的制度，因为犯罪的严重性和对社会的极大危害性决定了国家解决犯罪问题的至关重要性，但同时，“所有各种形式的国家都是社会身上的赘瘤”[②]，国家权力本身对个人与社会直接构成威胁，因此，在西方法治文化视野中，国家权力与犯罪一样具有同等危害性，都必然以谨慎的理性和高度的警觉来对待之。在西方国家的制度文明中，既然权力是国家的伴生物，也同国家一样具有危害性，那么在权力形成之时，就必然形成权力的制约力量，人民主权原理就是国家权力的最终渊源与理论基础。“人民主权的观念是在反对和摧毁传统政治制度的合法性依据的过程中产生的。它用来反对君权神授的古代国家合法性根据，从而提供了建立现代国家的合法性论证。”[③] 在人民主权的观念中，国家权力来自于人民的同意，因而不具有最高的价值与最终的目的。相反，公民个人的权利才是

---

① 陈金钊：《法律解释的哲理》，山东人民出版社1999年版，第150页。

② 《马克思恩格斯全集》第45卷，人民出版社1985年版，第646页。

③ 杨心宇主编：《现代国家的宪政理论研究》，上海三联书店2004年版，第63页。

国家权力的最高价值指向与最终归属。所有的政治制度、经济制度与法律制度都必须遵从这一根本原则。“因为政府整个说来只是一个手段，手段的适当性必须依赖于它的合目的性。”① 对于刑事诉讼法律制度来说，首先是对于国家刑事司法权力必须进行彻底而完全的划分，刑事审判权只能居于中立立场对于国家代表者检察官员的起诉与公民个人及其辩护律师的反驳进行权威公正的判断。代表国家行使刑事侦查与起诉的官员包括警官与检察官的权力必须是处于独立的司法权力的监督和控制之下，而公民个人的辩护权利必须受到宪法和法律的充分保障，司法官员本着关照弱者的原则，帮助那些在刑事诉讼中处于弱势地位的犯罪嫌疑人与被告人。刑事诉讼法律制度只有在落实这些体现基本公正的宪法原则与法律原则并在具体刑事司法环节上加以体现，该法律制度的普遍性与客观性即形式理性才可能得到逐步显现。也只有这些高度理性而形式化的法律制度所形成的多元力量通过平衡互动的诉讼格局才能够最终造就公正的制度环境，为市场经济秩序的形成提供良好的前提和基础。反之，刑事诉讼法律仅仅简单而粗疏地规定刑事诉讼的必须履行的程式和手续，不对刑事诉讼的主体资格具体加以确认并对其权利义务通过法律明确规定，不对刑事诉讼的结构进行合理的设计，不对刑事诉讼的职能明确加以区分，不具体规范刑事诉讼中的权力和权利行使程序，不规定违反刑事诉讼法律程序的后果，等等。这样的刑事诉讼法律就不能够称为严格意义的程序法律，因为它无法形成真正的法律秩序所必需的制度环境。没有良性有序的制度环境，市场经济主体的权利就无法得到全面而允分的法律保障，市场经济行为的不确定性与缺乏可预见性直接造成市场经济出现混乱无序的局面。

马克斯·韦伯指出，“我们近代的西方法律理性化是两种相辅

① ［英］密尔：《代议制政府》，汪瑄译，商务印书馆 1982 年版，第 17 页。

相成的力量的产物。一方面，资本主义热衷于严格的形式的，因而——在功能上——尽量像一部机器一样可计量的法，并且特别关心法律程序；另一方面，绝对主义的国家权力的官僚理性主义热衷于法典化的系统性和由受过理性训练的、致力于地区之间平等进取机会的官僚来运用的法的同样性。两种力量中只要缺一，就出现不了近代法律体系。”① 西方各国市场经济秩序的形成，现代民主宪政理性政治架构的建立与刑事诉讼法律制度的理性化过程的互动关联特征为我们提供了较好的认识路径。可以认为，西方资本主义的形成和发展无法撇开包括刑事诉讼法在内的法律制度不断发展和完善这个特定的社会历史事实来彻底加以说明，正是如此，马克斯·韦伯才在《经济伦理与资本主义精神》一文中全面分析和阐述了西方法律制度与资本主义的互惠关系，指明资本主义首先在西方形成的必然性。我们不必说明马克斯·韦伯的理论是否能够经受历史的检验，但至少为我们认识市场经济秩序的形成和法律制度的完善具有不可分离的互惠关系提供了一条值得思考的路径。为了建立和健全社会主义市场经济秩序，就必须建构理性的形式化的刑事诉讼法律制度体系；当然，理性化的刑事诉讼法律制度的形成不能离开市场经济的健康发展。刑事诉讼法律制度与经济制度密切关联，理性的刑事诉讼法律制度与市场经济制度共生共荣。从早日建立市场经济良好秩序的角度出发，应当推进我国真正意义上的司法体制改革与刑事程序改革，从而真正建立一种正当的刑事法律程序与理性的刑事诉讼法律制度。

① ［德］马克斯·韦伯：《儒教与道教》，王容芬译，商务印书馆2004年版，第200页。

第五章　刑事诉讼生态性的文化维度

“法律是文化的一部分，并且是历史悠久和根深蒂固的一部分。”① 如果从文化角度来审视刑事诉讼生态，就会发现特定文化造就了特定诉讼生态，而特定刑事诉讼生态也具有特定社会的文化内涵。由此，也可以通过特定文化的类型特征来解释特定社会的刑事诉讼观念、刑事诉讼法律制度及其运行状态。由于文化的地域性、历史性特征决定了其鲜明而固定的民族性特征，特定国家与民族的文化必然给其刑事诉讼带来全面影响与深刻制约，刑事诉讼生态就是这些国家特定文化的真实写照。纵观当今世界，随着经济一体化与法治趋同化的迅速发展，各国的经济、政治与文化呈现出协同发展的明显趋势，尽管世界多元化的现象仍然比较显著，但是借鉴与统一成为人类文明发展的主流。就刑事诉讼而言，作为严重刑事纷争的解决机制，世界各国普遍认为存在涉及公民个人权利保障与社会公共秩序维护的内在矛盾冲突，因此必须进行理性的价值判断、价值选择与价值权衡。鉴于国家权力与公民个人权利的严重不对等性与公民个人基本人权的重要性，刑事程序必须充分考虑到控制犯罪与人权保障的协调统一，公正与效率的价值兼顾，自由与安全的动态平衡。为此，在联合国关于刑事司法的各种公约、条约及

① ［美］约翰·亨利·梅利曼：《大陆法系》，顾培东、禄正平译，法律出版社2004年版，译者序，第7页。

法律文件与联合国组织及其分支机构的督促与影响下，世界范围内的刑事司法程序与审判制度得以融合或接近，极大地推动了各国刑事诉讼法律制度的现代化进程与民主化、法治化水平。但是，由于世界各国的文化存在极大的差异，这就直接影响到国际刑事司法最低准则在各国的具体实施，特别是对那些法治化水平不高，专制历史较长的国家更具有极大的挑战性。如何推进刑事司法法治化、现代化进程，提升刑事司法程序的道德正当性水平，改进刑事诉讼法律制度，加快传统刑事诉讼向现代刑事诉讼的转型，并促进现代诉讼文化的发扬光大，是我们急需研究的重大课题。本章尝试从文化角度解读刑事诉讼生态的成因，分析现代刑事诉讼生成的文化环境和刑事诉讼生态所内含的具体文化特性。并根据系统论与生态学原理阐明我国刑事诉讼生态转型与文化进化的协调发展共生关系，提出我国传统文化更新与刑事诉讼最佳生态实现的基本思路。

第一节　刑事诉讼与其文化环境的衡态共生

刑事诉讼作为一种法律现象反映了特定社会的刑事法律制度的基本面貌，也反映着特定社会或民族的历史传统与文化底蕴。刑事诉讼与特定社会的文化密切相关，正是特定国家或民族的文化背景和文化传统决定了特定社会的刑事诉讼组织结构与运行模式、具体法律制度与基本价值理念，而后者也是特定社会文化的具体体现，刑事诉讼与文化表现为互塑共生的生态平衡特性。

文化是一个具有多义性的词汇，其概念的演变经历了较长的历史发展过程。法国学者维克·多埃尔认为："关于文化概念的探讨是在 17 世纪和 18 世纪以来随着政治思想一起发展起来的，因此，文化与政治的关系是一种原始的和基本的关系。”① 文化概念的多义性不但表现在人类文化生活的具体实践中，也表现在文化学者对文化概念的阐释中。日本学者认为：“文化的定义从来就众说纷纭，据说有关文化的定义多达 260 种。”② 因为“文化作为一种复杂的历史现象，要认识它，自然应该有科学的理论和方法。但由于方法论的不科学、不统一，对文化所引起的纷争也是令人难以想象的。”③ 文化概念的多义性、歧义性和不确定性，使得人们很难对文化下一个确切的定义。一般而言，我们可以将众多学者对于文化概念的界定归纳为三种层次不同的文化观：广义文化观、中义文化观与狭义文化观。④ 广义文化观表述见于我国《辞海》中的解释：“文化，从广义来说，指人类社会历史实践过程中所创造的物质财富和精神财富的总和。”而中义的文化观认为，文化是指人类长期的历史实践过程中所创造的精神财富的总和。狭义的文化观认为，文化就是指社会的意识形态，或社会的观念形态。如果把文化看做一种区别于自然界所赋予的一切事物的“人类创造物”的话，广义文化观包容了人类创造的一切事物，即物质文化和精神文化之总和；而中义文化观则主要着眼于人类精神之创造方面，突显了人类精神的创造物，将人类的思维和与这种思维相联系的制度、组织机构等视为浑然一体，有助于我们深刻认识人类的思想以及思想的外化物——制度这种既非心态又非物态之文化的本质属性及其相互联系；而狭义的文化观是观念形态的文化观，它将文化的中心放置于人类的思维层面，即同人类的大脑相关的事物上面，如知识、思

---

① ［法］维克·多埃尔：《文化概念》，康新文等译，上海人民出版社 1988 年版，第 18 页。

② ［日］名和太郎：《经济与文化》，高增杰等译，中国经济出版社 1987 年版，第 41 页。

③ 司马云杰：《文化社会学》，山东人民出版社 1987 年版，第 3 页。

④ 刘作翔：《法律文化理论》，商务印书馆 1999 年版，第 21 页。

想、价值、心理等隐形文化形态之上，以加深对人类内在理念及自我意识的认识。本书取狭义的文化观来具体分析文化与刑事诉讼现象所包涵的意识形态之间的有机联系，至于作为观念形态的外化物制度则放在其他章节来概括论述。当然，文化是具有极大包容量并具有高度统摄性的概念，要全面而系统地分析、阐述文化的具体内涵是十分困难的，也是不现实的。基于本书的主旨和结构考虑，仅仅在观念形态的文化层面展开文化与刑事诉讼现象的关系研究。

格尔茨认为，“法律是被创造出来的，而且，它是在不同的时间、地点和场合，由不同的人群根据不同的想法创造出来的。人在创造他自己的法律的时候，命定地在其中贯注了他的想象、信仰、好恶、情感和偏见。——发自人心的法律同时表达了特定的文化选择和意向，它从总体上限制着法律（进而社会）的成长，规定着法律发展的方向。”① 刑事诉讼作为法律现象之一，必然生存于特定的民族文化之中，成为民族文化的重要组成部分。而特定的民族文化必然作用于该民族的刑事诉讼法律制度与法律观念的形成和发展。正如历史法学派所理解的那样，法律是历史和文化的产物。“萨维尼认为，法律乃是一个民族整个历史的必然结果，而不是思辨能够从一个法学家的头脑中刻意规划出来的某种东西，也不是立法能够根据一种专断的命令而得以形成的某种东西。”② 文化本身是一种模糊的概念，正如泰勒教授所认为的，文化属于一种复合的凝聚体，是一种历史的沉淀物。无论对单个的人还是整个人类，文化都是决定性的，“没有文化的人类不会发展成具有内在禀赋但未

① 梁治平：《法律的文化解释》，生活·读书·新知三联书店 1994 年版，第 54 页。

② ［美］罗斯科·庞德：《法理学》，邓正来译，中国政法大学出版社 2004 年版，第 50 页。

至完善的猿类，而是成为完全没有头脑因而最终是不中用的怪物。”① 文化是人类在漫长的社会生活实践中日积月累形成的智识的结晶，随着人类社会的不断演进和更替，刑事诉讼作为解决人类社会生活中的严重刑事纷争的协调机制，自身的变化和发展日益丰富着人类社会特有的复杂文化凝聚体。同时，对于特定时期的刑事诉讼法律制度来说，长期形成的文化凝聚体必然深刻地影响和制约着该时期的刑事诉讼法律制度的运作与该时期人们对于刑事诉讼的心理、态度、认知和情感。人们对于刑事诉讼的感知所形成的诉讼意识与诉讼观念以及形成的诉讼法律制度和建构的组织设施随着时间的推移就逐渐成为法律文化的一部分。法律文化是文化的重要内容，文化实际上是对于人类社会所有非自然存在物的概括和描述，主要指人类的精神创造物，而法律文化是指人类对于法律的认识、情感、态度以及形成的法律思想体系和将法律观念物质化后形成的法律制度和组织设施。根据刘作翔教授对于法律文化结构的研究成果，法律文化包括两大结构：其一，法律文化的深层结构；其二，法律文化的表层结构。② 作为法律文化的深层结构的法律意识形态，它可以分为三个层次：法律心理、法律意识与法律思想体系；而法律文化的表层结构作为其深层结构的法律意识形态的外在表现形态，是指与法律意识形态相适应的法律规范、法律制度、法律组织机构及法律设施的总和。笔者赞同这种对于法律文化的分类方式，并借用法律文化的深层结构模型来分析作为狭义文化视野中的法律文化对于刑事诉讼的全面影响与内在制约。

哲学家海德格尔曾言，“首要的具有历史性的是此在。”③ 文化

---

① ［美］克利福德·格尔茨：《文化的解释》，韩莉译，译林出版社 1999 年版，第 84 页。

② 刘作翔：《法律文化理论》，商务印书馆 1999 年版，第 118 页。

③ ［德］海德格尔：《存在与时间》（第二版），陈嘉映、王庆节译，生活·读书·新知三联书店 1999 年版，第 431 页。

现象既是一种社会现象，又是一种历史现象，错综复杂，千变万化，要想指出它的全部特征，十分困难，只能围绕文化所表现的基本特征加以描述。一般说来，文化的基本特征包括：文化的社会性和群体性、文化的民族性与人类性、文化的阶级性、文化的差异性和普同性、文化的时代性和永恒性、文化的符号性。除此之外，它还具有可学性、结构性、价值性、可播性、可分性、能动性等等。[①] 法律文化是人类文化大系统中的重要组成部分。它与政治文化、宗教文化、伦理文化等一样，是构成人类整体文化系统的子系统。张文显教授指出，“法律文化与文化是个别与一般、部分与整体、子系统与系统的关系。因此，它必然具有文化现象共有的一般性质、特征和功能，而且与其他文化子系统，如宗教文化、道德文化、政治文化等相互作用、互为补足。脱离总体文化，与其他子系统不相干的单纯的法律文化是不存在的。但是，法律文化毕竟是总体文化中的特殊文化，或者说是文化现象中的一种特殊形态。法律文化特殊就特殊在它是以法律现象为特定内容，与人的法律生活相联系的，而法律现象和法律活动则均属于社会的上层建筑。”[②] 法律文化作为人类在漫长的历史发展过程中从事法律实践活动中所创造的智慧结晶和精神财富，是社会法律现象存在与发展的重要基础。人类文化的发展，乃至法律文化的发展，都经历了一个十分缓慢的长时段发展历程。由于不同国家、地区的地理环境、经济条件与气候状况，决定了世界不同国家与地区、不同的民族的文化存在巨大的差异性。就法律文化而言，就存在着传统与现代、东方与西方的诸多本质差异。西方法律文化与东方法律文化的异质性，决定了西方刑事诉讼法律制度与东方刑事诉讼法律制度的差异性。因为，“法律文化产生力量、压力和要求，而这些力量、压力以及要

① 李荣善：《文化学引论》，西北大学出版社 1996 年版，第 176 ~ 192 页。

② 张文显：《法律文化释义》，载《法学研究》1992 年第 5 期。

求构成法律制度的环境，并最终型塑法律制度。”①

传统刑事诉讼生态，就时间来说是指资产阶级革命之前世界各国曾经实行过的刑事诉讼类型，包括弹劾式诉讼这种原生态刑事诉讼与后来的次生态刑事诉讼即纠问式诉讼。人类不同地区实行这两种刑事诉讼的具体情况有所差异，而且两种刑事诉讼经历的起止时间也不尽相同。那么，为何特定的刑事诉讼具有特定的精神气质，而且能够持续演化递进到现代刑事诉讼类型，而有的刑事诉讼却始终无法摆脱其传统束缚，无法走向系统新生，我们认为正是文化因素发挥着决定性的作用。因此，研究传统刑事诉讼生态背后的文化特性是把握刑事诉讼由传统向现代转型的重要内容，也是促进传统刑事诉讼转向的必要条件。尽管古代东西方都存在着弹劾式诉讼这种刑事诉讼原生态现象，但是由于东西方在文化方面尤其是法律文化方面较早出现的巨大差异最终导致法律制度的分途。东方封建专制主义国家的刑事诉讼呈现出高度纠问化现象，权力要素在刑事诉讼中发挥着决定性的影响，并使得刑事诉讼演变为维护专制政治的主要工具；而西方罗马帝国后期以及中世纪基督教会采用纠问诉讼程序时，其适用范围较为狭窄，而且受到自然法观念的影响与法治传统的消解，纠问因素得到了一定程度的抑制和淡化，最终在资产阶级革命之后逐步向现代诉讼生态转向。其中，重要的原因在于早期西方法治传统与基督教的特质发挥了决定性的作用，正如伯尔曼所言，“没有对炼狱的恐惧和对最后审判的希望，西方法律传统就不会存在。”② 因此，研究东西方社会发展史中的传统文化与刑事诉讼生态的相因关系就具有相当的理论意义。

---

① ［美］弗里德曼：《选择的共和国——法律、权威与文化》，高鸿钧等译，清华大学出版社 2005 年版，第 5 页。

② ［美］哈罗德·伯尔曼：《法律与革命》，贺卫方等译，中国大百科全书出版社 1996 年版，第 665 页。

第二节 传统刑事诉讼法律制度与其文化环境的生态平衡

弹劾式诉讼是人类社会最早出现的刑事诉讼类型，由此构成了刑事诉讼的原生态。该诉讼模式直观地展示了诉讼的解决纠纷的本质，并与早期人类社会比较落后的政治、经济及文化状况相适应。但随着人类认识能力的不断提高与社会的不断发展，作为原生态的弹劾式诉讼面临着变化了的社会经济、政治与文化环境开始逐渐发生转型。在这个漫长的转型过程中，由于世界不同地区的社会经济、政治与文化差异决定了转型的时间早晚与转型的程度差别。而转型后作为次生态的纠问式诉讼与原来的弹劾式诉讼发生了根本性的变化，这一变化也同样体现了其背后的经济、政治与文化等因素的时代要求。就中国与西方国家而言，刑事诉讼类型的变化呈现出非常明显的差异，下文就中国与西方各国在刑事诉讼类型发生变化的内在文化特性方面试作初步分析。

一、诉讼观念与传统刑事诉讼生态演化

（一）“好讼”的西方传统文化对刑事诉讼生态演化的影响

纵观西方诸国，尤其是当今法治滥觞的美国，好讼与泛讼成为其突出的法治文化特征，而好讼传统最早可以追溯到古代希腊、古代罗马时代。古希腊在梭伦改革之后，“雅典进入‘法律’统治，——希腊城邦制度中的法治传统，遂于此奠定。”① 并且雅典实行的是民主政体，雅典公民都有公民权，所以其民主制度的权力机构是全体公民组成的公民大会，城邦一切重大事务都由公民大会

① 顾准：《顾准文集》，贵州人民出版社 1994 年版，第 174～175 页。

来决定。“它是每个年过二十的雅典人都有资格参加的一种城镇会议。”① 根据亚里士多德著的《雅典政制》记载，当时的雅典，每年按照从每个部落选600人的原则，以抽签方式从年满30周岁的男性公民中选出6000人，组成陪审法庭。为迅速而高效地处理案件，陪审法庭内部又分成10个陪审庭，平均每个陪审庭500人，分工处理具体案件。议事会从前本来有通过罚金、监禁和死刑判决案的权力，后来人民剥夺了议事会这项权力，并定出法律，凡是议事会所通过的罪和罚的判决案必须由法官送交陪审法庭，而陪审官的任何投票都应当具有最高效力。② 而且为了解决雅典郊外村民的刑民纠纷，除陪审法庭外，雅典还创立了巡回法庭，选拔诚实可靠的自由民到村中去审理案件。③ 陪审法庭和巡回法庭以分清诉讼当事人的是非曲直、保护自由民的合法权益为宗旨，加上陪审法庭具有广泛的民主性和平等性，参加审判的每个自由民可以自由地发表意见，判决是以投票的多少来决定。“雅典的法院毫无疑问是整个民主制度的拱顶石。它们占有的地位不是任何现代政府中的法院所占有的地位可以比拟的。它们的职责像任何其他法院一样；但除此以外，它们还拥有大大超过这一范围的权力，而这一权力，按照现代观点显然具有一种行政或立法性质而不是司法的性质。”④ 因此，在雅典的公民中，很早就形成了法院是他们的法院，判决是他们多数意见的合意，通过法院来解决民事纠纷和刑事案件是名誉的、公正的观念。这种观念，为西方社会的“泛讼”与“好讼”，即通过

---

① ［美］萨拜因：《政治学说史》（上），盛葵阳等译，商务印书馆1986年版，第26页。

② ［古希腊］亚里士多德：《雅典政制》，载由嵘等主编：《外国法制史参考资料汇编》，北京大学出版社2004年版，第102页。

③ 何勤华主编：《法律文化史谭》，商务印书馆2004年版，第158页。

④ ［美］萨拜因：《政治学说史》（上），盛葵阳等译，商务印书馆1986年版，第29页。

法院寻求公平与正义传统奠定了坚实的思想基础。

雅典政治制度和法律制度的平等性、民主性与普遍性决定了公民参与政治和司法的广泛性，从而培育出平等、正义与权利观念，培育出“好讼”之风。“每个人都有权利和手段保护自己的利益，这个原则为雅典宪法所采用，这是民族进步的重要一步。”① “好讼”的目的在于要求确认和保护自己的权利和名誉。尽管在古希腊文献中，有正义而少权利的表述，这不是说希腊人不知道权利为何物，而是正义词汇本身就是一个多维概念，它包括服从法律，整顿社会秩序，在利益互相冲突的情况下给予每个人应得的份额。可以论证的是，希腊思想中关于正义的后一种意义给以后的罗马法学的发展铺平了道路，而罗马法学又给现代的权利概念提供了思想基础。在古典的希腊文中，同一个词语用来表达“正义”、“法官”和“直线”。在有互相冲突的主张引起诉讼或可能引起诉讼的情况下给予每个人以他应得的份额的这一概念，预示着人们关于自身利益的某些主张可能是合法的；而且可能值得给予法律上和司法上的承认。②

“好讼”传统在古代罗马得到进一步发扬的事实表明了罗马人对于权利的关注，罗马的私法对契约和财产交易出现的各种各样的私利性质、范围和实现作了精辟的界定、说明和阐释。从早期罗马的习惯法来看，就已经显示出罗马人对于诉讼的高度重视。实际上，“早期英国法和罗马法的发展都是司法中心主义的”③，即通过具体的司法活动来创设权利和法律，那么由此说明其诉讼意识、诉讼文化已经发展到相当发达的阶段了。在《十二铜表法》中，前

① ［英］阿克顿：《自由史论》，胡付胜等译，译林出版社 2001 年版，第 11 页。

② 转引自陈弘毅：《法治、启蒙与现代法的精神》，中国政法大学出版社 1998 年版，第 130 页。

③ 李红海：《普通法的历史解读——从梅特兰开始》，清华大学出版社 2003 年版，第 234 页。

面三表是关于诉讼程序，即讲诉讼、审案、判决和执行等问题。由于《十二铜表法》是一部习惯法汇编，因此，前三表中的规定，事实上是该法典颁布以前罗马社会对于诉讼问题的处理习惯。罗马人将有关诉讼的习惯置于整部法典之首，虽然是出于对于贵族诉讼权利的保障，以及反映了罗马时代解决纠纷在前，总结法官的判例和逐步形成的实体法在后的实践，但罗马人对诉讼的关心不能不说是一个重要的原因。随着罗马诉讼活动的增加，法院制度的健全，在罗马，形成了一系列保障诉讼当事人平等、自由权利的制度和原则，如律师辩护制度、陪审制度，以及不告不理、一事不再理、公开审判、自由心证、不干涉原则等等。其中值得引人注意的是，辩护制度已经比较发达，在古罗马弹劾式诉讼中，被告人与原告人处于平等地位，享有同等的权利，承担同等的义务。审理案件的程序通常是由原告提出控告的理由和证据，再由被告人提出反驳理由和证据，然后由法官作出裁决。被告人拥有辩护权，可为自己的利益从事诉讼防御。审判采取对质、言词、公开的方式、被告人还可以请精通辩术的辩护人为自己辩护。法官居中裁判，辩护权的存在以及代言人、辩护人等的出现，标志着早期刑事辩护制度已基本形成。公元1世纪，罗马进入帝国时期以后，原来实行的诉讼代理和辩论的原则，逐渐发展成为律师辩护制度。罗马皇帝对于辩护界定为："首先所有的律师均为他们的诉讼当事人提供保护，以使他们不超越争讼功利所要求的限度，不超越争吵和诅咒的限度，使他们做诉讼所要求做的事情，避免侵害他人。"① 由此可见，古罗马统治者已经看到律师参与辩护，既可保护诉讼当事人，又可维护诉讼程序的重要作用。这些原则和制度，既为西方社会重视诉讼、以诉讼来保障公民自由权利的好讼主义与泛讼传统奠定了历史基础，也是古代罗马人对世界法律文化发展的一大贡献。

---

① 转引自熊秋红：《刑事辩护论》，法律出版社1998年版，第28页。

在古代英国，“尽管古罗马大约从公元1年到450年侵略和占领着英格兰，但罗马法从来没有坚固地在英格兰土地上立足。从公元200年到450年罗马统治英国的后期，罗马法律传统被分解并且对贫穷居民的习惯几乎没有留下什么痕迹。大约同时，居住在北欧西海岸地区的日耳曼部落开始穿越英格吉利海峡移民；这些就是盎格鲁—撒克逊人。”① 英国在盎格鲁—撒克逊时期的诉讼保留了原始民主制度的残余。在盎格鲁—撒克逊早期，对于杀人者要实行同态复仇，后来苦主可在同态复仇和赔偿金之间作出选择。王权兴起后，同态复仇被禁止，苦主只能接受赔偿金，杀人者同时还要向国王支付赎罪金，以示惩罚。② 当时的百户法庭、郡法庭，虽然由百户长和郡长主持，但真正的法官则是出席法庭的全体成员，而原则上每个自由人都有权出席法庭，集体判决依据是当时的习惯法。在这种历史条件下，法院就成为人们解决纠纷，辩明是非曲直的场所，诉讼成为人们日常生活的重要方面。11世纪诺曼人入侵以后，随着英国封建化的完成，英国逐步建立起统一的审判体系：在地方是郡法院，实行陪审制，即由事件目击者或当地居民代表组成陪审团进行审判。在中央，由王室法院依据从各地汇总提炼出来的普通法进行审判。由于当时尚无成文的制定法，英国的法律制度实际上就是判例制度，法律生活的内容就是刑事、民事诉讼。正如美国学者斯托纳所言，“普通法乃是从一个面对争议的法官的角度，或者从一个试图作出一项裁决的陪审团的角度所看到的法律，而不是从一个面对一群难以操纵之人民的至高无上的君主的角度，或者从面

---

① ［美］爱伦·豪切斯泰勒·斯黛丽、南希·弗兰克：《美国刑事法院诉讼程序》，陈卫东、徐美君译，中国人民大学出版社2002年版，第91页。

② 李红海：《普通法的历史解读——从梅特兰开始》，清华大学出版社2003年版，第59页。

对内战而拥有主权之人民的角度所看到的法律。"[①] 在这种独特的文化背景之下，英国如同罗马一样，从古代起就培植了重视诉讼的传统。而作为英国殖民地的美国，则深受宗主国判例制度的影响，同样继承了这种好讼与泛讼的传统，美国对抗制刑事程序就是其鲜明的例证。

西方好讼传统的背后是对于权利的重视与平等的诉求，诉讼的目的在于解决各种纷争与权利冲突，热衷于诉讼意味着对于权利的极大关注。因为权利的实现必须依赖于诉权，诉权的行使必然经过诉讼得到权利救济，体现了"无救济即无权利"[②] 的古训。这表明：平等与正义在古代西方人的价值体系中占据着十分重要的地位。正是正义与和平的价值观决定了刑事诉讼生态类型属于弹劾式诉讼类型，即意在解决双方当事人的利益纷争而不是为着诉讼外的其他目标。"事实上，古代法院之成立，其主要目的在于处理辩明一切未臻明确或可疑之案件。迄尔后血缘组织日趋衰落之后，法院始成抑强制暴手段，弱者之保护者。"[③] 这种诉讼类型突显了古代西方国家公民权利的拥有程度与法律面前人人平等理念在具体的纠纷解决过程中的实现程度；也展示了国家专门机关在诉讼中的地位、作用与性质，即仅仅作为消极的第三人站在中立的立场上公正裁决，体现了双方当事人完全平等，法官中立的诉讼特征。到了罗马帝国后期乃至中世纪社会，随着权力出现垄断集中，大陆法系国家刑事诉讼的目的逐渐由解决纷争向维护统治秩序转变，刑事诉讼结构也就发生相应变化。由弹劾式诉讼逐步向纠问式诉讼过渡，公民诉讼权利逐渐萎缩，直到后来完全由国家专门机关负责刑事案件

---

① ［美］小詹姆斯.R.斯托纳：《普通法与自由主义理论》，姚中秋译，北京大学出版社2005年版，导论第13页。

② See：Black's Law Dictionary，St. Paul Minn. West Publishing Co.，1979. p. 1363.

③ ［美］孟罗·斯密：《欧陆法律发达史》，姚梅镇译，中国政法大学出版社1999年版，第44页。

的指控和审判，新的纠问诉讼文化也开始逐渐形成。而英美法国家则承袭习惯法传统，刑事程序由弹劾式诉讼逐步发展为当事人主义至上的辩论式诉讼程序。

（二）“无讼”的中国传统文化对刑事诉讼生态演化的影响

“以刑去刑，追求无讼”是中国传统法律文化的一个重要特点。中国传统法律文化与中原的农业文明相伴而生，以宗法血缘关系为单位的熟人社会的社会控制机制是伦理规范，人们几乎不需要法律和法院；家国一体的社会结构，使处理国民争讼一如排解家庭纠纷，调解为主，辅之以刑，以求和谐。著名学者费正清教授指出，中国的“法制是政体的一部分，它始终是高高地超越农村日常生活水平的、表面上的东西。所以，大部分纠纷是通过法律以外的调停以及根据旧风俗和地方上的意见来解决的”①。具体来说，首先，在中国传统社会，等级森严的专制主义政治格局是整个社会结构的核心。社会经济、政治法律、思想文化本来有自己的性质和活动原则，但在政治至上、权力本位的社会结构下一切都被政治化了，因而其他社会要素皆失去了自己的固有性质，失去了自主性。在政治中心的社会结构中，法律也被政治化、权力化了。因此，法律只有政治功能、权力功能，从而也只具有权力化的性质。② 行政、司法合一的政治制度使立法、司法、审判等权力最终集于君主一人之手，在政治法律制度结构严重失衡的状态下，法律仅仅成为暴力和惩罚的代名词，讼争很难依照公平的理念和原则加以裁决。由于上述原因，“无讼”成为中国法律文化的主导性价值取向。其次，中国古代社会的哲学思想基础是天人合一，其价值目标是要寻求人与自然、人与人之间的和睦相处与和平安宁的社会秩序。它认

① ［美］费正清：《美国与中国》，商务印书馆1989年版，第88页。

② 刘进田、李少伟：《法律文化导论》，中国政法大学出版社2005年版，第51页。

为自然界存在一种天理，并包含天、地、人三者之间的相互作用，决定世界安宁和人们幸福的是和谐。在社会交往关系中，最应该讲究的是和解精神与协调一致，“无讼”法律文化意识是这一价值取向的重要内容。再者，汉代以后儒家思想因被独尊而占据了主导地位，而构建和谐的大同社会是儒家的最高目标。这个大同世界就是和谐、安定、平静而又差等有序的社会，是一个没有纷争和犯罪而不需要法律或虽有法律而搁置不用的社会，要使“老者安之，朋友信之，少者怀之”①，这种文化所追求的最高理想或价值取向就是“无讼”。人治主义的治理方式使中国古代社会重视统治者个人的作用，轻视法律的功能。历代统治者为了维护统治，减少讼争，还为“息讼”提供制度保障——调解制度。“调解原理及实践深受儒家思想的影响，调解制度迎合了传统社会的需要。这种社会以小农经济、以宗法家族为基础的社会结构、松散的中央皇权统治模式以及强调社会稳定而经济发展为特征。”② 中国自古就崇尚“无讼”和“息讼”，一方面，是国家司法活动重在对涉讼者进行教化劝阻，迫使其意识到争讼是违背礼教的可耻行为，从而感悟自悔，主动和解撤诉。有些地方官员也以自身的行为教育感化百姓，当辖区出现母子相讼、兄弟争田、亲属争财或骨肉争讼的案件时，便自以为教化不力，无才无德，有辱“为民父母”的身份，从而主动解印去官。③ 中国古代的老百姓深受儒家伦理道德学说的渗透和潜移默化的影响，使得“无讼”成为一种当然的大众观念，老百姓把参加诉讼视为一种耻辱之事，“好讼”几乎被看做是道德败坏的同义语。另一方面，由于官吏腐败、衙门专横及野蛮刑讯，避害趋利使百姓不再认为诉讼是一种公正价值判断。纠问式的审讯，有罪推

① 《论语·公冶长》。

② 陈弘毅：《法理学的世界》，中国政法大学出版社 2003 年版，第 178～179 页。

③ 瞿同祖：《中国法律与中国社会》，中华书局 2003 年版，第 291～292 页。

定的指导原则，刑讯逼供的制度化，使老百姓“畏讼”；贪得无厌的酷吏，遥遥无期的审理，使老百姓“厌讼”。日久天长，人们养成不打官司的习惯，并极为轻视诉讼，人们将打官司者称为“讼棍”。无讼变成了普通百姓的生活准则。比较法学者达维、茨威格特、克茨等人都大体认为西洋各国将法看做是正义的象征，而且要求市民应为确保法律至上而斗争；而远东则与此相反，其传统哲学将法视为只适合于陶冶“蛮民”的弥缝技术。诚实的市民与法无关，他们远离法院，忽视法而遵循祖先传下来的道义、礼仪规范而生活。纠纷和犯罪则被看做是破坏社会机体正常功能的疾病。这些疾病应作为故障来处置，一旦发生纠纷并不是必须以审判解决而是应通过调停来消解，所有事情中最重要的是恢复和谐。①

有学者对古代中国“无讼”价值观评价认为：“对秩序和稳定的追求永远是法律的内在生命和基本价值之一。中国传统法律文化以无讼为价值取向突出体现了它对这一使命和价值的优先考虑和全面追求。即使从现代法学的观点来看，这也是值得肯定的价值所在。或许还可以这样认为，无讼既是理想又是对现实秩序稳定的努力，它不仅满足了人们的普遍的心理欲望，也为社会财富的生产和积累提供了必不可少的条件。特别是从中国社会和文化的属性出发，说其合理必然也是恰当的。”② 但是，这种价值并不宜过分夸大，理想的合理性并不能保证行为的合理性，无讼的理想继而转化为息讼的努力的结果适得其反。正如梁治平先生所言，中国古代法律“重要的事情不是去协商冲突的双方，使其行为合于法律，而是彻底地消弭冲突，使之无由发生。同样，法律的作用不是为人们满足私利提供合法渠道，恰恰相反，它是要尽其所能抑制人们的私

① ［日］大木雅夫：《东西方的法观念比较》，华夏等译，北京大学出版社2004年版，第7~8页。

② 张中秋：《比较视野中的法律文化》，法律出版社2003年版，第243页。

欲，最终达到使民不争的目的。”① “和谐”是中国社会的悠久而宝贵的思想传统和价值追求，包含了我们祖先关于社会和人生的高超智慧，对现代社会司法诉讼、解决纷争也产生了深刻的影响。无讼的解决途径比较切合传统中国社会的实际，也易于为传统中国人的心理所接受，造成了古代中国法文化中的调解制度极为发达。无讼观念有一定的必然性与合理性，但是无讼观念导致的权利意识淡漠、法律地位低下、私法文化不发达等消极影响却成为中国法律文化现代化的观念形态的主要制约因素。

现代中国法律，无论在形式上、内容上还是在精神上都与传统中国有很大的变化。但是，无论是人们的诉讼法律理念还是个人权利意识都深深地印刻着无讼的痕迹，无讼的观念在法律文化的各个方面仍然顽强地发挥着作用。主流意识形态一方面宣称法律乃是统治阶级维护统治利益的工具，无产阶级专政的“刀把子”；另一方面则充分运用调解手段化解纷争，一度兴起的“马锡五审判方式”给中国司法运作带来了深远影响。“法律的目的既不是通过审判实现社会正义，也不仅是通过调解来平息纠纷，而是在解决问题的过程中贯彻党的路线、方针和政策，实现共产党改造社会、治理社会的目的。”② 今天，虽然中国的诉讼法律制度已经建立并且正在逐步向现代化方向迈进，但观念形态的法律文化即诉讼意识、诉讼理念还大大滞后于制度的发展和变化。特别是无讼观念作为中国传统文化的价值追求，是法律文化结构中最深层、最稳定的部分，无讼传统已经在人们的心里形成了一种思维定势和行为惯性，现代法治很难或者要花费相当的代价才能有所改变。卢梭认为，“一切自由的行为，都是由两种原因的结合产生的：一种是精神的原因，亦即

① 梁治平：《寻求自然秩序中的和谐》，中国政法大学出版社1997年版，第203页。

② 强世功：《法制与治理——国家转型中的法律》，中国政法大学出版社2003年版，第83页。

决定这种行为的意志；另一种是物理的原因，亦即执行这种行动的力量。”① 所谓精神，乃是“这样一种心理状态，即对最高的、客观的价值的领悟、体验和实现。”“精神生活的同类性、精神创造的共同性和精神文化的同一性，构成了整个国家统一体的最深层的和最真实的基础。正是这一联系——最细腻的、有时也是最难意识和捕捉到的联系，把人们的最强大的、最牢固的、无条件的和神圣的联合创建成为法律的和国家的联盟。”② 诉讼心理及价值观深刻地影响并导引着权利实现路径，无讼意识所导引的“远离诉讼”现实行动，必然对现代法治运行构成强大阻力。另一方面，由于我国的司法制度的不健全和官本位特权思想的延续，司法腐败现象还相当严重，老百姓对打官司仍然有畏惧心理，人们对于诉讼甚至法律无法产生亲近感和认同感。无讼观念在当代中国的更深层次的影响则体现在：

其一，无讼观念对个体权利的压抑，不利于市场经济和民主政治的发展，不利于人权的保护。千百年来，百姓痛苦地认识到“讼不可妄兴”、“讼不可长”，不得不放弃自己的权利，压抑自己的正当要求，不敢寻求法律保护，使社会变成一潭死水，微波不兴，顿挫了民众为自己的权益而斗争的精神，为专制政治的生存和发展提供了滋生的土壤，因而成为当代中国市场经济和民主政治发展的制约因素。“诉权无非是指有权在审判员面前追诉人们所应得的东西”，③ 诉讼权利的多少直接关系到权利的实现。一个社会诉讼制度的发展和完善，标志着人权保障程度的提高和进步，一个人

---

① ［法］卢梭：《社会契约论》（中译本），何兆武译，商务印书馆1980年版，第75页。

② ［俄］伊·亚·伊林：《法律意识的实质》，徐晓晴译，清华大学出版社2005年版，第142～143、98页。

③ ［罗马］查士丁尼：《法学总论》，张企泰译，商务印书馆1989年版，第205页。

的诉讼意识代表着他的权利意识，而权利意识正是建设法治国家的最重要的观念保证。无讼观念压抑公民的个性张扬，损害个体权利，使个体利益得不到应有的尊重。十年动乱中对公民人身权、财产权及其政治权利的肆意践踏与剥夺，成了中国历史上不可磨灭的惨痛教训。其二，无讼使民事纠纷受到压制，私法文化的发展受到限制；无讼使中国法律长期重实体、轻程序，造成中国古代法中诉讼法与实体法不分，“诸法合体、以刑为主”的法律体系不利于法律自身的发展，阻碍了我国法制现代化的进程。由于我国民商法的落后，客观上延缓了商品经济的发展进程。诉讼机制的欠缺，大量的纠纷由家族通过家法、习惯按伦理要求解决，必然不利于法律职业共同体的出现和发展。“在古代中国，行政命令和法律规则之间并无明确界线；没有摆脱统治者顾问身份的可辨认的法律职业；没有置身于道德和政策论据之外的特殊的法律推理模式。”① 一直到现在，中国的司法独立仍然停留在理论的论证和美好的期待中，中国仍然没有形成一个经过法律专业训练并具有共同背景、共同思维方式、共同话语系统的法律共同体。这些都与无讼观念给中国法制建设带来的负面影响密切相关。其三，无讼使大量的纠纷法外调解，道德遂成为调整社会秩序的主要规范，只有民间解决不了的纠纷也就是刑事纠纷才诉诸国家法律，法律自然成为道德补充，沦为道德的奴婢。由于法律规范与道德规范没有明确界线，法律制度与其他社会制度之间并无确切的界分，法律缺乏独立性和自治性，从而丧失了自身作为法律的独特个性和基本功能。法律在人民生活中降到次要的位置。影响了法律应有的权威和地位。随着时代的转换，人们的观念在逐渐发生变化，中国社会的法治进程在逐步深入，但是我们始终能感觉到无讼价值观留给我们的沉重包袱：法律

① ［美］R. M. 昂格尔：《现代社会中的法律》，吴玉章、周汉华译，译林出版社2001年版，第97页。

没有应有的权威，个体的权利得不到重视，司法正义得不到伸张，无讼对当代中国法律文化的消极影响远远大于其合理因素。

中国传统的无讼观念不仅严重抑制了普通民众通过诉讼方式维护自身权利的诉求，而且导致诉讼的工具性职能得到了极大的膨胀，本身所具有的定分止争内在功能被剥离和抑制。因为，以刑法为中心的法律体系表明了法律运作必然体现惩罚的最高目的性，法律的刑法化与诉讼的刑事化都是为了确保封建宗法统治秩序的有序性。一方面，奉行严刑峻法；另一方面，主张德性教化，使之远离诉讼，以诉讼为耻。正如有学者批评指出，“以儒家思想为指导制定的法律，使古代社会的罚罪手段偏于酷”，而“遵从法家‘严刑立威’之道的罚罪原则，则使古代社会的司法实践趋于峻”，“兵刑同源，儒法合流造就了独特的中华法系及其立法罚罪原则，王道霸道杂用、以法辅礼，也就成了传统政治的主要运行手段”。[①] 故此，专制社会中的刑事诉讼就不可能是以实现正义和保障权利为目的，诉讼结构也不可能是法官消极中立、控辩平等的弹劾式诉讼形式，这与奉行皇权、唯我独尊、社会等级有序的治国理念是背道而驰的。与宗法伦理秩序相协调共生的必然结果是整个刑事诉讼的高度纠问化和政治化，为维护统治者利益与既存社会秩序，采取一切强力甚至武力对待包括民事纠纷在内的所有诉讼案件。而普通公民一旦被卷入诉讼，所面临的是“深不可测、威不可知”的后果。这种以无讼为价值取向的中国传统法律文化与自然的宗法农业生产方式以及高度集权的封建专制政治体制是相适应的，它们共同缔造了这种高度纠问化的刑事诉讼生态，而且互相作用，互为表里，成为中国传统社会治理的典型特征。

① 金良年：《酷刑与中国社会》，浙江人民出版社 1991 年版，第 141、142 页。

二、法治及人治文化与传统刑事诉讼生态演化

（一）西方法治主流文化对于刑事诉讼生态演化的影响

关于法治与人治的关系不仅是近现代政治思想家的主流话题，而且早在古代希腊、罗马社会中就已经成为争论的中心。在古代希腊社会，作为统治或管理模式的法治理念是针对人治理念而提出来的，并且经历了与人治理念斗争的发展过程。而论及法治理念的发展，首先必须提及柏拉图。最初，柏拉图是主张人治的。后来，由于现实政治斗争经验的积累，他也承认法治的重要性和必然性，并称法治为“次佳政治”。他认为：一个国家的法律如果在官吏之上，而这些官吏服从法律，这个国家就会获得诸神的保佑和赐福；反之，国家的法律若是处在从属地位，没有权威，则国家一定会覆灭。① 对于人治与法治作出明确选择的是亚里士多德，他认为法治应当优越于人治，而且提出比较完整的、伦理意义上的法治理念，即“已成立的法律获得普遍的服从，而大家所服从的法律又应该本身是制定得良好的法律。”② 从亚氏提出的法治理念看，它包括两方面的内容，即立法——制定良好的法律和守法——遵守法律。除了两层含义之说外，有的学者提出亚氏的法治理念包括三层含义，即为了公众的利益，统治必须要根据普遍的法律来进行，法治的对象是自愿接受法治的公民。③ 虽然亚里士多德主张法治优于人治，但是法治并不是最终的价值理念，在他的政治思想体系中，最终的价值是正义，无论人治还是法治，都要根据是否符合正义来加

---

① 法学教材编辑部《西方法律思想史》编写组编：《西方法律思想史资料选编》，北京大学出版社 1983 年版，第 25 页。

② ［古希腊］亚里士多德：《政治学》，吴寿彭译，商务印书馆 1983 年版，第 199 页。

③ ［美］萨拜因：《政治学说史》（上），盛葵阳等译，商务印书馆 1986 年版，第 127 页。

以判断。因此，在亚里士多德的法治理念中，隐藏有最高和最低两个目标，最高目标就是一种善治或正义的统治，也就是中国术语中的德治，而最低目标则是城邦或任何政体必须依照规则办事，以便杜绝统治者个人或少数人的恣意妄为，即做到：“为政遵循法律，不以私意兴作。”①

用现代人的眼光来审视当今西方文明，十分容易发现构成其主要特征的一些东西，如民主制度、理性精神、城市文明、发达的商品经济、自然法观念等等，几乎主要来自希腊，或者说很大程度上得益于古希腊人的启蒙和启迪。难怪有学者说：“在古代世界的所有民族中，其文化最能鲜明地反映出西方精神的楷模者是希腊人。没有其他民族曾对自由，至少是为其本身，有过如此炽烈的热心，或对人类成就的高洁，有过如此坚定的信仰。”② 西方人对于法治的思考也是从古希腊开始的，因此西方法治主义之源无疑应在古希腊。古希腊的法治思想经历了从崇尚正义和法律的观念到法治优于人治的系统学说这一孕育过程。该过程正好是西方法治主义的奠基。希腊人的法治思想最初源于他们对法律与正义的向往，而产生于对法律的普遍遵从的现实和信念之中。随着自然哲学的兴起，人们对于法律和正义的认识由神话发展到了理性。自然哲学使得世界变得可知，从而也使人类安排自己的生活变为可能。这一认识世界的方式的改变，从根本上改变着整个希腊的物质世界与精神世界。一方面，它促成了希腊城邦法治及其精神的诞生。希腊人依靠人的理智而不是神的指引，来安排自己的生活。他们赋予法律以理性，把法律作为建立一种理性、正义的秩序的重要依据；同时，也把法

① ［古希腊］亚里士多德：《政治学》，吴寿彭译，商务印书馆 1983 年版，第 166 页。

② ［美］爱·麦·伯恩斯、菲·李·拉尔夫：《世界文明史》（第一卷），罗经国译，商务印书馆 1987 年版，第 208 页。

律看成自己安全、自由、权利、利益的保障。另一方面，自然哲学的理性思维促成了法治作为一种思想或学说，在政治哲学中的萌生。在理性的指导下，法治作为一种统治方式和制度模式，也就自然出现在政治哲学家的制度安排之中。英国宪政理论家总结道："古典思想的最大贡献在于它强调了法治，强调了法律对于统治者的至高无上。它强调必须要有确定的法律规则，这些确立的规则将统管国家的生活，使国家生活稳定并保证'对同等人实行正义'。——这种对法律、对确立的规则之重要性的强调是古希腊人思想的精髓，因为他们深深信服对国家应当如何运行的方式做出恰当安排的重要性。"①

罗马在征服希腊之后，成了希腊法治思想的继承者与传播者，将希腊法治思想进一步推向前进。在古罗马继承和发展古希腊法治思想的思想家中，西塞罗作出了突出的贡献。从西塞罗留下的重要政治法律文献来看，他的法治思想主要沿着两条重要的线索展开：一是继受柏拉图和亚里士多德常用的理论思辨传统，从法的理性推出法律统治的正当性；二是从各个国家或民族的成文法律的实证考察中提炼出建立法治的重要原则。西塞罗主张在共和政体下应当摈弃人治而实行法治，因为法律是理性的，因而也是正义的，人们接受了法律的统治也就是接受了理性的统治。西塞罗阐明了自然法与理性的关系，他指出自然法就是正义和善良，但这并不意味着现实社会中的法律都是正义和善良的。"法律是根据与自然——万物中首要的最古老的——一致而制定的有关事务正义和不正义的区别；在符合自然的标准下，构筑了这样的一些人的法律，它给邪恶者以

① ［英］M. J. C. 维尔：《宪政与分权》，苏力译，生活·读书·新知三联书店1997年版，第22页。

惩罚，而保卫和保护善者。”[①] “既然法律应成为恶的改造者和善的促进者，那么也许可以从中得出生活指导原则。”[②] 他为我们揭示出法律赢得人们普遍遵从和喜爱的秘密：人们之所以热爱法律和遵从法律，完全是因为人们遵从和热爱正义。在他看来，国家法律不是正义的来源，正义来源于大自然，实际上源于自然法或自然理性，一个国家之所以有作为恶法的法律存在，是因为人定法未能接受自然法的指导，从而丧失了理性。法律的公正和善决定了它是政治社会联合起来的桥梁，他认为一个国家、民族并不是随随便便的一群人不管以什么方式聚集起来的集合体，而是一项关于正义的协议和一个为了共同利益的伙伴关系而联合起来的联合体。为此，他在政体的选择上主张混合政体。因为在他看来，“一个国家中必须存在一种权利、义务与职能之间的平衡，因此行政官员拥有足够的权力，显赫的公民的顾问们有足够的影响力，以及人民有足够的自由。否则的话，这样的政府就不可能免除革命。”[③] 并提出了共和国是人民的事业，统治者必须服从法律的论断。认为只有建立在法律基础上的国家，才是合法的、正义的；而国家只有按照法律行事，才是正当和合理的。以此推之，国家的政府和官吏的权力也就来自于人民，其根据就是法律，它们理所当然以法律所确立的正义准则行事，受到法律的制约。西塞罗不仅提出统治者服从法律的思想，而且还从法律视角设计了各国家权力机构之间的分权制衡关系，为共和国预设了一整套具体的权力运行准则，从而丰富和发展了古希腊的法治思想。

---

① ［古罗马］西塞罗：《国家篇法律篇》，沈叔平、苏力译，商务印书馆 1999 年版，第 182 页。

② ［古罗马］西塞罗：《国家篇法律篇》，沈叔平、苏力译，商务印书馆 1999 年版，第 171～172 页。

③ ［古罗马］西塞罗：《国家篇法律篇》，沈叔平、苏力译，商务印书馆 1999 年版，第 81 页。

西塞罗之后，罗马共和国也随之被一个以武力征服建立起来的、统治着地中海地区和横跨欧亚非三大洲的庞大帝国所取代，同时，执政官个人的权力也在武力征服扩张中逐渐膨胀和显赫，促使共和国时期人们憎恶的专制主义开始形成。正如黑格尔所描述的那样："只有那个国民议会，不能适合新的局面，单独消灭了。皇帝是大元老、监察官、执政官、护民官；他把这一切在名义上继续存在的职位，都集中到自己一个人身上，还有那军事权力——这是最重要的权力——也完全操纵在他一人手中。宪法采取了一种完全不现实的形式，里边已经没有了一切生机和一切的力和权；维持宪法存在的唯一方法便是奉皇帝命令，常驻在罗马附近的那些军团。当然，公共事务提交元老院办理，皇帝只是元老院的一份子；可是元老院必须服从皇帝，谁敢反抗他的意志，就要被判处死刑，财产充公。"① 帝国皇帝的权力可以说是权倾一时，特别是在奥古斯都以后，罗马皇帝的权力达到极盛，皇权主义和专制主义就此奠定。在这种背景之下，一方面，共和国的法治秩序被一种独裁官的控制的权力统治取代了；另一方面，公民丧失了独立的人格和政治自由，政治哲学失去了存在和发展的根基，法治思想也因此受到了阻碍。不过，法治思想及观念并没有因为共和国的法治破坏而彻底摧毁，而是继续残存于帝国之中。大多数皇帝依然能够尊重罗马法，并且极力主张和奉行严格依法行事和法律面前人人平等，从而使法律获得了较高的权威。"皇帝不是一个东方式的君主；他是罗马的最高长官，无论对罗马公民或对外省人都是如此。他不由任何选民团体选举，但其权柄也不是仅按血缘关系由父传子。皇帝从最贤明的人们中择其最贤者立为继嗣，而所谓最贤明的人们就是指元老院议员阶级的成员、皇帝的僚辈以及皇帝所栽培的后进等。元老院议员阶级的成员人人都献身于国，当然这个阶级便由此专为皇帝提供继

---

① ［德］黑格尔：《历史哲学》，王造时译，上海三联书店1999年版，第323页。

嗣。皇帝的权力也不视为一种个人特权，而被视为一种责任、一种由上帝和元老院授予掌权者的职务。由是言之，皇帝成了帝国的化身，因而他的权力和他的人身都是神圣的，他本人成了一个顶礼膜拜的对象，皇帝的庄严就体现在他的身上。他不是国家的主子，而是国家的第一名仆人；为国家效劳是他的职守。”① 这表明，罗马帝国的任何一位皇帝在法律面前绝不可能肆无忌惮、为所欲为；至少在表面上表明皇帝对法律和法治传统的尊重。维柯认为，罗马帝国之所以变得那样伟大，支撑那样长久，是因为：“在它的法制变更中，它都尽一切努力来坚持法律的基本原则，而这些原则在世界各民族中都是共同的。一切政治理论家们都同意没有什么比这更好的政策能使一个国家既持久而又变得伟大。由此可见，使罗马人中产生世界最明智的法学的真正原因是使罗马帝国成为世界上最伟大的帝国的原因。”②

与其他时代不同，中世纪不是一个尊重传统和崇尚理性的时代，因而它既不可能直接传承古典法治主义，也很难生长出像古希腊、古雅典那样的具有理性基因的法治制度和精神。从总体上讲，如果说古希腊、古罗马是一个法治思想主宰的时代，那么中世纪则是一个神治思想垄断的时代，并且人治思想和法治思想共同寄生在神治思想之下。由于在基督教教会与世俗政权的竞争和对抗中，基督教神学将法律上升为终极意义上的神的理性，宣称人的法律乃是整个神圣统治体系的一个重要组成部分。这样，法的统治与神的统治的契合，使法治在神治中找到合法性依据，在很大程度上致使神治思想成了孕育法治理念、思想成长的母体。伯尔曼教授在考察西

① ［美］M. 罗斯托夫采夫：《罗马帝国社会经济史》（上），马雍、厉以宁译，商务印书馆 1985 年版，第 178 页。

② ［意］维柯：《新科学》（下），朱光潜译，商务印书馆 1997 年版，第 541 ~ 542 页。

方法律传统的形成时，认为在中世纪时代，“法治的概念既得到盛行的宗教意识形态的支持；又得到统治者流行的政治经济缺陷以及多元的权威和管辖权的支持；最后还得到在12、13世纪逐渐盛行于整个欧洲的高水平的法律意识和法律复杂性的支持。人们完全理解，维护法治不仅需要有关正义、公平、良心和理性的抽象准则，而且还需要诸如那些体现在1215年英格兰的《大宪章》中和1222年匈牙利的《金玺诏书》中的特定的原则和规则。”① 在教会与世俗统治者的相互斗争和制衡中，导致了有意义的但是意外的结果——法律权威的观念在中世纪逐渐形成。法律至上、法律神圣、法律是限制权力的有效工具等思想，在中世纪就已经被公认为一条政治定律：“国王在万人之上，而在上帝和法律之下。”正如哈耶克教授所说：“中世纪提出的‘法律至上’观念，作为现代各个方面发展的背景，有着极为深刻的意义，尽管这一观念可能只是中世纪的早期为人们所完全接受；这一观念明确提出，‘国家本身并不能创造或制定法律，当然也不能废除法律或违反法律，因为这种行为意味着对正义本身的否弃，而且这是一种荒谬之举，一种罪恶，一种对唯一能够创造法律的上帝的背叛’。在当时的数个世纪中，人们所公认的一项原则乃是，君王或者任何其他的权力机构只能宣布或发现已经存在的法律，或纠正其间所隐含的对既存法律的种种滥用情况，而绝对不可能创制法律。只是中世纪晚期，经由主观构设而制定新法律——亦即我们所知的立法——的观念才开始渐渐为人们所接受。”② 基督教思想的集大成者，西方神学家阿奎那全面阐述了法律和政治统治的正当性以及政制与法治的关系，论证了法

① ［美］哈罗德·伯尔曼：《法律与革命——西方法律传统的形成》，贺卫方等译，中国大百科全书出版社1993年版，第357页。

② ［英］弗里德利希·冯·哈耶克：《自由秩序原理》（上），邓正来译，生活·读书·新知三联书店1997年版，第204～205页。

治、理性以及君主服从法律支配的思想，这些思想为近代法治思想复兴奠定了牢固的基础。由此可见，法治传统和思想在中世纪依然广为传播。正如我国学者所指出，“在漫长的中世纪，并不黑暗的一点是，法律的崇高地位没有受到削弱。当然，强权是永远存在的，但是，至少没有人胆敢公然以非法的形式为所欲为。”①

“在一个既定的社会中，一种具体的刑事诉讼模式通常是适应该社会的思想意识形态的最高表征和显明的副产品。”② 弹劾式诉讼饱受西方法治主流文化的长期浸润和滋养，使得这一人类社会解决利益冲突的原生态模式经过漫长的历史更替依然得到存续和发展，并在西方封建专制最黑暗的时代随着纠问式诉讼的勃兴而依然焕发出顽强的生命力。实则是因为弹劾式诉讼契合了法治主义的基本立场，适应了西方社会多元势力、多元价值复杂并存的社会现实。尤其是在普通法精神得以孕育和发展壮大的英国，更充分地体现了人们对于平等与自由、民主与人权的伟大理想的执著追求与热切期盼，并将这种美好愿望直接转化为改变历史的动力。在英国，“随着多元利益和价值的正当化和合法化，个人自由、团体利益、宗教要求、社会需要及政党主张基本上都能获得最低限度的满足；人格化的权威即专制必然受到排挤而被摒弃，而赋予其地位和利益合理合法性的非人格化的权威即法律及其他自发的社会规范得到推崇。法律获得尊荣和至上权威这样一种势态必然构成对任何一种强制权力的限制，而这一限制是基于大众共同的自由心理情感和社会的同意。社会同意之事的推行得到社会进一步的维护和促进，自由在此不断获得新生，这显然是顺理成章的。”③ 由此，强大的自由

---

① 何勤华、张海斌主编：《西方宪法史》，北京大学出版社2006年版，第223页。

② 转引自左卫民、周长军：《刑事诉讼的理念》，法律出版社1999年版，第13页。

③ 张彩凤：《英国法治研究》，中国人民公安大学出版社2001年版，第304页。

主义、个人主义传统与普通法精神融为一体，为弹劾式诉讼程序提供了坚实的思想基础与强大的精神动力。恰如庞德教授所指出的那样，“仔细观察我们的传统，可以看出它有两个特征。一方面，它有极端个人主义的特征。一位外国观察家曾说，它的鲜明特征是：‘对个人自由的极端重视和对私人财产的无限尊崇’。它只与个人权利有关，与社会正义无关。它把具有最高社会意义的问题当作纯粹的私人争端来处理。它从个人角度出发，制定了诉讼程序、民事、刑事和激烈辩论模式，并在现代社会里保持了公平的、抗辩的古老诉讼理论。[①] 也就是说，个人自由主义价值观与弹劾式诉讼在普通法视野中是互为因果的，个人自由主义思想文化持续孕育并支撑着弹劾式诉讼；而弹劾式诉讼又不断地捍卫着自由主义的普通法精神。

（二）东方人治主流文化对于刑事诉讼生态演化的影响

人治有不同的定义。从法的精神来理解，它是指法在本质上所体现的是拥有极权的个人或极少数人的意志，蕴含这种意志的法既是极权的一部分，又是维护极权的工具，从而在政治上构成一种专制的治理模式。人治与法治是两个相互对立的概念，人治意味着不存在近代意义上的民主和宪政，在政治上表现为专制；人治不是没有或取消法律，只有极端的人治才是如此，普遍的人治是通过法律实现专制；人治通过法律控制社会，但法律在根本上不是社会和权力的基础，而是国家最高权力的工具，权终究大于法；大于法的不是一般的职权，而是指极权，在古代社会，通常为王权或皇权以及少数贵族特权。传统中国法的人治精神与中国古代法的产生存在着相生相伴的共生关系，中国古代法实际上是以刑为中心，最初主要形成于部族之间的征战。主要表现为刑，刑的特性集中体现了它是

① ［美］罗斯科·庞德：《普通法的精神》，唐前宏等译，法律出版社 2001 年版，第 9 页。

一种专横的暴力工具。刑的专制性集中体现为其意志上的专制性，表现在以下三个方面：其一，刑作为军事命令发布时，它意味着意志上的绝对一致与服从；其二，刑作为惩罚和统治异族的有力工具时，它包含着一个部族对另一个部族意志的集体压迫与专横；其三，刑作为一种刑罚使用时，它不仅表现为对肉体的屠戮，还包含着对意志的摧残与否定。构成禹刑、汤刑和九刑的主要法律形式诰、誓、训、谟、范、刑等，都是由夏王、商王以及周天子和周公等这样一些拥有极权的统治者亲自或授命他人制订的意志。即使是那些以整个部族的名义而设计的专门用来对付异族的法律，实质上所反映的也不可能是全体部族成员的意志，主要还是少数上层分子和最高统治者的要求。“梁启超说，部落时代的刑律专为庶人阶级所设，庶人大率皆异族，刑不上士大夫，与刑以威四夷，其义一贯。他的话大足资人启发，在封建时代的情形确曾如此。”① 因为作为征服者的整个部族在法律形成的同时，其内部早已或正在进行分化，原始的民主制度只存在于真正的法律产生之前。一般的礼虽然没有刑的专横性，但因获得刑的支持而法律化的礼，其属性也相应发生变化，具有了刑的某些性质。实际上，“从社会学的观点看，礼不仅是法律，甚至是真正的法律，刑只不过是维护礼的一种手段而已。”② 由此，“在实践中，法无明文规定者，以礼为准绳；法与礼抵触者，依礼处断。”③ 春秋战国时期的礼法之争并不是所谓的人治与法治之争，而是关于建立在青铜宗法血缘上的那种贵族等级专制统治方式如何适应宗法政治破裂后形成的新型国家的政治需要的大辩论。其焦点或者说分歧在于形式和手段，实质和目的都是一致的，即建立一个稳定的君王统治下的等级社会。礼和法在这

---

① 瞿同祖：《中国法律与中国社会》，中华书局2003年版，第215页。

② 尹伊君：《社会变迁的法律解释》，商务印书馆2003年版，第110页。

③ 张晋藩：《中国法律的传统与近代转型》，法律出版社2005年版，第21页。

样的社会中自然只能是君王手中的工具，秦汉的历史证明了这一点。秦律是《法经》的秦国化，《法经》作为周礼的对立物，否定的是周礼中旧贵族的特权，确立的却是新地主阶级的特权，因此，《法经》和秦律对周礼是一种继承上的否定，就它们的意志属性来说，并无质的区别，都是专制性的。①

传统中国法人治精神的哲学基础存在两种不同的理论观点，一种是性善论，一种是性恶论。前者认为传统中国政制的存亡取决于人心，其结果是道德的政治化和政治的道德化。这种理论和实践根植于中国古代哲学之中。这种哲学相信，人只要发掘内心，就可以找到善的源泉，从而达到道德上的完善境界；这种道德完善同时又是做一个称职的统治者的先决条件，这与西方政治学中的性恶论传统恰成对照。② 后者认为，先秦法家既不相信人性本善，更不相信礼教道德可以收到改善人性而致天下大治的功效；法家以为人性是恶的，所以现实中的人总是贪生怕死、趋利避害。因此，为维持社会秩序必须对人性加以利用，表现在政治态度上应该取法而排礼，具体到刑事政策上便是以恶止恶、以杀去杀、刑期无刑的重刑主义；而刑只可由君主一人来制定和掌握，这就必然导致绝对的专制主义和人治法律的产生。事实上，传统中国的专制政治和法的人治精神，既不是建立在单纯的性善论哲学基础上，也不是以纯粹的性恶论为其理论根据的，而是两者的结合。“儒家法家都以维持社会秩序为目的，其分别只在他们对于社会秩序的看法和达到这种理想的方法。”③ 儒法两家的理论本身就决定了，无论是从性善还是性恶出发，最后在实践上都必然要滑到专制和人治的行列。因为性善

① 张中秋：《中西法律文化比较研究》，南京大学出版社 1999 年版，第 292～293 页。

② 梁治平：《说“治”》，载《文化：中国与世界》第 3 集，第 236 页。

③ 瞿同祖：《中国法律与中国社会》，中华书局 2003 年版，第 292 页。

论的教化效果和内心挖掘结果，在很大程度上主要取决于统治者的潜移默化之功，社会风气有赖于他们的人格感召力。因此，德治和礼治最后成为人治，即以极少数人的言行为标准，要求全体臣民赋予这些人以示范性与绝对的权威性，最终导致以这些人的意志为全体臣民的意志。并通过制度和法律强制推行，使专制和人治制度化、法律化。而性恶论的法家由于将权力的至上性、唯一合法性赋予了君主，使君主成为国家的象征，甚至可以说是强制力本身，皇帝的言行就是法律，违法就是背叛皇帝、背叛国家，于是必施重罚；皇帝可对全体臣民施用法律，唯独他自己可以免除法律的监督制约。这样，皇权成了绝对的、不可替代的强制力，法权只是这种强制力的表现和延伸。① 性善论与性恶论之所以殊途同归，对立统一于人治之中，而不是同于西方以单一的性恶说构成法治的哲学基础，其奥秘即在于儒法两家都不是从人本身来探讨人性的，而是从现实政治的需求出发而反求诸人性的。无论是儒家还是法家，都把人性政治化，并且涂上了浓厚的现实政治色彩，而当时最大的政治是通过什么途径来重建一个稳定而又强大的君主等级制专制国家。因此，有了这个既定的前提，儒法两家不论对人性怎样探讨，发表什么意见，最终都不免成为君主等级专制的理论根据，这也是汉以后儒法合流的真正基础。结果是礼所容许的，认为对的，也就是法所容许的，认为合法的。礼所不容许的，禁为的，也就是法所禁为的，所制裁的。诚如汉廷尉陈宠疏云："礼之所去，刑之所取，失礼则入刑，相为表里也。"②

人治主义的精神实质在于权力主义，法律乃是权力的工具和外壳。在中国法律初生之时，法、律、刑乃为同意，都起源于兵，即

---

① 魏秀云：《中国古代专制主义的人性基础》，载《北京大学学报》，1990 年第 3 期。

② 瞿同祖：《中国法律与中国社会》，中华书局 2003 年版，第 349 页。

战争，因此法律天生就带有惩罚的意味。“以刑为核心，围绕着刑发展起来的法必定具有暴力的色彩。古代法自三代至清一概为刑律，古人言法必含有刑罚的意思在内，都是因为这个缘故。”① 法律的刑法属性与工具属性决定了法律适用形式——刑事诉讼的属性与功能。有学者认为：“自有文字考证历史以来，中国的刑事诉讼按照模式来划分，大体上可以分为‘四大阶段，三种模式’。从奴隶制社会夏朝开始到清末的几千年间，一直实行的是纠问式诉讼。”② 纠问式诉讼形态反映了中国传统文化对于刑事诉讼生态的深远影响与深刻制约作用，表明了古代中国一直存在着专制权力要素对于刑事诉讼的全面渗透与最终的“绝对命令”。法律本身的正义品质与自然属性被歪曲和扼杀，人治中心的法律制度远离法治基本精神，权力本位、权力至上的思想弥漫于整个法律制度之间，权利没有生存的空间。慑于对权力的恐惧和敬畏，人们不敢轻易诉诸诉讼，“贱讼”、“厌讼”心理与思想由此产生。而官方“无讼”主张更张扬了民间本身存在的这种厌讼心理与意识，从而使得刑事诉讼被边缘化与政治化，失去了本来意义上的纠纷解决属性，同时遮蔽了通过诉讼实现权利保护的正当路径。正是中国这种根深蒂固的传统文化最终造就了专制主义色彩极其浓厚的惩罚性的刑事诉讼特殊品格，任凭时代转换与岁月沧桑而不改其本来面目，给今天中国刑事诉讼的现代化转换带来巨大的阻力和极为深远的消极影响。

---

① 梁治平：《寻求自然秩序中的和谐》，中国政法大学出版社 1997 年版，第 55 页。

② 汪海燕：《刑事诉讼模式的演进》，中国人民公安大学出版社 2004 年版，第 347 页。

三、西方个人本位价值观及中国家国本位价值观与传统刑事诉讼生态演化

（一）西方个人本位价值观对于刑事诉讼生态演化的影响

早期西方的雅典法在其最初时期是以氏族为本位。提修斯改革"产生了凌驾于各个部落和氏族的法权习惯之上的一般的雅典民族法"。①以后，经过德拉古、梭伦和克利斯提尼的改革，雅典法转变为一种"城邦本位法"。究其实质，乃是一种雅典公民本位法，也即法律以公民个人为中心。比较雅典而言，古罗马法从氏族本位演变为个人本位则经历了一个相对复杂却又十分清晰的过程。《十二铜表法》制定前后，尽管氏族制度遭到破坏，但家和家族的地位仍然比较牢固。因此，该法以家为基础，直到共和国中期，罗马法一直是一种家本位法；到了共和国晚期，随着经济发展和军事扩张，家本位渐趋瓦解，个人本位的法律观和法律制度在否定了家本位的基础上发达起来。家本位的法律是农业罗马社会的产物。随着对外扩张的成功，地中海变成了罗马的内海，从小亚细亚到伊比利亚，从马其顿到埃及到处都可以看到成千上万为罗马服务的奴隶和罗马的商人、军队，罗马开始成为一个世界性的商业、军事帝国。这个转折发生在共和国后期及帝国初期。在社会性质发生变化的同时，罗马法中的家本位也开始从松弛趋向瓦解，个人本位的法律意识和法律制度遂取而代之。正如梅因所说："后来在帝政时期，我们还可以发现所有这些权利的遗迹，但已经缩小在狭小的范围内。家内惩罚的无限制的权利已变成把家庭犯罪移归民事高级官吏审判的权利；主宰婚姻的特权已下降为一种有条件的否定权；出卖的自由已在实际上被废止，至于收养，在查士丁尼安的改良制度中几乎全部失去了它在古代的重要性，如果没有子女的同意，移转给养父

① 《马克思恩格斯选集》第4卷，人民出版社1972年版，第106页。

母就不能生效。总之，我们已十分接近最后流行于现代世界的各种观念的边缘。"① 家本位的解体意味着家长制的衰落，家子地位的提高，妇女待遇的改善，婚姻目的的改变，监护、保佐制度由"私职"而转为"公职"等。这些都表明随着生产力的提高生产关系必须随之改变的基本要求，这不仅是当时的社会制度，也是农业生产的需要。因为商业、手工业发达以后，原有的制度就会一方面妨碍家子才能的发挥，另一方面也使家长不愿扩充其营业，影响其经济的发展。所以，家子的地位是不可避免地要随着家本位的解体和生产力的提高而提高的。提高后的家子自己有权请求扶养，甚至可以控告家长的虐待；在婚姻方面，家子的同意已成为婚姻成立的必要条件；在财产方面，家子有了财产权；在行为方面，家子有了契约权。② 不过，罗马时代的家父权不管怎样衰落，家长在财产权和继承权上仍有相当的权威，作为家子的个人尚未从古代的家和家族集团的束缚中完全挣脱出来，妇女终身监禁制仍顽强地存在着。③ 罗马法中的个人主义也只是"十分接近最后流行于现代世界的各种观念的边缘"。但是，至少罗马的个人主义法律观成为近代以来欧洲个人主义法律思想和制度的历史渊源。梁治平先生为此评价道，"古代西方的个人主义至罗马帝国发展臻于极境，那正是西方古代国家完备成熟的时代。"④

日耳曼人在罗马的废墟上建立起国家后，将自己的原始习惯法编纂成法典，这些法典无一例外地强调了氏族本位的血缘精神。正如勒内·达维德所说："在中世纪的黑暗中，社会倒退到更加原始的状态。一些掌管法律的机构的存在以及编纂蛮族法律这一简单事

---

① ［英］梅因：《古代法》，沈景一译，商务印务馆 1959 年版，第 79 页。

② 参见周枏等编：《罗马法》，商务印书馆 1996 年版，第 124～127 页。

③ ［英］梅因：《古代法》，沈景一译，商务印务馆 1984 年版，第 87 页。

④ 梁治平：《寻求自然秩序中的和谐》，中国政法大学出版社 1997 年版，第 17 页。

实似乎使人相信法可能还存在，但法的统治已经终止。个人间和社会集团间的纠纷都通过弱肉强食的法则或者首领的专断来解决。当时最流行的制度是仲裁，其目的不是秉公把应属于每个人的东西给予每个人，而是维持集体的团结，保证敌对集团之间的和平共存及保持和平局面。此外，社会应该保障个人‘权利’的理想本身也被否定了。”① 西欧中世纪法律中的氏族本位和上帝本位先后分别在封建制、文艺复兴和商业革命等历史浪潮的冲击下逐步破裂、瓦解，个人本位的法律观和法律制度从废墟下的罗马法脱颖而出，重新放射出炫目的光彩。封建庄园制度与骑士制度的确立而引起法律中氏族集团本位的衰落，虽然是西方法律文化发展史的一大历史性进步，但它还没有根本改变西方法律非个人本位的状况，相反，却为基督教法律思想的流行与控制撤除了障碍。神学思想扩张的同时，随着商业的兴起、地理大发现和宗教改革的到来而涌起的与之相对立的人本主义思潮，为个人本位思想发扬光大带来了无限生机。沃克先生总结道："伴随着中世纪的消亡、文艺复兴和宗教改革运动的兴起，对知识的尊重、民族国家的建立和商业的发展等一系列事件，出现了许多新的变化，人的理性权威开始取代神法的精神权威作为自然法的基础。格老秀斯在他的《战争与和平法》中提出了自然法的新的基本原则，他强调说，人渴望在社会中和平地生活，自然法来自人的理智的本能，这种本能要求有一个安宁的社会。自然法与神的命令毫无干系。"②

继格老秀斯之后，洛克、孟德斯鸠、卢梭、伏尔泰、康德等一大批思想家，从不同角度为他们的个人主义而奔走呐喊，汇集到法

---

① ［法］勒内·达维德：《当代主要法律体系》，漆竹生译，上海译文出版社1983年版，第37页。

② ［英］戴维.M. 沃克编：《牛津法律大辞典》，邓正来等译，光明日报出版社1988年版，第630页。

律上就突出地表现为资产阶级的人权理论。其核心就是要法律承认和保护人的价值是至高无上的，以便使每个人在个性、精神、道德和其他方面的独立获得充分与最自由的发展。思想家们认为，人权是人的基本权利，它是人的理性和自由意志的产物，而不是上帝赐予的，也不是实在法授予的，是本于人性而与生俱来的。因此，是不可剥夺的和不可侵犯的。由人权理论衍化出来的法制原则主要有：人权天赋、人人生而自由平等、所有权不可侵犯、意思自治、契约自由、罪刑法定及主权在民，等等。这些原则在近代西方资产阶级国家的法律中得到了极为广泛的体现和比较成功的贯彻，从而，造成了西方个人本位法前所未有的大发展。近代西方国家资产阶级的人权宪章，例如，英国 1215 年的《自由大宪章》，1628 年的《权利请愿书》，1689 年的《权利法案》；美国 1776 年的《独立宣言》以及法国 1789 年的《人权与公民权宣言》，极大地宣扬了个人至上，自由、平等与人权等个人主义的价值观，使得自由主义思潮在人类历史上掀起了第一个高潮。它所带来的影响是，世界主要国家不但在制度层面构筑了个人主义本位的法律体系，并在观念层面获得了极其广泛的认同。

"古罗马、古日耳曼和不列颠的刑事诉讼无一例外地实行弹劾式诉讼。"① 这种模式体现了该时期人们对于刑事诉讼的基本认识，追诉犯罪被视为个人的私事，除了极少数例外情况，国家并不积极介入诉讼。作为人类社会最初解决纠纷的原生态方式，弹劾式诉讼强调了当事人的意思自治原则，突出了公民个人本位的法律观。不过，这种诉讼形式却忽视了整个部族或城邦的利益，不利于社会整体秩序的维护。随着国家与社会的逐步分离，社会安定秩序与国家整体利益逐渐进入人们的视野，尤其是统治阶级逐渐认识到犯罪行

① 汪海燕：《刑事诉讼模式的演进》，中国人民公安大学出版社 2004 年版，第 63 页。

为不仅仅是直接对公民个人利益的侵犯，而且也是对既存社会秩序和统治权威的破坏和蔑视时，刑事诉讼程序就会发生变化。“考此种变化之由来，盖由于当时维持和平之思想有所变更，一般以维持和平之目的，主在于维持君主之平和，于是，所谓全体人民之平和，浸假而多少为君主制平和所代替之矣。影响所及，终于刑事诉讼程序及犯罪处罚上，亦发生种种变更。”① 国家政治中的权力因素的增长，以及人们对于犯罪危害性的认识和对弹劾式诉讼程序的功能缺陷的不满，都影响到这种诉讼模式在司法实践中的运用，当事人因素的萎缩与权力因素的扩张导致纠问式诉讼逐渐兴起。爱斯梅因指出：“在任何一个国家，刑事诉讼的历史总是与政治状况的演变以及人们刑罚观念的发展密切相关——那些以满足受害方的要求为标志的刑罚越多，控告式诉讼程序就越可能占据主导地位。然而，当认为刑罚作为一种执行法律的方式对于维护公共利益是必要的这一观念日渐盛行，纠问式的方法即逐渐增多。”② 在公元 5 世纪至 10 世纪期间，基督教传遍欧洲。随着基督教纠问程序的采用，神明裁判被废除，一种新的证据制度——法定证据制度开始兴起，最终导致刑讯的盛行。这种纠问式诉讼支持了王权与教权势力扩张的需要，有效地实现了惩罚犯罪、维护秩序的目的，很快受到了世俗政权的接纳，乃至到 16 世纪至 17 世纪，纠问式诉讼在欧洲全面确立，反映了封建专制制度中的权力因素发展到相当成熟的阶段，表明了统治阶级高度重视社会控制的时代需要。此时，公民个人的权利空间日益缩小，个人自由与法律理性让位于神的理性与服从神的指示与世俗政权的等级秩序。正是社会本位的秩序观成为意识形

① ［美］孟罗·斯密：《欧陆法律发达史》，姚梅镇译，中国政法大学出版社 1999 年版，第 143 页。

② A. Esmein, *A history of continental criminal procedure* (Trans. By John Simpson), Little Brown and Company, 1913, p. 13.

态主流导致了纠问式程序的主导地位的确立，而表征公民个人权利与自由的弹劾式诉讼逐渐退出诸多领域。然而，英格兰仍然保持着象征平等、自由与理性的弹劾式诉讼，最后发展为当事人主义的现代诉讼模式。在经历资产阶级革命后的整个西方国家，再次找回了个人本位的价值信仰，重新纠正了法律文化中的权力要素压倒权利要素的偏向，高扬了人权精神与人的理性，肯定了人的自身价值。从而为刑事诉讼由传统刑事诉讼生态向现代转型提供了强大的精神支柱与理论基础。

（二）中国家国本位价值观对于刑事诉讼生态演化的影响

“在人类社会早期，以宗法家族、血亲家族或区域性的组织为代表的小共同团体占社会的主流，这种小共同体成为人们日常生活的基本空间，也成为与外界发生关系的基本单位。”① 梅因也认为：“我们在社会的幼年时代中，发现有这样一个永远显著的特点。人们不是被视为一个个人而是始终被视为一个特定的团体成员。……他的个性为其‘家族’所吞没了。……一个‘家族’在事实上是一个法人，而他就是它的代表，或者我们甚至可以称他为是它的‘公务员’。他享有权利，负担义务，但这些权利和义务在同胞的期待中和在法律的眼光中，既作为他自己的权利和义务，也作为集体组织的权利和义务。”② 从法文化的角度来认识，最初世纪的法律都体现了一种集体本位观念。然而，中西法律本位在古代世纪的转换中，却从相同的起点出发，走了两条日益分离的道路。总体上说，传统中国的法律走的是一条从氏族到宗族再到国家的社会本位道路，西方的法律则经历了一条从氏族到个人再经上帝到个人的个人本位道路。“中国古代的父系氏族实际上是由许多系谱上说真正

① 李红海：《普通法的历史解读——从梅特兰开始》，清华大学出版社 2003 年版，第 334 页。

② ［英］梅因：《古代法》，沈景一译，商务印务馆 1984 年版，第 105 页。

有血缘关系的宗族组成的，这些宗族经过一定的世代后分支为大宗和小宗，各据它们距宗族远祖的系谱上的距离而具有大大小小的政治与经济上的权力。当宗族分支之际，族长率领族人去建立新的有土墙的城邑，而这个城邑与一定的土地和生产资源相结合。从规范上说，各级宗族之间的分层关系与各个宗邑的分层关系是相一致的。"[①] 由此推之，在中国青铜时代到来之前，社会内部的分层正是循着血缘亲族的线索展开的，而当氏族之间的战争转变为族性之间的统治与被统治关系的时候，统治者内部基于血缘的分层就渐渐具有了国家组织的意蕴。[②] 这就是说，古代中国是一个典型的宗法制国家，青铜礼器的差别既标志着祭祀者在血亲网络中的亲疏，也标志着在宗法国家中的权力和地位，由此形成等级森严的专制国家体系。

中国古代法最初是通过部族征战而慢慢成长起来的，而部族只是氏族的扩大或联盟，因此，中国上古时代的法也可谓是氏族集团本位。氏族到夏禹后期时，逐渐朝着宗族的方向演变。[③] 在氏族各宗族转变的初期，它们的组织形式和原始的血缘关系并没有发生明显的变化。到国家出现、阶级产生时，氏族首领直接转化为奴隶主贵族，他们过去掌握着的氏族统治权就转化为国家统治权，参加国家管理的仍然是旧时代的氏族贵族集团，最显赫的家长便是国王。然而，"中国古代国家并非阶级对抗的产物，而是政治性的亲族集团之间征服的结果，所以，它采取了家国合一的族姓统治形式，在

① 张光直：《中国青铜时代》，生活·读书·新知三联书店 1983 年版，第 110 页。

② 梁治平：《寻求自然秩序中的和谐》，中国政法大学出版社 1997 年版，第 13 页。

③ 王震中：《试论我国中原地区国家形成的道路》，载《中国史研究》1984 年第 3 期。

旧的‘家’的组织里面灌注以新的政权的内容。”① 于是，尽管按照地域划分居民原则代替了血缘原则，但是以血缘关系为基础和组带的氏族贵族的家族统治并没有根本动摇，而是以家族制度的形式保留了下来，形成一个以显贵氏族为中心的宗族统治集团。张光直教授指出：“在中国历史的进程中，从史前到文明时代的另一个很重要的连续性是宗族制度。我认为，宗族制度在中国古代文明社会里面，是阶级分化和财富集中的一个重要基础。在周代就成为所谓的宗法制度。——简而言之，中国的宗法制是阶级分化，以系谱为基础集中政治权力的一种很重要的基本制度。”② 中国社会自然经济的长期延续，为宗法制度的推行和宗法思想的流行，提供了丰润的土壤，宗法制度与国家制度紧密地糅合在一起，成为中国奴隶制国家最重要、最基本的政治制度和法律制度。由此可见，中国法的形成过程，是紧紧地沿着宗族制度发展演变的轨迹而运行的。西周法律制度的宗族本位具体落实在西周社会和国家政权的组织形式中。根据宗法制原则，周天子世代相传，第一代天子的权位由嫡长子继承，这样，他既是全国的最高统治者，又是全宗族的共主，集政权和族权于一身。糅家与国于一体，成为全宗族的大宗。天子的同母弟和庶兄弟被天子分封到各地做诸侯王，因此相对天子大宗他们被称作小宗。每世的诸侯王位也由嫡长子继承，其他诸子被分封下去做卿大夫，诸侯称卿大夫为小宗，卿大夫称诸侯为大宗。同样，每世的卿大夫权位也由其嫡长子继承，其余诸子被分封下去称为士，前者为大宗，后者为小宗。士的嫡长子仍为士，余子则为民。大宗百世不迁，小宗五世则迁。从而在全国上下形成了以周天

① 梁治平：《寻求自然秩序中的和谐》，中国政法大学出版社 1997 年版，第 28 页。

② 张光直：《中国青铜时代》（第二集），生活·读书·新知三联书店 1990 年版，第 121 页。

子为中心，包括诸侯、卿大夫、士等各级贵族在内的金字塔式的等级结构，构成了宗族血缘等级与政治等级、族权与政权相结合的国家组织形式，其结果是宗族成为国家政治法律制度的基石。

“中国政治与文化之变革，莫剧于殷周之际。”① 从社会历史形态角度来看，中国政治与文化的巨大变革应是在春秋战国之交，这是中国历史由奴隶制向封建制转变的激荡时代。其实，经夏、商、周一千多年发展而成的社会和国家制度正趋于土崩瓦解之中，原本家国一体、君父一体的政治局面被打破了。面对“礼崩乐坏”的景象，孔子对宗法制度的两个基本原则“忠”与“孝”重新进行了解释，肯定了宗法制度及其伦理道德与政治的一体关系。因为“从伦理观念上看，‘孝’是‘忠’的基础，‘忠’是‘孝’的延伸，所以‘孝慈则忠’；从政治实践上看，‘家’是‘国’的细胞，君权是父权的放大，所以‘迩之事父，远之事君’，‘出则事公卿，入则事父兄’。孝作为伦理观念是孔子伦理政治学说的一个基本思想，而作为行为规范又是他的伦理政治的实践起点。这样，孔子就在旧的同姓血缘基础上的君父一体制崩溃之际，为确立新的非同姓血缘的君父一体制奠定了理论基础。”② 孔子以后的儒家诸子对孔子的理论作了进一步的发挥和解释，如孟子就提出：“天下之本在国，国之本在家，家之本在身”，“人人亲其亲，长其长，而天下平”的思想。法家则竭力鼓吹君主专制，严格君臣上下之分，极力排斥儒家宗族伦理，使西周礼制的精神亲亲尊尊之恩绝，因此可以说是典型的国家本位或皇权主义学派。后来儒法合流之后，儒家学说与法家学说成为中国历代统治者的基本理论与国家学说，礼法融合成为中国传统法律发展的主旋律，“德主刑辅”遂成为中国传统法律的特色。在礼法融合思想的指导下，古代法典向着

① 王国维：《观堂集林》（二），中华书局1959年版，第451页。
② 杨景凡、俞荣根：《孔子的法律思想》，吉林人民出版社1984年版，第106页。

儒家化、伦理化方向发展。也就是将儒家伦理学说作为法律依据，突出强调了封建君臣上下等级观念，“三纲五常”与“三从四德”成为调整社会关系的根本准绳。其实质是维护以宗族、国家为本位的封建等级伦理关系，反映的是法律道德化的浓厚情节。

正是中国传统法律制度高度强化了封建等级特权与宗法伦理纲常，突出保护了这种单向度的权力（权利）和义务体系，法律的家族主义与国家本位主义就表现得十分突出。“汉代以后的儒家也吸收了法家关于国家主义、君主的权威优越于父母权威的主张；然而儒家固有的家族主义及孝道思想并没有消失，相反对后世仍有长期的重要影响。”① 对此，马克斯·韦伯评价道：“中国的法以典型的方式，表现出家庭和宗族的保持与世袭的王公统治共同作用，作为个人社会地位保障者的最重要的意义。独立于皇帝而作为私人的国家概念是不存在的，同样也没有私人的社团法，没有协会法，更不用说那些受政治制约警察的禁令，禁止一切非家庭式，或者非财政目的或者特殊许可的团体。对于公法来说，社区的存在仅仅是作为承担赋税和负担家庭连带责任的团体——这一事实妨碍了法律概念的形成。”最终造成了与资本主义相关的“私人团体法和财富公司法的这种不发达的状况。”② 在这种压力单向度传递的宗法伦理网络架构中，自然没有个人的立足之地，更谈不上个人权利、自由等个人本位思想。“在中国古代专制社会里，人的生存方式像牢狱。每一个人的私人生活空间都非常狭小，因为每一个人都生活在各种围墙之中，都生活在密集的监狱的监视之下。”③ 正如梁漱溟

---

① ［日］西田太一郎：《中国刑法史研究》，北京大学出版社 1985 年版，第 120 页。

② ［德］马克斯·韦伯：《经济与社会》（下），林荣远译，商务印书馆 1997 年版，第 85～86 页。

③ 钱弘道：《历史是追求自由的运动》，载林来梵主编：《法律与人文》，法律出版社 2007 年版，第 276 页。

指出，“中国文化最大之偏失，就在于个人永不被发现这一点上。一个人简直没有站在自己立场说话的机会。”① 正是这种根深蒂固的家族主义与国家主义法律文化，使得中国封建法典无一不渗透着宗法等级思想与传统伦理精神，由此决定了中国传统刑事诉讼生态的纠问模式。因为这种诉讼模式与中国传统文化发展为一种高度协同的衡态共生与网络整生化的有机体，正是通过这种高度集权而又主动纠问的诉讼模式，封建等级纲常与伦理道德才得以持续巩固和不断强化。传统中国这种家国社会本位价值观对于法律制度，尤其是刑事诉讼法律制度产生了深远影响，以家族、集体等社会整体单元为价值取向的法律最终消解了个人的主体价值与主体理性，以自由、尊严、平等、人权为代表的西方个人价值观在中国漫长的社会发展中没有生长的土壤和条件，而以等级、特权、服从为代表的传统价值要素则长期渗透于法律制度与法律观念之中。由此而带来的是刑事诉讼个人自由与理性、平等与人权精神的缺位，从而决定了中国传统刑事诉讼生态的相当浓郁的纠问化成分。基于此，我们认为，中国社会的家国本位价值观严重制约着中国法律现代化进程，也严重制约着中国传统刑事诉讼生态向现代刑事诉讼的转型。

第三节　现代刑事诉讼法律制度与其文化环境的生态平衡

尽管世界各国刑事诉讼的具体运作存在着诸多差异，但是作为构成现代法律制度组成部分的各国刑事诉讼法律制度，都立基于完成现代法治转换并经过根本变革后形成的现代刑事法律体系基础之上，它们存在的共同社会及制度背景足以表征出现代刑事诉讼的当代个性和独特品格。这种个性和品格体现于具有共同的观念形态和

① 梁漱溟：《中国文化要义》，台北中正书局1975年版，第260页。

文化内容，那就是：人权法治理念成为现代刑事诉讼生态的价值基础；民主宪政架构则构成现代刑事诉讼生态的政治基础；成熟的市民社会是现代刑事诉讼生态的社会基础；契约精神则是现代刑事诉讼生态的思想基础。

一、人权法治是现代刑事诉讼生态的价值基础

（一）人权是现代法治及其刑事诉讼追求的最高目标

近现代人权思想集中反映在天赋人权理论之中，其合理性在于充分肯定了人之为人的天性具有的道德意义，人之所以为人当然享有其人格与尊严，并理所应当得到国家和社会的认可与尊重。因为独立自主的个人是社会、国家构成的逻辑前提和基本单元。哈耶克教授曾指出，“社会世界的最终成分乃是各个人，这些各个人或多或少适当地依据其倾向及其对情景的理解而互动。每一复杂的社会情景、制度或事件，乃是诸个体倾向、情景、信念、物理资源和环境的一个特定逻辑结果。”① 天赋人权论因为它相当深刻地阐明了人权产生的内在根据，十分明确地指出了人权存在的根本价值在于人的本性。这种本性包括两个方面，即人的社会属性和人的自然属性。所谓社会属性是指，人是生活在各种人与人之间的社会关系中。人的利益与道德，他们的思想与行为都不可能不受到各种社会关系的性质与特点的影响和制约。这就是亚里士多德所说的，人是一种“社会动物”、“政治动物”。马克思主义经典作家也认为，“人是最名副其实的社会动物，不仅是一种合群的动物。而且是只有在社会中才能独立的动物。”② 人权是一种社会关系，是社会关系中人与人之间的利益关系与道德关系。是社会生活中受以正义为

---

① ［英］哈耶克：《个人主义与经济秩序》，转引自［英］史蒂文卢克斯：《个人主义》，阎克文译，江苏人民出版社2001年版，第126页。

② 《马克思恩格斯选集》第2卷，人民出版社1960年版，第87页。

核心的一套伦理观念所支持与认可的一种人的利益分配、追求与享有。从人权的本原来看，人的社会属性对人权的意义在于：一是社会关系是人权存在的前提和基础，如果是一个人生活在这个世界上，即人不是生活在人与人之间的社会关系中，就不会存在人权概念与人权问题；二是人权、人权制度和人权思想都受一定历史时期的社会经济、政治、文化制度的影响与制约。人权的内容及其实际能够享有的程度，是伴随着人类社会的发展和物质文明、制度文明与精神文明的不断进步和提高的。所谓人的自然属性，即人性。休谟指出，"一切科学对于人性总是或多或少地有些关系，任何科学无论似乎与人性离得有多远，它们总是会通过这样或那样的途径回到人性。""任何重要问题的解决关键，无不包括在关于人的科学中间。"① 人性包括三个基本要素，首先，人性是指人的天性。例如，人的生命不受肆意剥夺，人的人身安全不受伤害，人的人身自由不受侵犯，人的思想自由不受禁锢，人的最低生活得到保障，人有追求幸福的权利，等等，都是人的天性和本能。康德指出，"天赋的权利只有一项，那就是与生俱来的自由。""自由就是独立于别人的强制意志。"② 其次，人性是指人的德性。人是一种有伦理道德追求的高级动物。这是人区别于一般动物的一个根本点。人生性就有"同情心"、"怜悯心"和"恻隐心"，在人与人之间相互依存、帮助的交往中逐渐养成以正义感为核心的一套伦理道德观念。当我们说人权的本来含义是一种"应有权利"时，它就已经包含有道德的意蕴。当我们依人道主义原则救助弱势群体、依现代民主理念既要服从多数又要保护少数时，人权的伦理性是显而易见的。再次，人性是指人的理性。人通过理性，可以认识世界上万事

① ［英］休谟：《人性论》，关文运译，商务印书馆 1980 年版，第 6 ~ 7 页。

② ［德］康德：《法的形而上学原理》，沈淑平译，商务印书馆 1997 年版，第49 ~ 50 页。

万物的规律，并据以改造世界。同时，人还可以通过理智，克制自己不去做那些不合情不合理的事情。不去谋取那些不正当不合法的利益，因而它始终处于主流的地位。正是基于人性的不证自明的道德正当性，人权才被启蒙思想家所阐释，被先进国家作为自己的宪章文献，并被写进各种各样的国际人权文书，并为越来越多的人民和政府所认可与接受。例如，《联合国宪章》指出："对人类家庭所有成员的固有尊严及其平等的和不移的权利的承认，乃是世界自由、正义与和平的基础。"它肯定了人的尊严与平等是人类所"固有"的，并非外界恩赐。《世界人权宣言》指出："人人生而自由，在尊严和权利上一律平等，他们富有理性和良心，并应以兄弟关系的精神相对待。"它肯定了人人在"尊严"与"权利"上一律平等以及"理性与良心"在人权本原问题上的意义。《公民权利和政治权利国际公约》和《经济、社会及文化权利国际公约》也明确指出，人的"权利是源于人身的固有尊严"。《维也纳宣言和行动纲领》再次重申，"人权和基本自由是全人类与生俱来的权利"，"一切人权都源于人与生俱来的尊严和价值"。同时，各种地区性人权公约也对"天赋人权"理论持赞同态度。例如，《美洲人权公约附加议定书》指出："人的基本权利并非源于某人是某国的国民。而是源于人类本性"（序言）。《非洲人权和民族权宪章》也持完全相同的态度，它说："基本人权源于人类本性。此乃国际保护的法律依据。"

人权统摄了所有的权利概念和属性，它既可以是一项道德权利，也可以说是一项法律权利。从应然角度来进行分析，人权就是因为他仅仅是人就应当享有的权利。"人权"这个术语表明了其性质和渊源：他们只要是人就可以享有的权利。所有人都拥有人权，尽管当其作为市民、工人或任何公、私机构、社团的成员时可能享有或不享有某些其他权利、负担或不负担某些义务。[①] 这就是说，人权应当是而且仅仅是因为人就应当享有的权利，而不管此人的身份、性别、地位、职务等其他因素，他就应当拥有不可剥夺的、与生俱来的自然权利。从这个意义上来讲，人权是基于人的本性和自身而存在的权利，这些权利具有本质的合理性，属于不证自明的权利。正如夏勇先生所说的人的“本性自由观”[②]。正是基于人的本性决定了其拥有的自然权利，天赋人权思想、社会契约思想与人民主权思想共同构成了近代自由主义理论体系的核心，这为古代宪政向近代宪政的转换提供了伟大的契机。近现代宪政理念与思想得到了孕育和发展，由此拉开了浩浩荡荡的宪政运动与民主政治的历史帷幕。因为“立宪主义本身既是一个价值目标，也是一种手段，就是实现自由主义理想的其中一种方法：自由主义高扬每个个人的尊严、价值、自主性、自由和人权，并指出国家统治者所掌握的政权是人权和自由的最大威胁。”[③] 当代人权学家米尔恩教授提出了理解人权的新思路，“人权概念不是一种理想概念，而是一种最低限度标准的概念。更确切地讲，它是这样一种观念：有某些权利，尊重它们，是普遍的最低限度的道德标准的要求。”[④] 实际上，人权是一个具有开放性的概念。它既是一张理想的人的权利明细表，同时应该有一个最低限度的标准，如果没有达到这个标准，就应当视作没有体现人权的保障水平。一般来说，人的生命、自由与财产视为基本人权，对于基本人权的保护是任何法律、任何社会不可推卸的责任。罗尔斯指出，“在一个正义的社会里，平等的公民自由是确定不移的，由正义所保障的权利决不受制于政治的交易或社会

---

① [美] 杰克·唐纳利：《国际人权》，西方观察出版社 1993 年版，第 19 ~ 21 页。

② 参见夏勇：《人权概念的起源》，中国政法大学出版社 1992 年版，第 102 页。

③ 陈弘毅：《法理学的世界》，中国政法大学出版社 2003 年版，第 108 页。

④ [英] A. J. M. 米尔恩：《人的权利与人的多样性——人权哲学》，夏勇、张志铭译，中国大百科全书出版社 1995 年版，导论第 7 页。

利益的权衡。”[①] 最低限度人权标准的提出使得人权保障更具有实践可操作性，更加有利于世界各国人民人权具体内容的逐渐实现。

随着人权思想与人权理论在资产阶级革命后逐渐发育成熟，人权开始进入西方政治法律理论与实践领域，那些经典的人权宪章先后作为各国宪法和法律的指南和依据充分表明了西方资本主义国家将人权作为本国政治与法律运作的理想目标和重要标准。由此，引发了人权理论与人权思想对于传统刑事诉讼生态的巨大冲击，世界各国纷纷进行司法体制改革与刑事司法程序革新的同时，将人权作为刑事诉讼法律制度的基本尺度，最大限度地在本国刑事诉讼法律制度中体现出人权保障的现代法治理念。世界性的人权运动与世界性的刑事程序改革相辅相成，共同促进着人权理想的实现以及推动着各国刑事诉讼向现代化、民主化与法治化方向发展。特别是在20世纪，经过联合国及其下属组织的不懈努力，制定了一系列旨在保障人权的诸多国际公约、条约等政治文件与法律文件，极大地促进了世界范围内的人权运动的普遍高涨。各区域性的人权公约的制定和颁行也不断地促进着各地区人权事业的新发展。刑事诉讼作为理性解决公民个人与政治国家之间的严重刑事纷争的法律机制和各种利益的调节器，由于涉及公民个人的基本人权与国家强权的非平等性，自然成为联合国人权组织以及各区域性的人权组织高度关注的重点领域。事实正是如此，在国际人权公约及区域性的人权公约的督促和影响下，世界各国都在不断地改进本国司法体制与刑事司法运行机制，使其能够满足公约的最低限度的人权保障要求。通过国际社会的不断努力，现已形成旨在体现最低限度人权保障与最低限度公正标准的刑事司法国际准则。这些准则对于世界各国的刑事诉讼具有超越各成员国宪法和法律的约束力，这充分体现了刑事诉讼国际法优先的基本原则。“现代国家发现它们在国际环境中不

---

① ［美］约翰·罗尔斯：《正义论》，中国社会科学出版社1988年版，第4页。

再是一个自由的主体，甚至在国内事务中也不是没有限制的，这些法律文件对一个国家政府的政策选择起着非常实在的限制作用。”[①]大多数国家也先后将国际准则纳入本国法律渊源，从而导致了世界范围内的刑事诉讼趋同化格局的形成。可见，人权思想对于现代刑事诉讼生态的形成和发展具有深远的影响和最高的价值。尊重人权与保障人权成为所有现代法治国家刑事诉讼的根本目的与最高目标。

（二）法治的核心价值在于保障人权与自由

人权作为近代启蒙思想家提出的主张，实际上与古代价值哲学中广泛颂扬的自由、正义与法律具有相同的内涵。早在古希腊时代，从柏拉图到亚里士多德，都将法律看做是对自由的拯救。[②]此后，这种视法律为自由、正义之基础的法律观，经由西塞罗、孟德斯鸠、萨维尼、柏克、洛克、托克维尔等人得以传承，成为西方政治法律史上最引人注目的思想。为了自由，人们必须遵守法律是古希腊人留给后代的宝贵经验。阿克顿勋爵在其著作中论述到法治与民主的关系，他说雅典人后来才认识到为了自由、正义和法律平等有必要对民主制本身作些限制，因为“全体人民的统治与最大多数和最强有力阶级的统治如同纯粹的君主专制是同样性质的罪恶，基于同样理由需要防范它的制度，以及应该实行法律的永久统治以反对舆论的革命专制”[③]。由此可见，人权、自由与法治具有密切的内在关联关系，追求个人自由与平等权利的人权理想，必然通过具有普遍效力的一般规则的遵从才有可能，因为每个人如果追求最

① Murray Hunt, *Using Human Rights Law in English Courts*（Oxford: Hart Publishing, 1988），第5~6页。转引自程味秋等编：《联合国人权公约和刑事司法文献汇编》，中国法制出版社2000年版，第379页。

② ［古希腊］亚里士多德：《政治学》，吴寿彭译，商务印书馆1996年版，第276页。

③ ［英］阿克顿：《自由史论》，胡付胜等译，译林出版社2001年版，第12页。

大限度的自由的话，可能损害到他人的自由；为了使得每个人的自由得到保障，必须建立起法律的统治。因为法律乃是这样一种规则，“每个个人的存在和活动，若要获致一安全且自由的领域，须确立某种看不见的界线，然而此一界线的确立又须依凭某种规则，这种规则便是法律。”① 法治思想与法治理论就是为了实现每个人的自由与权利而作出的最佳选择。法治作为人类社会的治理模式，从它诞生起就显示出比神治和人治（德治、礼治）模式治理社会的优越性与合理性，历史已经并将最终证明法治的强大生命力。现代社会必将走向世界意义上的法治，经济一体化必然促成政治法律的趋同化进程，由此带来的是世界各地域法律文化与政治文化的趋同性大大增强，互相借鉴远远甚于互相排斥与竞争，最终形成容纳世界各个民族、各个国家的文化基因的人类共同体，法治将是世界人类共同体所公认的社会生存与结合的最佳方式。

法治的核心价值体现在于人权，而人权在法治视野中通常表达为自由和权利。“根据康德的规定，道德法则是自由的内在形式，后者的外在表现就是权利和法。”② 法治是保障人类自由本性充分发挥的最佳生活方式，人权作为人之为人的道德权利体现为自由，人权或自由就是法治所追求众多价值中的核心价值。首先，人的自由本性通过实践来展开，决定了法治的核心价值是自由和权利。生存论自由是马克思考察人的本质的基本出发点和核心。“生命活动的性质包含着一个物种的全部特性，它的类的特性，而自由自觉的活动恰恰就是人的类的特性。”③ 人通过实践，既满足自身的需要，

---

① F. C. von Savigny, System. des heutigen romischen rechts Berlin,1840，转引自［英］弗里德利希·冯·哈耶克：《自由秩序原理》（上），邓正来译，生活·读书·新知三联书店 1999 年版，第 183 页。

② 韩水法：《自由与权利》，载林来梵主编：《法律与人文》，法律出版社 2007 年版，第 256 页。

③ 马克思：《1844 年经济学哲学手稿》，人民出版社 1979 版，第 50 页。

同时也实现和确证自由自觉生命活动的本质。自由的实现是一个在人类现实社会中具体的实践过程，需要协调个人之间、群体之间及个人与群体之间的冲突，需要合理配置个人与社会的权利和义务。“自由的实质是个人与社会、个人的独立与社会的整合、个人的发展与社会的发展的关系，因而也是个人与社会之间双向的权利和义务配置。”① 为了保障自由的实现，人类社会必须通过法治来约束人们的自由意志，从而使主体间的自由意志能互相协调、和平共处。其次，法律是人类自由本性的外化，决定了法治的核心价值是自由和权利。法律是社会规则的抽象、系统展现，是由人类自由本性在社会实践中外化的结果。“可以这么说，没有人类自由意识的出现和对其规则化的肯定要求，法律就无从发端。换言之，自由是法律产生和发展的基础和前提。”② 马克思认为，真正的法律是自由的体现，是以法律形式存在的自由，法律不是压制自由的手段，相反，“法律是肯定的、明确的、普遍的规范，在这些规范中自由的存在具有普遍的、理论的、不取决于个别人的任性的性质。法典就是人民自由的圣经。”③。因此，自由是人的类本质的体现，真正的法律是以自由为基础并且是自由的实现，法律是自由的肯定形式。再次，法治为了保障自由而运行的宗旨决定了法治的核心价值是自由。法律是为了保障人的自由本性的充分发挥而生成的。因而，自由是当今世界一切法律的精神内核和价值追求。体现自由、保障自由、发展自由，应当是所有法律的精髓。任何扼杀自由或对自由的不当限制的法律都是对于人类自由本性的违背，都应当被反对、修正，从而使自由成为法律内含的时代精神。法治是目前人类实现自由的最佳方式，人类的自由本质在现实中通过法律转化为权

① 张文显：《法哲学范畴研究》，中国政法大学出版社2001版，第208页。
② 吕世伦、文正邦：《法律哲学论》，中国人民大学出版社1999版，第533页。
③ 《马克思恩格斯全集》第1卷，人民出版社1956版，第71页。

利，只有权利化的自由才是明确的、具体的，自由的权利化是人类自由本性现实化的基本途径。在哈耶克看来，权利是获得或实现自由的方式，只有获得权利才能得到自由。权利是承认自由的结果和争取自由的依据。① 其实，不只是法律权利以自由为目的，法治的整个运行都以自由为目的。从法律的授权、禁止和义务规定来看，法律上的授权固然是对自由的法律的确认，法律上的禁止和义务也应是为确保自由而设立。离开了自由的法律授权、法律禁止和义务其本身就失去了灵魂。从法律的制定和法律的实施来看，法律的制定要以自由为出发点和归宿，以自由为核心；法律的实施必须以自由为宗旨，法律的保护或打击、奖励或制裁都应以自由为依归。②因此，法律是人们实现自由以及保障人的自由的武器。法治是法律的良好运行，是个人自由的重要保障，标定了个人行动范围的基本界限，提供了自由选择的机会，保障自由免受侵犯。正是为了更好地发挥每个人的自由，自由才必须受到限制。“法治中的自由实质上就是法律尺度下的自由。问题到这里只是一个方面。法治的价值一方面意味着自由的法律限制或法律的尺度；另一方面也意味着法律这一尺度本身应具有一种‘尺度’。法律的自由并不意味着法律可以对自由实行任意的限制，法律本身应遵循一种原则和尺度。”③因此，对自由的限制决不能任性，除应有限制的理由外，尚须遵循正当性原则、不贬损原则和最低性原则，以此保证限制自由应以关怀自由为精神内核。④ 最后，自由在法治所追求的众多价值中的地位决定了法治的核心价值是自由。在法治所追求的自由、秩序、正

---

① ［英］弗里德利希·冯·哈耶克：《自由秩序原理》（上），邓正来译，生活·读书·新知三联书店 1999 年版，第 273 ~276 页。

② 卓泽渊：《法的价值论》，法律出版社 1999 版，第 403 页。

③ 王人博、程燎原：《法治论》，山东人民出版社 1989 版，第 165 页。

④ 汪太贤、艾明：《法治的理念与方略》，中国检察出版社 2001 版，第 125 ~128 页。

义、公平、平等、效益等众多价值中，自由是法治的核心价值。因为人的自由自觉的本性决定了必须把自由确定为法治的最高价值目标。哈耶克以自由就是强制的不存在为出发点，论证了法治的核心价值是自由。“自由不只是诸多其他价值中的一个价值，而且还是所有其他个人价值的渊源和必要的条件。”① 只有将自由确立为法治的核心价值，才能确保人的自由本性的充分发挥，才能更好地发挥人的社会创造力。“自由理想激发起了现代西方文明的发展，而且这一理想的部分实现，亦使得现代西方文明取得了当下的成就。”② 自由赋予了文明以一种“创造力”，是它赋予了社会进步的能力。因此，人类实行法治的宗旨就是保障人类自由本性的充分发展和现实化。无论是形式法治还是实质法治，无论是英美法系的法治还是大陆法系的法治，法治追求的总体目标都是人的自由全面发展。

（三）现代刑事诉讼是以保障人权与自由为价值取向

“一个法律制度若要恰当地完成其职能，就不仅要力求实现正义，而且还须致力于创造秩序。”③ 而“整个法律和正义的哲学就是以自由观念为核心而建构起来的”④，因此，刑事诉讼作为公民个人与国家之间的刑事纷争的解决机制密切关涉公民个人自由与国家安全、社会秩序的协调平衡问题。对于现代法治来说，社会秩序是所有法律追求的基础价值，尤其是国家刑事法律体系更彰显了这

① 邓正来：《研究哈耶克法律理论的一个前提性评注》，载哈耶克：《法律、立法与自由》代译序，中国大百科全书出版社2000版，第13页。

② ［英］弗里德利希·冯·哈耶克：《自由秩序原理》（上），邓正来译，生活·读书·新知三联书店1999年版，第273~276页。

③ ［美］E. 博登海默：《法理学—法律哲学与法律方法》，邓正来译，中国政法大学出版社2004年版，第330页。

④ ［美］E. 博登海默：《法理学—法律哲学与法律方法》，邓正来译，中国政法大学出版社2004年版，第298页。

一重要价值目标。但是，公民个人自由是整个人类社会自由发展的根本条件与终极目的，任何法律必然高度珍视并努力确保这一价值的充分实现。对于刑事法律体系而言，更应当充分认识保障公民个人自由的重要性。洛克早就提出，“法律的目的并不是废除或限制自由，而是保护和扩大自由。”① 现代刑事法治在惩罚犯罪与人权保障向度之间形成的有机联系实际就是自由与秩序平衡协调原理的具体体现。惩罚犯罪体现了维护社会最低秩序的基本要求，而人权保障却是个人自由及社会自由发展的前提与基础，二者必然保持着相容相通、相生相长的高度协调性。可吊诡的是惩罚犯罪与人权保障存在着相克相抑、相争相斗的天然紧张与矛盾关系。惩罚犯罪必然要求国家立法加大对于犯罪的打击力度，要求司法机关高度灵活机动地行使国家职权以收集犯罪证据，高效地追究犯罪。为此目的，势必要求国家专门机关主动积极地运用各种刑事司法权力。但是，刑事诉讼作为以犯罪发生为前提，以限制和剥夺公民个人自由为代价的国家刑事司法活动，必然深刻地影响到公民个人的基本人权。如果过分地强调惩罚犯罪，就完全有可能侵害乃至牺牲公民个人的自由和权利，这必然与法治国家的根本宗旨背道而驰；反之，人权保障意味着公民个人享有高度自治与充分的自由选择权利，势必要求国家放松对于公民个人和社会生活的限制和干预，但极端的自由甚至无政府主义又可能引发社会秩序动荡。社会主体的多元化与主体利益的多样性决定了利益冲突的不可避免性，对于严重影响到社会秩序与安全的犯罪等严重刑事冲突又必然成为国家法治治理的重要内容。可见，二者不在于是否都应当得到强调，而在于二者之间保持适当的平衡。“在刑事案件的审判中，公平要求审判程序

---

① ［美］E. 博登海默：《法理学—法律哲学与法律方法》，邓正来译，中国政法大学出版社 2004 年版，第 298 页。

能够在整个社会利益与被告人的个人利益之间保持平衡。”[1] 那么，只有建立在公平基础上的刑事正当程序才可能保证这种复合目的的实现，因为理性而正当的刑事程序既保证了政府履行公共管理职能，维护社会秩序而行使刑事司法权力的合理性；同时也保证了公民个人的基本人权和自由受到正当程序的屏蔽保护。因为程序的“作茧自缚”效应既排斥恣意而又尊重选择，[2] 程序公正得以直观展现。正如休厄特大法官所言：“公平的实现本身是不够的。公平必须公开地、在毫无疑问地被人们所能够看见的情况下实现。这一点至关重要。”[3] 通过刑事正当程序以保持惩罚犯罪与人权保障的动态平衡才有可能既充分保障公民个人最大限度的人权，又能够维持社会基本秩序及和谐格局的生成。

刑事诉讼涉及刑事争端的严重性决定了公民个人权利与自由遭到侵犯的高度危险性与人权保障的紧迫性，这一特征是因为犯罪带来的矛盾尖锐性与利益侵害的严重性而引发出来的。但是，犯罪作为人类社会成员严重利益冲突表现形式的复杂性与不可完全避免性决定了只能减少发生的可能性而不能完全加以消除。于是，理性地对待犯罪以及通过公平的社会利益分配机制与争端解决机制化解矛盾冲突就成为当且仅当采取的政治法律决策。如果说人类社会成员发生冲突是对于公平正义的损害和对社会秩序的扰乱，那么，国家权力的恣意与滥用将给社会成员及其整个社会带来更大的侵犯甚至灾难。故而“法治的基本点是很清楚的：留给执掌强制权力的执行机构的行动自由，应当减少到最低限度——法治之下，却防止了政府采取特别行动来破坏个人的努力。在已知的竞赛规则之内，个

---

① ［英］彼得·斯坦、约翰·香德：《西方社会的法律价值》，王献平译，中国法制出版社 2004 年版，第 115 页。

② 季卫东：《法治秩序的建构》，中国政法大学出版社 1999 年版，第 20 页。

③ 转引自［英］彼得·斯坦、约翰·香德：《西方社会的法律价值》，王献平译，中国法制出版社 2004 年版，第 112 页。

人可以自由地追求他私人的目的和愿望，肯定不会有人有意识地利用政府权力来阻挠他的行动。”① 国家在解决严重利益冲突的同时必须保持权力的谨慎行使与理性运作，防止其随意侵害公民个人的自由与权利。因此，现代法治要求国家权力必须服务并服从于公民个人自由与权利的保障与社会整体利益及秩序维护的适度平衡。而公民个人利益与社会整体利益又是对立统一的，从根本上说，公民个人利益具有优先性，因为社会整体利益最终体现为所有人的利益实现。国家权力十分容易以社会整体利益的名义而变相剥夺公民个人利益，这在历史上是屡见不鲜的，刑事诉讼处于严重争端之前锋尤其容易导致这一结果。人类社会曾经历过若干野蛮统治阶段，剥夺了许许多多公民个人的生命、权利与自由，往往都是以维护社会整体利益名义进行的。这些“历史经验证明，政府既是人权的最大守护者，也常是人权的最大侵害者”。② 为此，现代法治国家中的刑事诉讼法律制度强调理性对待犯罪，通过独立而中立的司法官员依照体现自由人权与公平正义精神的刑事正当程序来处理发生于公民个人与政治国家之间的严重刑事争端。其目的在于有效保障公民个人人权，同时规制国家权力服务于理性消解冲突。因为，“就最广泛的意义而言，法治就是指相互关联的中立性、统一性及可预见性观念。政府权力必须在适用于广泛的不同种类的人和行为的规则限制之内行使，而这些规则无论会是什么，必须得到一致的适用。”③ 尽管刑事诉讼的结果以裁判涉及刑事诉讼中的公民个人有罪或无罪的方式解决严重刑事冲突，但最终仍然体现于刑事诉讼保障人权与自由这一终极价值。也正是现代刑事诉讼以人权和自由为

---

① ［英］哈耶克：《通往奴役之路》，王明毅等译，中国社会科学出版社 1997 年版，第 74 页。

② 陈弘毅：《法理学的世界》，中国政法大学出版社 2003 年版，第 19 页。

③ ［美］R. M. 昂格尔：《现代社会中的法律》，吴玉章、周汉华译，译林出版社 2001 年版，第 44 页。

根本价值取向，才使得这一严重争端解决机制获得了道义正当性与普遍认同感。刑事正当程序在世界范围内的一体化发展与刑事司法国际准则得以普遍遵循标志着现代刑事诉讼生态格局与制度理性的生成。

二、民主宪政是现代刑事诉讼生态的政治基础

现代刑事诉讼立基于公民与国家之间的刑事纷争的平等对话与理性交涉，蕴含着民主、法治、自由与宪政的现代政治与法律基本理念，它是与现代市场经济秩序及民主宪政制度架构既共生又协调的严重冲突解决机制，并成为现代社会治理的重要功能环节之一。对于公正而高效地化解严重刑事冲突，有效保障公民人权，建设社会和谐秩序具有不可或缺的积极意义。就政治秩序中的民主宪政制度架构与现代刑事诉讼的关系而言，民主宪政构成了现代刑事诉讼坚实的政治基础，而现代刑事诉讼又是民主宪政的根本保障与制度展开，二者保持着高度和谐互惠及良性互动的制度格局。

（一）民主宪政奠定了现代刑事诉讼生态的政治基础

“民主”一词起源于古希腊语，意为“人民统治”，其作为一种政体形态，是指多数人的统治。亚里士多德依据城邦统治者为一人、少数人或多数人，把“正确的政体分为三类，即君主制、贵族制和共和制；这些政体又有三类相应的变体：僭主制或暴君制是君主制的蜕变，寡头政体是贵族政体的蜕变，平民政体是共和政体的蜕变”①。雅典著名政治家伯里克利指出：我们的制度之所以被称为民主制度，是因为政权在多数公民手中，而不是在少数人手中。这是人类文明史上最早的民主概念。古希腊历史学家希罗多德最早把雅典的政治制度称为民主政治。此后，在不同历史时期，形

① ［古希腊］亚里士多德：《政治学》，颜一、秦典华译，中国人民大学出版社2003年版，第117页。

成了不同的民主概念和民主实践形式，但民主的基本含义仍然是“人民统治”。亦即，强调国家政治事务中最基本的权力应属于人民，真正体现人民主权。托克维尔认为，“民主的法制一般趋向于照顾大多数人的利益，因为它来自公民之中的多数。公民之中的多数虽然能够犯错误，但它没有与自己对立的利益。贵族的法制与此相反，它趋向于使少数人垄断财富和权力。——因此，一般可以认为民主立法的目的比贵族立法的目的更有利于人类。”① 在现代宪政理论中，民主主要是一个权力合法性概念，主要解决政治权力的来源及其获得方式的问题。民主的基本含义是：国家政治事务中最基本的权力应属于人民。也就是说，只有自下而上授予的权力，只有充分表达人民意志的权力，才是合法的权力。现代民主理论认为：人是万物之灵，是理性动物，他们必须受到社会与国家权力的尊重。社会与国家尊重个人的实际方式是给予个人高度的自治权，使他们能够参与社会管理，包括对他们自己的管理。这种对人的价值与尊严的道德信念在宪法中即体现为人民主权的原则。按照公民政治参与的程度和方式，民主可分为直接民主和间接民主两种类型。从民主的历史来看，直接民主的国家政治体制只在古代的小城邦国家中存在过。在近现代任何一个国家里，完全的自治和直接参政事实上是不可能的，人民只能把自己参加社会管理的权力授予或委托给自由选举产生的代表来执行，因此，代议制民主成为近现代民主政治的主要形式。实际上，间接民主在中世纪已经得到较大发展，正如阿克顿所指出的，在中世纪古代人所不知道的代议制政府已经很普遍了。选举方法很粗糙；但是不经付钱阶级同意任何税都不合法原则——税与代表权不可分——不是作为某个地区的特权，而是作为所有人的权利得到承认。奴隶制几乎在所有地方绝迹；绝

① ［法］托克维尔：《论美国的民主》（上）董果良译，商务印书馆2004年版，第264页。

对权力肯定比奴隶制更加不可容忍，更属于犯罪。人身保护法的原则也为人所知。① 代议制民主就是人民通过定期的、普遍的、平等的、自由的少数服从多数的选举方式授权自己的政治代表行使公共权力的体制。“民主方法是为达到政治决定的一种制度上的安排，在这种安排中，某些人通过竞取人民选票而得到作出决定的权利。”② 民主政治及其理论形态对于近现代政治文明的发展有着重大的贡献，尤其是代议制民主政治的产生使“人民统治”的理想在近代民族国家里变成一种可操作的现实。为此列宁肯定地指出，“如果没有代议机构，那我们就很难想象什么民主，即使是无产阶级民主。”③

现代宪政理论指出，民主政治虽然较之于君主专制统治是一个巨大的进步，但它并不是一种完美的体制，“此种制度如果得不到有效的制衡和规约，同样也会恶性膨胀”④。第一，民主本身只是多数人对少数人权力进行限制的一种手段，以多数人的统治为原则的民主政体不能完全保证少数人的自由和权利。第二，民主的滥用也可能产生专制，自由选举也可能产生专制政府及其领导人，“民主政治原则腐化的时候，人们不但丧失平等的精神，而且产生极端平等的精神。”而“极端平等的精神使一个民主国走向一人独裁的专制主义。”⑤ 民主的滥用往往容易异化为集权民主制，在一定意义上讲民主的专制——集权民主制——比不加掩饰的专制更可怕。集权民主制抛弃了专制主义的形式，直接运用它的内容。在现代代议制民主政体下也不可避免会发生对公民权利的侵犯乃至对人民结

---

① ［英］阿克顿：《自由史论》，胡付胜等译，译林出版社 2001 年版，第 34 页。

② ［美］熊彼特：《资本主义、社会主义与民主》，顾准译，商务印书馆 1979 年版，第 337 页。

③ 《列宁选集》第 3 卷，人民出版社 1972 年版，第 211 页。

④ 齐延平：《人权与法治》，山东人民出版社 2003 年版，第 23 页。

⑤ ［法］孟德斯鸠：《论法的精神》（上），商务印书馆 1987 年版，第 112 页。

社自由权的剥夺及镇压。因此，如果“政府对强制权力的使用不再受到预定的规则的限制和规定，结果将只能是成为一种暴政的形式”。第三，民主制度本身并不足以保证实现真正的社会公平和确保公民平等参与和影响政治过程的机会，实践中，民主制度往往与其旨在追求的理想相反，“民主政治过程充其量只是一种受控的竞争过程——政治权力急速地被集中起来，而且变得不平等；那些既得利益者经常能通过使用国家和法律的强制工具来保证他们的有利地位。这样，经济和社会制度中的不平等很快就摧垮了在幸运的历史条件下政治平等可能存在的基石。普选权是一个不充分的补偿措施；因为当不是公共资金而是私人捐款资助着各方和选举活动时，占统治地位的利益集团的意图就约束着政治议会，以至于建立正义的宪法规则所需的基本法案很少被严肃地提出过。”① 所以，民主是一把双刃剑，一方面它摧毁了君主专制，把一切权力从暴君手中夺回来还给了人民；另一方面它又意味着多数人对政府的统治是绝对的，而多数人的绝对权力必然造成对自由的侵害。对此，哈耶克指出，“民主的理想，其最初的目的是要阻止一切专断的权力，但却因其自身不可限制及没有限制而变成了一种证明新的专断权力为正当的理由。”②

宪政的核心和宗旨就是通过对公共权力的有效限制，以保障公民的自由与权利。当代日本宪法学家芦部信喜指出，“近代立宪主义宪法，是以限制国家权力、确保个人的自由权利为目的”；“近代宪法即是自由的法底秩序，——以自然权思想为基础。要将此自然权予以实证法化的人权规定，就是构成宪法的核心的‘根本规范’，而要维护这种根本规范的核心价值，则是人类的人格不可侵

① ［美］罗尔斯：《正义论》，中国社会科学出版社 1987 年版，第 216 页。

② ［英］弗里德利希·冯·哈耶克：《自由秩序原理》（上），生活·读书·新知三联书店 1997 年版，第 30 页。

原则（个人的尊严原理）。”[①] 宪政对公共权力的限制包括三个层面：第一，以宪法和法律制约公共权力，即树立和维护宪法和法律的尊严与权威，特别是宪法的最高权威。因为“宪法是专门明确国家权力和界限从而能够有效地防止权力越界而对权利予以确保的法”。[②] 通过宪法对政府权力实行规范和控制，使宪法真正成为一切国家机关、政党、社会团体和公民的根本行为准则。第二，以公民权利制约公共权力。公民权利是公共权力产生及存在的基础和先决条件，公民权利与公共权力的关系，既是贯穿宪法全部内容和整个体系结构的基本矛盾，也是宪法关系的根本内容，体现着宪法法律关系的实质和根本特征。宪法法律关系的基本精神就是以公民权利制约公共权力，为了保障和落实公民权利制约公共权力，就必须牢固树立政府权力有限以及公民权利本位的原则和观念，充分保障和落实公民的各项民主权利。对公共权力的制约，归根到底是为了保障公民权利和人民利益的实现，这也是宪法、法治以及宪政的根本目的。第三，使权力相互制衡，优化权力结构，合理配置权力，防止权力过于集中，保证政府权力只能在宪法和法律范围内有效行使和运行。

民主宪政体制为现代刑事诉讼法律制度得以理性运作提供了良好的政治环境，使得刑事诉讼由传统纠问式诉讼得以向现代辩论式诉讼转变，并发展为新型的诉讼制度与诉讼生态。民主宪政体现了人民主权观念与权力制衡观念，“人民主权思想在西方政治和法律思想或理论中有着古老的渊源，可以追溯到古希腊。”[③] 人民主权理论的提出是对传统的君权神授与封建特权的最大反动，体现了人

---

① ［日］芦部信喜：《宪法》，李鸿禧译，中国台北月旦出版社1995年版，第39、35页。

② 徐显明：《基本权利分析》，载《中国法学》1991年第6期。

③ 钱福臣：《美国宪法生成的深层背景》，法律出版社2005年版，第9页。

民自我管理与当家作主的普遍愿望，是实现人人平等与充分自由的基本前提与必要条件，由此诞生的代议制间接民主制度使得人们能够自己决定自己的命运。但是，民主作为一种多数决策的程序存在着走向专制的可能性。亚里士多德早就指出，“在法律不具有至上性的地方——由于多数并不是以个体而是以集体的形式拥有至上性的——所以这样一种民主制度根本不是一种宪政。”① 甚至有人认为现代民主乃是统治机构不受任何约束的政体形式的极端观点，为了防止民主，多数暴政的可能性就需要宪政对此加以平衡。宪政作为更高级别的民主制度将人人参与政治选举而形成的国家权力本着权力分立行使与互相制衡的原则，通过一种高级法来加以控制并规制权力的合目的性的理性运作，从而避免了权力的滥用与非理性行使。将人们世代追求自由、平等、正义的理想直接转化为现实，通过宪政制度来具体付诸实施的过程。实际上，现代民主宪政制度正是人民主权理论与公民人权思想的高度协调统一的制度结晶。托克维尔指出，“人民主权原则，一向或多或少地存在于几乎所有的人类社会制度的深处，通常隐而不现。”不过，“在美国，人民主权原则绝不像在某些国家那样隐而不现或毫无成效，而是被民情所承认，被法律所公布的；它可以自由传播，不受阻碍地达到最终目的。”② 美国法学家罗西特曾指出，“美国人对其宪法的尊崇经常到了偶像崇拜的地步，这可以根据许多不同的理由予以解释——但是，最令人信服的解释是将此归于深深根植于美国人民心目中的信念——宪法表达了更高级的法，它实际是不完美的人最为完美地复制了布莱克斯通所至尊为‘区分善恶的、永恒不变的法，这种法

---

① 转引自［英］弗里德利希·冯·哈耶克：《法律、立法与自由》（第二、三卷），邓正来译，中国大百科全书出版社2000年版，第270页。

② ［法］托克维尔：《论美国的民主》（上卷），董果良译，商务印书馆2004年版，第61页。

连造物主本身在其设定的所有管理制度中都予以遵守，而且只要这种法有必要来指导人类行为，那么造物主就使人类理性能够发现它’。几乎从宪法提交制宪会议讨论的那一天起，这种信念就对美国宪法产生了决定性的影响。”① 西方学者麦克尔文认为，“在所有相继的用法中，立宪主义都有一个根本的性质：它是对政府的法律制约——真正的立宪主义的本质中最固定的和最持久的东西仍然与其肇端时几乎一模一样，即通过法律限制政府。”② 现代民主政治解决了政治权力的合法性，现代宪政又保证了权力的正当行使，民主宪政体制框架的确立保证了现代理性政治秩序的生成，为新兴法律制度的具体建构提供了广阔的成长空间与运作环境，现代刑事诉讼就是在这种政治体制下发生蜕变从封建纠问式诉讼脱胎换骨变成理性的严重冲突解决机制的。

现代刑事诉讼生态定位于理性解决发生于公民个人与政治国家之间的严重刑事争端。在独立而中立的司法机构主持下，公民个人与政治国家在刑事程序空间里平等对话与理性争辩，本着公平、公开与公正原则最终确认犯罪是否成立以及是否由刑事被告人承担刑事责任，从而消解冲突、恢复权利与秩序的过程。诉讼程序的普遍形态表现为，“按照某种标准和条件整理争论点，公平地听取各方意见，在使当事人可以理解或认可的情况下作出决定。”③ 程序的普遍平等参与特征体现了民主精神的基本要义，程序空间乃是“排除各种偏见、不必要的社会影响和不着边际的连环关系的重荷，来营造一个平等对话、自主判断的场所”。因而，“合理而公正的程序是区别健全的民主制度与偏执的群众专政的分水岭。因为

---

① ［美］爱德华．S. 考文：《美国宪法的“高级法”背景》，强世功译，生活·读书·新知三联书店 1996 年版，序言第Ⅱ页。

② 转引自［美］斯科特·戈登：《控制国家——西方宪政的历史》，应奇等译，江苏人民出版社 2001 年版，第 5 页。

③ 季卫东：《法治秩序的建构》，中国政法大学出版社 1999 年版，第 12 页。

民主的真正价值显然不是取决于多数人的偏好，而是取决于多数人的理性。在众口难调的状况下，程序可以实现和保障理性"①。刑事诉讼运作机制的民主机理体现于涉及刑事诉讼的公民个人与作为主持解决刑事争端的国家以及政府官员都处于完全平等的地位，作为刑事诉讼的平等主体积极参与到与自己有着切身利益关系的刑事诉讼程序之中，公民个人与国家官员的平等的法理依据来源于体现人民主权精神、天赋人权精神与社会契约精神的现代民主政治原则；刑事诉讼运作机制的宪政精神则体现于刑事诉讼中的国家权力的分立行使与相互制衡以及公民权利对于国家权力的监督与牵制，即贯彻控审分离、控辩平等与司法独立原则的现代刑事诉讼法律制度的全面建构。实际上，犯罪作为严重社会冲突的表现形式在任何社会都会存在，尤其是在社会生活日益复杂多样的现代社会。正是因为现代社会生活的广泛性、利益主体的多元化以及矛盾冲突的复杂性特征决定了严重刑事冲突的极大可能性与不可完全避免性。故而，现代刑事诉讼作为处理犯罪问题的程序机制自然成为现代国家政治生活的中心内容。国家权力来源于公民个人的授予决定了国家权力必然服务于公民个人的权利与自由最大限度地得到保障。尽管犯罪需要国家权力通过查明案件事实并确认行为责任，但是，国家权力必须首先尊重所有公民个人的人格尊严与基本权利。保证在刑事诉讼的全部过程中对于涉及犯罪的公民个人权利与基本自由及人格给予充分尊重与有效保障，这是现代民主宪政精神的应有之义。

（二）现代刑事诉讼生态是民主宪政制度的具体展开

"权力行使是西方制度理论家的社会价值的关键；他们所关心的是这样一个问题，即要保证政府的权力行使受到控制，以便政府

---

① 季卫东：《法治秩序的建构》，中国政法大学出版社 1999 年版，第 51 页。

的权力行使不致摧毁政府权力有意促进的价值。"[①] 宪政理论作为更高级别的民主政治制度始终强调了权力分立与权力制衡的必要性。"宪政是对政府的法律限制。宪政还意味着政府权威与权力同国民权利与自由之间的制衡。"[②] 通过立宪活动限制权力的范围，对权力进行分割，并通过不同部门行使不同的权力从而实现权力相互制衡的目的。因为，"权力产生腐败，绝对的权力产生绝对的腐败。"[③] 权力天生具有侵犯性与腐蚀性，它会扭曲人性，是人类心智与情感无法控制的极具诱惑力的东西，只有通过外部控制才能保证权力运行的合目的性。正是人们对于权力的深刻认识与对于人性的深刻感悟，才设计出权力分立与制衡的宪政体制，从而保证了公共权力的规范行使。实际上，西方宪政的现代历史都在于试图确定政治权力的合法边界，同时将这些不同边界引入分权所要求的不同的国家机构。现代宪政理论认为，国家权力必须分立为立法、行政与司法三项不同的权能，三种权能通过宪法授予不同的部门来行使。任何权力都不具有超越其他权力之上，不受任何制约的情形存在，否则公民自由与基本权利就可能成为权力恣意的牺牲品。"一个自由国家的首要原则乃是，法律应当由一部分人制定，并由另一部分人实施；换言之，立法与司法的性质必须加以严格的区分。当此类职责集于同一个人或同一个机构时，他或它就往往会因为徇私情而制定出规定特定情形的特定的法律，旨在实现一己的目的；如果立法机构与司法机构分立，那么立法机构就会制定出一般的法律，因为立法者在立法之时无须亦无从预见这些法律将对谁产生影响；而在法律被制定出来以后，它们则必须由另一部分人亦即司法

---

① ［英］M. J. C. 维尔：《宪政与分权》，苏力译，生活·读书·新知三联书店1997年版，第1页。

② J. Mckay, *A History of West Society*, Houhton Mifflin Company, 1987, p. 524。转引自杨心宇主编：《现代国家的宪政理论研究》，上海三联书店2004年版，第64页。

③ 阿克顿：《自由与权力》，侯健、范亚峰译，商务印书馆2001年版，第342页。

机构来实施，即让这些法律去影响它们将影响的人——如果法律将要影响的当事人和利益群体先就为立法者所知，那么立法者就必然会倾向于一方或另一方；如果不仅没有既定的规则来调整立法者的决定，而且也没有超乎于其上的力量去控制立法者的程序，那么立法者的偏向就将严重侵损公共正义的完整性。”① 由于立法涉及公民个人利益的重要性与根本性，现代行政权力广泛渗透于社会生活之中并无时无处不在影响着公民个人生活，对于立法与行政权力的适当限制就成为独立的司法权力的重要使命。相对立法权力与行政权力而言，司法权力对于公民个人的侵害的可能性最小，由司法权来监督立法与行政就成为权力制衡的理想模式。于是，司法裁判最终原则与司法审查原则得到宪法的确认并在世界范围内建立起不同模式的司法审查制度。“事实上，司法权独立在分权制衡机制中具有举足轻重的地位，人民可以借助它达到与政府专制相抗衡，从而保障宪法允诺的个人自由与权利。”② 当然，权力分立与司法独立都不是目的而是保障公民自由与权利的手段。“宪法是为了更好地保护自由而分散权力，与此同时，其也思忖着实践能够将这些权力整合，形成一个能够运转的政府，其告诫各个部门分离但相互依赖，自治但互惠。”③ 现代分权原则并不要求权力的分立行使，在确保职能分工明确于不同主体的同时，各个职能机构存在着密切的互动与联系，其核心精神在于确保权力制衡以防止其滥用，但又要保证权力的合作以发挥其功能。

宪政理论与实践下的刑事诉讼必然体现分权制衡的基本理念，本着权力分立行使的基本精神，将国家权力划分为履行国家侦查及

① ［英］弗里德利希·冯·哈耶克《自由秩序原理》（上），生活·读书·新知三联书店 1997 年版，第 218 页。

② 张建伟：《司法体制原理》，中国人民公安大学出版社 2002 年版，第 92 页。

③ ［英］T. R. S. 艾伦：《法律、自由与正义——英国宪政的法律基础》，成协中等译，法律出版社 2006 年版，第 72 页。

控诉职能的检警机关与履行司法裁判职能的审判机关，前者行使法律赋予的刑事侦查与起诉等行政性权能，后者行使法律赋予的司法裁判权能。由于国家行政权力的主动性与侵犯性，出于防止其滥用与越权行使的极大可能性，现代刑事诉讼特别强调司法独立原则和司法审查原则对于保障公民个人自由权利不受行政权力侵犯的根本意义与核心作用。那是因为法治与正义要求司法机关必须保持最低限度的独立性与中立性，并对所有涉及公民个人自由权利的刑事强制行为进行全面的司法授权与司法审查，对公民个人提出的涉及自身权利受到警察及检察官行政行为的限制与剥夺等情形提供充分的司法救济。当然，法院司法审查职能的实现取决于权力分立和司法独立的体制的实现。埃尔曼指出，“司法上对法律的拒绝适用以及这种权威的程度和范围可视为司法独立程度的指示器。”①“司法审查亦称违宪审查，它是西方国家通过司法程序来审理和裁决立法和行政是否违宪的一种基本制度。”② 刑事诉讼解决严重争端对于社会秩序的重要性决定了行政权力干预公民个人权利的全面性与彻底性，决定了司法官员保护公民个人权利不受非法侵犯的必要性与紧迫性。由此决定了司法独立与司法审查原则对于保障公民个人权利的重要性。“卡坡里蒂教授认为，司法独立——尤其独立于行政机关——本身不具有最终的价值；它本身不是一种目的，而只具有一种工具性价值，它的最终目的是确保另一价值的实现——法官公正、无私地解决争端。”③ 刑事司法公正直接体现着社会公正、公民个人自由及基本权利的实现，也就直接体现着宪政与法治的根本

---

① ［美］埃尔曼：《比较法律文化》，贺卫方、高鸿钧译，生活·读书·新知三联书店1990年版，第268页。

② 龚祥瑞：《比较宪法与行政法》，法律出版社1985年版，第114页。

③ Mauro Cappelletti, “*Who Watchs the Watchmen? ——A Comparative Study on Judicial Independence*”, 1985 by Martinus Nijhoff Publishers. 转引自陈瑞华：《刑事审判原理论》，第167页。

目的所在。基于"自由的历史基本上是奉行程序保障的历史"[①]，中立成为程序正义的前提和基础，而中立原则包括三个制度化标准：（1）任何人不得成为自我案件的判断者；（2）决定者与决定结果之间不存在任何私人的利害关系；（3）在抗辩过程中不得偏袒其中的一方。[②] 现代民主宪政制度架构保障公民个人自由与权利的根本原则和精神决定着刑事诉讼的基本生态与运行格局，那就是真正贯彻权力分立与司法独立原则精神的以审判为中心的诉讼架构的确立，遵从裁判中立、控辩平等与控审分离等基本原则而建构起来的刑事诉讼法律制度体系的全面生成。这种理念和制度在美国表现得淋漓尽致，正如路易斯·亨金所言，"法院在维护宪法约束中的作用被看作美国宪政的标志，并被看作是稳定美国各项制度和保障个人权利的手段。无论旧国家新国家，都力图模仿美国的司法制度及其宪政功能。甚至信奉议会至上的国家也被迫效仿或接近美国的模式。"[③] 有学者十分形象地指出，司法审查已经成为美国宪法机器中绝对必需的部件，它所服务的根本目的就是维护和保障人民的自由和权利，抽掉这个特制的螺栓，这部机器就会化为碎片。[④] 现代刑事诉讼法律制度体系在于强调严重冲突的理性解决，公民个人的人权得到全面充分的保障，这一根本目的决定了必须强化国家权力有限、相互制衡和规范行使，从而避免权力的恣意与滥用。亦即，现代刑事诉讼是现代民主宪政的具体制度展开与根本体现，通过刑事程序的理性运作，消解一切严重刑事纷争，恢复权利与秩序，从而巩固民主宪政体制下的法律秩序。因此，从民主宪政与现

① 转引自季卫东：《法治秩序的建构》，中国政法大学出版社 1999 年版，第 9 页。

② Martin P. Golding, "*Dispute Settling and Justice*", in R. M. Cover and O. M. Fiss, op. cit., supra note, p. 113.

③ ［美］路易斯·亨金等：《宪政与权利》，郑戈等译，生活·读书·新知三联书店 1996 年版，导论第 20 页。

④ 傅思明：《中国司法审查制度》，中国民主法制出版社 2002 年版，第 24 页。

代刑事诉讼的二维关系中，我们能够把握的是：民主宪政作为一种保障自由与人权的政治制度是人类社会长期追求的理想，西方启蒙思想家的理想制度设计最终得以化为具体政治实践。随着间接民主制度即代议制民主的实施与立宪运动的展开，体现人民主权与公民人权思想的宪政民主制度得以在西方各资本主义国家中逐步实施。与此相适应的是，刑事诉讼法律制度随着正当程序观念以及上述政治理论的实践而受到深刻影响，逐步发生着变化。一种本着理性解决严重刑事争端，并体现人权保障的受到正当刑事程序指导的刑事诉讼法律制度得以产生。通过现代刑事诉讼的立法与司法实践，也日益巩固着现代民主宪政体制所旨在期盼的制度成果：公民个人自由与权利得到充分尊重与平等保护，国家权力服从并服务于所有人的人权实现。

现代刑事诉讼法律制度的理性展开深刻体现着现代民主宪政的原则与精神：将刑事诉讼视为理性解决因为犯罪而引起的发生于国家与公民个人之间的刑事争端的利益协调三方解决机制。在法治秩序与宪政框架下的代议制民主制度通过议会机关颁布刑法与刑事诉讼等法律，将犯罪问题纳入刑事法律体系并通过法定诉讼程序进行理性处置。基于刑事犯罪涉及公民人权遭受侵害的严重性质，宪法和法律必然要求行为人承担相应刑事责任的法律机制来控制这种违反道德与法律秩序的行为。但刑事法律必须体现法无明文规定不为罪的罪刑法定原则，必须体现由政府专门机关举证证明犯罪事实确定存在，并达到法律规定的证明标准才能够判定其承担刑事责任的无罪推定原则，同时由本着中立立场进行客观裁判独立于政府行政部门的司法官员通过严格法定程序作出最终裁判。基于国家权力侵害公民人权的高度危险性，法律必须完成对国家权力的有效控制机制，除了通过社会权力监督和控制国家权力以外，最根本的权力控制机制在于权力的分立行使与相互制衡。因为，“分权在原则上是为了确保法律创制的一般性；而且大量经过深思熟虑的、内在一致的和公开的规则发挥着宪法壁垒的作用，以保护公民免受激情的、草率的或歧视性的行政行为的侵害。”① 刑事诉讼法律赋予国家专门机关为查明犯罪事实享有各种各样的刑事侦查权力，这些权力的运作必然涉及对公民个人的基本自由与权利行使的限制甚至剥夺。正是因为公民人权的最高目的性与国家权力存在着恣意的可能性，必须通过具有最高效力的宪法来对公民基本权利加以保障。并将国家权力本着不同的权能划归不同的部门行使，使得权力之间保持相互依赖又相互制衡的具体制度来运作。刑事诉讼的控诉与裁判的职权划分正是体现了宪法这个根本原则，作为国家动态宪法的刑事诉讼法对刑事诉讼的目的、任务、职能、阶段、行为等作出了严格的法律规定。制定体现公平正义的刑事正当程序，要求刑事诉讼中履行国家控诉职责的侦查官员不得随意侵犯公民个人的基本权利。对于所有需要干预公民个人权利、自由与隐私的强制侦查行为必须取得裁判机构的司法授权方能进行，并且还要接受裁判机构的事后司法审查。对于违反法定程序，侵害公民个人权利的侦查行为，被害人可以通过向裁判机关提出上诉，由裁判机关通过开庭审理最终认定侦查行为的无效来为公民提供充分的司法救济。刑事诉讼过程实际上体现了国家与公民个人在法律面前一律平等的宪法要求，体现了宪法和法律保障公民个人基本权利与自由的最高目的所在，体现了国家权力相对公民个人权利的从属性与运作的规范性。这些都是民主宪政精神的全面反映与充分体现。通过这种体现民主精神、人权保障精神与权力制衡精神的刑事正当程序，旨在保障公民人权，实现公平正义的民主法治的政治制度得以良性运行，践行正义与公平的民主法治秩序就会形成。

---

① T. R. S. 艾伦：《法律、自由与正义——英国宪政的法律基础》，成协中等译，法律出版社 2006 年版，第 66 页。

三、市民社会是现代刑事诉讼生态的社会基础

（一）市民社会催生现代法治与具有理性的严重争端解决机制

现代民主法治是随着市民社会的发展而发展起来的，而且只有建立在成熟的市民社会的基础上才能取得成功。马克思认为，代议民主制只有在市民社会与政治国家真正分离时才能产生和存在。[①]美国学者巴林顿·摩尔则强调了市民社会成熟程度对民主政治的巨大影响。他在《民主与专制的社会起源》一书中对比了英法资产阶级革命前市民社会的发展情况，认为英国的市民社会比法国的市民社会发展成熟，传统的贵族和农民在商业化过程中消失殆尽，而法国的传统贵族和农民在革命前仍大量存在，所以法国的民主政治发展付出了比英国更为沉重的代价。[②] 在晚期实现现代化的国家中，亚洲某些新兴国家和地区的经验也提供了某种参照，它们一般先致力于市场经济发展，培育坚固的市民社会基础，然后顺理成章地推进民主政治和法治的发展，虽然其过程也不尽如人意，但没付出太大的代价。苏联、东欧的代价颇大，原因之一就是在政治变革之前没有市民社会作为基础。[③] 市民社会与民主宪政和法治精神的关系极为密切，这已为西方的宪政历史和法治之路所证明。虽说中国与西方在实现民主宪政和走向法治之路的原因、环境和途径，甚至社会意义均有重大不同，但是，西方实现民主宪政和法治化中的市民社会经验依然值得我们思考。对西方民主发展史进行深层次的考察，我们可以看到市民社会培养了民主土壤，铺垫了法治之路，催生了宪政精神，从而产生了具有理性的严重刑事争端解决机制。

---

① 《马克思恩格斯全集》第 1 卷，人民出版社 1960 年版，第 344 页。

② ［美］巴林顿·摩尔：《民主和专制的社会起源》，拓夫等译，华夏出版社 1987 年版，第 2 章第 1 节。

③ 储建国：《市场经济、市民社会和民主政治》，载《武汉大学学报（哲学社会科学版）》1999 年第 1 期。

其一，市民社会培育了宪政文化。不同的政治文化孕育不同的政治制度，同一政治制度在不同的政治文化中的运作效果也大不一样。梁启超在总结中国民主制度失败的原因时，曾明确指出中国政治进步的关键在于中国人的政治觉悟。① 宪政文化就是指渗入在民主制度之中的，对民主宪政起着依托作用的一种蕴含于社会的意识、理念和价值追求。宪政的实现以宪政文化的发展为前提和依托，没有宪政文化的存在，只可能是"有宪法而无宪政"。市民社会培养了宪政文化，我们知道，市民社会强调对个人权利和财产的严格保护，抵抗国家权力对个人事务的干预和对自由权利的侵犯。"市民社会不同利益集团的斗争和妥协，必然排斥单一性和独占性而孕育民主、宽容和自由理性精神，必然维护法治权威以免有序的多样性受到威胁。"② 在市民社会里，实现了社会自治，社会成员之间是平等的，崇尚对自由的追求和自我价值的实现。现代宪政的精义就是对国家权力滥用的有效制约和对个人权利的周密保护，强调对自由、平等、权利等价值的充分尊重。对于市民社会的意识和宪政依托的文化背景，我们可以说，自由、平等、权利、契约及理性等民主宪政观念在市民社会中得以萌芽、发育和形成了。市民社会培育的宪政文化对宪政的实现起着不可或缺的作用。

其二，市民社会孕育了法治精神。法治精神就是指蕴涵于法律现象和法律制度之中，并对法的发展起支配性作用的一种内在的理念、信仰及价值取向。"法的根本标志是其精神特性，法首先是作为观念的东西存在的，然后逐渐实在化和现实化。"③ 法治蕴涵着理性、秩序、正义、自由、安全及人权等丰富的价值内涵。法治的

---

① 梁启超：《外交与内政》，载《饮冰室合集》文集之三十七。

② 杨心宇主编：《现代国家的宪政理论研究》，上海三联书店2004年版，第11页。

③ 杜钢建：《法哲学与人权法》，载《天津社会科学》1994年第5期。

真正意义并不在于制定了多少法律、构建了怎样的法律体系，而在于是否熔铸了一种神圣的法治精神，法治精神才是法的真正生命之所在。一切实存的法律制度都不过是法治精神的载体。法治精神的颂扬是我们建设法治最深刻的背景和最持久的原动力。我们要树立的现代法治精神就是对人类的终极关怀和对人的价值的永恒追求。因为“法的精神使命在于：要活在人们的心中，用自己的内容去‘充实’他们的感受并以此在他们的意识中形成内心确信，影响他们的生活和外在行为方式。法的任务在于：要在人的心中创造最佳行为动机。”① 考察历史，就会得出结论：市民社会孕育了法治精神。市民社会的基本内涵是经济关系，是私人利益关系，因此，对于经济利益的计算及经济活动的安全性、可预测性关注，使市民阶级感到法律是一种不可或缺的制度安排和技术设计。这样，市民便对法律有着强烈的意识，法律成为市民阶级的一种信仰。由于市民社会频繁的经济交往，从而产生了对自由、平等、权利及契约的法律保障意识；因此，可以说，市民社会自身产生了对法治精神的追求，法治成为他们心中的图腾。在市民社会这片沃土之中，近代西方社会法治精神得以充分的发育和成长，并进而深刻地影响了已近8个世纪的近现代西方法律传统。从形式上讲，近代欧洲市民社会构建了一套完整的市民法体系，而在实质上则是培育了一种蕴涵于法律制度之中的法治精神，正是这种法治精神孕育了经久未衰的西方法律传统。正是从这个意义出发，伯尔曼将西方法律传统的形成期定位于近代欧洲市民社会形成和发展的11世纪末至13世纪末。

其三，市民社会形成了社会权力。宪政与法治的实现需要权力（权利）结构均衡，这种权力（权利）结构均衡主要体现为权力与权力之间和权利与权力之间的制约与均衡。市民社会里可以形成强

---

① ［俄］伊·亚·伊林：《法律意识的实质》，徐晓晴译，清华大学出版社2005年版，第25页。

大的社会权力，这种权力可以与国家权力对抗，防止国家权力的恣意和暴虐。“市民社会对国家的制衡与对抗的功能，是维护民主政治的有效途径”。[①] 社会权力就是社会主体以其所拥有的社会资源对社会和国家的影响和支配的力量。美国当代政治学家乔·萨托利指出：“极权主义是指把整个社会囚禁在国家机器之中，是指对人的非政治生活的无孔不入的政治统治。”[②] 尼斯比特也说，当“一切皆属国家，没有任何东西存在于国家之外，没有任何东西反对国家”时，就是对人类私生活的绝对侵犯。[③] 在市民社会背景下，社会主体开始拥有可供自己直接支配的某些经济力量，势必在国家政治生活中增加其支配力的比重。多元社会利益群体的形成，也必然会形成多方面的推动力量，通过多种渠道来反映民众的意志和利益。因为市民社会是多元的，追求自由、平等精神和个体价值，但同时也具有节制个人、地区和集团特殊利益与需求的功能，它使得冲突与合作互相关联、不可分割，进而成为社会演进和制度变迁的重要推动力量。[④] 在我国，随着市民社会的发展，形成了不同种类的社会力量，这些力量对防止国家权力的滥用起到了有效的制约作用。市民社会形成的社会权力对国家权力的制约是宪政与法治的重要依靠，因为宪政与法治的实质是对国家权力的防范和规治，失去社会权力对国家权力的监督，就无法形成对国家权力的有效防范和规治。

其四，市民社会消解了国家压力。国家机器有化解矛盾的功能，市民社会更有调解社会纠纷的机制。在宪政与民主国家里，必

---

① 朱英：《市民社会的作用及其与中国早期现代化的成败》，载《天津社会科学》1998年第2期。

② ［美］乔·萨托利：《民主新论》，东方出版社1993年版，第203页。

③ 转引自［美］乔·萨托利：《民主新论》，东方出版社1993年版，第204页。

④ ［美］乔纳森·H. 特纳：《社会学理论的结构》，吴曲辉等译，浙江人民出版社1987年版，第157～368页。

须充分发挥国家机器和市民社会在解决社会矛盾和纠纷中的各自优势。如果只存其一，就会产生严重的失衡，社会将陷入紧张和混乱中。在高度政治化的社会中，几乎所有的领域都是政治领域，事无巨细，均是政治问题，均诉诸政治解决，政治系统承受着巨大的压力。在这种情况下，就不可能不搞集权，不可能不搞专制，如果推行民主政治，政治系统有可能在一片吵闹声甚至枪炮声中陷于崩溃。市民社会的发展使大量的以前属于政治的事务转化为私人的事务，大量的政治矛盾转化为私人矛盾，国家机器的负荷得以减轻，国家的压力得以减轻。另外，利益分化是市民社会的重要特征，市场经济的发展促进了这种分化，开始形成诸多利益单元，利益主体的多元分化难免会发生矛盾甚至冲突。成熟和健康的市民社会会发展出非暴力的有序结构来进行利益表达、利益协调与冲突控制，使各种利益要求有条不紊地进入国家机器系统，在市民社会与政治国家之间形成良性的互动关系。亦即，市民社会发展与国家法治建设必然呼唤一整套和平而理性的冲突解决法律机制。

(二) 现代刑事诉讼法律制度框架以市民社会为社会基础

现代刑事诉讼表现为理性处置发生于公民个人与政治国家之间的严重刑事争端，二者进行平等对话与理性争辩的程序活动，由独立而中立的裁判机构最终通过公正而权威的法律判决以解决争端、平息冲突、恢复权利与秩序的过程。这种争端解决模式深刻体现了市民社会的根本旨趣与内在精神。马克思指出，当市民社会从政治国家或专制权力的束缚中挣脱出来获得独立存在的时候，代议制民主就获得了坚实的基础。他从三个方面说明了这种分离的意义，它使等级制变为代表制；它使权力的分立成为必要；它确立了人权和公民权的原则。[①] “现代的市民社会是彻底实现了的个人主义原则，

① 参见俞可平：《马克思的市民社会理论及其历史地位》，载《中国社会科学》1993 年第 4 期。

个人的生存是最终目的；活动、劳动、内容等等都不过是手段而已。"[①] 市民社会以市场主体的充分自由与高度自治为特征，凡是成熟的市民社会必然存在着整套的自由、平等、合意与民主的价值体系，必然存在着一系列保障市场经济良性运行的法律框架与法律制度，以保证社会个体的充分自由权利并能够进行自主自愿选择，从而形成理性的市场经济秩序与法律秩序。事实上，"一部市民社会的产生、演变和发展史，就是自由主义理论的兴衰、更迭的嬗变史。"[②] 哈耶克认为，"在自由的社会中，每个个人都拥有一个明确区别于公共领域的确获承认的私域，而且在此一私域中个人不能被政府或他人差来差去，而只被期望服从那些平等适用于所有人的规则。"[③] 市民社会视野中的纠纷解决机制必然体现高度的自主、自由与自愿行动，在充分尊重个体人格尊严与行动自由的基础上本着双方合意与协商的精神理性处置各种利益纷争。作为政治国家法律制度的重要组成部分的刑事诉讼法律制度在市民社会中仍然体现为一种严重的权益冲突，即发生于公民个人与政治国家之间的刑事争端。因为国家作为共同体的管理者取得了被害人追诉的权利进而协调争端，从此，运用公力救济取代私力救济来解决社会利益冲突，维续社会共同体的秩序就成为政府的重要职责。[④] 市民社会从根本上要求法治与宪政以保障个人权利与社会秩序。刑事诉讼法律制度作为法治的重要内容与根本体现必然以市民社会为其内在的物质基

① 马克思：《黑格尔法哲学批判》，载《马克思恩格斯全集》第1卷，人民出版社1960年版，第345页。

② 袁祖社：《权力与自由》，中国社会科学出版社2003年版，第57页。

③ ［英］弗里德利希·冯·哈耶克：《自由秩序原理》（上），邓正来译，生活·读书·新知三联书店1999年版，第264页。

④ 在国家及法院出现前，人类纠纷的解决完全依靠私力救济。在公权力不发达的初民社会，私力救济属纠纷解决之常态，私力救济发达，公力救济疲软。参见徐昕：《私力救济的概念》，载 www.law－thinker.com。

础与社会基础，必然体现市民社会的根本要求及内在理念。这就要求刑事诉讼法律制度必须体现以法而治和正当程序的要求，体现尊重个体自由与基本人权尊严不受侵犯的人权保障精神。刑事诉讼不仅仅是惩罚犯罪的活动，而且是理性处置严重刑事争端，以消解冲突及恢复秩序的裁判活动，它应当体现刑事诉讼的合意性、平等性、参与性与中立性等公正品质。由此，一种以审判为中心，以诉讼为框架的等腰三角形诉讼架构得以形成，旨在保障人权、消解冲突的贯彻控审分离、控辩平等、审判中立、有效辩护等原则的现代刑事诉讼法律制度得以建立，而理性解决、平等参与、公平对待、程序正义就成为现代刑事诉讼法律制度的基本理念。

现代刑事诉讼法律制度充分体现了市民社会的根本要求，即刑事诉讼要以保障公民个人自由权利，充分尊重人格尊严的人权精神和要求行事，尽管它最终以剥夺人的权利为结果。然而，“在尊重个人作为一种价值观念被人们广为接受的地方，只有在能够证明某人确实犯了某种特定的反社会行为的罪行而且在道义上他应当对此负责时，剥夺这个人的权利才是符合道义要求的。”① 保障人权是现代刑事诉讼的核心价值目标，它要求体现于具体的正当刑事程序之中，通过严格规制国家权力的运行，来防止其任何随意干预和侵犯公民个人权利的行为。为实现上述目标，现代法治国家都无一例外地将公民的刑事司法权利通过宪法加以规定，并建立起严格的刑事正当程序机制与违法行为校正机制加以制度约束，同时赋予公民个人在权利遭到侵犯时随时向独立的司法机关提请司法救济的若干权利。例如：按照美国刑事诉讼教科书的一般体例，几乎所有刑事诉讼程序问题都涉及对被告人宪法性权利的保护问题，因此，刑事程序都受宪法第四、五、六修正案的调整和规制。至于在美国刑事

---

① ［英］彼得·斯坦、约翰·香德：《西方社会的法律价值》，王献平译，中国法制出版社 2004 年版，第 189 页。

诉讼中占据极重要地位的非法证据排除规则，被视为被告人宪法性权利的重要救济制度；加拿大的自由与权利宪章同样将很多刑事被告人的权利规定其中；德国基本法确立了一些重要的被告人权利，并通过判例解释发展了证据禁止制度。[①] 这些宪法原则、具体制度与程序规定都充分体现了现代刑事诉讼的根本旨趣，那就是要全面保障市民社会中的所有成员享有充分的自由、平等、人权，严格规制国家权力以防止对市民社会的任何干预。市民社会为法治的成长以及现代刑事诉讼结构和制度的运行提供了丰富的土壤，使得现代刑事诉讼生态呈现出与民主政治、市场经济表现出深刻的统一性与和谐性，成为市民社会制度框架的重要环节。市民社会的重要特质在于社会成员的充分自由、自主与自治，社会成员的完全平等，这就要求政治国家所建立的在理性解决犯罪这一严重争端的法律机制满足这一基本要求。只有体现现代法治精神，充满理性与人道主义精神的现代刑事诉讼结构与制度才能完成这一使命。尊重每个人的人格尊严与独立自主意愿、充分自由权利并圆满解决严重刑事争端，为市场经济的良性运行及市民社会的和谐发展提供制度保证。现代刑事诉讼法律制度以成熟的市民社会为其深厚的物质及社会基础、观念来源与精神支柱，而市民社会这一广阔场域又为现代刑事诉讼法律制度的运行指明了方向与最终的归属。

四、契约精神是现代刑事诉讼生态的思想基础

（一）契约精神孕育了现代法治的诸多理念

"契约是一种根本的交往规范，一种基于合意产生的关系，它能够确保社会在所有方向按一定的规范行事，是降低社会中交易成本的重要途径。"[②] 契约精神是随着商品经济的发展和市场经济秩

① 陈瑞华：《程度制裁理论》，中国法制出版社 2005 年版，第 475～478 页。

② 袁祖社：《权力与自由》，中国社会科学出版社 2003 年版，第 57 页。

序的建立而逐步得到孕育成长起来的。交易主体在商品交易中地位平等、意志独立、行动自由，本着对彼此选择的尊重，利益分享的互赢，对已成立契约效力的信守，是契约精神最基本的内容。雅赛曾说："由于契约是自愿的，按意愿缔结而非强加于人的，并且是各方都受益的，因此契约基本上是一个自由主义的制度。"① 契约精神源于商品交换中交易当事人对彼此平等地位的尊重，对用于交换的商品之价值和使用价值作估价、判断后所进行的充分、自由的权衡与选择，对各自设定的预期利益目标的认同和照顾。因此，平等、自由、互利是契约精神的内在本质。在现代市场经济中，由于商品交换的广泛性、普遍性、经常性，与商品交换伴生的平等、自由、互利、双赢的契约精神得以升华，并超越简单的商品交易过程，而成为经济关系、政治制度以及社会秩序构建中一项带有普遍指导性与高度原则性的观念意识和行为准则，并反过来成为推动市场经济发展和完善的一种自觉性力量。

市场经济是一种以市场法则为基础手段来配置资源的经济形态，即通过价格机制，借助契约形式，以主体之间的自由交换来实现经济资源和产业结构的优化配置。在一定意义上说，市场经济就是契约经济。在市场经济条件下，契约已成为人们经济交往与社会关系构建的主要纽带和沟通桥梁，传统的人与人之间的人身依附关系和行政隶属关系在市场经济交往中也就相应地转化为平等、互利的契约关系。正如马克思指出的："作为交换的主体，他们的关系是平等的关系。在他们之间看不出任何差别，更看不出任何对立，甚至连丝毫的差异也没有。"② 传统的自然经济和计划经济社会，本质上可以说是一个以"国家主义"为本位的社会。所谓"国家

① ［英］雅赛：《重申自由主义：选择、契约、协议》，陈茅等译，中国社会科学出版社1997年版，第110页。

② 《马克思恩格斯全集》第46卷（上），人民出版社1960年版，第193页。

本位主义”，其内涵表现为国家利益至上、国家职能至上、国家权力至上。市场经济是以商品交易者为利益单元构建起来的利益共同体。它要求以交易者个体权利为本位，在保护公民个体权利的基础上实现国家利益的最大化；它要求政府与市场职能分途，以实现国家的公共管理、社会的自治性管理和公民个体的自由自决并能彼此互动、结构对称、功能互补；它要求限制国家权力，以公民授权的范围来厘定国家权力的边界；它要求防止国家权力的异化，以保证国家权力始终为公民权利服务。契约精神是市场经济关系决定下的这种新型政治关系变化的反映，是主体基于新的经济关系背景而对新型社会关系和国家管理方式的一种理念诉求，是市民社会新型公民——市民诉求通过平等协商、自由选择、互利共存的方式，即是以契约方式建立新型社会管理模式和构建民主政治国家的一种集中表达。可以说，契约精神是市场经济催生的新型社会关系、政治关系的观念升华。

对平等的诉求、对自由的渴望、对自身利益的抗争，是人之所以为人并实现其幸福的应有之义。但在奴隶制和封建制条件下，公开的不平等和严格的等级特权制度，剥夺了绝大多数人的平等与自由。奴隶主的残酷压迫和封建主的横征暴敛，使奴隶和臣民更无自身独立利益存在的可能。在传统计划经济体制下，由于行政管理贯乎每一生产环节和社会生活领域，作为国家的主人——人民的平等与自由实际上被窒息，而个体的独立利益又因国家主义、集体主义至上而被否定。在市场体制构架下的社会，主体身份的独立和平等，为其追求利益和自由选择追求利益的方式创造了条件。在商品交换中形成的契约式的处事方式和办事程式，惯性地成为市民的一般思维模式，并演化为一种全新的政治理念：以契约方式即通过共同协商的方式来重构新的政治关系，以普遍的自由选举方式来组建国家机构。现代法律中这种允许人们“用协议的方法来为其自己创设社会地位”[①] 的精神，就是契约精神最为重要的一种表现。以契约行为产生一个“新的道德的与集体的共同体”——国家，以代替每一个订约者的个人，以期实现每个订约人利益归属的稳定化和持续化，已成为市民社会中大多数成员的共同信念和自觉选择。以平等、自由、互利为内核的契约精神只不过是这种新型政治理念的集中表达与高度浓缩而已。[②] 这种契约思想与契约理念实际上是在古希腊时期就萌芽了，“智者派的代表普罗塔哥拉和安提丰等人都明确提出过以人为中心的契约论思想，具有用社会契约来解释国家政治法律秩序的倾向。”而“伊壁鸠鲁则比较明确和系统地论述了他的社会契约论思想。在他看来，法律和国家不是自然创造的，而是人们从利害相关的功利主义角度缔结契约的产物。”[③] 而罗马私法的高度发达完善正是这种契约理念的典型表现，其重要特征就是刑事犯罪民事化，体现的正是合意与协商的契约精神；到中世纪，这一理念继续发展。泰勒指出，中世纪的“采邑关系被认为是一种准契约关系。与其臣属一样，封建主也负有义务，违背这些义务同样构成一种重罪。”[④] 这种经济结构关系成为西方主体性权利理论与社会契约理论的重要渊源，随着近代以来商品经济和市民社会的发展，契约意识、契约自由理念渗透于社会生活的方方面面，最终形成了强大的社会契约理论并有力地推动着政治制度变革和法律制度创新。

（二）契约精神是现代刑事诉讼的思想基础

现代刑事诉讼是随着商品经济的发展、民主政治秩序的形成与

---

① ［英］梅因：《古代法》，沈景一译，商务印务馆 1959 年版，第 172 页。

② 李步云、肖海军：《契约精神与宪政》，载《法制与社会发展》2005 年第 3 期。

③ 蒋先福：《契约文明：法治文明的源与流》，上海人民出版社 1999 年版，第 44 页。

④ ［美］查尔斯·泰勒：《市民社会的模式》，载邓正来等主编：《国家与市民社会：一种社会理论的研究路径》，上海人民出版社 2006 年版，第 32 页。

法治宪政理论的成熟而建立起来的法律制度体系，商品经济孕育出来的契约精神蕴含着深厚的主体意识、平等意识、权利意识与法治、和谐、民主及宽容理念，使得刑事诉讼法律制度与观念发生了巨大的变化，刑事诉讼生态与格局接受着现代诉讼观念文化的洗礼：一种体现公民个人权利与国家权力进行平等对话与理性协商的严重冲突解决机制由此形成。市民社会形成的契约思想观念使得刑事诉讼内涵发生了质的变化，刑事诉讼不再是专制国家惩治犯罪与镇压、铲除异己的政治工具而成为民主社会消解严重冲突的社会控制机制；国家权力不再是统治者为所欲为的私有物而是基于契约和合意而形成并服务于公民个人的权利与福利的一种公共权力，因为，“法治思想是基于这样一种观念，即统治者和被统治者之间某些性质的相互交往，包括互惠和程序公平，对于他们各自利益而言都价值重大；其不仅仅是实现其他社会目标的一种方式，而且他们不可以为了这些其他目标而轻易牺牲。”① 涉及刑事诉讼中的公民个人不再是处于被专制野蛮司法随意处置其生命、自由与财产的诉讼客体而是具有完全独立人格、各种宪法权利与行动自由的行为主体；刑事诉讼中的国家权力与涉及刑事诉讼的公民个人之间不再是统治者与被统治者那种统治关系甚至敌对关系而是平等主体之间的合作与协商关系。现代刑事诉讼所遵循的保障人权根本理念实际上就是契约精神所蕴含的权利意识、平等意识与主体意识的深刻反映；刑事程序中的控审分离、控辩平等、裁判中立、有效辩护等基本原则都是现代法治理念与理性制度设计的具体产物。因此，市民社会成为现代法治与刑事诉讼法律制度的深厚物质及社会基础，而市民社会所蕴含的契约意识、观念与精神全面渗透于刑事诉讼之

---

① *Natural Law and Natural Rights*(Oxford,1980),273－274. 转引自［英］T. R. S. 艾伦：《法律、自由与正义——英国宪政的法律基础》，成协中等译，法律出版社2006年版，第37页。

中，成为现代刑事诉讼的灵魂与精髓。

刑事诉讼作为处理发生于公民个人与国家之间的严重刑事争端，个人与国家的关系在市民社会视野中必然处于平等的法律地位。因为市民社会是政治国家产生的深厚基础，国家公共权力来源于公民个人的授予与让渡，通过平等主体之间的契约与合意最终得以形成。国家权力的来源决定了其与公民个人的主从关系，刑事诉讼尽管是因为犯罪而引发的国家与公民个人之间的刑事争端，国家基于社会管理职能必然对于犯罪涉及严重的权益侵害进行公正的评判与理性处置，对于犯罪人通过公正审判最终对其处以刑罚而承担刑事责任。但是，公民个人作为市民社会的普通成员应当受到国家宪法的平等对待与人权保障，“在法官判决之前，一个人是不能被称为罪犯的。只要还不能断定他已经侵犯了给予他公共保护的契约，社会就不能取消对他的公共保护。”① 在没有最终得以证实犯罪之前，公民个人的宪法地位与宪法权利都应当受到所有国家权力及其他权利主体的尊重和对待。刑事诉讼过程作为查明案件事实真相，适用刑罚权以定罪处刑的过程并不是国家权力的单方面意志与行为能够实现的，而且如果国家权力完全左右或者直接决定对于涉及刑事诉讼中的公民个人权利则构成了不公正的对待。“公民的自由特别容易受到刑法的侵犯，即便其合法目的在于确保秩序和稳定，这种秩序和稳定对于他人自由的行使来说是必需的。”② 为此，“公平原则在刑法的实施方面发挥着关键性作用。特别是，程序和证据规则应当被调整以满足被告人应当受到公正审判这个高于一切

① ［意］贝卡里亚：《论犯罪与刑罚》，黄风译，中国法制出版社2002年版，第35页。

② ［英］T. R. S. 艾伦：《法律、自由与正义——英国宪政的法律基础》，成协中等译，法律出版社2006年版，第50页。

的要求。”① 市民社会成员都是独立的权利主体，拥有充分的自由、自主与自治权利与能力，在进行一项涉及他本人的利益的刑事诉讼中，如果没有本人的参与本身就是对其主体资格的不予承认，是对其人格尊严的不尊重，是对其理所应当享有的权利的蔑视，这些行为将直接与市民社会的价值取向相抵触。如果刑事诉讼中的国家权力将那些涉嫌犯罪的公民个人都视为罪犯而任意处置其权利，或是仅仅履行形式上的法律程序，根本不考虑诉讼当事人的程序权利与实体权利，那么这种处罚就是不公正的，也是与市民社会要求尊重所有人的人格尊严与基本权利自由的基本理念相违背的。在以传统计划经济或非市场经济模式为基础的专制国家中，一般都将刑事诉讼视为惩罚犯罪的工具，国家权力与公民个人权利并不处于平等地位，刑事诉讼中的犯罪嫌疑人与被告人没有基本权利和人格自由，没有最低限度的辩护权利，只能任由国家权力任意处置。它所反映的理念正是等级与特权、统治与服从的专制思想，司法体制与刑事诉讼运行机制都服务于专制政治制度。正如马克斯·韦伯评价中国古代法制一样，“中国的司法，一部分是（高级官员）干预案件的一次即决办案，一部分是书面办案。没有辩护，只有当事人的书面呈文和口头传讯。”② 这种刑事诉讼法律制度是与以市场经济为基础的民主法治国家所通行的理念根本对立的，是不可能存在于民主宪政制度架构之下的。因为市场经济体制成长起来的市民社会必然以契约精神、平等自由、民主法治理念为精神支柱，这种精神必然内化到刑事诉讼法律制度与文化中去，从而改变刑事诉讼的结构、制度与文化。中国市场经济改革必然带来刑事程序改革与控辩式庭

---

① ［英］T. R. S. 艾伦：《法律、自由与正义——英国宪政的法律基础》，成协中等译，法律出版社 2006 年版，第 42 页。

② ［德］马克斯·韦伯：《儒教与道教》，洪天富译，江苏人民出版社 1997 年版，第 179 页。

审制度的推行，控辩平等、控审分离、有效辩护等制度理念必然生成。这充分说明了伴随市民社会的充分孕育和成长壮大，契约精神与自由平等观念将深刻影响刑事诉讼法律制度与文化的更新，与之相适应，现代刑事诉讼法律制度和理念也构成了市民社会内部结构和文化的有机部分。

第四节 观念塑造映照下的中国刑事诉讼生态化

一、我国刑事诉讼生态化需要相应的价值观为其支撑：

“任何国家与法律制度的变化都是以价值观、世界观以及意识形态的变化为基础的。”① 那是因为，法律的理念是一个国家法律的精神内核，集中体现着法律制度整体上的价值取向。法律理念的更新是一个时代法律变迁的精神轨迹。从法律理念的更替中我们可以窥见法律进步的身影。② 实际上，弗里德曼先生早就指出，“法律文化是重要的，因为态度帮助制造对法律制度的真实要求。起作用的是产生行动的态度。文化建造结构，结构反过来对态度起作用，因为它规定什么是可能的，确定什么是普通的并形成那种文化中思想转动的圈子。而且，结构是态度的宝贵证据。”③ 故而，人们对待法律乃至刑事诉讼的正确态度，理性价值观的塑造与健康诉讼理念的培育对于刑事诉讼生态化具有根本性的指导意义。就我国刑事程序改革与刑事诉讼法律制度的完善而言，法律观念体系的突破与更新决定着刑事诉讼现代化与生态化的成败，强化这一立场对

---

① ［德］魏德士：《法理学》，丁晓春、吴越译，法律出版社2005年版，第23页。

② 叶传星：《和谐社会构建中的法理念转换》，载《法制与社会发展》，2006年第1期。

③ ［美］劳伦斯.M.弗里德曼：《法律制度》，李琼英译，中国政法大学出版社1994年版，第245页。

于推进我国刑事法治进程具有极为重要的理论价值与实践意义。

（一）树立有权利必有救济的基本理念

社会主体的多元性与利益需求的复杂性决定了社会共同体——国家存在的必要性与必然性，国家作为普遍利益的代表如何实现每个人的特殊利益，如何处理特殊利益与普遍利益的矛盾并最大限度地为社会成员提供公共福利就成为国家的重要职责。同时，国家还肩负着处理一切利益冲突的社会使命，每个人的利益都能够得到平等保护和全面关照，从而形成和谐安定的社会秩序。社会利益主体的多元性与资源的有限性导致人类社会利益矛盾冲突的极大可能性与不可完全避免性，而人的利益期待的最大化更加重了这种利益冲突的可能性，作为社会共同体发展的产物，国家必然担当一切利益冲突的调停与处理职责。社会利益协调机制与纠纷解决机制逐步得到系统的建立和完善，法律制度在很大意义上讲就是一种利益协调与纠纷解决的社会控制机制。卢埃林和弗兰克认为，法律就是“解决争端的官方行为”①，庞德教授认为，法律的作用就是在个人利益、公共利益和社会利益之间进行平衡或协调，是一个“社会系统工程”②，人类文明的重要社会控制机制。

实际上，自由与人权作为人之为人的本性通过法律转化为权利，人们为了权利的实现通过向国家专门机关提出诉讼请求，并通过参与法庭审理并得到司法官员支持而获得胜诉判决，从而赢得诉讼，通过义务人的自动履行或国家权力强制其履行而最终实现自己的利益。可以看出，通过行使诉权以启动权利救济的诉讼程序成为权利实现的前提和基础。发达的罗马私法制度是以罗马市民享有包

① 转引自张乃根：《西方法哲学史纲》，中国政法大学出版社 1993 年版，第 289 页。

② ［美］罗·庞德：《通过法律的社会控制——法律的任务》，沈宗灵等译，商务印书馆 1984 年版，第 13 页。

括法律救济在内的广泛诉权密不可分的，而英国普通法本身就是根据“遵循先例”原则，由大量诉讼形成的案例汇编积累而形成的。“我们必需时时注意到，罗马法的现实性，乃奠基于诉讼程序之中，权利主要是理解为诉权。”① 可见，公民个人权利的法律救济机制是实现权利分配与利益协调的必要条件。有权利，必然有救济手段；没有救济的权利就不可能成为权利。实际上，在无成文法或成文法无相应规定的场合，诉权本身就成了权利存在的标志。② 就我国法律制度体系来说，已经建立起比较完整的权利保障与权利救济机制，但不可否认的是，还存在着诸多权利救济机制不完善的环节。宪法明确规定中国公民有诸多的基本权利与自由，但如何具体行使这些基本权利，又如何保障这些权利不受国家权力的侵害却存在着诸多不足。例如，宪法第 35 条规定：“中华人民共和国公民有言论、出版、集会、结社、游行、示威的自由。”但是，目前仅仅出台了《中华人民共和国集会游行示威法》，关于公民行使言论、出版及结社的权利没有更具体的法律作为依据；宪法第 37 条规定：“中华人民共和国公民的人身自由不受侵犯。任何公民，非经人民检察院批准或者人民法院决定，并由公安机关执行，不受逮捕。禁止非法拘禁和以其他方法非法剥夺或者限制公民的人身自由，禁止非法搜查公民的身体。”本条成为相关法律保障公民人身自由以及限制及剥夺公民人身自由的宪法依据。但是，在刑事诉讼法中关于拘留的行使却是直接限制或剥夺公民个人自由的法定措施，以及没有在刑事诉讼法规定的行政监察部门和纪律检查部门以配合调查名义而限制及剥夺公民个人自由的“双规”、“双指”现象却普遍存在。人民检察院、人民法院依法行使逮捕权以后，对于

---

① ［德］考夫曼：《法律哲学》，刘幸义等译，法律出版社 2004 年版，第 207 页。

② 夏勇主编：《走向权利的时代》，中国政法大学出版社 1995 年版，“绪论”第 3 页。

被逮捕的公民个人的法律救济存在重大缺陷。这些都直接涉及影响公民个人基本权利与自由的国家权力行使是否受到一定的法律限制以及如何受到法律的限制的重大问题。其他诸如公民的教育权、劳动和休息权、健康权等权益遭受侵犯时如何通过具体的法律规定并通过法庭判决得到真正实现同样是中国人权保障应当关注的基本问题。对于公民基本权利与自由仅仅在宪法条文作出宣示性规定是远远不够的，必须通过法律的制定和实施，由独立和中立的法庭通过司法审查和司法救济途径才能实现，我国现在欠缺的不是宪法没有规定公民个人的基本权利，而是没有完善的具体法律制度尤其是程序法律制度作为其坚实支撑。在刑事诉讼中，“公、检、法三机关在诉讼中的权力太大，而且互相牵制不够，特别是公安、检察机关的侦查权力太大，不仅可以直接决定拘留、搜查、扣押、监听、邮检、通缉，而且可以在拘留、逮捕后由侦查机关自行控制犯罪嫌疑人很长的期限，法定的讯问程序也留给具体侦查机关和侦查官员相当广阔的自由裁量空间。”① 刑事诉讼过程严重欠缺权利遭到侵害的公民个人向独立而中立的国家司法裁判机构提出诉讼请求从而引发诉讼程序的启动这一核心环节，导致诸多权利仅仅成为纸上的权利而非实质的权利。纸上的宪法对于公民而言没有任何意义，法治的真正目的在于保障公民个人权利而规制国家权力。权利没有基本的制度保证就会不成其为权利，如同法国《人权与公民权宣言》第16条所宣称的那样，“凡权利无保障和分权未确立的社会，就没有宪法。”②

对于成熟而理性的刑事诉讼法律制度来说，如何确保普通公民个人的权利与自由不至于遭到国家权力恣意侵害的那些法律预防机制与救济机制无疑是极其关键的程序环节。罗伊德先生指出，自从

---

① 孙长永：《沉默权制度研究》，法律出版社2001年版，第223页。

② 董云虎编：《人权基本文献要览》，辽宁人民出版社1994年版，第42页。

18世纪法国与美国大革命以后，人们就不断地借着基本人权表达西方社会崇尚的基本价值。为此，美国马歇尔大法官在其任期内确定法院有能力、同时也有义务将那些基本人权奉为准则，任何忽略了它们的立法、法律裁定或判决，都将必须宣布无效。于是，一个形制明备的法律组织首度出现，借着它，基本权利不再是纯粹空洞的规定，而是真正的法律规范，控制着实际的法律关系。① 这充分表明，对于公民权利和自由的保障必须借助于国家权力之间的相对分立与制衡才可能实现，因为“人权的最大威胁潜伏于那些统治者、那些吹嘘人权的人以及那些在选举宣传中滥用人权的人身上。”② 公民个人权利遭到他人侵犯可以通过民法、刑法来得到救济；但是，如果遭到国家权力的侵犯，这些法律往往是无力救济的，必须借助于高级法的规范结构与理性的权力结构和权力技术才能够提供可行的救济路径。中国有着漫长的封建专制传统，长期以来是家国一体的宗法礼教社会，这种等级社会形成了无所不包的治理体系——礼，“家的伦常上升而成了治国的纲领，国之法律变成为执行道德的工具”③。新中国成立后，中国改革开放的社会进程极大地改变了过去的固有传统。但是，封建落后思想观念仍然对市场经济与民主法治框架下的社会制度施加以若干深刻影响。反映在法制观念与法律制度中，人治的思想仍然十分浓重，国家权力本位主义色彩极其深厚，权力分立与制衡理念体现严重不足，公民个人权利保障缺乏坚实的观念支持与制度支撑，正如夏勇教授所指出的那样，中国人关于“权利的观念、体系和保护机制总是处在矛盾

---

① ［英］丹尼斯·罗伊德：《法律的理念》，张茂柏译，新星出版社2005年版，第113页。

② ［瑞士］托马斯·弗莱纳：《人权是什么》，谢鹏程译，中国社会科学出版社1999年版，第10页。

③ 梁治平：《寻求自然秩序中的和谐》，中国政法大学出版社1997年版，第21页。

与反复之中，而且难以落实。”① 由于在国家权力宏观制度架构中，立法、行政与司法没有得到严格的区分，司法独立的理念、制度和技术远不足以保证司法权力独立运行最低限度。故而反映在刑事法律制度具体设计中，没有完全体现公民个人权利获得有效保障与司法救济的现代法治理念，对于国家权力给予了充分的信任从而缺乏基本的制衡与防范，对于公民个人救济遭受侵犯的可能性和危险性估计严重不足。在刑事诉讼的整个过程中，当公民个人权利面临国家刑事司法机关的恣意侵犯时，没有给予最低限度司法救济的程序性权利。同时，因为刑事专门机关的分离程度远不足以防止其对公民个人权利造成的侵害，从而导致公民个人申诉无果甚至申诉无门的现象。法律规定当公民个人遭到专门机关非法拘留、非法逮捕等严重限制甚至剥夺其自由以及遭到非法搜查、非法检查等严重限制其财产以及个人隐私的时候，只能向采取措施的机关以及其上一级机关申诉，而这些机关无一例外的都是完整的利益共同体，如何保证这些机关为那些受害人真正提供了全面而充分的救济，是值得大大怀疑的。“任何把人权委托给政治当局来保护的人都是天真的，从最终意义上说，只有法院和那些拥有相应权力的巡视官，才能保证议会、政府和行政机关不滥用它们的权力。他们处于最佳位置上，能够可靠地保障人权优先地为弱者和毫无防卫的人服务，而不是仅仅为有权有势者服务。只有在通过法律来统治而不是通过人来统治的国度里，人权才能得到保护。”② 世界各国在建立市场经济体制，构建以权力分立、司法独立为标志的现代民主宪政制度架构的同时，建立起了体现法律平等与司法公正的刑事诉讼法律制度，

① 夏勇主编：《走向权利的时代》，中国政法大学出版社 1995 年版，绪论第 26 页。

② ［瑞士］托马斯·弗莱纳：《人权是什么》，谢鹏程译，中国社会科学出版社 1999 年版，第 10 ~ 11 页。

对于公民个人权利提供了比较充分的程序保障与全面的宪法保障。这些都是我们应当借鉴的成功治理经验。必须记住，“假如想使法律获得公正的解释和适用，让司法机关享有独立的地位，并由政治压力中解放出来，显然非常重要。”①

“有权利，必有救济”的主张要求，本着人民主权与公民人权的现代民主原则来构建政治制度与法律制度。刑事诉讼必须充分体现保障人权、理性消解严重冲突的现代法治观念。刑事诉讼既关系到国家处置犯罪的理性程度与治理能力，更关系到涉及刑事诉讼的普通公民个人的基本权利与自由。“很明显，宪法所确立的公民权利最容易在刑事诉讼中受到侵害，而刑事诉讼法的制定和实施则为宪法性权利的维护提供了法律保障。反过来，宪法所确立的基本原则和基本权利又为刑事诉讼法的发展和完善提供了最终的法律基础。”② 因为刑事诉讼中的国家权力运作的全面性、广泛性、深刻性与严重性并且直接影响公民个人权利行使，必须对其保持高度的警惕与进行全面的防范。因此，法治国家要求必须本着权力分立、司法独立、审判中立、控辩平等与有效辩护等法律原则和技术规则来控制国家权力的运行，保证公民个人权利得到实现。因为，“对自由的根本威胁来自强制的权力，无论它掌握在君主、独裁者、政治寡头手中，还是由暂时的大多数人持有。自由的保存尽最大可能消除此种权力集中，且对不可能消除的权力予以分散和划分——一种分权制衡的机制。”③ 其中，最核心的环节就是明确规定任何公民个人的权利遭到刑事检控机关的侵犯时，都能够直接向中立的司法机关上诉，并通过参与法庭审理，获得法庭的支持而使其权利得

① ［英］丹尼斯·罗伊德：《法律的理念》，张茂柏译，新星出版社2005年版，第207~208页。

② 陈瑞华：《程序性制裁理论》，中国法制出版社2005年版，第477页。

③ ［意］莫诺·卡佩莱蒂：《比较法视野中的司法程序》，徐昕、王奕译，清华大学出版社2005年版，第32页。

到真正的司法保障。世界各国刑事司法中的司法审查制度与司法救济制度都体现了通过程序保障公民个人基本权利这一根本思想。因为只有独立而中立的司法机关才是真正的权利保护者，任何寄希望刑事侦查、控诉官员在采取强制侦查与进行有罪指控的同时能够公正地倾听公民个人的申诉以保障人权的想法与做法都是十分幼稚和荒谬的。现代心理学也表明人们只能扮演一种角色而不可能兼任双重甚至多重角色。独立的法庭以及司法官员是公民个人权利的唯一的维护者与公平正义的捍卫者，其中立裁判、公正解决严重刑事争端的神圣使命决定其不可能充当刑事诉讼的追诉者。故而，我国刑事诉讼法律制度应当大力强化司法独立、裁判中立与权利救济的原则和精神，并努力完善相关诉讼制度与程序规则，尤其最为紧迫的是应当建立对重大强制措施进行司法审查以及对剥夺人身自由行为进行司法救济的上诉制度，以保证宪法规定的公民个人的基本权利与自由得到真正实现。

（二）深化法律面前人人平等的基本理念

人类在体格、才具与能力上都不平等。而且，没有一个社会认为在各方面执行严格的平等是必要并且是可行的。因此，一般都把法律上的平等当作社会民主结构的表征，并在能够实施的范围内，以“普遍的选举权”、“法律面前人人平等”和“不因肤色、种族、信仰而有歧视”的原则加以保障。① 当代自由主义思想家罗尔斯指出，“每一个人都拥有一种建基在公正上的不可侵犯性，即使整个社会的福利也不能将它变为无效。”② 平等作为公平正义最重要的价值向度，其根据在于人的自然属性与社会属性，自然属性决定了人之为人的本性存在着平等的倾向；而社会属性决定人作为具体社

① ［英］丹尼斯·罗伊德：《法律的理念》，张茂柏译，新星出版社 2005 年版，第 113 页。

② 石元康：《当代西方自由主义理论》，上海三联书店 2001 年版，第 29 ~ 30 页。

会的人必然受到特定社会经济与政治结构的全面制约与深刻影响。人的天性使然，正如天赋人权论者所主张的人人生而平等的人权观表达了人作为一种类的存在物，平等的“最终基础存在于人类的本性”之中。一种古老观念认为：“一切人，作为人来说，都有某些共同点，在这些共同点所及的范围内，他们是平等的。”① 那么，我们的人性是如何证明我们有权拥有这些平等的呢？“这个问题的回答是：作为人，我们都是平等的——平等的人并且具有平等的人性。在人性上，没有一个人比另一个多或少。一个人所固有的尊严不同于事物的属性，它在程度上是没有差异的。全人类的平等是指他们都平等地具有做人的尊严。”这一“正确的答案具有生物学事实根据”②。任何同种生物的全体成员都具有这个生物物种的、由遗传决定的各种性质或能力。就人而言，人种的物种特性既包括人与某些别的动物所共有的性质，又包括人种区别于其他生物物种的特有性质。这两个方面构成了人种的“共同的人性”。因此，人人生而平等，就是指他们在共同的人性方面是平等的，他们都具有人类这个物种的性质，尤其是那些属于人所具有的特殊性质；而不是指在其他方面（如身高、智力、才能或道德方面）是平等的，因为对于所有的人来说，这些方面的平等是永远不可能存在的。人的这一“共同的人性”赋予了人类某些不可剥夺的权利，如自由选择权、获取满足生存需要的生活资料的权利、追求幸福的权利等。“这些权利之所以是不可剥夺的，是因为它们是天生地存在于人的特殊本性之中，而不只是由法律规定而给予人的。法律中的规定对于这些权利的保障是必要的，但它不能决定这些权利的不可剥夺

---

① 《马克思恩格斯选集》第3卷，人民出版社1972年版，第142页。

② ［美］阿德勒：《六大观念：真、善、美、自由、平等、正义》，陈珠泉、杨建国译，团结出版社1989年版，第177页。

性。"[①] 我国学者王海明认为，道德原则的平等只能是社会平等。由于社会平等实质上是权利平等，因而，平等原则实际上是权利平等原则。这一原则并不意味着所有人所享有的权利都应该完全平等，于是，权利平等原则就有了两层含义：一是人人所享有的基本权利应该完全平等，二是人人所享有的非基本权利应该比例平等。而"所谓基本权利，亦即人权，是人们生存和发展的起码的、最低的、必要的权利，是满足人们政治、经济、思想等方面的起码的、最低的、基本的需要的权利；反之，非基本权利则是非人权权利，是人们生存和发展的比较高级的权利，是满足人们政治、经济、思想等方面的比较高级需要的权利。"[②] 我们认为，平等权利是人之为人的道德权利与人之作为社会成员之间的关系状态的有机统一，既要主张所有人类成员都有不可剥夺的平等权利，又要承认平等权利的享有要受到特定社会的政治制度与经济发展水平的制约。尽管平等存在着特殊性，但人们对于平等价值的追求却是推动社会制度文明向前发展与平等权利不断增长的原动力，法律制度作为社会资源分配的调节器必须关注这种最重要的价值原则。因为，"法治思想也不可避免地与某些基本的制度安排存在联系。平等的基本观念，与我们关于正义和公平信念的核心紧密相连。要求在立法的过程中所有的成年公民都拥有平等的发言权：普遍投票在今天可能被视为法治的核心要素。除此之外，依然存在对某种形式的权力分立原则的默示承诺。"[③]

我国宪法及基本法律体现了社会主义国家对于平等价值的不懈

---

① ［美］阿德勒：《六大观念：真、善、美、自由、平等、正义》，陈珠泉、杨建国译，团结出版社 1989 年版，第 177 页。

② 王海明：《公正平等人道——社会治理的道德原则体系》，北京大学出版社 2000 年版，第 65 页。

③ ［英］T. R. S. 艾伦：《法律、自由与正义——英国宪政的法律基础》，成协中等译，法律出版社 2006 年版，第 30 页。

追求，并不断地扩大平等权利的适用范围，使得广大人民群众正享有从没有过的平等权利。但不可否认的是，在我国这个封建专制主义文化特别深厚的国家仍然存在着不平等的思想残余与不平等的社会现象，当然在法律制度与法律文化中也或多或少地表现出极差、等级与特权现象。在这些形形色色的思想及制度糟粕中，尤其是国家本位主义思想、权力本位主义思想和官僚主义作风较为严重。[①]特别是现阶段，社会利益分配不公与贫富悬殊已经导致社会急剧分化，社会矛盾与利益冲突的范围和程度正在进一步扩大，社会开始出现断裂，[②] 这些都是平等原则没有得到很好的贯彻执行所导致的结果，而且已经严重影响着社会主义国家制度的优越性。罗尔斯曾指出，"在一个正义的社会里，平等的公民自由是确定不移的，由正义所保障的权利决不受制于政治的交易或社会利益的权衡。"[③]在建设和谐社会时代背景与世纪重大课题的关口，首先必须提倡和坚持的就是平等原则，在社会制度安排与社会价值观方面，必须高扬平等主义思想。坚持人权的普遍性原则，基本权利必须体现完全平等，尤其要贯彻人的尊严与人格平等，机会平等与地位平等的形式平等原则。逐步实现权利平等、分配平等的实质平等原则，逐步缩小日益扩大的收入差距，增强人们对于法律平等价值的信念。当然，法律制度本身必须体现平等价值的基本要求，做到法律面前人人平等，任何人都没有超越法律之上的特权。

在贯彻平等原则、克服社会不公现象的同时，我们必须关注平等原则对于国家公共权力的特别要求，即政府必须与公民个人平

---

① 参见张永理：《当代中国政治生活中的封建残余研究》，知识产权出版社 2004 年版，第 120~130 页。

② 李立梅、孙立平主编：《当代中国社会分层理论与实证》，社会科学文献出版社 2006 年版，第 13~15 页。

③ ［美］约翰·罗尔斯：《正义论》，何怀宏等译，中国社会科学出版社 1988 年版，第 4 页。

等，政府官员必须与普通百姓平等的问题。长期以来，比较注重人与人的平等，忽视了公民个人与国家权力之间的平等。实际上，公民个人之间的不平等远不及公民个人与国家权力不平等所产生的后果严重。因为国家权力具有高度的危险性与极大的侵犯性，正是因为权力滥用的可能性，才有分权制衡原则与代议制度等政治制度的产生。现代法治主张政府权力的有限性与分立行使，其目的在于保证对权力的制约与对人权的保障。同时要求政府权力必须服务且服从于公民个人权利，本身没有任何优越于公民个人权利的特殊地位所在。由于我国专制时间较长，国家至上与官员优越等等级思想与意识十分盛行，这些观念渗透到法律制度中，出现了一些认同等级特权、肯认级别与地位的法律观念甚至出现在制度安排中。例如，公务人员特殊化现象之一的“弹性职务消费”① 问题。法律中的赔偿同命不同价，行政侵权救济“疲软”问题，以及刑事司法中的侵犯人格尊严现象等问题，都是没有将国家公共权力置于人民权利的全面监督之下的结果，没有贯彻法律面前公民个人与所有的政府机关及其官员一律平等的价值观，长期以来受到官本位思想的浸染，受到国家至上、政府至上观念的腐蚀。国家以及政府就天生地优越于公民个人权利，政府官员凌驾于公民之上，凌驾于法律之上的现象还不时显现，极大地误导了社会主流价值取向。要全面适用法律面前平等的宪法原则，必须全面深化人人平等的法治理念，并在基本法律制度安排中全面贯彻人民主权原则与保障公民人权原则，国家权力没有任何优越于人民利益与国家法律的特殊地位与特别利益，只能服务于所有人平等人权的实现。

① 参见张永理：《当代中国政治生活中的封建残余研究》，知识产权出版社 2004 年版，第 124 页。

（三）强化以正义为核心的道德原则，弱化以人伦为核心的宗法伦理

法律制度是否需要体现特定的道德原则一直成为困扰着法律与道德关系的永恒主题，从某种程度上说，人类历史就是一部人类社会的道德法律关系史。最早阐述法律与道德关系的自然哲学，肇始于古希腊，发展到当代自由主义的滚滚洪流，焕发着持久而强大的生命力。该学派的核心是主张有一个实质的法的价值存在于具体法律规范之外，它独立存在却对实在法的正当性进行检验。这些价值是正义、公平、公正等。所以，法的价值就是法对正义、公平、公正等道德元价值的具体体现。因此，对自然法学派来说道德和法律是不可分的。道德是法律的基础，法律必须受道德的审查。只要稍微浏览法学家们的著作就可以看到自古希腊的斯多噶学派到罗马的法学家，中世纪的奥古斯丁、阿奎那，启蒙运动时的格老秀斯、孟德斯鸠，到现代的富勒，当代的罗尔斯、德沃金无不认为道德原则是法律的灵魂，没有道德的法律是不可想象的，或者说是不能称之为“法律”的。19 世纪以来的实证分析法学派，如奥斯丁、凯尔森、哈特不得不在自己的论著中对法与道德的关系作出论述，就连现在美国以实用主义哲学为指导、以经济分析为方法的波斯纳也不得不用专著来讨论这个问题。实证分析法学派不管是为了清除法律中的道德成分还是为了厘清法与道德的界限，他们都没有能绕过这个问题。哈特在坚持对法律的实证分析前提下，对法与道德的关系进行了有限承认，“法律在任何时候和任何地方的发展，事实上既受特定社会集团的传统道德、理想的深刻影响，也受到一些个人所提出的开明道德批判的影响。”① 并提出了“最低限度内容的自然法”理论，这是因为：（1）人类有脆弱性；（2）人类大体上的平

---

① ［英］哈特：《法律的概念》，张文显等译，中国大百科全书出版社 1996 年版，第 181 页。

等；(3) 有限的利他主义；(4) 有限资源；(5) 有限的理解和意志力。[①] 以此构建起一切社会中法律和道德的共同因素。由此引发了实证分析法学向自然法学派回归的趋势。当拉兹提出“法治的八项原则”时就表明新实证分析法学派在法与道德上拉近了与自然法学派的距离。法社会学派认为法律来自社会，服务于社会，要分析和理解法必须分析法与社会的关系。其中美国法社会学家塞尔兹尼克主张把自然法学适当引入法社会学中。他在《法律、社会和工业的正义》一书中指出：“如果我们研究某些道德发展的有关特征，我们就可以更好地理解合法性的人类基础以及它表示出的各种价值。”[②] 其他很多法律社会学家，如诺尼特、艾伦·亨特、考特赖尔和卢曼等人都认为法律既是事实，又是价值，法与道德是不可分开的。

倘若全面考察西方法治社会的形成与发展，可以看出贯穿于整个西方社会历史发展进程的主流价值观念并没有显著的变化，发源于古希腊、古罗马社会的民主法治传统以人类社会成员的平等、正义、公平、权利为核心价值观的道德原则为中心内涵，正义价值观引领着整个西方法治文明的繁荣。可以说，以正义为核心的道德原则是西方法律制度与法治文明的活的灵魂，乃至当代自由主义思潮依然体现着这一永恒的自然法原理。究其深层原因，在于以正义为核心的道德原则反映了人之为人的自然本性，反映了人作为社会成员理所应当享有的完全平等的社会地位与基本待遇。只有体现正义与平等的社会制度才符合人之为人的道德法则，这就要求法律制度必须以正义为首要价值取向，体现平等、正义、公平与权利等道德

① ［英］哈特：《法律的概念》，张文显等译，中国大百科全书出版社 1996 年版，第 242 页。

② ［美］塞尔兹尼克：《法律、社会和工业上的正义》，张乃根译，《当代西方法哲学主要流派》，复旦大学出版社 1993 年版，第 141 页。

要求。“耶林说道，法律与道德的关系问题是法学中的好望角；那些航海者只要能够征服其中的危险，就再无遭受灭顶之灾的风险了。”① 法律只有以正义为核心的良性道德原则为依归才可能成为人们观念与行为的普遍准则与尺度，并内化为具体的行动之中，从而实现法律的道德化。因为人的行动受道德法则和价值观的指引和支配，而“作为自然法的基础的价值，是构成人类的各个个体精神的整个集合的有尊严的、内在的和外在自由的生活。”故而“有远见和有理智地确信自然法在精神上的必要性，并在此基础上承认自然法，这是使人的个人精神在遵守自然法的同时仍然处于自由状态的一个前提条件。”② 法律作为调整一切利益分配与利益冲突的根本准则将平等、正义、人权这些核心价值要素作为自己的精神准则与活的灵魂就会成为理性的法，并通过持续运行内化为人们的普遍信仰，和谐社会秩序就可能形成。如果法律仅仅成为社会治理与政治统治的工具，远离道德原则甚至背离道德原则的基本要求，那么法律只能依靠强制与服从才能发挥作用。而完全依靠压制的法律是不可能取得人们的信任的，最终导致法律的失效与社会失序。正是在这个意义上，英国著名人权学家米尔恩教授强调指出，“道德在逻辑上先于法律。没有法律可以有道德，但没有道德就不会有法律。”③

在中国古代社会中，以血缘为基础的“孝”的道德成为确立个人在社会中地位的核心，并把人的社会关系血缘化，例如，古代皇帝要求臣民为其尽忠实际上就是“孝”这一伦理原则的扩大化。

① ［美］罗斯科·庞德：《法律与道德》，陈林林译，中国政法大学出版社2003年版，第121～122页。

② ［俄］伊·亚·伊林：《法律意识的实质》，徐晓晴译，清华大学出版社2005年版，第42、44页。

③ ［英］A. J. M. 米尔恩：《人的权利与人的多样性——人权哲学》，夏勇等译，中国大百科全书出版社1995年版，第35页。

在这种关系中自然以“义务”、“自律”的道德为调整社会关系的主体，而儒家的“礼”其实就是以“孝”为基础的社会规范体系。于是，自然形成对外在的“刑”的漠视。因为一个家庭中如何能以刑为治理的手段呢？所以形成“德主刑辅”的法律观。在统治上，自西周时就确立“明德慎刑”的传统，认为道德是治理国家的核心。这种“礼法结合”的中华法系实质是将“中国传统伦理道德规范与法律规范完全融合为一体，法律的评判标准与道德的评判标准完全一致”。[①] 在具体的法律制度上出现“亲亲相容隐”、“存留养亲”、“五服制”等。在司法实践中，如在审理兄弟因财产引起的纠纷案时，不是看谁有权益，而是用“恭、友”标准来判决。这在宋朝人编著的《名公书判清明集》上可以得到证明。所以说，在中国古代，法律和道德是浑然一体的，道德规范是社会规范的主导。中国古代法律制度的核心实际上是以宗法礼教的等级极差为核心的恶性道德原则为基础，这种道德反映了在中国封建专制社会制度下，人的宗法人伦地位与身份关系决定着他的权利义务分配。如果出身于王公贵族家庭，那么他就是锦衣玉食的权利享有者，如果他是奴隶仆役的子弟，永远都应该为其主子效劳终身；在家庭成员中如果他是一家之主或者排行老大，则享有最高的家庭地位与财产支配权力，如果他是排行小弟或是女子，则只能成为家庭的义务承担者。从社会细胞的家庭或更大的家族到整个国家官僚体系，无一不渗透着这种封建等级宗法伦理道德观念和精神。尤其严重的是，“大多数儒家思想家都认为等级制是正当的，甚至认为是人类生活的理想状态。”[②] 等级制度及其精神罗网自然笼罩着整个封建成文法律，无时、无处不在严厉约束着人们对于平等理想的

---

① 曾宪义：《中国法制史》，中国人民大学出版社 2000 年版，第 10 页。

② 高道蕴等编：《美国学者论中国法律传统》，中国政治大学出版社 1996 年版，第 307 页。

渴望。

随着新民主主义革命胜利暨社会主义制度的建立，广大人民群众实现了当家作主的愿望。社会主义国家的宪法明确规定了法律面前人人平等的基本原则，并要求一切国家权力服务于人民的利益，服从于人民的意志，从而实现了最大限度的平等理想。为进一步发展生产力，解放生产力，早日实现民主、文明、富强的强大现代化国家，国家实行了对内改革、对外开放的路线、方针和政策，并取得了辉煌的成就。但是，由于我国曾是一个历史悠久的封建专制国家，封建专制主义思想文化根深蒂固，宗法伦理盘根错节，不断地侵蚀着人们的思想并干扰着人们的意志与行动。不可否认地说，在现有的法律制度中，的确还存在着一些体现等级特权的思想观念的条文，虽然那些明显反映根据不同的身份享有不同的特权的法律没有了，但是仍然存在着大量的灰色地域实际上仍然受过去传统思想的深刻影响。一个明显的事实就是权力与权利的不平等现象较为突出，国家本位、权力本位思想反映在利益分配中，过分强调国家、集体利益优先、个人利益最后的利益分配原则直接限制了人们对于正当利益的追求。实际上，“如果群体的权利高于一切，那么，对社会正义的谋求非但不会导致对法律的遵循，而且会导致对法律权威的蔑视，因为宪法所宣载的权利和自由绝大多数是，而且也不能不是以个人为主体的。”① 在权力至上观念与人治意识的影响下，实际存在的领导职务终身制现象客观上助长了国家官员往往在利益和权利方面优越于普通公民个人的思想和动机。由于制度的不健全，官员腐败正成为改革开放以来最严重的社会问题，那些买官卖官、以官敛财、以官受贿的现象正在腐蚀着社会正义大厦；甚至出现了一人当官、全家发财，一人有权、全家得势等社会丑闻，尽管某些人受到了法律的制裁以及道德的谴责，但是反映了社会价值观

① 夏勇：《中国民权哲学》，生活·读书·新知三联书店2004年版，第194页。

念的深层次问题。费正清先生曾指出，“对于一个德治而不是法治的国家来说，主要祸患是随之而来的道德败坏和贪污腐化。”① 这些情形说明，社会基本道德价值要素如公平、正义、平等、权利等原则还没有完全内化为法律制度与法律文化的核心精神。以至于那些封建思想残余沉渣泛起，宗法伦理道德所提倡的忠孝仁义、等级特权价值观念死灰复燃，国家至上、权力崇拜、官僚本位等封建意识大行其道。以公平正义为核心的社会主义主流道德准则反而被人们丢弃，误解甚至背离，如果对此任放自流，那么个人失利、社会失范、国家失序的局面就会到来。

“一个社会，当它不仅被设计得旨在推进它的成员的利益，而且也有效地受着一种公开的正义观管理时，它就是组织良好的社会。”② 正是在改革开放的步子迈入深水区、社会分化显著、利益差别越来越大、人们的价值观念多元化的背景下党和国家不失时机地提出了建设社会主义和谐社会重大战略举措。和谐社会必然要求贯彻所有社会成员平等相待的基本道德准则，做到社会制度公平，社会资源共享，社会财富平等占有。平等正义的道德原则要求：不但在社会财富、社会利益的分配方面体现基本的公平公正，同时要求所有社会成员都能平等相待，都享有同样的人格尊严、法律地位与社会待遇。要真正实现社会成员的平等保护，社会秩序的良性和谐，法律制度必须首先体现公平正义的道德要求。那是因为“一个法律制度若不能满足正义的要求，那么从长远的角度来看，它就无力为政治实体提供秩序与和平。”③ 为了实现正义、和平与秩序，

---

① ［美］费正清：《观察中国》，傅光明译，世界知识出版社 2001 年版，第 122 页。

② ［美］约翰·罗尔斯：《正义论》，何怀宏等译，中国社会科学出版社 1988 年版，第 5 页。

③ ［美］E. 博登海默：《法理学—法律哲学与法律方法》，邓正来译，中国政法大学出版社 2004 年版，第 330 页。

在立法与司法环节，就应当体现普遍平等原则，它既包括法律平等对待所有的社会成员，还包括平等对待公民个人和政府机关及其官员。在现行的宪法与法律制度中，基本体现了这一原则，但仍然存在着诸多问题。公民个人与国家权力的行使者官员没有真正实现平等原则的基本要求。而国家权力本身对于公民个人而言具有高度的危险性使得权力享有者能够轻易地对公民个人施加强制，导致公民个人权利可能面临着巨大威胁。正因为如此，法治国家要求必须将权力置于人民监督之下，同时将权力分立行使以达到相互制衡。由于我国现行政治体制与政治制度还不完善，权力监督与权力制约还存在很大的发展空间，权力制约机制的不足必然引发权利保障机制危机，上述问题都与此有关。当然，制度建设应另当别论，但至少，观念更新应当先行。特别是那些决定着社会制度是否公正的核心原则，如正义、平等、公正、权利等道德原则应当全面体现在法律制度中，成为法律制度运行的活的灵魂与精神支柱，只有如此，法律才能真正做到公平地调整一切利益分配与利益争端，通过包括刑事诉讼在内的纠纷解决机制，最终实现社会秩序的和谐共生。

二、我国刑事诉讼生态化需要理性的诉讼观为其基础

我国刑事诉讼生态化不仅为刑事诉讼赖以生存和发展的文化系统环境提供了整合的必要性，而且对诉讼观念环境也提出了更高要求。现代法治背景下的刑事诉讼观念更新是制度创新的必要条件与重要基础，诉讼意识与诉讼观念的现代化是实现刑事诉讼生态化的必不可少的重要环节。具体而言，我国刑事诉讼观念更新应着重从以下三个方面寻求突破：

（一）树立法律真实观

客观真实主义与奉行单纯发现真相，片面惩罚犯罪的诉讼价值观是里应外合的。然而，“与纯科学不同，法律的目的并不在于发现真相，并不在于发现全部真相，并不纯粹在于发现真相。这不但

代价过高，而且往往与解决争执的目的不沾边。”① 客观真实价值观过分强调了刑事诉讼的工具理性而忽视了价值理性，比较注重实事求是的认识论哲学对刑事诉讼的指导意义而忽视了刑事诉讼直接涉及价值判断这一重要事实。“实事求是原则对于刑事诉讼活动的认识活动具有根本指导意义，因为刑事诉讼活动离不开认识过程。同时，刑事诉讼活动不仅仅是一种认识活动，它还是受程序法规制的法律实施活动。刑事诉讼活动面临着价值判断与价值选择，在认识活动与价值选择出现冲突时，必须根据价值论原理，进行取舍。”② 刑事诉讼作为解决严重刑事争端的法律活动应当遵循价值论法则的要求，受刑事正当程序的严格规制，因为：“查明真相，并不是其自身有何目的，而是为了将规则和原则正确地适用于争执。”③ 为此，树立法律真实观是价值平衡与协调的必然要求。

法律真实观认为，司法机关在发现和认定案件事实的刑事诉讼过程中，必须以现有的证据事实为基础，必须尊重蕴含程序正义价值的刑事程序要求。在对证据的采用或对案件事实的认定达到刑事实体法和刑事程序法所要求的标准时，即可采用证据或认定案件事实，否则，就应当排除该证据或不予认定案件事实。法律真实观的立论理由是：根据马克思主义哲学原理，对客观世界的认识，对案件事实的证明，只能达到一种相对真实的程度，所以被证明的案件事实，就不可能是实际发生的全部客观事实。诉讼证明不仅是一种认识活动，而且是一种法律活动，它不仅追求证明的真理性，还追求证明的正当性。因为，“围绕证据的运用所进行的活动无论具有

---

① ［美］迈克尔．D. 贝勒斯：《法律的原则——一个规范的分析》，张文显等译，中国大百科全书出版社1996年版，第23页。

② 张能全：《刑事司法视野中的实事求是与无罪推定》，载《探索》2004年第1期。

③ ［美］迈克尔．D. 贝勒斯：《法律的原则——一个规范的分析》，张文显等译，中国大百科全书出版社1996年版，第22页。

何种诉讼类型，都是以解决利益争端和纠纷为目的的法律实施活动，其中尽管包含着认识过程，但并不仅仅等同于认识活动。”①尊重法律和法律程序，正是证明活动具有正当性的表现。主张“法律真实”可以使诉讼证明活动变得具体明确，便于司法人员操作，也容易为普通公民或当事人所接受。同时，法官在诉讼中对案件事实的认定由于受主观因素、价值判断以及所依据的认识材料残缺不全而使得对事实的认识成为一种主观认识，这种主观认识通过实体法、程序法以及证据规则等法律机制的加工而成为一种“可合理接受”的事实。这种对于案件事实的认识过程是在一个法律构成世界中完成的，它所能达到的是一种叫做“法律真实”的程度。

法律真实观在于以务实的态度承认人们在诉讼中对案件事实认识的非至上性的前提下，通过公正的程序使这种非至上性的主观认识走向法律真实，这种“事实”是由法律所创造的，对这种事实的认识是通过法律程序进行的，其事实构成又是由实体法加以规定的。由于事实的认定者必须遵守程序法的规定，从一定程度上说这种事实是由法律程序自主产生的。当然，这种事实必须通过客观的证据来证明，并通过人的主观思维、判断来实现。所以“法律真实”不是“客观真实”，却可以通过正当程序无限接近客观真实；“法律真实”不是纯“主观认识”，而是主观认识在实体法、程序法以及证据规则等限制下脱胎换骨走向法律化的事实，“法律真实”具有客观性、主观性、法律性三种性质。通过法律程序确定的事实，既包含了与客观事实相一致的极大的可能性，也包含了通过程序而获得的正当性，还包含了国家为定分止争所表现出来的强制性，而不是单纯追求案件客观真实，因而具有合理的可接受性，不仅便于司法人员操作，而且使诉讼证明活动变得具体、明确，使

① 陈瑞华：《刑事诉讼的前沿问题》，中国人民大学出版社2000年版，第197页。

刑事程序成为决定认定案件事实的重要环节而不再是可有可无或仅处于从属地位的东西。也就是说，在“法律真实”的观念下，事实不再超越于法律，而程序却约束着事实，制约着对案件事实的发现和判断。从这个意义上说，“法律真实”是相对真实与正当程序的统一，程序的正当性体现了对当事人特别是犯罪嫌疑人、被告人权利和人格尊严的充分尊重，使最终认定的这种事实能够为公众所接受。法律真实为刑事司法证明指明了正确的方向，为案件的准确及时裁判提供了坚实的基础和可靠的保证，真正契合了有效解决刑事纷争的诉讼目的。对此，我们应当坚持法律真实观而非客观真实观，因为，“客观真实的要求与法治的要求是根本不相容的”①。

法律真实观的确立反映了我国刑事诉讼法学理论界与实务界对于刑事诉讼目的和本质有了新的认识，从原来绝对的客观真实观发展到现在相对的法律真实观，打破了原来的刑事诉讼绝对工具论神话，对于摆脱刑事诉讼活动仅仅成为国家政策实施工具的畸形认识起到了重要的作用，为正确认识刑事诉讼的目的和本质，为刑事诉讼新型观念体系的形成开辟了道路。法律真实意味着刑事证明中的“事实”具有相对意义和法律意义，而不是原来的那种绝对意义上的“事实”。因为“事实”在法律程序中有双重含义：一为社会和经验层面的事实，二为法律层面上的事实。②而在严格的法律形式主义的限制下，裁判者所认定的事实显然不等于社会或经验层面上的所谓“客观真实”，而只能是法律上的事实。法律真实摆脱了客观真实中的“事实”不受法律规制的状况，对于我国的刑事程序法治化建设将发挥奠基性作用，也为刑事诉讼解决纷争的最终目的实现扫清了障碍。

---

① 樊崇义等主编：《刑事证据法原理与适用》，中国人民公安大学出版社 2001 年版，第 39 页。

② 陈瑞华：《刑事诉讼的前沿问题》，中国人民大学出版社 2000 年版，第 216 页。

（二）树立正当程序观

“正当程序”原指刑事诉讼必须采取正式的起诉方式并保障被告人接受陪审裁判的权利，后来扩大了其适用范围，意味着在广义上剥夺某种个人利益时必须保障他享有被告知和陈述自己的意见并得到倾听的权利，从而成为英美法中人权保障的根本原则。[①] 正当法律程序体现的公平、正义、合理等基本理念源于英国古典的“自然正义”。后来美国继承了英国的这一传统，并将其完美地体现于美国联邦宪法所确立的“正当法律程序”中。“非经正当法律程序，不得剥夺任何人的生命、自由或财产”，凸显了英美社会“过程公正”理念在人们意识中的强大影响，或者反过来说，正是英美人民的强烈的程序公正意识，造就和滋养着英美法系国家“过程公正”型的刑事诉讼法律制度。[②] 英美法把刑事诉讼视为政府与人民之间的一种“纠纷”，由此确立了“当事人主义”的诉讼制度，这是他们长期以来引以为豪的，认为这是“最有可能产生准确裁判的制度”，是发现事实真相的“最佳法律装置”。这种制度在追求事实真相的过程中，更加重视程序对官方权力的限制，强调双方当事人在诉讼中的主体地位和诉讼作用，使他们在诉讼中积极主动地互相对抗与争辩，体现在侦查程序中则赋予被追诉者对抗官方的权利，实行“双轨式”侦查模式；在起诉方式上实行“起诉状一本主义”，防止法官形成预断；在庭审活动中，实行控辩平等对抗、举证、质证；法官消极听证、居中裁判，没有主动查明事实真相的义务；强调证人必须出庭作证和被告人的沉默权等。总之，英美法确立的“正当程序”原则体现了刑事程序的独立价值，通过加强被追诉者的主体地位来保障其诉讼权利并严格限制政府权

① 转引自樊崇义、夏红主编：《正当程序文献资料选编》，中国人民公安大学出版社2004版，第8页。

② 左卫民、周长军：《刑事诉讼理念》，法律出版社1999年版，第133页。

力，使得由此产生的诉讼结果更加具有“正当性”。

作为解决刑事争端的诉讼活动，发现实体真实是它最直接的价值目标。同时，获得事实的诉讼证明过程必须符合正义要求，即体现正当程序原则，保障程序参与者特别是被告人的基本权利和自由。在一定程度上，正当程序可以促进实体真实的发现。正如美国学者泰勒所说：“一般情况下，公正的程序比不公正的程序能够产生更加公正的结果。”① 裁判者在审判过程中，确保控辩双方充分而有效地参与裁判的制作过程，可以获得对双方主张、证据进行全面了解和审查的机会，并通过听取双方从各自不同甚至相反的角度对案件事实认识，加强对事实真相的全面、客观的判断。这与那种由裁判者单独、秘密地从事调查的审判方式比较起来，更有助于案件事实真相的显露和揭示。再如，证据裁判原则和程序理性原则要求裁判者在对案件事实作出认定时，要经过详细、冷静的评议，要求将犯罪嫌疑人、被告人是否有罪的结论建立在以经合理论证而采纳的证据为基础的理性判断之上，通过正当程序来保障实体真实，这体现了正当程序对实体真实发现的保障作用。尽管如此，正当程序并不必然会产生实体真实的结果。因为实体真实和正当程序各有其独立的价值判断标准，而且二者存在着天然的内在紧张关系。在此种情况下，实体真实和正当程序是难以调和的。同时，“法律程序和发现真实的目标也并非同等重要”②，发现真实必须服从于解决刑事纷争的整体司法目标。再者，由于司法资源和诉讼手段的有限性，实体真实与正当程序也无法同时得到满足。诉讼证明必须在刑事程序规则和证据法则的规制下进行，裁判者在对案件事实予以揭示的同时，还必须体现程序正义、人权保障和诉讼效率等多元价

① 转引自陈瑞华：《刑事审判原理论》，北京大学出版社 1997 年版，第 99 页。

② [美] 米尔建. R. 达马斯卡：《漂移的证据法》，李学军等译，中国政法大学出版社 2003 年版，第 170 页。

值。“刑事审判，是‘人’对‘人’的审判，诉讼法必须解决依照何种规则来探知事实真相的问题，更必须处理真相不可得知时‘如何收场’的问题。”① 因此，正当程序设置的意义更多的不在于实现实体真实，而在于通过程序保护被告人的基本权利不受国家司法权的非法侵犯，在于保证刑事诉讼在公平而合理的时空限度内得到有效的解决。

基于职权主义诉讼模式的历史传统，我国刑事诉讼立法和司法实践在对待实体真实与正当程序的态度上，比较偏重于追求实体真实，往往容易忽视正当程序的价值。我国的证据制度强调了“实事求是”的认识论原则。要求司法人员无论是收集证据，还是对证据进行审查判断，都必须尊重案件的事实真相，恢复案件事实的本来面目，使主观认识完全符合案件事实的客观情况。由此形成了中国特色的证据资格、证据收集和司法证明活动等刑事证据规则体系。我国整个刑事诉讼法律制度也同样贯穿着“实事求是”的思想，基于这一思想，要求办案人员积极主动、全面正确地收集和审查判断证据，以查明案件实体真实。实事求是原则无疑对于刑事诉讼中的认识活动具有根本指导意义，因为刑事诉讼活动离不开认识过程。但是，“围绕着证据的运用所进行的活动无论具有何种诉讼类型，都是以解决利益争端和纠纷为目的的法律实施活动，其中尽管包含着认识过程，但并不仅仅等同于认识活动。”② 因此，强调程序的正当性与合法性是刑事程序公正的应有之义，程序公正是实体公正的前提和基础，程序不公不可能有实体公正的结果。刑事诉讼法作为规范刑事诉讼活动的准据法，本身就具有确保程序公正与实体公正的双重功能，那么遵照正当程序是发现实体真实，最终实现正义当且仅当的行动路线。它还在于通过法定程序规范国家权力

① 林钰雄：《刑事诉讼法》（上），中国人民大学出版社2005年版，第5页。
② 陈瑞华：《刑事诉讼的前沿问题》，中国人民大学出版社2000年版，第197页。

的行使，为其设定法律边界，以保证公民的基本权利不受国家权力的非法侵犯。正是基于此目的，刑事诉讼法要进行严格的程序安排：规定无罪推定原则与疑罪从无原则，即所有涉嫌犯罪的公民在由独立的法庭作出判决之前都是无罪公民，公民个人为确保自身权益以诉讼主体的身份参加到诉讼中来积极行使辩护权。要求控诉方承担证明被指控者有罪的证明责任，如果控诉方不能充分地证明被指控者有罪，裁判者将作出无罪判决；设定沉默权规则与非法证据排除规则，即尊重被指控者的自由意志和自由选择的权利，保证其消极辩护权的行使。严格规范国家专门机关的职权行为，如果出现了侵犯公民个人权利的行为，该行为将被裁定为无效，由此所获得的证据将被排除；确立审判中立、控审分离、控辩平等的诉讼原则，以保证裁判活动的公正性；建立完善的辩护制度和救济制度，以保证被指控者的合法权益，等等。这些规定显然就是正当法律程序的具体体现。在我国的刑事司法实践中，不同地区还不同程度地存在着片面追求“实体真实”而将程序虚置或使其沦落为附属工具的现象。究其原因，主要有政治、经济、文化等方面的因素，由于我国传统法律文化中缺少个人的自主地位和独立价值，国家本位的价值观念根深蒂固，在刑事诉讼领域，较为注重国家专门机关积极行使职权，惩罚犯罪，维护公共秩序，诉讼程序仅仅被视为国家实现刑罚权的工具。中国几千年的法制传统是重人治、轻法治；在法治环节上，重实体轻程序，造成诉讼的政治化倾向，审判的政策功能大大扩张。而这些现象都表明了正当程序观念的不足或缺位。

鉴于我国刑事诉讼存在片面追求实体真实的情结，必须大力强化正当程序意识，树立程序优先的基本理念。在坚持强调正当程序的同时，是否不再需要实体真实呢？“由于正义的实现即国家刑罚权的实现必须是以确凿的具有客观性的事实为基础，因此，可以说，如果放弃对客观事实的追求，诉讼也就丧失了灵魂，司法正义就没有站立的根基。”① 在协调实体真实与正当程序的关系时，我们认为，不是放弃实体真实的追求而是本着遵循刑事正当程序原则和要求寻求事实发现，亦即，强调符合法律要求和程序要件的真实，从而树立一种对实体真实与程序公正兼顾并重的观念，并在此基础上合理确定最低程序公正优先的原则。这就是说，在实体真实与正当程序根本对立而不能兼顾时，为了遵循以人权保障为价值目标的正当程序，应容忍对实体真实发现施加一定的限制，最终实现刑事诉讼综合价值的最大化。具体而言，通过修改立法不断完善程序，形成一种有助于发现实体真实的公正程序，确立“最低限度的程序公正标准”，使“程序公正”的理念深入人心，司法实践必须严格遵守正当程序的要求，否则将受到程序违法制裁。强化庭审对抗制因素和被告人的诉讼主体地位，保障被告人受到公正审判的权利，体现程序公正和人权保障的精神。建构我国现代刑事诉讼体系必须体现实体真实中的正当程序价值理念，当追求实体真实有违程序公正的要求时，这种追求应当受到“最低限度的程序标准”的限制，坚持实体真实与正当程序的有机协调。立足现实、面向未来、环顾近邻、放眼世界、通向程序法治之路的务实策略似乎只能是：追求真实，但不片面追求；严守程序，但不过分强调现有的法定程序；通过公正的法律程序查明案件的事实真相。②

（三）树立消解冲突观

弗里德曼指出，法律制度所具有的类似全球意义的职能就是解

① 龙宗智：《确定无疑——我国刑事诉讼的证明标准》，载《法学》2001年第11期。

② 孙长永：《通过公正的法律程序查明案件的事实真相——关于刑事诉讼事实根据的初步思考》，载孙长永主编：《刑事诉讼证据与程序》，中国检察出版社2003年版，第34页。

决争端。[①] 可以说，解决争端是所有诉讼机制的最终目标。现代刑事诉讼立基于这样的现实：社会的多元化发展注定了矛盾冲突的复杂性与全面存在，为维系社会共同体的团结与社会大体有序，必然要求纠纷解决机制的系统化与解决冲突的高效率。作为严重冲突的解决机制，刑事诉讼的终极目标乃是解决刑事纷争以消解冲突。诉讼过程必须体现其对于发现真实和正当程序的基本要求。在考察法律真实与正当程序范畴时，应当以更高的视角来审视他们都共同服务于刑事司法的消解冲突目标。“刑事诉讼法的目的，可以说就是通过正当程序，迅速解决刑事案件。”[②] 也就是说，不管实体真实还是正当程序，都取决于案件的最终解决。不管是客观真实，还是法律真实，最后必然消解刑事冲突。解决刑事纷争必然要求刑事诉讼程序与刑事证据规则的可操作性、公平性和开放性。可操作性，是指规则必须明确具体，容易把握而且能够达到预期目标；公平性，是指规则所涉及的控辩双方的取证、举证、质证环节必须体现公平、公正的基本理念；开放性，是指刑事程序与证据规则不应当是机械、僵化的教条，应当随着时代的变化和科技的进步不断调整和充实。以解决纷争为建构刑事程序与证据规则的最终目的和根本理念，这就要求二者必须立足于法律真实而追求客观真实，但必须把握它们之间的界限。“认识论上最为理想或最为称心如意的事实认定方法，仅仅在它们没有危害到解决纠纷的终极目标——公平而非‘真实’时——才能被认可。”[③] 必须立足于通过法律的正当程序查明“案件事实真相”而不是偏离甚至抛弃正当程序追求所谓的“客观真实”，实体真实必须以正当程序为前提和基础，否则就

---

① ［美］劳伦斯．M. 弗里德曼：《法律制度》，李琼英译，中国政法大学出版社1994年版，第20页。

② ［日］田口守一：《刑事诉讼法》，刘迪等译，法律出版社2000版，第14页。

③ ［法］米尔建．R. 达马斯卡：《漂移的证据法》，李学军等译，中国政法大学出版社2003年版，第170页。

丧失了真实的正当性与合法性。违反正当程序的实体真实可能本身不真实而对于解决刑事纷争没有任何意义；即使可能真实但违反法律的基本原则根本不可能公平、公正地解决刑事案件，必然背离解决刑事纷争的诉讼最终目标。

围绕着证据运用所进行的活动无论具有何种诉讼类型，都是以解决争端和纠纷为目的的活动。裁判者为了真正地以令人信服的方式解决利益争端，一方面必须查明案件事实真相，使最终作出的裁判建立在实体真实基础上，另一方面必须遵循正当程序，实体真实发现必须在体现程序价值的刑事诉讼法律的规制下进行，如果事实认定不符合客观事实，或者不值得信赖为真实，裁判就不可能也不应当具有期待中的权威性；同样，如果发现和确定事实的程序不公正，甚至是违法的，那么，即使事实认定在“客观上”是准确的，也不具有正当性，而且在这种不公正的或者违法的程序之下作出的事实认定本身就不可能产生“值得信赖”的准确性。因此，世界各国都在实体真实与正当程序之间不断调适，以期达到最佳的综合效益。一向奉行“实体真实”的大陆法系国家，在其职权主义诉讼模式中注入正当程序的理念，借鉴当事人主义合理因素，使实体真实的发现更多体现程序公正、诉讼效率、人权保障等诸多法律价值；而当事人主义也在不断调整，除了“正当程序”的内涵不断充实以外，一系列程序规则和证据法则的修改也越来越明显地促进了当事人主义诉讼的真实再现功能。两大法系之间相互借鉴、融合，使其在实体真实与正当程序之间的关系问题上，已基本达成一致，国际刑事司法准则就是这种一致性的反映和标志。随着国际人权法的发展和刑事司法国际准则的形成，一套“最低限度的程序公正标准”得到了国际社会的普遍承认，并且正迅速影响着各国国内法的改革和完善。[①] 我国刑事诉讼是在大陆法系职权主义基础上形成的"超职权主义"诉讼模式，长期以来强调实体真实的发现而忽视程序正当性。1996 年刑事诉讼法的修改加强了当事人主义对抗制因素，但在刑事诉讼诸环节中，仍然继续强调"实事求是"、"客观真实"，这严重违背了国际潮流和程序法治精神。因此，必须加强"正当程序"意识，在实体真实与正当程序之间探求一种适应我国实际情况的事实发现机制与争端解决机制。

解决冲突的诉讼目的与诉讼过程即程序有着密切的关系，因为，"争讼必须受到某种规制：没有规制的争讼就像没有规则的决斗一样，必定会导致报复，引发更多的冲突，而不是遏制和消解现有的纠纷。"[②] 争讼的目的不外乎确认和恢复先前的权利，昂格尔说过，"权利不是社会的一套特殊安排而是一系列解决冲突的程序，这个认识后来成为许多西方政治法律思想的核心观念。"[③] 也就是说，和平、权利、正义与程序是紧密地联系在一起的。通过正当法律程序解决刑事纷争理所应当地在刑事诉讼观念体系中居于最高统率地位，这是由刑事诉讼的根本任务所决定的，受刑事诉讼活动本质制约。所谓本质，是事物本身所固有的，决定事物性质、面貌和发展的根本属性。[④] 任何诉讼活动都是旨在解决纠纷，化解矛盾，刑事诉讼化解的是刑事纷争，民事诉讼化解的是民事纠纷，而行政诉讼解决的是个人与行政机关之间的行政纠纷。根据目的决定

---

① 孙长永：《通过公正的法律程序查明案件的事实真相——关于刑事诉讼事实根据的初步思考》，载孙长永主编；《刑事诉讼证据与程序》，中国检察出版社 2003 年版，第 29 页。

② ［美］米尔伊安 . R. 达玛什卡：《司法和国家权力的多种面孔》，郑戈译，中国政法大学出版社 2004 年版，第 19、147 页。

③ ［美］R. M. 昂格尔：《现代社会中的法律》，吴玉章、周汉华译，译林出版社 2001 年版，第 81 页。

④ 中国社会科学院语言研究所词典编辑室编：《现代汉语词典》，商务印书馆 1978 年版，第 52 页。

结构和功能的基本原理，诉讼的首要功能就在于解决各种冲突与纷争，化解各种社会矛盾。当然它还会衍生出如人权保障、惩罚犯罪、司法公正等其他功能。为了有效而彻底地解决这些冲突和纷争，主要取决于两个方面的因素，其一，必须查明纠纷或冲突的案件事实和原因，这就必然要求发现真实；其二，解决冲突或纷争必须确立一整套的程序，这个程序应当有利于纠纷的解决，一般遵从公平和对等原则，双方当事人有充分的条件进行平等的对话和交流，旨在保证这种对话和交流的机制就是我们所说的正当程序。前者在于提供解决纷争的材料和基础，后者在于保证双方都有效地参与到与各自利益相关的纠纷解决的过程中，而且保证在不能完全查清冲突或纠纷的原因的时候，按照公平原则化解冲突，以定分止争。因此，我们认为发现真实与正当程序为解决纷争提供事实基础和运行条件，二者必须服从于解决刑事纷争的整体司法目的。

刑事诉讼活动需要发现事实真相，但更重要的是要解决刑事纷争。为了及时有效地解决刑事纷争，明确被告人是否有罪及承担刑事责任，就必须以查明案件事实真相为前提和基础。因此，刑事诉讼必然高度重视发现真实这个环节。实际上，任何国家的刑事诉讼都是以发现真实为前提和基础的，没有哪个国家认为定罪处罚可以不讲事实根据，在历史上也没有哪个时代公开主张不以事实而随便定罪。但关键在于将发现真实是作为刑事诉讼的唯一目的和理念还是将其作为刑事诉讼的一个基本环节，是否认为发现真实服务于解决刑事纷争。如果将发现真实作为刑事诉讼的唯一目的和最高理念，为了发现真实而不惜一切代价，则会带来灾难性的后果。因为发现真实本身不具有绝对可欲性，刑事诉讼活动作为特定时空范围下所进行的活动，必然受到各种条件的限制，它不能保证任何刑事案件都能够做到犯罪事实清楚，证据确实充分，只能最大限度地接近案件的客观真实情况。如何判断案件接近客观真实的情况呢，只有通过案件裁判者的自由心证来实现。在不能查明案件真实的情况下，刑事纷争同样必须加以解决而不可能将其搁置起来，否则将使公民权利受到侵害和社会的不稳定因素增加。正是如此，刑事诉讼法才会有无罪推定、疑罪从无等程序规则与证据法则。从这个意义上讲，发现真实不具有终极意义，它必须服务于刑事司法的根本目的，化解社会一切纷争和争执，使得整个社会处于和谐而稳定的健康秩序之中。就正当程序的要求而言，刑事诉讼活动必须遵从符合公平正义的一般原则，符合刑事诉讼活动的客观规律，遵从刑事诉讼的裁判中立、控辩平等、控审分离等基本原则。刑事诉讼活动是众多诉讼参与者共同作用的诉讼活动，其目的在于解决因为犯罪嫌疑人与被告人的行为是否构成犯罪以及如何定罪处罚的活动，诉讼中的控诉机关、裁判机关与被告人及其辩护人构成一种良性互动的等腰三角形诉讼构造。构造中的裁判方保持不偏不倚的中立立场进行客观裁判，由控方积极主动地进行有罪指控，而辩方则针锋相对地进行反驳。这种程序结构既充分调动了当事人举证、质证的积极性，有利于发现案件事实真相，又体现了程序公正的品质，有利于纠纷的顺利解决。发现真实与正当程序可能存在一定的紧张关系，因为："一套旨在最大化纠纷解决目标的程序不可能同时试图最大化准确的事实发现。事实上，这种程序不会把事实发现的准确性作为一个独立于纠纷解决的目标来追求，即使是在当事人所界定的事实争点的狭小范围内。纠纷解决型程序中的事实认定与其说是一项关于世界真实状态的宣告，不如说是一项调停当事人之间争论的决议，就好比是结束一场战斗的停火协议。"① 因此，发现真实必须以最低限度的正当程序的遵从为前提和条件，在正当程序中发现真实，发现真实与正当程序协同于刑事诉讼的最终目的——消解社会冲突、解决刑事纷争，才能真正有效地发挥刑事诉讼应有的功能。

---

① ［美］米尔伊安．R．达玛什卡：《司法和国家权力的多种面孔》，郑戈译，中国政法大学出社2004年版，第19页、第183～184页。

第六章 刑事诉讼生态性的社会维度

"法律是维系人类社会团体，特别是文明社会存在和发展的必要条件，而社会的生活条件则是法律赖以产生、藉以实现其效力的基础。"① 刑事诉讼作为人类社会解决严重刑事冲突的协调机制与社会控制机制属于人类社会文明的重要组成部分。特定社会类型和社会结构生成特定的法律制度、特定的刑事诉讼生态及制度类型，其具体内容与个性特征乃是特定社会政治、经济、文化及社会发展的附产物，这是因为"法律根植于社会，生长于社会，法律的真实效力不是源于主权者，而是源于社会的承认"。② 亦即，法律变革与社会变迁有着深刻的内在联系。弗里德曼教授曾指出，相对于社会变迁而言，法既是反应装置又是推动装置；在这两种功能中，尽管法对社会的被动反应得到了更普遍的认知，但法对社会的积极推动的作用正在逐步加强。③ 分析刑事诉讼与社会制度及结构的衡态共生的生态平衡特性，对于揭示特定刑事诉讼的个性特征，把握刑事诉讼法律制度变迁的共性规律，以实现刑事诉讼的生态化转型具有重要的启发意义。我国刑事诉讼生态类型及其制度结构受制于传统社会、政治、经济、文化等结构性要素的深刻影响而呈现为传

① 魏宏：《法律的社会学分析》，山东人民出版社 2003 年版，第 76 页。

② 尹伊君：《社会变迁中法律解释》，商务印书馆 2004 年版，第 111 页。

③ 转引自季卫东：《宪政新论——全球化时代的法与社会变迁》，北京大学出版社 2002 年版，第 116 ~ 117 页。

统刑事诉讼生态类型，如何全面实现由传统刑事诉讼向现代刑事诉讼整体转型并逐步生成现代刑事诉讼的生态特性成为本章研究的主题所在。通过具体分析传统刑事诉讼生态所赖以存在的社会结构及相互关系，现代刑事诉讼生态所赖以存在的社会结构及相互关系，探索刑事诉讼法律制度与其社会环境的生态平衡规律，为刑事诉讼法律制度的完善提供具体建议。

第一节 传统刑事诉讼法律制度与其社会环境的生态平衡

传统刑事诉讼生态是在传统政治、经济、文化及社会环境中逐步形成的：国家与社会的一体化格局，家国不分的传统社会下的刑事诉讼法律制度只能呈现出比较单一的诉讼结构与诉讼功能。“一个制度要想在一个社会获得成功是离不开这个社会的特有传统支持的，因为制度和信仰必须扎根于本国的土地，否则便会枯萎。”①一定的诉讼制度与特定的社会环境是同生共长的有机体，二者保持着衡态共生与网络整生性的生态平衡。由于政治国家从它诞生的时候起就产生了异化并凌驾于社会之上，国家将社会完全同化甚至吞噬，作为最初解决刑事纷争的刑事诉讼原生态类型也就逐渐转化为维护统治秩序主要工具的纠问式刑事诉讼次生态类型。该诉讼生态类型体现的是国家高度重视社会秩序与公共安全的维护，并将惩罚犯罪作为维护国家安全与公共秩序的重要手段。因此，刑事诉讼呈现出高度纠问形式的专横性与武断性，国家权力恣意现象十分严重，而刑事诉讼中的公民个人权利严重萎缩，犯罪嫌疑人与被告人仅仅是国家追诉和审判的客体，是等待被处置的对象，不具有基本

---

① 杨心宇主编：《现代国家的宪政理论研究》，上海三联书店2004年版，第66页。

的防御权利与主体资格。刑事诉讼中的个人地位的弱势性体现了该时代政治国家已经完全凌驾于市民社会之上，国家与社会处于高度同化状态。分析中国与西方各国传统社会类型的基本特征对于揭示中国与西方各国的刑事诉讼生态差异，以及把握它们各自的演进路径及具体进程具有关键意义。

一、西方国家社会的重合及分化与传统刑事诉讼生态演化

总体说来，无论是东方国家还是西方国家，刑事诉讼的原生形态都是弹劾式诉讼。但古代西方国家的弹劾式诉讼发育比较成熟，形成了较完整的诉讼制度形态而且持续时间相当久远，其原因在于西方早期文明的“独特性”。亦即，它与西方国家早期文明的特定形态及其独特内涵、社会结构、政治法律意识密切相关，其中起着决定意义的乃是社会结构。西方文明根植于古希腊、古罗马的“海上文明”①，其早期国家形态表现为一种部落联盟的氏族模式。这种模式因其自愿联合、多元权力中心和立法对国家结构的促动，而倾向于一种民主型的政治运行机制，② 从而形成了以土地私有制、商品经济和以占有人身为内容的奴隶制为基础的国家直接统治个人的统治方式。经过平民与贵族的斗争，建立了民主制共和国，形成一种国家与社会相重合的历史样态。表现为社会生活与政治生活相融合，社会事务与私人事务相包容。“城邦公民集团‘轮番而治’的原则，也使得它必须发展出一套国家法和私法来。换句话说，城邦必定是‘宪政国家’或‘法治国家’，”③ 以对城邦按章治理，保障自主自给的城邦共同生活。与此相适应，希腊城邦社会平等与法治的理念直接影响着人们对于诉讼的认识。随着政治改革

① 顾准：《顾准文集》，贵州人民出版社 1994 年版，第 282～286 页。
② 谢维扬：《中国早期国家》，浙江人民出版社 1995 年版，第 133、158、56 页。
③ 顾准：《顾准文集》，贵州人民出版社 1994 年版，第 80 页。

的推进与陪审制度的建立，市民广泛地参与到司法审判活动之中，司法的民主性、平等性得到了充分的体现。在广泛参与的过程中逐渐培育了权利的基本理念，并通过广泛行使诉权而实现权利。这种理念后来又传承给了罗马人。与希腊相比，罗马不仅拥有一个强大的国家，而且还孕育了早期的市民社会。然而，正是因其有强大的国家的“监护”，故而市民社会还未能获得充分发展。[①] 罗马法中提出公法与私法的区分，其目的在于把公法搁置一旁来避免禁区中的冒险。[②] 然而，适应罗马市民社会需要的罗马私法则十分发达，甚至刑事法也被私法化了。正如达维德所说，“在罗马既不曾有宪法，也不曾有行政法；虽然刑法发展起来了，那常常是在规定个人间的范围内，因此，它不完全属于‘公法’的领域。”自然法被确定为法律原则，“这个法律对国家本身尤为重要，任何擅自蔑视它的统治者行将变成一个暴君。”[③] 这使得罗马成为一个重法尚法的“法制国家”。罗马人重视永恒的价值及作为其客观表现的“权利”、重视人格和彼此关系中的自由、重视传统的权威，并坦诚守信。自我服从意识可以看成是罗马精神的标志。[④] 尤其是“在共和国扩张到帝国的初期，人民多有公民权的意识，觉得做罗马市民是自己的权利和义务，他们在罗马法律下行使自己的权利，也为罗马贡献自己的一切。罗马人伟大、公正、守法的名声传到罗马境外很远的地方。”[⑤] 罗马时代私法的发达为诉讼的滥觞奠定了坚实的法

---

① 转引自马长山：《国家、市民社会与法治》，商务印书馆 2002 年版，第 115 页。

② ［法］勒内·达维德：《当代主要法律体系》，漆竹生译，上海译文出版社 1983 年版，第 59 页。

③ ［美］爱·麦·伯恩斯、菲·李·拉尔夫：《世界文明史》第一卷，罗经国译，商务印书馆 1987 年版，第 208、326 页。

④ 参见［意］巴洛：《罗马人》，黄韬译，上海人民出版社 2000 年版，第 238 ~ 239 页。

⑤ ［美］H. G. 威尔士：《文明的溪流》，袁杜译，江苏人民出版社 1998 年版，第 219 页。

律基础，也为权利主张的实现提供了前提与条件，更是通过诉讼获得权利保障的充分保证。大量的诉讼仅仅涉及“债”的解决，即使今天，大多数国家刑法规范的内容在当时也属于私犯之诉，其诉讼形式采用了体现民主、平等、合意的弹劾式诉讼。到帝国后期，先前的国家“监护”市民社会则发展为侵吞市民社会，政治专制主义取代了法治主义。刑事诉讼作为政治的风向标与感应器自然会发生变化，也就逐渐由表征民主与平等的弹劾式诉讼向专制性的主动纠问诉讼形式转变。

随着中世纪封建王权秩序与基督教会秩序的确立与封建采邑制度的推行，根据土地归属而确立了浓重的人身依附关系，逐步实现了国家政治生活和社会生活的“同一”，使市民社会“直接地具有政治性质”，即政治国家吞噬了市民社会，“法的统治已经终止，个人间和社会集团间的纠纷都通过弱肉强食的法则和首领的专断来解决”，“社会应该保障个人‘权利’的理想本身也被否定了。”[①] 法律逐渐由利益平衡与权利保障的调节器逐渐演变为政治国家统治、管理社会的工具，社会冲突也被视为是对国家的侵犯和威胁，因而被纳入政治国家权力的管理视野。刑事诉讼也就逐步由解决私人纷争转变为惩治犯罪，维护共同体的安全与秩序的重要环节。此时，弹劾式诉讼不再适合上述目标的实现自然会遭到抛弃，主动纠问、调查与惩处功能兼具的纠问式诉讼开始登上历史舞台。但是，中世纪西欧的“无国家”状态，使得它存在着教会、国王、封建贵族等的多元权力“均势”，“它是多样的、丰富和复杂的，它从未受一种排他性的原则所控制，而是多种多样的因素一直在相互影响、组合和斗争，经常不得不共处并存。”[②] 这种格局为法治成长

---

① ［法］达维德：《当代主要法律体系》，漆竹生译，上海译文出版社 1983 年版，第 37 页。

② ［法］基佐：《欧洲文明史》，程洪逵等译，商务印书馆 1998 年版，第 217 页。

发展提供了天然的条件与难得的机遇，尤其是11世纪后，随着商业复兴和城市的兴起，城市市民社会便作为一支新生力量，参与多元权力角逐和合法性的诉求。① 经过长期的多元复杂权力斗争，市民阶级协助王权战胜了教会和封建贵族，不仅推动了民族国家的形成，也使自己逐渐壮大起来，进而成为与国家专权相抗衡的力量。随着罗马法的复兴，自然法学派结束了公法“禁区”，把法的领域“扩展到统治者与被统治者、政府机关与个人的关系上”。② 法治的精神与原则逐渐形成，并通过资产阶级“市民社会革命”而予以制度化。随着中世纪多元权力中心统治格局的展开，刑事诉讼生态也开始发生渐次调整与演变。纠问式诉讼最先由教会法采用，主要是基于反对日耳曼落后的神判与决斗诉讼模式而进行的改革步骤，但它所带来的负作用在于过分依赖于被告人的口供而导致诉讼中的刑讯逼供逐渐泛滥开来，最终成为资产阶级革命的主要对象。

西方社会历史的“独特性”，关键在于其市民社会和国家特殊的演进路径，即国家与市民社会的复合（古希腊），国家对市民社会的扶持和监护（罗马），国家吞并市民社会（西欧中世纪），市民社会与国家的二元分立和抗衡（近代资本主义社会）。与东方的国家与市民社会相同一的“先天”基础不同，西方国家与市民社会则存在分疏的空间，虽然它在中世纪也走上了国家与市民社会相“同一”的轨道，但这种“同一”则根植于多元文化和权力分庭抗礼的土壤之中，因而具有一定的脆弱离析性。特别是英国，“英国法治的成长表明，自由法治只有在各种异质要素相生相克、共存共荣的多元社会中才能形成并得以维续。多元的社会、政治和经济结

---

① 参见［美］泰格、利维：《法律与资本主义的兴起》，纪琨译，学林出版社1996年版，第270页。

②［法］达维德：《当代主要法律体系》，漆竹生译，上海译文出版社1983年版，第59页。

构及多元文化价值是自由法治成长的必要的社会基础，在此基础上发展着的自由主义哲学本身体现了多元化价值以及实现这些价值的多元的社会规范制度。体现多元利益和价值要求的自由法治是一种宽容的社会合作、妥协的制度性安排，是一种人与人良好共处的、合理交往的平衡的互动的社会模式。"① 这与东方专制主义社会单元板结的"同一"大相径庭。也正因为如此，才在中世纪的黑暗中酝酿出了近代文明的曙光，近代市民社会才得以发育并日益增长，最终与国家分立并存且使国家"伏于脚下"，以制约权力和保障权利为核心的法治才应运而生。② 正是西方社会的独特性，才导致严重刑事争端解决机制的弹劾式诉讼生态类型转向纠问式诉讼生态类型，最终随着市民社会革命成功走向现代刑事诉讼生态。刑事诉讼作为国家政治的重要环节也随着政治国家向市民社会回归而逐渐失去了纠问化的成分，向原初的作为解决社会严重冲突、消解社会矛盾的使命回归，传承并发展了弹劾式诉讼的民主、平等、自治、合意的基本特质，又体现了现代民主法治社会条件下的人权保障与社会和谐秩序相统一的诉讼理念，实现了否定之否定的螺旋式转变，最终成形于现代刑事诉讼法律制度。

二、中国国家社会的高度同一与传统刑事诉讼生态演化

由于自然环境与气候条件的巨大差异导致东方国家的发展路径与古希腊、古罗马迥然不同，其起源和发展完全是以农村和土地公有制为基础的。不是西方式的国家直接统治个人，而是国家直接统治村社，通过村社间接统治个人。③ 其早期国家形态，是由具有金

---

① 张彩凤：《英国法治研究》，中国人民公安大学出版社 2001 年版，第 303 页。

② 马长山：《国家、市民社会与法治》，商务印书馆 2001 年版，第 117 ~ 118 页。

③ 参见刘学灵：《东方社会政治形态史论》，上海远东出版社 1988 年版，第 140 ~ 155 页。

字塔式权力结构、等级分层和酋长个人性质权力的酋邦制演化而来的，因而比较倾向于专制型的政治运行机制。[①] 由此开辟了一条独特的东方社会发展道路，并赋有“东方专制主义”色彩。在这里，共同体的基础不是城市，而是公社和土地，国家这个“凌驾于所有这一切小的共同体之上的总合统一体表现为更多的所有者或唯一的所有者，实际上公社只不过表现为世袭的占有者。”而“每一个单个的人在事实上失去了财产。”[②] 于是，“政治国家只是一个人的独断专行，换句话说，政治国家同物质国家一样都是奴隶，现代的国家和这些在人民与国家之间存在着实体统一的国家是不同的。”[③] 它与古希腊、古罗马国家中国有财产与私有财产的分离、土地所有者的独立身份等是大相异趣的，进而成为东方社会的历史遗传基因。在中国，到西周和春秋战国时代，亚细亚生产方式和村社制度逐渐瓦解，以土地私有制为基础的地主经济逐步形成，拉开了中国两千多年的地主封建制的历史帷幕。但是，“共同体之父”的强大皇权、庞大的纵向官僚统治体系、严格的政治等级制度以及重农抑商、重刑轻民思想意识等等，构成了君主专制主义的牢固基础，因而具有“普遍奴隶制”的典型特征。由于中国及东方国家虽然有城市，但仅仅属于专制国家疆域内的辖区，由于缺乏独立的城市中心并始终以农业为主导，因而商人也处于明显的依附地位。[④] 没有西方社会那样的城市市民阶级及市民社会，当然也无法演化为与国家相分离和抗衡的近代市民社会。它使得“东方通常视国王的统治是理所当然并相信其统治是善良而公正的，作为人民统治的

① 参见谢维扬：《中国早期国家》，浙江人民出版社 1995 年版，第 76 页，第 185 ~ 200 页。

② 《马克思恩格斯全集》第 46 卷（上），人民出版社 1960 年版，第 473 页。

③ 《马克思恩格斯全集》第 1 卷，人民出版社 1960 年版，第 285 页。

④ ［美］R. M. 昂格尔：《现代社会中的法律》，吴玉章、周汉华译，译林出版社 2001 年版，第 81 页。

'民主'是从未梦想过的，没有政府里应有自己的代表并有权阐述他们当如何被统治的念头，作为个体的人的生活，也往往缺乏那种与公民身份相伴的积极的责任感。"① 也许基于此，有些学者认为，东方专制主义比西方专制主义来得更加全面和暴虐，它"表现了极权力量最残酷的形式。"②

从某种程度上说，正是东方国家对市民社会的侵吞并实现二者的高度同一，才奠定了东方专制主义的基础。纵观中国历史，在整个夏商周时期，不曾见到古希腊、古罗马国家那种高层官员选举制度和元老院、公民大会这样的机构，只见到几乎不受限制的专制君主。到春秋战国社会制度转型时，"不但没有削弱或改变传统国家制度的专制主义性质，反而发展了中国早期国家形态中的专制主义因素。"③ 在西方，从古希腊起，其"公民"、"市民"就具有个人主义意识，④ 古希腊政治上的中央集权也从来没有强大到可以压制甚至控制集团冲突的程度。⑤ 而中国民众自古就养成了一种"臣民"和"草民"意识，专制君主几乎可以主宰一切，并宣称"普天之下，莫非王土；率土之滨，莫非王臣"。中央集权专制国家中等级森严的王权制度不但极端强化君主权力的至高无上地位，而且要求所有制度服从这一权力既定安排，社会各领域诸如经济、文化、法律都必须接受权力的指使与命令。诚如有的学者所指出的，就总体而言，在中国不是经济力量决定着权力分配，而是权力分配

---

① ［美］詹姆斯·亨利·伯利斯坦：《走出蒙昧》（上），周作宇等译，江苏人民出版社1998年版，第286页。

② ［美］卡尔·魏特夫：《东方专制主义》，徐式谷等译，中国社会科学出版社1989年版，第11页。

③ 谢维扬：《中国早期国家》，浙江人民出版社1995年版，第474页。

④ ［美］威尔·杜兰：《世界文明史——希腊的生活》（上），幼狮文化公司译，东方出版社1999年版，第264页。

⑤ ［美］R. M. 昂格尔：《现代社会中的法律》，吴玉章、周汉华译，译林出版社2001年版，第113页。

决定着社会经济分配，社会经济关系的主体是权力分配的产物；在社会结构诸多因素中，王权体系同时又是一种社会结构，并在社会的诸种结构中居于主导地位；在社会诸种权力中，王权是最高的权力；在日常的社会运转中，王权起着根本的作用；社会与政治动荡的结局，最终回复到王权秩序；王权崇拜是思想文化的核心，而“王道”则是社会理性、道德、正义、公正的体现。① 在王权至上、等级特权泛滥和宗法礼教与乡土情缘盘根错节的传统中国社会中，个人及群体的自由和权利湮没殆尽，形成“普遍奴隶制”，即市民社会被国家吞噬，使得中国不可能形成相对于君主集权政府的“第三等级”，商人们也没有维护自己利益、发展自己的法律的动因和机会，“士”则被吸收到国家官僚机器中而无法形成专门的法律职业集团。任何“士”，包括仅仅及第而未作官的，都有等级制的特权。“士”在他们的地位巩固以后不久，就享有特殊的等级制的特权。最重要的是：（1）免除“下贱的劳动”，不服徭役；（2）免除笞刑；（3）享受俸禄（津贴）。② 因而，“中国封建社会秩序的瓦解就不能像西方那样产生一种自由主义的国家和一种自由主义的理论。”③ 也就不可能产生法治和“法治国”的观念。“中国历代的法，是明君治天下的武器，法首先是和刑而不是和权利联系在一起的”，这与国家建立在公民权利基础上的“罗马法权传统”是截然不同的。④

东方社会并未经历西方社会那种国家与社会的曲折多变性发展，而从一开始就是国家凌驾于社会之上的，并侵吞和同化了社

---

① 参见刘泽华：《中国的王权主义》，上海人民出版社2000年版，引言第6页。

② ［德］马克斯·韦伯：《儒教与道教》，洪天富译，江苏人民出版社1997年版，第180～181页。

③ ［美］R. M. 昂格尔：《现代社会中的法律》，吴玉章、周汉华译，译林出版社2001年版，第99页。

④ 顾准：《顾准文集》，贵州人民出版社1994年版，第316～317页。

会。这种国家与社会的僵化单线性发展，造成了东方社会的“超稳定性”和“长停滞性”状态，使得市民社会始终未能获得有效生长，不存在能与国家相抗衡的群体或个人权利，也没有横亘于国家与个人之间的中间组织力量，因而一直缺乏权力制约和权利保障的社会基础，法治也就无从孕育和确立。正如布罗代尔通过对欧洲与日本、中国、伊斯兰、印度等社会经济状况的对比分析所指出的，欧洲的情形便于财富的缓慢积累以及多种力量和多种阶级的发展，在这样一个多元社会里，各种力量和阶级之间的竞争可能朝多方向发展。它与东方国家那种建立在出身特权基础上的社会等级形成鲜明对照。① 传统中国的家国一体、王权与族权合一的特有社会构造与文化氛围，锻造了其实质性而非形式主义的法律伦理主义基本品格，② 进而形成儒法合一的治理结构和浓重的德治传统。可以说，“传统的东亚社会只存在法的规范，而不存在也不可能存在任何意义上的近代法治。”③

与东方社会这种高度集权专制的宗法政治秩序相适应，刑事诉讼必然呈现一种高度纠问的诉讼生态，尽管在中国早期社会同样存在弹劾式诉讼雏形，但由于中国农业文明的迅速发展与专制国家的过早成熟，弹劾式诉讼持续时间很短，其中很早就表现出权力的高度活跃性。“普遍的奴隶制”社会体现了政治国家与市民社会的高度同一，个人依附并定格于由若干等级特权与宗法礼教编织的十分严密的共同体网格之中。刑事诉讼作为国家专制权力作用的核心领域与法律的主要运行机制必然成为国家政治统治的中心内容，是保障王权至上，等级特权不受任何威胁，宗法社会“和谐有序”的

---

① 参见［法］费尔南·布罗代尔：《15至18世纪的物质文明、经济和资本主义》第二卷，第665～666页。

② 参见公丕祥：《法制现代化的理论逻辑》，法律出版社2002年版，第187～297页。

③ 韩大元：《东亚法治的历史与理念》，法律出版社2000年版，第23页。

重要工具与治理手段。因而，刑事诉讼少有平等、民主、合意要素，而是严厉惩治犯罪、打击反对势力、消灭异己的重要武器。纵观中国几千年专制社会与刑事诉讼的漫长演进历程，得出的总体印象是伴随着中国周期性的王朝更迭，法典改头换面，但专制政治架构与刑事法律制度构造及刑事司法模式却保持着高度的稳定性与协调性，这种具有超稳定性的“纠问式诉讼”生态与东方专制国家社会一体化结构高度协同、相依相伴，同生共长。

第二节　现代刑事诉讼法律制度与其社会环境的生态平衡

一、现代刑事诉讼法律制度赖以生存的社会环境基本特征

现代刑事诉讼法律制度是随着西方资本主义国家商品经济与民主政治的不断发展使得国家与社会二元体系形成后逐步得以确立的，其发展离不开整个社会结构的分化与调整，政治国家与市民社会的整合、分化与互动以及法治文化、人权意识、契约精神的培育和发展，更离不开西方社会的若干重大社会事件所造成的深远影响和若干政治法律思想理论的交锋、碰撞与共鸣，正是这些要素推动着西方社会法治的日臻成熟，使得现代刑事诉讼生态最终得以生成。

作为一种具有国家意志性且普遍有效的社会规范，法律产生并运行于利益的冲突与调适之中。只是从它产生之时起便开始异化了，也即在利益调适中更多地承担着维护专制特权统治秩序的角色。直到近代市民社会从政治国家中解放出来，并使国家服务并服从于市民社会的需要，法律才在更大意义上成为多元复杂利益的调适器，民主精神和法律至上原则也才得到确认、遵循及弘扬。政治国家与市民社会的矛盾冲突自从国家诞生的时刻起就开始了，这种

矛盾斗争开始是隐形的，后来逐渐发展为显形的矛盾运动。对于西方社会来说，市民社会早于政治国家的形成，市民社会所特有的平等、自由、权利、契约的原则、精神和理念对于国家构成了有力的制约。随着国家渐次强大起来，公共权力逐渐发生变异，国家逐渐凌驾于市民社会之上并将市民社会侵吞。但市民社会所形成的法治传统及培育的法治精神使得专制主义受到相当的牵制。到中世纪多元权力中心的形成与近代法律传统基础的奠定，罗马法的复兴、宗教改革与文艺复兴运动促成了西方资产阶级“市民社会革命”，最终使得政治国家与市民社会发生分离。市民社会逐步发展成熟从而有效地制约并引领着政治国家的发展方向，使得政治国家向着民主法治的轨道迈进，进而发展为现代法治国家。其主要社会结构特征体现在以下方面：

（一）法律至上的法治观念体系

近代资产阶级的“市民社会革命”，开辟了市民社会与政治国家的二元发展进程。人们享有的不再是古代人那种依附于共同体的自由，而是现代个人独立的自由。“古代人的目标是在共同祖国的公民中间分享社会权力：这就是他们所谓的自由。而现代人的目标则是享受有保障的私人快乐；他们把对这些私人快乐的制度称作自由。”“个人拥有社会必须尊重的权利。”① 在革命的伟大进程中，“政府的权力不再能被用作以牺牲多数人的利益来为少数人谋利。”大部分人口都可以在政治上组织起来和采取行动，“政府机器成了形形色色的有组织群体间永无休止的斗争的对象，”而这些群体总合起来代表了人口中的大多数的特殊利益。政府也就成为协调特殊

① ［法］邦雅曼·贡斯当：《古代人的自由与现代人的自由》，阎克文等译，上海人民出版社2003年版，第32～33页。

利益、追求普遍利益的化身。[①] 于是，“政府的权威被限制在为共同体的利益所必需的范围内，共同体利益也是共同体的成员之作为成员的利益，尽管它并不总是以私人身份的形式出现。”[②] 在一定意义上讲，公共利益与其说是国家利益，还“不如说是全部私人利益，因为这些私人利益具有法律价值，并且为了保护他们而规定法律义务。”[③] 这些私人利益的政治和法律表现，就是宪法予以郑重宣布的自由、平等和人权。于是人权便获得了基本的和不可剥夺的性质，“每个人都应该能够行使这些权力，不论是对其他公民，还是对国家和政府。”[④] 这些个人权利既确定了公共权力活动的方向，又决定了政府行为的限度，因而“它本身就是规制个人与国家关系的所有规则的源泉。”[⑤] 也即它一方面通过个人权利和私人利益来限制、定位国家权力和公共利益，并对公共权力进行分立制衡，以保障个人权利和自由；另一方面，又赋予国家以组织军队、警察和司法机构等权力，来保卫国家安全和解决权利冲突，以维护社会安全和秩序。这种普遍利益与特殊利益以及特殊利益之间、公共权力与私人权利以及私人权利之间的多元复杂博弈，必然要求确立适度平衡的至上规则予以界定和调适。然而，道德、宗教和惯例等社会规范在这种博弈面前已显得无能为力了，只有普遍有效的法律才能胜此重任。“法律对权威内容及其范围的界定成了达到高层

① ［美］格尔哈斯·伦斯基：《权力和特权：社会分层的理论》，关信平等译，浙江人民出版社 1988 年版，第 332 ~ 333 页。

② ［英］A. J. M. 米尔恩：《人的权利与人的多样性——人权哲学》，夏勇等译，中国大百科全书出版社 1995 年版，第 190 页。

③ ［荷］克拉勃：《近代国家观念》，王检译，商务印书馆 1957 年版，第 135 ~ 136 页。

④ ［荷］亨利·范·马尔赛文、格尔·范·德唐：《成文宪法的比较研究》，陈云生译，华夏出版社 1987 年版，第 374 页。

⑤ ［法］莱昂·狄骥：《公法的变迁——法律与国家》，郑戈译，辽海出版社 1999 年版，第 10 页。

次功能分化的社会的迫切需要。”① 势力和利益所表达、转化出来的要求开始创造法律，② 这就是说，“根本上必须在合作本能与利己本能之间维持均衡。社会控制的任务就在于使我们有可能建立和保持这种均衡，而在一个发达社会中法就是社会控制的最终有效的工具。”③ 这样，具备普遍性和自治性的法律秩序就应运而生，法律在市民社会与政治国家二元矛盾互动发展进程中，在普遍利益与特殊利益的冲突与协调基础上，获得了至上地位。

（二）健全的权利保障机制

“市民社会在很大意义上并非一种外在于政治权力的领域；而毋宁说是深深地穿透于这种权力的一种力量，使权力处于分立、分散的状态。”④ 市民社会的多元权利诉求必然对国家权力构成强有力的制约，使得专制权力难以立足，而且也使得权力和权利服从于共同的规则而纳入法律制度框架之中。具体而言：首先，个人享有不可剥夺的天赋人权，形成了对国家集权的社会消解。无论是英国的《权利法案》和美国的《独立宣言》，还是法国的《人权和公民权宣言》，都贯彻了自由主义精神和天赋人权思想。市民社会成员的生命、自由和财产权得到了充分确认和肯定，其自由和权利保障随即成为政府的目的。而“政治、权力或执政者是实现人权保障的手段，他们的存在被认为只以满足目的为限”，⑤ 作为真正的私

① ［美］帕森斯著：《现代社会的结构与过程》，梁向阳译，光明日报出版社 1998 年版，第 156 页。

② 参见［美］劳伦斯．M. 弗里德曼：《法律制度》，李琼英等译，中国政法大学出版社 1994 年版，第 174 ~ 175 页。

③ ［美］罗庞德：《通过法律的社会控制——法律的任务》，沈宗灵等译，商务印书馆 1984 年版，第 89 页。

④ ［美］查尔斯·泰勒：《市民社会的模式》，载邓正来、亚历山大编：《国家与市民社会》，第 31 页。

⑤ ［日］杉原泰雄：《宪法的历史》，吕昶等译，社会科学文献出版社 2000 年版，第 23 页。

人自律领域，市民社会便形成了与国家的对立。[①] 传统的集中化的国家权力，就在相当程度上被分解为广大社会成员所自主享有的自由、平等权利，传统权力和特权被分散在每日忙忙碌碌并精于计算和斤斤计较的、遍布于全社会的“经济人”身上，许多经济决策分散给相对独立的个人和企业，进而造就了一个庞大的追求教育、自治权、个人自由、财产权、法治和参与政府事务，因而成为民主理想和制度的天然盟友的中产阶级。[②] 这就极大地削减了专断权力赖以存在的基础，而人们对政府干预的禁令，则恰当地表达为：“不要站在我的阳光下。”因此，权力的集中和专断倾向就受到了严重的扼制。正如哈耶克所说，“在自由的社会中，每个个人都拥有一个明确区别于公共领域的确获承认的私域，而且在此一私域中个人不能被政府或他人差来差去，而只被期望服从那些平等适用于所有人的规则。”[③] 其次，市民社会组织的多元化、自主化发展，形成了对国家权力的分割与制衡。市民社会的“政治解放”在展现出遍布社会的独立“经济人”这一宏伟景观的同时，也对传统血缘、等级社会结构进行了重大的解组，形成了以角色分化、利益联结及合理追求为表征的众多社会组织，[④] 尤其是公司、政党及各种利益团体，成为市民社会丰富而多样性的、富有生命力的象征。在当今“复合社会”中，民主的一个必要条件，就是“独立于政

---

① [德] 哈贝马斯：《公共领域的结构转型》，曹卫东等译，学林出版社 1999 年版，第 11 页。

② [美] 罗伯特·达尔：《论民主》，李柏光等译，商务印书馆 1999 年，第 176 页。

③ [英] 弗里德利希·冯·哈耶克：《自由秩序原理》(上)，邓正来译，生活·读书·新知三联书店 1999 年版，第 264 页。

④ 参见 [日] 富永健一：《社会结构和社会变迁》，董光华译，云南人民出版社 1999 年版，第 60 ~ 61 页。

府机构、政党制度和国家结构的公共空间”,[①] 进而形成一种扼制国家权力的多元社会权力结构。社会组织作为权力结构的重要组成部分，对国家权力的分享制衡，就有了权利结构和权力生产与分配的两个向度，以形成多元权力中心。它们一方面有其独立性发展的趋势，要求政府尽量少干预而维护其自治权，扼制国家权力职能和范围的扩张；另一方面，它们又要“不断地向国家领导和官员提出要求并力求对他们施加影响”,[②] 通过积极的直接或间接民主政治参与，力图使“政府政策大多是通过谈判和讨价还价来决定的”。[③] 因此，组织的多元化构筑了一个以权力分离和制衡为标志的多元政治体制，提供了能有效保护少数人权利、抑制等级体系和权力支配的互控机制。从而使国家权力受到社会多元权利的有效制衡，扼制了权力滥用和提高了权力运作效能，民主、自由和权利得到了切实的保障，也为自由理性、自主自律的社会秩序奠定了重要基础。

（三）理性协商的民主政治架构

近代“市民社会革命”的一个伟大功绩就在于，它把国家与市民社会的二元论建构在“民主契约”的基础上，国家权力的统治合法性由宗教神谕而转移到民众手中，其暴力基础也被“民意”大为冲淡乃至置换，权力也就区分为“合法权力”和“非法权力”。只有“合法权力”才被赋予“权威”——而且更多的是由规

① ［美］梅路西：《后工业民主的悖论：日常生活和社会运动》，谭晓梅译，载《现代外国哲学社会科学文摘》，1995 年第 5 期。

② ［美］戴维·波普诺：《社会学》（下），刘云德等译，辽宁人民出版社 1988 年版，第 405 页。

③ ［美］罗伯特 . A. 达尔：《现代政治分析》，王沪宁等译，上海译文出版社 1987 年版，第 110 页。

章、程序及目的来提供其基础的“理性权威”,[1] 也即面对社会利益高度分化、自由主义和个人权利学说深入人心的现代市民社会，“一切社会制度若要得到民众最大的支持，必须拥有为全社会所接受的、行使社会权威的道德正当性。”[2] 否则，就会引起民众的不服从、非暴力反抗直至发动市民社会“革命”，以摧毁“非法权力”而重建合法化权威和合理性制度。再者，多元化社会存在不同向度的价值判断与利益诉求，在弘扬自由精神与权利个性的同时，如果没有市民社会集体性的自我意识的“市民认同”，多元化的社会也可能沦为一场每个人对所有人的战争。因此，“市民认同”就成为规约个人、集体、社会和国家彼此间的关系，扼制冲突强度与制约离心倾向的必要途径和可靠手段。[3] 于是，沟通、对话与协商就成为权力合法并获得社会认同的重要渠道与路径。“尽管各种角色的观点各异而且经常发生冲突，但他们还是进行着互动，并创生了总体上的运动。”[4] 从而最终成为共识，这样，就逐渐形成了市民社会公共领域和公共舆论，它赋有一种浓厚的合理性追求和理性批判精神。[5] 市民社会的多元价值评判经过公共领域，进行公开的、自由的、理性的讨论和认同而整合为公共舆论，进而通过政治生活系统成为统治者制订公共政策及典章规则的依据和舆

---

① 参见［美］戴维·波普诺：《社会学》（下），刘云德等译，辽宁人民出版社1988年版，第401页。

② ［美］丹尼斯·贝尔：《资本主义文化矛盾》，赵一凡译，中国文联出版公司1988年版，第124~125页。

③ ［美］爱德华·希尔斯：《市民社会的美德》，载邓正来、亚历山大编：《国家与市民社会》，上海人民出版社2006年版，第60~61页。

④ ［美］查尔斯·霍顿·库利：《社会过程》，洪小良等译，华夏出版社1999年版，第318页。

⑤ 参见［德］哈贝马斯：《公共领域的结构转型》，曹卫东等译，学林出版社1999年版，第96页。

论督导力量，市民社会理性也就上升为“公共理性”。① 这种公共理性的形成实际上就是一个对话与协商的过程，这种协商理性继而成为现代民主政治的典型表征。它不仅构成了国家权力的正当性基础，而且，还能为宪法及法律制度的变革开辟道路。

（四）相对分化的公共权力运作

市民社会多元权利对国家权力的分割和统治合法性向社会的回归，并不必然保证权力能够服从于自由和权利，因为“一切有权力的人都容易滥用权力，这是万古不易的一条经验”。② 而且，“由简单多数拥有无限统辖权的民主制倾向于侵蚀财产权利的安全和法治，并会不断增多政府行为。”“如果民主的意志形成不受到保障自由的分权原则的限制，这种意志形成就会变成压制。”③ 因此，必须以正当程序来规范民主，用分化机制来制衡权力，以“防止政府夺去我们的自由权。”④ 市民社会的多元权力中心结构，必将直接影响国家权力“公共选择”的政治过程，使宪法成为设置不同群体的政治优势或障碍得以实现权力制衡的充分表达。⑤ 由此便确立了民主宪政国家之网，代替那种有足够权力保护一切也有足够权力压制一切的绝对主义权力的专制政治制度，是作为一种立足平等基础之上的对话与协商的互动式政治制度。“只有在这种制度中，人权才能达到完全的法的现实性，虽然在政治集体中存在权力

---

① 参见［美］罗尔斯：《政治自由主义》，万俊人译，译林出版社 2000 年版，第 225～270 页。

② ［法］孟德斯鸠：《论法的精神》（上），张雁深译，商务印书馆 2004 年版，第 154 页。

③ ［德］哈贝马斯：《合法性危机》，刘北成等译，上海人民出版社 2000 年版，第 148～149 页。

④ ［美］伯恩斯等：《民治政府》，陆震纶等译，中国社会科学出版社 1996 年版，第 4 页。

⑤ ［美］达尔：《民主理论的前言》，顾昕等译，生活·读书·新知三联书店 1999 年版，第 186～198 页。

垄断，但没有一个人，也没有一个机构和国家机关拥有无限制的权力，国家权力被多重分层化并又组合成一种互动监督的公共权力之网。”① 美国的联邦体制正是这种权力的立体分散机制的典型代表，它使得“几乎每个正式权力机构都由某种相对权力所平衡。”② 可见，这种以权力制约权力的制度框架，既仰赖于市民社会多元权利基础，又为市民社会的自由和权利提供了保障。同时，如果没有以一种积极的方式来确立依法限制国家权力的原则，任何社会生活和国际生活都不可能顺利进行，社会上也就会充斥着暴力和野蛮。③ 而在法治得到尊重且“只有法治得到尊重时，强制性权力才会受到限制。”④ 因此，它必然还要求权力分立制衡的制度化并遵从法治原则，权力也在其内部的分立制衡和外部的权利抗衡面前，不得不服从法律权威与正当程序，从而确立起无人在法律之上也无人在法律之下的法治机制。⑤

二、现代市民社会及市场经济环境下的刑事诉讼生态

现代市民社会及市场经济环境下的刑事诉讼法律制度呈现为刑事诉讼系统的现代性与理性化特征。具体表现为：诉讼理念体系的现代性，体现于理性消解严重刑事争端，实现正义与秩序、自由与安全相平衡的现代诉讼价值体系的生成；刑事诉讼规范体系的现代

---

① ［德］奥特·弗利德·赫费：《政治的正义性——法和国家的批判哲学之基础》，庞学铨等译，上海译文出版社 1998 年版，第 406 页。

② ［美］劳伦斯.M. 弗里德曼：《法律制度》，李琼英译，中国政法大学出版社 1994 年版，第 245 ~246 页。

③ 参见［法］狄骥：《公法的变迁——法律与国家》，郑戈译，辽海出版社 1999 年版，第 223 页。

④ ［英］戴维·赫尔德：《民主的模式》，燕继荣等译，中央编译出版社 1998 年版，第 326 页。

⑤ 参见［英］A. J. M. 米尔恩：《人的权利与人的多样性——人权哲学》，夏勇、张志铭译，中国大百科全书出版社 1995 年版，第 131 页。

性，体现于刑事诉讼法律规范体系由一系列具有严密位阶与逻辑自恰的法律规范组成完整的规范体系；刑事诉讼实施体系的现代性，体现于刑事诉讼的价值复合性与技术复杂性特征决定了刑事诉讼实施体系的知识化、精英化与专门化，体现于刑事诉讼运作呈现高度程序化和技术化的典型特征。

（一）刑事诉讼理念体系的现代性

刑事诉讼的理念体系，即阐述刑事诉讼的价值目标以及刑事诉讼存在的理论基础所构成的观念系统，刑事诉讼观念体系的核心是价值目标，它决定着刑事诉讼的价值观念构成。不同的历史时期与不同法治水平的国家的刑事诉讼法律制度有着迥然不同的价值目标及价值观念，由此决定着刑事诉讼的规范体系、实施体系的基本结构，从而决定了刑事诉讼运作的具体走向和整体效果。有学者指出，“法律之人的观念由历史的归纳引申而来，基于试验而更基于观察也。”“法之制定及批评，若无正义之原则即属不可能，同时亦不能无公益之概念，及正义、关涉、时间、空间及生活环境之概念。”① 就刑事诉讼法律制度而言，古希腊、古罗马时代的弹劾式诉讼的价值目标定位于解决私人之间的纠纷，形成了以和平解决争端为核心的刑事诉讼观念体系。正如庞德教授所说，“最早设计的法律，是通过要求被害血亲放弃复仇行为和规定旨在确定事实的机械的审讯方式，来调节并最终制止私人间的战争。这种维持和平的制度的观念，在增加了许多别的职能后，也还是继续存在。”② 而封建纠问式诉讼的价值目标在于维护统治阶级的利益及等级秩序，

① ［意］密拉格利亚：《比较法律哲学》，朱敏章等译，中国政法大学出版社 2005 年版，第 70、71 页。

② ［美］罗·庞德：《通过法律的社会控制——法律的任务》，沈宗灵等译，商务印书馆 1984 年版，第 11 页。

即“法律的首要目的是公共安宁”①，由此形成了以秩序为核心的刑事诉讼观念体系。随着近代资本主义的兴起，经过改革后所形成的新型混合式诉讼类型在于追求以刑事司法的实体正义为核心的价值目标，由此形成了司法独立、罪行法定与无罪推定等原则为代表的刑事司法公正观念体系；随着法治水平的提高与民主政治和市场经济的高度发展，刑事诉讼的价值目标开始向公平地解决公民个人与国家之间因为犯罪而引起的刑事冲突的古典价值观回归，形成了以正义和人权为核心的刑事诉讼观念体系。强调“程序是法律的中心”，法律秩序的首要目的和主要效能是规则性和公平，而非实质正义。② 其诉讼目的定位于理性消解公民个人与国家之间的刑事争端，突出了程序正义的核心价值观念。现代刑事诉讼坚持以人权保障与程序正义为核心原则，以消解冲突为最终目标。正是它以正义和人权为活的灵魂和精神支柱，现代诉讼才真正成为个人利益和社会秩序的调节器并在现代社会生活中发挥着关键性的利益协调功能与社会控制功能。

（二）刑事诉讼规范体系的现代性

刑事诉讼的规范体系是指刑事诉讼运行所必须遵循的一整套的规则体系，包括国家宪法中的诉讼法律规范、刑事诉讼基本法律和其他法律法规涉及刑事诉讼的法律规范、区域性组织或国际组织制定的关于刑事诉讼的法律规范对于参加国具有约束力。宪法关于刑事诉讼的规定具有最高的法律效力，刑事诉讼法及其他法律法规必须根据宪法规定来制定具体的诉讼规则，不得与宪法条文及宪法精神主旨相抵触。对于特定国家加入的国际条约与区域性公约，本着

---

① ［美］诺内特、塞尔兹尼克：《转变中的法律与社会》，张志铭译，中国政法大学出版社 1994 年版，第 37 页。

② ［美］诺内特、塞尔兹尼克：《转变中的法律与社会》，张志铭译，中国政法大学出版社 1994 年版，第 60 页。

条约必须信守之原则，国内法律必须与此保持一致与协调，在具体法律活动中加以贯彻。“每个法秩序都包含一些——要求受其规整之人，应依其规定而为行为的——规则。假使这些规则同时是裁判规范，则有权就争端的解决为裁判者亦须依此为判断。大部分的法规则都同时是国民的行为规范及法院或机关的判断规范。”① 刑事诉讼法律规范具备其他规范的一切共同特征。作为刑事诉讼行为依据的刑事诉讼法律规范本身的规范化程度如何，直接决定着刑事诉讼的规范形态，影响着刑事诉讼行为的具体性质，甚至影响着刑事诉讼行为的实际效果和刑事诉讼整体功能的发挥。现代刑事诉讼法律规范的规范化，涵括了两个方面的要求：一是外观层次的规范化或形式意义上的规范化，即诉讼规范的法律性质化和法律规范形态化。二是内观层次或实质意义上的规范化，指具备法律规范性质和法律规范形态的诉讼规范，即诉讼法律规范的内部逻辑结构的规范化。这两个方面有机地构成诉讼规范之规范化的完整内容。② 现代刑事诉讼法律规范体系作为刑事诉讼法律制度的实质部分，对于刑事诉讼法律制度的运行具有关键的意义，因为它解决的是刑事诉讼行为的根本依据和行为方向及行为方式等重大问题，它是实现刑事诉讼法律制度整体功能的关键环节。马克斯·韦伯曾经指出：“在一个理性而合法的统治制度中，规则产生于其他规则，并且归属于其他规则，它们形成一个上升的金字塔。位于金字塔顶端的是毫无疑义的东西——最一般的法律、成文法、宪法、基本原则和不言而喻的前提条件。”③ 哈特教授认为，“对一个法律的存在来说，有两个最低限度的条件是必需的和充分的。一方面，根据这个制度效力

---

① [德] 卡尔·拉伦茨：《法学方法论》，陈爱娥译，商务印书馆 2003 年版，第 132 页。

② 邓云：《刑事诉讼行为基础理论研究》，中国人民公安大学出版社 2004 年版，第 177～178 页。

③ 转引自 [美] E. 希尔斯：《论法统》，上海人民出版社 1991 年版，第 249 页。

标准是有效的那些行为规则必须普遍地被遵守；另一方面，该制度规定法律效力标准的承认规则及其改变规则和审判规则，必须被其官方有效地接受为公务行为的普遍的公共标准。”① 刑事诉讼法律规范的现代性正是体现了内含平等、正义与秩序的具有严密等级位阶特征的普遍性的规则体系的合理建构，从而才使得刑事诉讼理性运作并成为一个自治与自恰的自创生体系。

（三）刑事诉讼实施体系的现代性

刑事诉讼实施体系是指为了实现刑事诉讼的特定功能而构建的实施刑事诉讼活动的特定组织部门及成员组成的完整运作系统。法律从静态角度看表现为规则，从动态角度看则表现为规则适用于个案的司法活动，因此不可能离开法律职业共同体的参与而自主实施。昂格尔教授指出，“法律秩序的产生是与现代欧洲自由主义社会的形成联系在一起的。一方面，政治与行政的分离；另一方面，政治与审判的分离，不仅构成立宪的奠基石，而且还成为政治思想中的一个指导原则。自由主义国家中存在着一套独立的法律准则，一种专业化的法律机构体系，一种明确表述的法律理论传统及具有自己相对独特的观点、利益和理想的法律职业集团。”② 法律规则体系化与法律实施专门化是随着社会分工日益复杂化与政治法律逐渐分化而出现的显著特征，这一现象实际上在人类社会早期就已经初现端倪。弹劾式诉讼这一人类社会解决争端的原生态模式实际体现了法律产生就是以解决纷争为主要使命的，随着人们对于犯罪危害性认识的加深与政治专制性的增长，最终将法律纳入政治支配之下，纠问式诉讼实质上体现了政治秩序主宰法律运行的一体化态

---

① ［英］哈特：《法律的概念》，张文显等译，中国大百科全书出版社 1996 年版，第 116 页。

② ［美］R. M. 昂格尔：《现代社会中的法律》，吴玉章、周汉华译，译林出版社 2001 年版，第 44 页。

势。随着近代西方法律传统的形成，法律制度与其他类型的制度之间得到较为明确的区分，法律的施行被委托给一群特别的人们，他们从事专职的法律活动，接受专门的法律培训。法律开始沿着自身的逻辑发展自己的历史，甚至影响并左右着政治。① 这一特征在英国表现得特别明显，强大的普通法传统造就了英国的自由法治，其中，“制约英国国王的另一支力量是法律职业阶层，即由普通法法官和律师组成的法律职业共同体”②。中国古代执行法律的人不是训练有素的法官，中国的制度设置也没有正式的法院，而是具有人文修养的行政官员和行政官府。“中国的行政官吏着手承担审判职务，这可作为中国对待正式法律的一个范例。”③ 因而也就没有把法律活动与国家的日常行政管理区别开来，也就是法律活动没有专门化。梁治平说，“这种组织上的欠缺，自然导致对于过程的忽略和对结果的重视”，“法官的宣教职能以及作道德上安排的随意性也就格外地突出。这里，过程同样无关紧要，要紧的是结果，是社会的和道德上的效果。”④ 随着商品经济的蓬勃发展与民主法治的强力推进，现代法治宪政框架下的刑事诉讼法律制度完成了蜕变与新生。随着权力分立与制衡、司法独立、审判中立、有效辩护等现代司法原则的确立，现代刑事诉讼作为一种旨在解决刑事冲突的刑事司法活动完成了自身的升华，司法职业的精英化与专门化成为现代司法的典型特征，经过专业培养与系统训练的司法精英承担了刑

---

① [美] 伯尔曼：《法律与革命——西方法律传统的形成》中国大百科全书出版社1993年版，第9～12页。

② 李红海：《普通法的历史解读——从梅特兰开始》，清华大学出版社2003年版，第334页。

③ [澳] 维拉曼特：《法律导引》，张智仁、周伟文译，上海人民出版社2003年版，第24页。

④ 梁治平：《寻求自然秩序中的和谐》，中国政法大学出版社1997年版，第316页。

事诉讼的审判、检控与辩护任务，他们各司其职，各负其责，从而形成了解决严重刑事争端的一整套程序活动机制，与外部环境保持相对的独立性，严格遵照规范体系的命令与要求，依照事先规定的法律程序有条不紊地程式化运作，有效地保证了刑事司法活动的正常运作与刑事诉讼功能的最大化。

第三节 转型时期的我国社会结构与刑事诉讼法律制度的动态衡生

一、转型时期的我国社会结构总体特征

倘若运用马克思主义经典作家的市民社会理论来分析当今中国政治国家与市民社会的二元关系，就会发现面临的问题异常复杂。尽管经过近代民主革命、新民主主义革命、社会主义革命到当代社会主义现代化建设的初级阶段，封建专制传统受到了根本上的冲击，宗法制度罗网也彻底被摧毁。但是，民主、法治、人权等新型观念的塑造却要经历一个漫长的历史过程。邓小平指出，“旧中国留给我们的，封建专制传统比较多，民主法制传统很少。”① 他还指出，“我们过去的一些制度，实际上受了封建主义的影响，包括个人迷信、家长制或家长作风，甚至包括干部职务终身制——我们这个国家有几千年封建社会的历史，缺乏社会主义的民主和社会主义的法制。”② 在暴风骤雨的革命年代，我们没有时间来思考中国的个人自由与民主法治精神，更无建构蕴含现代理性精神的政治法律制度的基础条件。建国后，“新中国的法制建设和法学理论之所以采用了阶级专政和激烈阶级斗争的苏联模式，是由建国之初国内

① 《邓小平文选》第2卷，人民出版社1994年第2版，第332页。
② 《邓小平文选》第2卷，人民出版社1994年第2版，第348页。

无产阶级和资产阶级、人民革命势力和以国民党残余为代表的反动势力，以及国际上社会主义阵营与资本主义阵营两大势力之间尖锐激烈的矛盾冲突所决定的。”“现实急迫的阶级斗争甚至不给人留下按部就班地构造法律大厦的闲暇，致使长时间里党的政策法令就成了评判罪与非罪的依据。”① 受苏联模式的影响，该时期主流意识形态强调了政治法律的阶级性与社会主义制度文化的优越性，提倡主人意识与主人翁精神，高扬了爱国主义、集体主义与社会主义主题精神，从而形成了政治国家与市民社会高度同一的社会主义共同体秩序。此时，没有个人，没有私有制，更没有个人权利与个人利益之分。在20世纪60年代实行共产主义供给制后，连家庭的私有财产也取消了。一切实行计划与供应，跑步进入共产主义的政策更体现了国家完全吞并市民社会的荒诞社会实践。高度集中的计划经济模式与高度集权的政治体制相结合，造就了中国社会的高度政治化与意识形态化的社会结构。最后出现经济倒退、政治失信、社会秩序混乱的困难局面。“中国传统的民间社会所具备的一些自治性完全被打破，党（国家）对社会经济、政治和文化的控制和渗透能力达到了中国最强程度。——到文化大革命后期，——中国社会的‘自主性’已经全部被取消——一个完全被政治和官僚控制的社会在中国建立健全起来了。”② 在政治影响及政治权威压倒一切的情况下，法律制度，乃至刑事诉讼法律制度也就仅仅具有实现国家政治的工具职能。德国学者曾指出，“社会主义国家法院和诉讼程序所独具的特色要归因于马克思列宁主义坚持法律必须服务于政治和社会目的的主张。国家和党的领导人都坚信以占统治地位意识形态为基础的政策可以达到社会内部的完美和谐；因而将法院以

① 陈景良主编：《当代中国法律思想史》，河南大学出版社1999年版，第95页。

② 李凡：《静悄悄的革命：中国当代市民社会》，中国香港明镜出版社1998年版，第16～17页。

及诉讼程序作为传递这些有益政治观念的渠道当然是最恰当不过的。在西方各国可以看到的法院组织以及诉讼上的一些形式和保障措施——诸如法官‘独立’不受日常政治要求的影响、公民对“适用制定法的法官”享有的不可转让权利、司法判决的‘既判力’、‘诉权不得剥夺’原则等——在一个声称握有领导和塑造社会的绝对权力的国家中是不可能享有不受政治影响的独立价值的。恰恰相反，一个奉行一种可论证的救世学说的国家必然热衷于被视为正确的实体政策工具而不是自由的形式领域的保障（如西方国家程序法所根据的原则）。”① 这说明，高度集中的计划经济体制必然促成权力高度集中的政治体制，也必然产生高度行政化的法律体系、司法体制及诉讼运行机制。

党的十一届三中全会后，国家开始发展社会主义商品经济，修改并调整了过左的政治路线，继而实行了改革开放的政策。承认私人利益的合理性，继而大力发展私营经济，政治上也逐渐放松对于社会的管制，市民社会随着改革开放政策的实施逐渐发展。进入20世纪90年代，中国开始建立社会主义市场经济体制，大力发展多种所有制经济，并努力吸引外资等举措，商品经济和民主法制建设都得到了很大发展，我国市民社会逐步与政治国家相分离，初步具备了市民社会独立发展的雏形。表现在：多元利益的分化导致了社会分层的出现。也就是说，市场经济的发展和利益的分化重组，一方面，大大突破了传统的工人、农民、干部和知识分子的简单社会构成，涌现了大量的个体劳动者、私营企业主和企业经营者并形成了新兴阶层，还有律师、会计师等专业阶层的形成，这使得传统阶级划分与身份确认都难以涵括和奏效；另一方面，社会分化也在原来的阶级内部不断产生，如蓝领与白领、退休职工、失业者、农

---

① ［德］K. 茨威格特、H. 克茨：《比较法总论》，潘汉典等译，法律出版社2003年版，第470页。

民、乡镇企业职工、农民工等等，从而形成了纵横的双重分层化，推进了中国现代化进程中从身份到契约的转化，改变了传统简单而僵化的阶级构成与阶层结构；社会资源占有分散化、分布多元化。改革开放前，公有制独霸天下，非公有制几乎不存在。而现在，所有制结构多元并存格局使得社会资源占有和经济力量分散化、多元化，改变了传统的国家或集体资源独占的态势；国家权力日益缩减，社会权利日益扩展并呈多元性；社会分工分化的加速，使社会组织日益多元化。以联产承包责任制为轴心的农村经营体制改革，造就了脱离政府直接管制的农业家庭企业；以政企分开，建立现代企业制度为轴心的国有企业改革，培育了“自主经营、自负盈亏、自我发展、自我约束”的市场竞争主体；多种非国有经济的充分发展，形成了众多独立自主、完全按照市场规则运行的“经济人”，加之市场取向的价格制度改革、市场基础设施的形成、重在调控的政府宏观管理体制改革，造就了“市场权力”的增长；而市场经济条件下对个人择业和迁徙自由、结社自由、财产权利及公共舆论的权利保障，则促动了“社会权力”的增长，改变了权力的国家垄断性；[①] 除了传统企业、事业单位外，各类公司、合伙组织、联营、私营企业、民营企业大量涌现，尤其是代表不同利益和要求的社会团体发展迅猛，并在国家政治、经济和社会生活中发挥着重要作用，改变了国家组织独占天下的局面；社会的重大分化解组，推动了社会价值观念的多元化。中国正处于现代化进程的重要转型期，利益结构的变化及合理性观念的冲突，造就了价值评价及其标准的多元化，[②] 世俗化、个性化、多样化的大众文化也蓬勃兴

---

① 参见康晓光：《权力的转移——转型时期中国权力格局的变迁》，浙江人民出版社 1999 年版，第 63 ~ 142 页。

② 参见兰久富：《社会转型时期的价值观念》，北京师范大学出版社 1999 年版，第 33 ~ 35 页。

起，改变了思想观念的权威统一性。总之，中国正在发生着巨大的社会变迁，经历着整体意义上的制度转型期。正如中国香港学者李凡所说的中国市民社会正在进行“一场静悄悄的革命”，“从动态的发展的角度来看，中国社会当前的巨大变化确实是有向现代意义上的市民社会发展的趋向。”① 但应当清醒地看到，与成熟的市民社会相比，转型阶段的中国社会结构在总体上还存在以下主要问题：

（一）法治观念还没有完全战胜人治观念

经过20多年的法制建设，中国特色社会主义的法律体系基本形成，法治与法制观念之争表明了我国的法治意识和法治理念有了新的进步，至此，法治观念深入人心，依法办事成为官方与民间高度一致的共识。但是，由于中国有着几千年的封建专制主义深厚基础，新中国成立后由于受前苏联关于法是统治阶级意志的主要工具学说的影响，加之我国20世纪50年代政治开始步入“左”的误区，政治意识形态全面占领了中国的社会经济及文化生活，到十年动乱期间，法律虚无思想与无政府主义全面泛滥，人治主义成为中国主流思潮。改革开放后，我国着手改革高度集中统一的计划经济体制，建立和完善社会主义市场经济体系，但由于各种原因，政治体制改革比较滞后。其深层次原因在于人治思想与权力本位观念还在相当的领域中存在。尤其是在中央提出依法治国口号之后，各级政府先后提出的依法治省、依法治市、依法治县，甚至提出依法治校、依法治村等口号。这种形式主义做法使得依法治国的法治内涵与精神逐步丧失，结果最后演变为依法治民的政治治理观。在他们眼里，认为依法治国就是用法律来治理国家，用法律来管理社会，管理老百姓。从而形成了一种“形似而神非的肤浅法制观”，法治

① 李凡：《静悄悄的革命：中国当代市民社会》，中国香港明镜出版社1998年版，第26页。

的真正内涵还没有得到深刻领会并内化为坚实的信念并外化为行动，法治理念还没有成为占统治地位的普遍观念，权与法的关系还没有彻底理顺。“在现实生活中法律不具有至上地位，权大于法、以情践法、以钱渎法的现象也屡见不鲜。”[①] 法外治理的现象还不时存在，执法的随意性破坏了法治的基本精神。长期封建主义的影响和缺少民主法制的传统，在今天仍然对我们实行和实现“依法治国，建设社会主义法治国家”构成严重的障碍。[②]

法治观念与民主观念具有不可分割的联系，法治意识淡薄必然存在民主观念稀缺，从而直接影响到中国民主政治改革的强力推进。民主政治是当前中国社会发展的一个薄弱环节。迄今为止，民主政治仍然是我们的奋斗的理想目标，而不是既存的客观现实。[③] 民主的最初意义在古希腊语是指“由人民进行统治”[④]，现代意义上的民主政治实际上指通过普遍而公正的选举制度的理性运作，从而推选出代表民意的成员组成代议制政府来行使人民授予的国家权力以管理社会的制度安排。从西方发达的民主宪政政治体制与完善的市场经济秩序的良性互动中能够发现二者存在着复杂的有机联系。民主政治是市场经济秩序的基本政治条件，没有民主政治对市场经济秩序的保障和制衡，市场经济必然将社会引向混乱甚至灾难；民主政治本身如果运用不当，也可能会妨害市场功能的正常发挥，从而影响到市场经济秩序的运行。故而，市场经济比任何经济制度都需要民主政治的保障和制衡，当然民主政治本身又必须受到宪政的制衡，即通过宪政制度建设来规范制约民主政治使其良性运

---

① 何士青：《政治文明的法学解读》，中国社会科学出版社 2004 年版，第 188 页。

② 参见朱力宇、万其刚：《论党的执政方式向依法治国的根本性转变》，载《中国人民大学学报》，2000 年第 5 期。

③ 张千帆等：《宪政、法治与经济发展》，北京大学出版社 2004 年版，第 205 页。

④ ［英］戴维·米勒等编：《布莱克维尔政治学百科全书》，邓正来译，中国政法大学出版社 1992 年版，第 188 页。

作。随着我国市场经济体制的不断完善，有必要进一步推进民主政治建设的发展进程。但是，受中国传统专制思想深刻影响，权力本位与人治观念极大地阻碍了民主法治观念的形成，民主政治进程比较缓慢，并且已经影响到市场经济的健康发展。

（二）多元社会权利还没有对政治权力构成有效的制约

“社会不是以法律为基础的，那是法学家的幻想。相反的，法律应以社会为基础。法律应该是社会共同的、由一定物质生产方式所产生的利益和需要的表现，而不是单个的个人恣意横行。”① 多元的市民社会是民主与法治不可或缺的社会土壤，“法律的发展不在立法，不在于法律科学，不在于司法判决，而在于社会本身。”②市场经济的发展启动了中国社会由单一性走向多元性的伟大历史进程，市民社会日渐形成，并推动了多元社会权利的扩展伸张。不过，中国毕竟具有“国家主义”浓重、市民社会极端积弱的传统，而20世纪70年代以来，中国市民社会的兴起，毕竟也是与国家的主动放权和政策驱动分不开的。事实上，西方的市民社会是先于国家的，国家靠市民社会来扶持。而由特殊历史进程造就的现代中国则相反，政治国家先于市民社会而建立，并且由经济生活行政化和日常生活政治化而占领了市民社会的领域。因此，不是由市民社会呼唤和扶持国家，而是由国家呼唤和扶持市民社会。因此，中国市民社会对国家具有一定的依赖性，其发展仍具有一定的有限性，如社会利益分化和资源分散水平不高、市民社会权利对国家权力的制约不力、市民社会自主自律性较差等等。也就是说，一方面缺乏抵御权力的权利意识和主张，另一方面又容易形成狭隘的地域性的小团体力量，并极易产生无政府意识和蔑视理性规则与程序的大民

---

① 《马克思恩格斯全集》第6卷，人民出版社1961年版，第291～292页。

② ［美］埃尔曼：《比较法律文化》，贺卫方、高鸿钧译，生活·读书·新知三联书店1990年版，第9页。

主。而国家主义思维仍然在一定程度上和范围内存在，并对我国理念性、大众观念性法律文化和制度性法律文化具有浓重影响，[①] 中国建构市民社会存在着特殊的情况，如建构中国市民社会的可能性或基础性空间是由国家通过推进市场经济以及松动身份制、单位制、行政制以及户籍制而形成的，在获得、维护和拓展这些空间的过程中，中国社会或个人及社团表现出对国家的依附性及相对的脆弱性，如何协调二者之间的紧张关系是保持政治国家与市民社会良性互动，促进市民社会健康发展的关键问题。正如有学者所指出的，“中国现代化两难症结真正的和根本的要害，在于国家与社会二者之间没有形成适宜于现代化发展的良性结构，确切地说，在于社会一直没有形成独立的、自治的结构性领域。”[②] 市民社会的自治与独立能力不足制约了权利意识、平等观念、契约精神与法治理念的生长，推动政治民主化与法制化强大的市民社会力量还远未形成，从而直接影响到甚至可能减缓中国民主与法治进程。

（三）政治国家的公共权力还没有实现全面分化与有效制衡

基于我国先有强大的政治国家，然后是通过改革逐渐简政放权，进行“小政府、大社会”的经济体制改革与政治体制改革。因此，国家权力比较强大，社会权利比较弱小。同时，受计划经济体制与专制主义传统的影响，政治体制的集权化的程度相当高，长期以来存在着党政不分、政企不分的国家与社会相同一的状况。一种全能政府模式使得政府公共权力分化程度非常低，政府机关职能不清与职能混同的现象十分严重。政治系统与经济系统是互惠关联的系统，政治体制改革进程缓慢直接影响到市场经济的健康发展。

---

① 吕世伦、贺小荣：《国家主义的衰微与中国法制现代化》，载《法律科学》1999 年第 3 期。

② 邓正来、景跃进：《建构中国的市民社会》，载《中国社会科学季刊》1992 年 11 月创刊号，第 59 页。

随着经济体制改革的日益深入与市场经济体制的建立健全，经济基础迫切要求与之相适应的上层建筑，这就自然提出政治领域的若干改革步骤必须迅速启动并努力跟进经济改革的步伐。但是，政治体制改革涉及我国权力系统的重大调整与权力的重新分配，由于涉及国家政治权力的重大领域，改革阻力与改革期望形成的巨大压力造成政治体制改革的高风险性与极端困难性，需要从国家战略高度全局着眼，以建设现代法治国家与推进社会主义民主法治进程的巨大勇气并经过周密的部署与有序的安排方可确保万无一失。随着我国经济与社会转型，政治治理体系的分化是大势所趋，一种多元权力中心的网络治理结构无疑是符合现代社会发展要求的，立法、行政与司法行使相对独立的职权并且保持相互依赖、相互制衡的格局被证明是比较科学的政府结构。有学者指出，宪法规则下多中心的、重叠管辖的各层级政府同时直接面对公民个人的政治结构，具有根本的重要性。[①] 而且，“尽管不同国家的政治体制和司法体制千差万别，但世界上各种宪法和法律体制中关于司法独立的原则和基本标准却基本上和实质上是一致的。”[②] 因为司法独立是司法公正的结构性要素，没有司法的独立性与中立性，就不可能有司法的公正性。[③] 由于专制传统使然，行政权力在我国成为主导甚至主宰性的国家权力，立法权能较为弱小，而司法权能更显示出浓重的依附性，权力之间的互动制约关系没有理顺。实际上，“把分权看做是能使政府职能更有效地分配和组织劳动分工的一种形式是有益的。专业化改善了每个人的绩效。——跟其他宪法条款一样，分权仍然是增强治能的：它能够使交叉管辖的问题得到解决，能够解开不明

---

① 刘海波：《政体初论》，北京大学出版社 2005 年版，第 7 页。

② 张建伟：《司法体制原理》，中国人民公安大学出版社 2002 年版，第 190 页。

③ 参见谭世贵主编：《中国司法原理》，高等教育出版社 2004 年版，第 6 页。

确的命令链并有助于克服致命的功能混乱。”[①] 现代法治要求司法完全独立自治并建立违宪的司法审查制度，其目的在于通过司法有效监督政府公共权力以免其滥用，并充分保障公民个人权利。我国政治体制改革的方向应当是国家权力分立与司法独立的原则与精神得到全面彻底的贯彻实施。

（四）公民权利保障的体制和机制还没有得到全面确立和完善

随着市场经济体制的逐步建立与市民社会的渐次生成发展，多元社会权利意识与权利保障机制得以迅速成长，社会主义法律体系的建立完善就是公民权利保障的制度体现。由于中国法治根基比较薄弱，权力制约与权利保障的观念文化与制度文化还在不断发展完善的进程中。尽管我国法律体系已经得到相当程度的完善，但是，公民权利保障体制以及完整而配套的运行机制还没有完全确立，且其系统化的程度还远未达到法治国家的一般水平。主要表现在：人权进入中国政治法律视野也仅仅在 90 年代初，到现在不过十多年时间。而且学界对于人权概念与内涵的认识还存在着相当大的分歧，因此人权理论对于政治法律思想以及社会制度所发挥的宏观指导意义相当有限；将人权写入宪法也是近年发生在中国的重大政治法律事件，至于人权的具体内涵与具体保障措施的落实还有一个较长的过程；中国政治体制改革的进展缓慢与公民权利的宪法保障机制密切相关，权力分立与权力制衡机制因素的缺位直接影响到公民权利的保障与救济。“近年来，中国的建构法治秩序、通过改革审判方式来保障个人权利方面也取得了相当可观的成就”，但是，“无论是国家权力转移的程序还是人民代表大会的监督机制都在原

① ［美］史蒂芬·霍姆斯：《先定约束与民主的悖论》，载《宪政与民主——理性与社会变迁研究》，生活·读书·新知三联书店 1997 年版，第 254 页。

地踏步，更不用说建立独立的司法审查制度或者宪法法院。”① 司法公正的制度保障——司法独立与司法中立的程度还远没有达到国际司法准则的基本要求，违宪审查制度的缺位使得国家权力侵犯公民权利的抽象行政行为与刑事司法行为无法得到法律的全面规范与司法的普遍审查，等等。公民诉权的不完善与司法救济的不到位导致权利救济领域存在着较大的制度缺口，这些都直接影响到中国多元化的社会发展中公民个人权利得到充分实现的程度，都直接关系到市民社会多元权利诉求对于政治国家公共权力的制约等宪政问题，有待制度的进一步完善与法治理念的尽快更新，并最终通过公民权利保障的政治法律体制和运行机制的全面确立和不断完善来体现。

（五）自由、正义、契约与理性精神还没有彻底内化为公民的自觉信念

“文化和社会都不是转瞬即逝的事物，它们渊源于过去，存在于现在，延续于将来。它们有着历史的连续性，脱胎于业已存在的文化，并受着目前各种环境的压力的冲击与影响。”② 观念文化的生成过程往往比制度文化的生成所需要的时间要漫长得多，虽然我国改革开放以来建设法治国家的伟大进程是高速而卓有成效的，许多的制度与观念都是夹杂着各种各样的新锐思想的混合物，现代要素、后现代要素以及原来的传统要素等等，形成了纷繁复杂的多元价值体系与不同的利益追求，其中法治理念与和谐社会价值观正在成为主流社会意识形态。但传统的思维根基并没有动摇甚至丝毫减弱，反而以新的形式广泛存在、渗透并蔓延于社会生活之中。权力

① 季卫东：《宪政新论——全球化时代的法与社会变迁》，北京大学出版社 2002 年版，第 25 页。

② ［美］E. A. 霍贝尔：《初民的法律》，周勇译，中国社会科学出版社 1993 年版，第 323 ~ 324 页。

本位与等级特权思想犹如幽灵紧紧伴随着传统挥之不去，国家主义思潮与集体主义情绪十分浓重，追求绝对安全与绝对秩序的观念深深扎根于制度与文化中，外显于公共政策与规章制度的字里行间。市民社会与法治国家所奉行的自由、正义、契约与理性精神还没有从根本上内化到公民意识与法治理念之中，依法治国仅仅理解为依照法律治理国家，依据大量出自有据的规章、政策来治理国家和管理人民，而法治国家所内含其中的自由精神、正义平等精神、人权精神、形式理性精神还没有被主流意识形态真正接受。这种法治观是对法治非理性认知的表现形式，是传统专制主义、人治主义与宗法思想没有得到彻底清算的典型表征。“法律作为由国家机关强制执行的、适用于社会成员的行为准则，世界各大文明古而有之，但现代意义上的法治和司法独立却是西方文明的产物。”① 要建设法治国家必须认真对待西方法治文明，在推进制度建设的同时，务必重视法治文化建设的推进和法律价值观念的培育，因为，“法律文化是一个国家法制的内在逻辑，它表现在受历史传统制约的人们关于法和法律的态度、价值、信念、心理、感情、习惯等等之中，直接或间接、有形或无形地影响着社会主体的法律实践和法律行为，进而在很大程度上规制着一个国家法制运作模式及其发展走向。”②只有在全社会形成了真正的尊法重法、自由、人权等法治理念，并将法律制度根植于丰润而深厚的法治文化土壤中，这些法律制度才可能成功运作并显示出其理性的巨大力量。

二、转型时期社会结构中的刑事诉讼生态

我国现行刑事诉讼是在新中国成立 30 年之后颁布的刑事诉讼

---

① 陈弘毅：《法理学的世界》，中国政法大学出版社 2003 年版，第 120 页。

② 公丕祥：《法制现代化的理论逻辑》，中国政法大学出版社 1999 年版，第 14 页。

法基础上修改而成的，记载并反映了我国在确立依法治国、建设社会主义法治国家宏伟目标，着力建设社会主义市场经济与继续执行改革开放政策下中国社会已经和正在发生着的根本性社会变革与转型的广阔历史进程。正因为这种转型还将持续相当长的时间，修改后的刑事诉讼法反映了转型时期我国政治、经济、文化及社会各方面对于刑事诉讼法律制度的基本要求，也体现了我国由人治转向法治、由计划经济向市场经济转向进程中的基本特征。我国转型期社会结构下的刑事诉讼生态在刑事诉讼观念体系、规范体系与实施体系中都呈现出传统要素与现代要素兼备的基本特质，体现了转型时期社会结构、制度及观念、环境作用于刑事诉讼系统的深刻影响及刑事诉讼系统与社会环境的动态衡生与网络整生。在刑事诉讼的观念体系、规范体系及实施体系等方面表现为以下基本特征：

（一）转型时期我国刑事诉讼法律制度的观念体系

我国经历了十分漫长的封建时代，缔造了成熟而完整的封建法律制度体系与法律文化，其中包括十分复杂而完善的刑事诉讼程序。但是，这个刑事程序是与中国封建社会的经济、政治、思想和文化相适应的，封建的宗法文化与等级观念全面渗透于刑事程序之中，平等、法治、人权等近现代人文思想却没有生根立足之处。正是由于封建文化的完整性、系统性和根深蒂固性，这就给当代中国刑事程序正当化以及诉讼理念的更新带来了深刻的制约和艰巨的挑战。加之受到“左”的思想和前苏联法律观的影响，几十年来，对于诉讼本质的认识，我国都以国家本位观念为主宰，“诉讼”或司法机关是维护国家政权的工具。① 1979 年的刑事诉讼法强调以“无产阶级专政的具体经验和打击敌人、保护人民的实际需要”为制定依据，而1996 年的刑事诉讼法将刑事诉讼目的定位于：“为了保证刑法的正确实施，惩罚犯罪，保护人民”。“惩罚犯罪”实际

---

① 樊崇义主编：《诉讼原理》，法律出版社 2003 年版，第 132 页。

成为我国刑事诉讼的最高价值目标及终极诉讼目的，刑事程序自身的独立价值被忽视，维护基本人权的诉讼目的和价值未能得到充分体现，这深刻反映了我国刑事诉讼存在着十分浓厚的程序工具主义和惩罚主义思想。将打击犯罪作为刑事诉讼的首要目标，高度强化刑事诉讼的追诉机能与政治功能，从而使得整个刑事诉讼充满了行政性的惩治犯罪意味。而奉行严厉打击犯罪，坚持有罪必罚的刑事司法理念必然产生刑事司法实践的“重打击，轻保护”与“重实体，轻程序”的消极后果，容易引发刑事诉讼的周期性的“严打”、“综合治理”等等之类的各项司法整治运动。这种片面的司法理念与“政治化”的司法实践互相关联、互相作用、互相影响，使得中国刑事诉讼出现诸多“本土”特征而与大多数法治国家的普遍做法迥然相异，这其实就是诉讼制度的价值目标与诉讼理念所致。

我国刑事诉讼法律制度的观念系统中要素失衡问题比较突出：权力至上、国家至上、安全至上、实体优先等思想十分盛行，而程序正义、人权保障、诉讼平等、裁判中立等诉讼理念尚未普及。当市场经济体制逐步建立，经济、社会的转型为法律变革提出了迫切要求的时候，既存的观念体系就难以适应社会需要，并对新的价值观念生成构成巨大障碍。“法律是一个有意识服务于法律价值与法律理念的现实。”① 德国学者考夫曼教授指出法律秩序的阶层构造表现为“法律原则（法律理念）——法律规范——法律判决”②，可见，法律观念体系在法律制度中位居核心地位并具有最高指导意义。实际上，“整个人、整个政权和整个制度的任务，就在于从内心培养法律意识和遵守它的自律本质。”一个人乃至一个政府，如

① ［德］拉德布鲁赫：《法哲学》，王朴译，法律出版社2005年版，第31页。

② ［德］考夫曼：《法律哲学》，刘幸义等译，法律出版社2004年版，第122～123页。

果他具有成熟的法律意识和理性的价值观，他的行为就会忠实于他的个人意志。此时，“意志与行为、行为与规范都处于统一之中，与自己的内容是同一的，并服务于相同的法的目的。这就是法的精神力量和活的力量，同时也是法律意识的具体威力。”① 虽然我国刑事诉讼法修正案确立了惩罚犯罪与人权保障相统一的新型诉讼价值观，与此相应，刑事诉讼的诸多制度也得到了调整和修改。但是，观念的转变要经历一个比较漫长的过程，在阶级政治法律观还没有向平等正义法律观根本转变的情况下，新定制度的运行必然遭到旧观念的顽强抵制而自然失效。我国刑事诉讼“穿新鞋，走老路”、“海棠依旧”现象就是最好的注脚。这充分说明了刑事诉讼观念系统对于整个制度运行的巨大影响力，也充分表明了以程序正义与人权保障为核心的现代诉讼观念体系在我国的刑事诉讼法律制度中还没有系统地建立起来。

（二）转型时期我国刑事诉讼法律制度的规范体系

从总体上看，社会主义刑事诉讼法律制度的规范体系基本建立，大体形成了一个较完整的规范系统。但是，我国刑事诉讼规范在结构上和逻辑上存在着较大问题，具体如下：其一，外观上，刑事诉讼法律规范体系存在着协调一致性不够的问题，位居最高规范的宪法规范性严重不足，更没有违宪审查制度与宪法权利的司法救济机制，使得宪法最多只具有象征意义。宪法与刑事诉讼法存在着严重隔离现象，使得中国的刑事诉讼缺乏宪法约束而滋生诸多恣意，本应当属于应用宪法的刑事诉讼法在整个法律体系中性质模糊，工具法意味较浓，更没有进入国家的“人权保障法”② 视野。更为严重的是，刑事诉讼法律与司法解释的关系不明不白，最高司

---

① ［俄］伊·亚·伊林：《法律意识的实质》，徐晓晴译，清华大学出版社2005年版，第173页。

② 郝银钟：《刑事诉讼目的双重论之反思与重构》，载《法学》，2005年第8期。

法机关、国务院有关行政机关和立法机关内部相关机构的联合规定不伦不类，最高人民法院、最高人民检察院与行政机关发布的规定以及司法解释的法律属性不清不楚。这些都表现出刑事诉讼法律规范系统的规范化程度存在着严重的混乱与失序。其二，内观上，刑事诉讼法律规范逻辑构成要素必须完整、合理，功能健全，能够从直接调整和保护的角度，对诉讼法律关系各主体的诉讼行为起到切实有效的诉讼指引、防错和纠错作用。"法律规范是一种特殊的、在逻辑上周全的规范，一个完整的法律规范在结构上由三个要素组成，即假定、处理和制裁。"① 完整的刑事诉讼法律规范也应当由"假定"、"处理"、"制裁"三个逻辑要素组成。但是，在我国刑事诉讼法律规范的逻辑结构中却极度欠缺必要的制裁要素和保护性诉讼法律规则。其中，又以关于证据行为的保护性诉讼法律规则的缺失最为突出。刑事诉讼法典对此基本停留于"假定"和"处理"要素，缺失关键的制裁要素。而法学家耶林早就指出："不以法律强制作为后盾的法律命题是自相矛盾的，是无焰的火，不亮的光。"② 诉讼法律规范中制裁要素的缺乏，保护性诉讼法律规则的不健全，使刑事诉讼法在总体上没有形成也无法形成一个相对完备的违法诉讼行为审查、处理机制。③ 刑事诉讼法律规范两个方面的问题造成了我国刑事诉讼法律体系应当具备的规范性和权威性受到损害，诸多法律或法规之间互相冲突又无法在规范框架内得到有效解决，使得法律的适用出现比较混乱的格局；同时，由于法律本身的逻辑要素缺陷，使得程序性的法律规范根本无法发挥程序本应具有的规范与制裁功能。

---

① 孙国华、朱景文主编：《法理学》，中国人民大学出版社 1999 年版，第 279 页。

② ［美］罗·庞德：《通过法律的社会控制》，沈宗灵等译，商务印书馆 1984 年版，第 88 页。

③ 邓云：《刑事诉讼行为基础理论研究》，中国人民公安大学出版社 2004 年版，第 197 页。

刑事诉讼法律制度的规范体系规范化不仅在于从法律上明确规定刑事诉讼的目的与任务，应当遵循的基本原则、活动准则与具体步骤，为刑事诉讼主体的诉讼行为提供明确的法律依据；而且在于规范刑事诉讼权力与权利的内容、范围及其行使方式，在于设定诉讼主体的基本活动方式与行为模式，从而形成稳定的刑事诉讼结构，以实现特定的诉讼功能。由于我国刑事诉讼法律制度规范系统存在诸多问题，致使刑事诉讼在权力规制与权利救济等方面出现了许多疏漏，直接表现为刑事诉讼中的程序失范现象十分严重：由于法律的明确性不足，职权机关自由裁量权过大，致使其随意扩展权力范围、随意解释法律条文等行为无法受到程序控制；由于法律的规范性不足，致使职权机关违法行使职权的行为无法受到追究，诉讼当事人的权利受到侵犯时无法得到相应的司法救济；法律程序的诸多规定十分粗疏且缺乏可操作性，致使刑事诉讼行为非程序化、非规范化现象十分常见。[①] 上述问题不仅因为规范系统缺陷所致，而且与诉讼系统要素配置和组合密切相关，更深受诉讼系统外部环境因素无时不在的影响。以至于达玛斯卡教授评论道，“透过常规的西方镜片来观察，人们会发现中国藉以管理运作其司法系统的程序很难说是合乎规律的：在那里，审判、律师——甚至法院或法律——都好象是外生的、可有可无的。”因为刑事诉讼仅仅作为实现刑事政策的工具而没有完成宪法意义的刑事程序正当化、理性化根本转变，所以“在像中国或苏联这样的明显的管理型国家中，我们可以看到司法制度的所有层面中都渗透着浓厚的政策实施色彩。”[②]

（三）转型时期我国刑事诉讼法律制度的实施体系

就刑事诉讼法律制度的组织体系而言，根据我国宪法规定的根

---

① 参见陈瑞华：《程序性制裁理论》，中国法制出版社 2005 年版，第 19 页以下。

② ［美］米尔伊安．R. 达玛什卡：《司法和国家权力的多种面孔》，郑戈译，中国政法大学出版社 2004 年版，第 19、3 页。

本政治制度即人民代表大会制度下的“一府两院制”，公安机关是国家的行政机关，是人民政府所属的职能部门之一；人民检察院是国家的法律监督机关，监督国家法律的正确、统一实施；人民法院是国家的审判机关，行使国家审判权。在各级政权机构中，人民政府、人民检察院和人民法院都向本级人民代表大会负责并报告工作。① 由此定位了我国刑事诉讼组织系统：公检法是国家的政法机关，无产阶级专政的“刀把子”。刑事诉讼成为有效维护阶级统治的主要手段，实现国家意志的主要工具。尽管公检法必须本着分工负责、互相配合、互相制约的原则在法律规定的范围内开展刑事诉讼活动，但它们有着共同的任务与职权，共同的原则、要求及共同的诉讼活动方式。“查遍一部中国现行的刑事诉讼法，类似这样要求公检法三机关共同遵守的条文多达20余个，而且主要集中在刑事诉讼法的总则部分。”② 这些共同的原则性规定与“流水作业式”的刑事诉讼实践说明了一个事实：在中国，刑事诉讼存在着一定程度的政治化现象。法律过度政治化尤其是刑事司法政治化将产生高度危险性，因为它直接助长恣意，排斥法治，压制人权，前苏联的肃反运动和我国的“反右”斗争就是血的教训。我国刑事诉讼组织系统政治化现象表现于司法系统中的党政不分、政司不分，权力设置严重背离现代司法理性：审判机关的行政化倾向、检察机关的刑事检控与法律监督职能混同、公安机关的治安保卫与刑事侦查职能合一，等等。尤其是司法机关属地化造成刑事司法地方化，人事、财政的地方化使得司法沦为地方党委和政府的工具。③ 正如贺卫方教授所说：“我们现行制度正是把法院和检察院置于地方权力

---

① 陈光中、徐静村主编：《刑事诉讼法学》，中国政法大学出版社1999年版，第61页。

② 陈瑞华：《刑事诉讼的前沿问题》，中国人民大学出版社2000年版，第232页。

③ 参见谭世贵主编：《中国司法原理》，高等教育出版社2004年版，第130页。

的控制之下，法官和检察官由地方任命，法院和检察院的经费由地方财政部门控制，司法机关的一切活动都逃不出地方如来佛的手心。”[①] 强调司法机关的整体独立而非司法官员的个人独立，更没有司法独立的基本制度保障，这是造成刑事司法的自主性与创造性严重不足、依附性与机械性特别突出的主要原因。由于司法组织系统的结构和功能都没有取得独立的地位，使得诉讼规范的适用缺乏强有力的组织保证。

就刑事诉讼法律制度的运作体系而言，根深蒂固的奉行惩罚犯罪的诉讼目的观和追求绝对真实的诉讼价值观，加上我国特定的政治体制与司法体制，直接决定了刑事诉讼主体权力配置、职能划分与刑事程序设计的价值取向，从而决定了刑事诉讼的结构与功能走向。尽管刑事诉讼法修订以来，刑事程序改革取得了一些进步，但从总体上是“中国的刑事司法在传统与现代之间艰难徘徊”[②]。这个非现代诉讼结构的逻辑展开与现实实践表现为：作为控诉主体的公安机关和检察机关拥有国家赋予的十分强大的强制干预公民个人基本人权的侦查权力，却没有最低限度的防止权力滥用的制约手段。作为辩护主体的犯罪嫌疑人和被告人的辩护权利没有得到宪法和法律的全面肯认，即使法律明确规定的一些辩护权利在司法实践中也难以真正兑现。“中国现行刑事诉讼法不仅无法确保那些尚未被宪法所确立的基本权利得到尊重和实施，而且即便对那些业已被确立为宪法性权利的被告人权利，也同样缺乏较为完善的保障机制，使得嫌疑人、被告人的人身权利和诉讼权利都难以得到尊重和保障。”[③] 而作为裁判主体的法官不具有最低限度的独立性和中立

---

① 贺卫方：《运送正义的方式》，上海三联书店2002年版，第6页。

② 龙宗智：《徘徊于传统与现代之间——论中国刑事诉讼法的再修改》，载《政法论坛》2004年第5期。

③ 陈瑞华：《程序性制裁理论》，中国法制出版社2005年版，第481页。

性，加之我国的检察院是国家的法律监督机关，法官的行为受到作为控诉主体的检察官的监督，因而受到控诉方的影响十分巨大，往往成为追诉角色而不是真正的裁判角色。在一个没有独立和中立的司法官的刑事诉讼中，强大的控诉机关与弱小的被告人根本谈不上任何意义的平等对抗。正是这种系统要素之间的权力失衡使得诉讼公正性受到了严峻考验，动态平衡的诉讼结构渐渐蜕变为所谓的“倒三角结构”，即控诉机关与裁判机关一道共同惩罚被告人的流水作业的“纠问形态”，刑事司法公正的系统大厦面临倾倒的危险。① 不仅如此，由于刑事诉讼是国家政治的重要组成部分，也是国家权力活动的核心，刑事诉讼系统的运作必然受到外部各种因素的影响，尤其是受国家政治与政策的影响较大。从我国刑事司法实践来看，刑事诉讼系统的确更多地受制于外部环境从而导致其自主性与自治性较弱。众所周知的就是，各级政法委员会对于刑事诉讼的干预和影响，以及各级人大正在不断加强的个案监督，各级党政机关出于社会治安考虑往往在刑事案件发生后要求从重、从严、从快查处的指令等等所形成的巨大压力最终将作用并左右刑事诉讼系统的运行。从具体运行状况来看，刑事司法系统不折不扣地成为代表并执行各级政府政令的重要职能部门。

第四节 中国社会结构整体转型主要趋势与中国刑事诉讼法律制度生态优化

一、我国社会结构整体转型的主要趋势

总体上说，中国社会是由传统社会向现代社会转变。当前中国

① 张建伟：《从权力行使型到权力抑制型——刑事程序构造的重新设定》，载《政法论坛》，2004 年第 3 期。

社会正处于全面转型的关键阶段，其主要标志是中国社会正从自给半自给的产品经济社会向市场经济社会转化，正在从农业社会向工业社会转化，正在从乡村社会向城镇社会转化，正在从封闭半封闭社会向开放社会转化，正在从同质单一性社会向异质多样性社会转化，正在从伦理社会向法理社会转化。[①] 有学者预测中国社会结构转型主要表现为以下四种主要趋势：一是从计划社会向市场社会转变。在计划经济体制下形成的各种社会体制已经发生了重大变化，并且正在继续发生变化。人们的思想观念、社会政策走向、社会规范与制度都以市场化为轴心转变。市民社会的特征日益显著，主要表现为社会竞争机制逐步替代少数人决定机制、审批型政府逐步转变为服务型政府。二是从农村社会向城市社会转变。也就是从农民社会转向市民社会。越来越多的农民变为市民，人口的城市化率不断提高，是这一趋势的主要潮流。三是从工业社会向信息社会转变。四是从贫困社会向富裕社会转变。其中，第一种趋势是社会体制转型的主要向度；第二种趋势是社会结构转型的主要向度；第三、四种趋势是社会发展转型的主要向度。这四大趋势不仅是中国社会转型的向度，也是中国社会转型的效果。[②] 中国社会 20 多年来在结构上所发生的变迁，以及社会结构所显现出的新的特征，与此前的社会结构相比，已经及正在发生着根本性的变革。这些变革大致可归结为以下几个方面。

（一）国家工业化、现代化与信息化

在改革开放前，中国社会已经实现了初级工业化，但工业化、现代化的水平相对较低。改革开放以来，中国工业化和现代化的发

---

① 刘祖云：《从传统到现代——当代中国社会转型研究》，湖北人民出版社 2000 年版，第 53 页。

② 宋林飞：《中国社会转型的趋势、代价及其度量》，载《江苏社会科学》2003 年第 2 期。

展经历了一个质的改变，所取得的成就为世界所瞩目。20 多年来中国工业化、现代化的高速发展，不仅是经济的增长和技术的变革，而且对社会结构的状况和变革产生极大影响。随着工业化和现代化的发展，产业结构和职业结构发生改变，新的产业和职业不断出现；随着乡镇企业的崛起和发展，成千上万的农民脱离了农业生产，成为工人的一部分；随着城市化的进程加快，大批农民离开农村进入城市，形成了不可逆转的“移民”浪潮；而随着科学技术革命的广泛深入展开，专业技术人员在经济和社会发展中占有越来越重要的地位。随着信息革命与通信技术的突飞猛进，以信息交换与资讯交流为主要内涵的信息社会已经来临，便捷的通信在方便人们工作生活的同时，极大地促进了生产效率的提高，国民经济的加速发展使得中国社会现代化的进程不断加快，人民的物质文化生活正在发生着巨大的变化。

（二）利益主体多元化

多元化是中国体制转轨最重要的过程之一，利益主体的多元首先得益于体制和制度的多元化。体制多元化在这里主要是指从单一公有制体制向多种所有制并存的体制转变的过程。体制多元化的转型首先从原有体制之外开始，创造了所谓“自由流动资源”和“自由流动空间”，大量的社会资源和行动空间在国有体制之外被创造出来，并取得了长足的发展。仅从就业指标来看：非国有经济在整个国家的经济活动中的比重已经达到 2/3 左右，多数劳动力已经在非国有单位中就业。与此同时，在一系列国有体制的改革中，即使是国有单位，也由于各种体制及制度的变革，在很大程度上改变了与国家的关系。在这个意义上，国有制或公有制体制已经在很大程度上被体制的多元化弱化了，各种组织特别是非国有组织对于国家的依赖性大大减小，越来越多的社会成员脱离了国有体制，转到非国有体制。随着体制和制度的多元化格局生成，由此而带来不同体制或制度下的主体利益或收入的多元化。利益分化的过程在原有体制中同样进行着，只不过那时整个社会的同质性相对更高，因而协调的复杂性相对较低。但是，体制的转轨特别是体制、制度、资源的多样化趋势，扩大了利益的多元化和分化，不同层次、不同部门、不同单位乃至不同人群，其利益目标越来越独立，利益边界越来越明晰。不同利益主体的协调机制在原有体制中、在其他社会形态中都存在，这里的问题在于：利益获得和利益协调的机制和以往社会相比发生了很大变化，实质上形成了新的利益结构和利益群体。主体利益多元化构成势必引发主体之间的利益紧张或利益冲突，各种纠纷不断上升的态势正是利益分化的典型表现。

（三）经济市场化

经济市场化同主体多元化一样，是中国体制转轨最重要的过程之一，并且构成了包括多元化在内的其他变革的基础。首先，市场化的发展意味着国家直接控制的资源与过去相比大为减少，大量的资源为各种各样的市场主体所控制。其次，更为重要的是，市场关系的性质是交易性而不是命令性或强制性的，交易双方的地位是平等的。当整个社会的协调机制从一个曾经以行政命令为主的社会向越来越多地以市场协调为主的社会转变时，协调交易性关系和命令式关系就成为一个问题。不仅市场中不同主体的关系是交易性的，而且国家和市场主体的关系也在很大程度上是交易性的。即使是行政性的命令关系，其基本的制度环境仍然是市场制度，是作为市场制度的补偿而发挥作用的。大量存在的市场化关系已经完全不同于过去以命令关系为主的行政化关系体系。以市场为主的资源分配机制强调了市场主体的平等协商与理性对话关系，它必然要求体现平等和正义的法律秩序与此相配套。经济市场化的过程实际就是政策、规则法律化的过程，而法律秩序的遵循又强化了平等交换和理性协商的市场经济秩序。

（四）社会非集中化

社会分化具有两个重要特征：功能专一化与地位多样化。“在现代社会结构中，规模大小不是决定性因素，更重要的是复杂的结构差异，功能的专门化和系统目标的构成。”① 相对于主体多元化和经济市场化来说，非集中化一方面是多元化和市场化发展的必然结果，同时也是中国结构变革的过程性特征之一，而这一特征往往被市场化所掩盖，为人们所忽视。社会分化的一个显著事实就是中国“单位”社会正在走向终结，正如有学者说，“单位社会”的终结实际上是中国改革开放建立社会主义市场经济进程中的一个不可逆转的必然趋势。② 这里，“非集中化”主要是指在体制转型中，国家或政府的权力，特别是动员和调动资源的权力，由高度集权的中央政府向下分散和转移的过程，由无所不包的政府将自主归还给社会和个人的过程。现在，行政命令权力无疑还在很大程度上存在着，但相对原有体制来说，它更多的已经由中央政府分散到各级政府手中。同时，将那些公民个人和社会独立自主的领域归还到社会组织及个人手中。随着利益主体的多元化和经济日益市场化，政府必须从高度统治和管理社会方方面面的状况中解脱出来，恢复公民个人的广泛自由和市民社会的协商自治。由此，每个独立的个体和众多的互不隶属的社会团体及各种组织所形成的是一种网格状的社会结构，这种社会结构有利于自治、平等、正义、对话、协商等理性化的观念要素的逐步生成和培育，有利于形成良好的法治社会秩序。

（五）要素流动化

现代社会“是靠连续通过系统的能量（和物质）流的动力学方式来维持的”，它“必须在一个开放的系统中才能形成，也必须

---

① ［美］西里尔. E. 布莱克编：《比较现代化》，杨豫等译，上海译文出版社 1996 年版，第 30 页。

② 田毅鹏、漆思：《“单位社会”的终结》，社会科学文献出版社 2005 年版，第 166 页。

在一个开放的系统中才能维持”。[1] 在原有的计划经济体制下，对于绝大多数人来说，自由流动的空间是不存在的，无论是地理上的流动，还是社会空间意义上的流动，情况都是如此。社会成员有控制地流动构成了原有体制下控制有效性的基本前提。体制转轨以来，最引人注意的问题之一，莫过于大规模的人口流动。在改革开放前，多数人在一个单位中终其一生，工作、生活、保障、娱乐等在很大程度上依赖其所在的单位组织。城市化、多元化、非集中化的发展从根本上改变了这种状况，人们开始在相对自由的空间中流动起来。例如，在不同所有制之间的流动、在工作单位之间的流动和在职业中的流动等。从更广泛的范围看，流动性不仅是人员的流动，而且是资源、资本、技术、知识的全面流动；不仅是在一国国内的流动问题，而且是在全球范围内的流动过程。各种要素自由的、大规模的流动，是一个不可避免的趋势，这已经成为人们的共识。而要素的充分流动正是市场经济社会的一个典型表征，通过要素的自由流动，实现要素的最佳组合，资源的充分利用最终达成个人利益的最大化与社会财富的均衡化。当然，在中国目前的情况下，市场机制还很难独立地发挥要素配置的功能，而权力与市场的结合在资源重新积聚的过程中起着更为重要的作用。[2] 要素的流动化对制度与规则的一体化提出了新的要求，制度、规则以及政令的因地而异、因人而异、因时而异将对要素流动产生阻塞，从而最终影响到要素配置的自由化与效益最大化。

二、我国社会结构整体转型中的刑事诉讼制度生态优化

根据社会学的理论，社会是一种生命的有机体，与自然界的万

① ［美］H. 哈肯：《高等协同学》，科学出版社1989年版，第20页。

② 李立梅、孙立平主编：《当代中国社会分层理论与实证》，社会科学文献出版社2006年版，第4页。

事万物一样有着自我进化、自我复制和自我创生的特性，从而形成了极为复杂的巨型生态系统。刑事诉讼法律制度作为社会生态系统的一种结构，同样具有较复杂的组织、结构与功能，也同样属于一种典型的自组织与自创生生态体系。① 根据系统环境互生共塑原理，系统是环境中的系统，环境是由系统构成的环境，二者之间存在着复杂的整合互动效应，环境改变必然引起系统结构和功能的变化以适应新的环境，当然，环境本身也会因系统的作用而被改造。② 由于复杂的历史原因和现实原因，我国刑事诉讼系统的要素配置受到政治因素、文化因素和传统因素等多重影响，刑事诉讼的自组织远未形成，其系统整合与系统优化的历史使命没有实现。刑事诉讼法律制度系统与外部环境没有得到明确区分与有机协调，而系统内部要素也没有按照自身的规律进行有机组合与合理搭配。系统应当具有的结构性、整体性、动态性、协调性等生态特性还在艰难地形成之中。为求刑事诉讼法律制度系统优化，充分发挥刑事诉讼对于化解严重冲突、维持社会和谐秩序的作用，增强其对社会矛盾、不满及怨恨的吸纳能力，根据我国社会结构整体转型的总体发展态势来对我国刑事诉讼法律制度系统的诸要素进行合理的搭配与调适，使其成为一个真正的法律生命有机体并与社会整体系统保持和谐共生的生态平衡就显得尤其紧迫与重要。为此，刑事诉讼在观念体系、规范体系和实施体系方面应当进行以下生态优化。

（一）刑事诉讼法律制度的观念体系生态优化

“任何国家与法律制度的变化都是以价值观、世界观以及意识形态的变化为基础的。”③ 刑事诉讼法律制度的变迁与进化取决于

---

① ［德］贡塔·托依布纳：《法律：一个自创生系统》，张骐译，北京大学出版社，2004 年版，序言。

② 参见苗东升：《系统科学精要》，中国人民大学出版社 1998 年版，第 43 ~ 45 页。

③ ［德］魏德士：《法理学》，丁晓春、吴越译，法律出版社 2005 年版，第 23 页。

刑事诉讼理念的进化，因为刑事诉讼理念是整个刑事诉讼系统的方向与指南，它为制度的更新提供最终的逻辑基础、价值依据与行动导向。先进的诉讼理念是带动整个刑事诉讼系统进化的强大推动力量，刑事诉讼法律制度的生态演化与不断变迁正是在刑事诉讼价值理念的牵引下逐步实现的。我国刑事诉讼法律制度的整体变革关键在于先进的、符合时代要求并与政治、经济和文化等社会系统新型价值观相适应的诉讼理念的生成，即完成刑事诉讼观念系统自我更新与要素协调平衡的生态化过程。我们认为，随着中国经济的持续快速发展所带来的整体社会转型，市场经济比较充分的发育所形成的平等、正义、权利等现代法治理念正逐渐成为中国主流意识形态。政治领域、社会领域和文化诸领域正在发生着激剧的变迁，新的制度基因正在生长。各种观念正在发生着新旧交替，长期居于正统地位的阶级专政思想、法律工具理念等旧的价值判断正逐步淡出历史舞台，社会正义与公民权利理念正在蓬勃生长。随着国际刑事司法准则的践行，世界各国大体认同的刑事司法程序正在全世界范围内形成，我国对世界人权公约及刑事司法国际准则的认同与承诺等因素大大促进了我国刑事诉讼观念的转变。随着现代化及后现代化时代的来临，法律的价值倾向正在发生着明显转向：即由理性范式迈向沟通范式，由威慑模式回归恢复模式，由压制型的法走向自治型的法再发展至回应型的法。实际上就是提倡一种兼备个人自由与社会利益相协调的价值信仰与理性生活，正如哈贝马斯提出的，“真正的理性社会应该是这样一种社会，在这种社会中，系统和生活世界都被许可以它们自己的方式、按照自己的逻辑去理性化。”①从而提倡一种自主交往与沟通的理性，通过协商与对话获得合法性

① ［美］乔治瑞·泽尔：《后现代社会理论》，谢立中等译，华夏出版社 2003 年版，第212 页。

与正统性。为此，他提出了关于商谈的法律理论和程序主义的法律观。[①] 我国刑事诉讼价值观念共同体的型构必须走出一条跨越式的建构模式，即由法律工具主义向综合协调主义的法律理性价值观转型。当然，观念的生成是一个长期型塑的过程，比制度变革缓慢得多。不过历史证明，观念改革必须通过积极主动推进而不是消极被动地等待其自然演进，基于此，观念体系的理性建构与积极引导比自生自发的秩序生成更为重要。

对于我国刑事诉讼法律制度观念体系而言，应当解决由刑事程序工具主义理念向刑事程序本位主义理念的转变；由刑事诉讼的价值目标设定为惩罚犯罪与人权保障相统一到公正地理性解决刑事争端的转变；由安全至上、效率优先向自由至上、公正优先，兼顾安全与效率的价值观共同体的转变。我国是长期缺乏个人自由观念的国家，本着矫枉必须过正与价值应当多元的原则，应着力塑造个人主义价值观，个人自由与个人人权应当成为当今中国法学的主流价值倾向。基于"程序是法律的中心"[②]，担负观念培育与价值引导的刑事诉讼法哲学应当成为中国的主流法学理论。刑事诉讼以解决因为刑事犯罪而引起的法治国家与涉及犯罪的公民个人之间的刑事争端为目的，以程序正义为核心，以实体正义、平等、自由、人权、秩序等为内容，既高度关注刑事诉讼的人权保障、个人自由价值，又考虑刑事诉讼的社会整体利益与社会安定秩序价值，从而形成一整套综合性的价值共同体组成的观念系统。为刑事诉讼的规范系统和实施系统提供价值根基与理论指南，有效引导其他系统的有机整合与生态优化。

---

① ［德］哈贝马斯：《在事实和规范之间》，童世骏译，生活·读书·新知三联书店2004年版，第529页。

② ［美］诺内特、塞尔兹尼克：《转变中的法律与社会》，张志铭译，中国政法大学出版社1994年版，第60页。

（二）刑事诉讼法律制度的规范体系生态优化

具有阶层构造而存在的法规范形成一个体系的时候，被称为“法秩序”，一个法秩序，本来，应当是一个统一的体系。[①] 因为法律作为维护社会秩序的手段和工具，本身必须是一个符合法秩序的有机体。法律的有机整体理论反映了社会制度的基本结构，作为一个国家的实在法体系的构建必须遵循这一基本原则与发展规律，否则，法律的功能将会受到极大的损害甚至完全失效。纵观我国刑事诉讼法律规范体系，正如前述分析，该系统无论在外观上还是在内观上都没有形成一种有序的结构，从而直接影响到刑事诉讼法律的适用及效力。刑事诉讼规范系统生态优化就是将刑事诉讼规范要素进行有机协调和合理搭配，使其形成一个和谐有序的等级位阶结构。刑事诉讼规范体系是一个单向度的制度系统，即根据法律效力与位阶进行有序排列，位于系统顶端的是国家的根本大法——宪法，所有法律规范都必须遵循宪法规定，秉承宪法精神。刑事诉讼法是仅次于宪法的国家基本法律，刑事诉讼法与宪法具有如此紧密的联系，以至于被一些学者形象地称为“国家基本法之测震器”[②]、“应用之宪法”、“宪法之施行法”甚至“法治国的大宪章”。[③] 那是因为宪法所确立的公民权利最容易在刑事诉讼中受到侵害，而刑事诉讼法的制定和实施则为宪法性权利的维护提供了法律保障。反之，宪法所确立的基本原则和基本权利又为刑事诉讼法的发展和完善提供了最终的法律基础。因此，“对于刑事程序也经常从宪法的

① ［日］曾根威彦：《刑法法基础》，黎宏译，法律出版社 2005 年版，第 212 页。

② 参见［德］克劳斯·罗科信：《刑事诉讼法》（第 24 版），吴丽琪译，法律出版社 2003 年版，第 13 页。

③ 林钰雄：《刑事诉讼法》，中国台北学林文化事业出版有限公司 2001 年版，第 20 页。

角度加以考察。”① 就我国刑事诉讼法律规范体系生态化而言，应当加强宪法对刑事诉讼法和司法解释的约束和控制，实现刑事被告人权利宪法化，并通过刑事诉讼甚至宪法性诉讼实现权利的法律救济，使得刑事诉讼法成为真正意义的应用宪法。其他法律涉及刑事诉讼的有关规定应当以宪法和刑事诉讼法为依据，并保持协调一致性。司法解释更应与宪法和刑事诉讼法的规定为根本准则和依据，不得进行任何超越其职权范围的法律解释。其他机关制定关于刑事诉讼的解释或者有关意见的行为，属于没有任何依据的违法行为和滥用职权行为，应当予以制止。同时，刑事诉讼法律规范的构建必须遵循一般的立法技术要求，健全法律规范的逻辑要素，尤其是对于那些保护性规则中的制裁要素更为重要。要通过上述两个方面的努力，构建一个等级序列完整、逻辑清楚、条文明确的诉讼法律规范体系，完成规范系统的有机整合、有序安排与生态优化。

（三）刑事诉讼法律制度的实施体系生态优化

任何法律不管观念体系是多么先进和完善，其规范系统是多么严整有序，如果不能得到适用，只能是纸上的法不会成为行动中的法。法律的真正生命在于将其运用于司法实践以调整错综复杂的社会关系，这就需要法律主体去有效组织和实施。“法治一词所意味着的不只是单纯法律的存在”，“法治诞生于法律机构取得足够独立的权威以对政府权力的行使进行规范约束的时候。”② 刑事法治将取决于其实施系统的健康运作，而组织系统直接关系着刑事诉讼法律的适用与刑事诉讼活动的展开。它是诉讼制度系统运作的重要功能主体，是不可或缺的组成部分。法律组织系统的建构直接受到

---

① ［日］松尾浩也：《日本刑事诉讼法》，丁相顺译，中国人民大学出版社 2005 年版，第 6 页。

② ［美］诺内特、塞尔兹尼克：《转变中的法律与社会》，张志铭译，中国政法大学出版社 1994 年版，第 53 页。

法律观念系统的影响，从而在实质上受到法律规范系统的制约。随着刑事诉讼法律制度观念系统的更新，规范系统的规范化，对实施系统进行重新调整和搭配应是顺理成章的。根据法律基本原理和法治国家的经验，中国刑事诉讼系统化和生态化最重要的变革领域在于组织系统的系统化和生态化，法治秩序决定了政治与法律的功能分化与同构共生关系，由此决定了刑事诉讼主体的功能分化与共生关系，保持独立与自治就成为刑事司法系统理性运作的首要目标。维尔指出："为了政治自由的建立和维护，关键是要将政府分为立法、行政和司法三部门或三部分。三个部门中的每个部门都有相应的、可确定的政府职能，即立法、行政和司法的职能。政府的每个部门都一定要限于行使自己的职能，不允许侵蚀其他部门的职能。进而，组成这三个政府机构的人员一定要保持分离和不同，不允许任何个人同时是一个以上部门的成员。这样一来，每个部门对其他部门都将是一个制约，没有任何一群人将能够控制国家的全部机器。"① 三权分立体制架构下的司法独立制度设计由此成为西方法律传统中的精髓：它经历一个从无到有的过程，至今已经成为西方国家引以自豪的一项政治成就、一个法治学说、一种制度文明，并以其独特的观念和制度而成为西方法律传统中的一道亮丽的风景，具有非凡的魅力。② 那是因为司法独立是确保权力有限行使和权利保障与救济的关键环节，从系统论与社会学角度来分析，它则真正体现了要素相生相克与相竞相长的活态共生的生态系统规律。"法院的完全独立在限权宪法中尤为重要。在实际执行中，此类限制须通过法院执行，因而法院必须有宣布违反宪法明文规定的立法机关

① ［英］M. J. C. 维尔：《宪政与分权》，苏力译，生活·读书·新知三联书店1997年版，第12～13页。

② 参见李艳华：《司法独立学说在西方的轨迹和魅力》，载范忠信、陈景良主编：《中西法律传统》第一卷，中国政法大学出版社2001年版，第292页。

的无效之权。如无此项规定，则一定保留特定权利与特权的条款将形同虚设。”① 具体到现代刑事诉讼领域，刑事诉讼的实施应当由具有法律专业知识的专门职业人员承担，由此组成的机构和团体将成为自组织体系，形成一个个相对独立、功能分化的系统，并通过系统之间的互动推进程序运行。从事刑事侦查的司法警察、从事刑事公诉的检察官和从事司法裁判的法官与从事刑事代理和辩护的律师各自归属不同的机构或团体组织，但都属于刑事诉讼组织大系统的成员，受刑事诉讼规范体系的调整和约束。刑事诉讼运作系统良性运行取决于刑事诉讼规范系统严明的法律规定与科学的程序安排，对于刑事诉讼主体的权利义务、行为模式与作用方式作出具体而有可操作性的规定。使得刑事诉讼主体分工明确，职责清楚，从而形成控、辩、审三方平衡互动与互相制衡的诉讼运作机制与协调机制。将刑事诉讼主体根据职能不同严格划分为裁判主体、控诉主体与辩护主体，彻底实现控审分离、裁判中立原则的要求，形成等腰三角形的诉讼结构；根据刑事诉讼系统中的国家权力与公民个人权利不成比例的情况，对刑事诉讼的追诉权力进行严密的程序规制和司法控制，对较为弱小的辩护权利进行适度扩张，并由客观中立的裁判机关监督行政权力的运行和对公民个人提供充分的司法救济以保证诉讼活动的形式公正性。在整个刑事诉讼中形成裁判、控诉、辩护三方主体良性互动、协调平衡的诉讼生态格局，从而使系统要素功能得到充分的发挥，通过互相作用生成稳定有序的结构，推进刑事诉讼法律制度的有序运作。总之，我国刑事诉讼法律制度实施系统的协调与整合已经成为社会的需要与时代的要求，应根据法律原则而不是政治原则来设计和建构刑事诉讼设施系统与运作系统，本着宪政法治的基本理论和功能分化的社会学原理、系统论原

---

① ［美］汉密尔顿等：《联邦党人文集》，程逢如等译，商务印书馆 1980 年版，第 391 ~ 392 页。

理与生态学理论对权力作明确的划分，并将其置于法律之下。应遵循司法权独立运行的基本原则，司法机构、司法人员完全独立于政府行政机构与行政人员，其设施装备、人员配备与经费划拨必须由国家权力机关来决定，本着法制统一的原则，司法机关实行一体化建置等等。这些措施涉及现行宪法与法律的调整与修改，也直接涉及国家政治体制的改革。所涉及改革层面较宽，权力调整幅度较大，应当谨慎稳妥推进。但是，如果仅仅以此困难为理由，不考虑刑事诉讼法律制度运作的系统特性及生态规律，不认真借鉴西方法治国家几百年来积累得来的优秀法治文明成就与丰富的治国经验，仍然坚持现行实在法律规定，拒绝进行任何实质的改革和权力的合理配置，刑事诉讼制度实施系统的有机整合与生态优化注定不可能实现，实现整个刑事诉讼生态化的使命就可能成为泡影。“一页历史就抵得上一卷逻辑”①，因此，要学会尊重历史，尊重那些经过血与火的考验而换来的历史经验尤其重要，这关系到人类文明持续发展的推进。

刑事诉讼法律制度作为社会系统的重要组成部分及社会秩序的控制机制的生态优化，直接影响到整个社会有机体和谐、稳定发展和人类文明的持续进步。我国作为人类历史上最悠久的文明古国，作为世界上人数最多的发展中国家，公民人权的充分享有和有效保障、社会制度的文明进步与国家的繁荣昌盛都深深吸引着世界各国的目光，并对整个人类文明产生深远影响。我们不但应当继承先辈留给我们的伟大传统、灿烂文明与宝贵智慧，而且更应当虚心向世界其他国家和地区的文明学习、交流，并以人类文化的一分子共生共荣于人类社会大家庭之中。既不夜郎自大，也不妄自菲薄。既要看出我国现行刑事诉讼系统的确存在十分落后的观念和制度，又要

---

① 转引自［美］本杰明·卡多佐：《司法过程的性质》，苏力译，商务印书馆1998年版，第32页。

记住我国曾经一度是世界文明的中心，曾经一度引领世界最先进的法律制度，从而树立重振汉语世界的制度文明的雄心壮志。我们不但相信通过努力改革及制度转型，符合现代诉讼理念的新型刑事诉讼法律制度体系一定能够在不久的将来得到系统的建构，而且积极参与到不断地推动我国刑事诉讼的现代化、理性化和生态化的改革潮流之中，以无愧于伟大的民族、伟大的时代赋予每个法律人的历史使命，去维护和促进刑事诉讼法律制度有机体的健康成长，为世界性的法制文明作出创造性贡献。

第七章　现代刑事诉讼生态化

现代刑事诉讼生态化意指现代刑事诉讼系统在外部环境的作用下通过改变刑事诉讼系统自身的构成要素以及改变与外部环境的作用方式从而生成与外部环境保持稳定协调的生态平衡特性的过程，刑事诉讼生态化的核心就在于解决刑事诉讼系统与其置身的环境之间的平衡问题。具体而言，通过调整刑事诉讼系统要素与外部环境，改变刑事诉讼系统与外部环境发生作用的关联方式，促使刑事诉讼系统与外部社会环境生成并保持着动态、协调而稳定的活态共生特性，从而实现系统环境的衡态整生。① 当然，它也涵蕴着刑事诉讼系统与外部系统环境由不平衡向平衡，由不稳定向稳定，由不协调向协调方向运动发展的持续变迁过程与演化状态。

第一节　现代刑事诉讼生态化的主要趋势及基本规律

一个明显的事实表征着全球范围内的刑事诉讼生态化趋势：长期以形式真实与正当程序为基础的英美法国家正在向注重实体真实

---

① 共生是指系统各部分在共同生成、共同生存、共同生长的过程中，共生出系统最高质，进一步形成系统整体发展的基础、目标与准则；整生是指系统整体生成的路线，在系统新质的整生化与整体化过程中，形成了整生路线的三个环节：即整体生成、整体生存与整体生长。参见袁鼎生：《生态视域中的比较美学》，人民出版社 2005 年版，第 98 ~108 页。

的方向转变，而大陆法国家长期以国家职权主义思想为基础的追求惩罚犯罪，有效维护社会秩序的刑事诉讼价值观正不断地被注入正当程序基因。世界其他国家也纷纷以刑事司法国际准则为依据展开本国一轮又一轮的刑事诉讼改革与宪法修改，推动着刑事诉讼程序趋同化方向发展的态势已经明朗。因为世界范围内的经济、政治、文化、社会结构、道德伦理与民族习惯随着各国人们之间的频繁交流的多样化，相互融合的趋势已经不可逆转。其深层动因就在于全球范围内市场经济秩序的形成与民主政治体制的广泛拓展，造成世界范围内各个国家与民族的文化传统、价值观、道德伦理准则与生活习惯都在发生着迅速融合态势，由此而引发了世界各国的刑事诉讼程序与这种潮流相适应的持续变革，走向与世界性的经济、政治、文化、社会结构及社会制度趋同相协调与平衡的新型刑事诉讼程序。同时，刑事诉讼作为解决公民个人与政治国家的严重刑事争端涉及公民个人人格尊严与基本人权是否得到尊重和保护这个关系到人类社会根本道德准则的核心问题，保障人权的主流价值观念深刻地影响和改变着当今世界各国的法律制度与法律文化走向，特别是直接关系涉及人权保障的刑事法律制度走向。最引人关注的事实就是，世界各国刑事诉讼程序的趋同与对于联合国制定的刑事司法国际准则的高度认同与一致遵守，直接或间接地体现于世界各国具体的成文法律中，并具体适用于刑事司法运作中，从而出现了保障人权趋同化的明显态势。人权观念与人权保障的趋同化与刑事正当程序的趋同化正是当今世界人权法律制度与刑事法律制度共同的显著特征，实际上体现了司法体制及刑事诉讼运行机制与其赖以生存的经济、政治、文化、社会结构及价值观念保持着系统与环境活态共生、动态衡生及网络整生性的生态平衡规律与系统演化规律，正在展示着刑事诉讼生态化宏大进程的无穷魅力。

刑事诉讼生态化之所以是一个普遍规律，就在于系统科学与生态理论向世界展示了这样的普遍真理：世界是由各种大小不等、简易与复杂程度各异的系统组成的有机统一体，包括自然生态系统与社会生态系统在内的任何层次的系统都是由三个基本维度所构成：要素——系统——环境。系统要素按照特定的方式组成一个与外界相对独立的整体组织，即形成了一个完整的系统构造，而该系统又处于若干他系统构成的环境之中。任何系统如果需要保持稳定、协调、持续健康的运行状态，必须在系统的三个维度之间保持稳定而协调的平衡状态，包括满足系统要素健全、系统环境健康，系统结构与功能正常等基本要求。中国台湾地区学者王健文曾指出，“政治秩序与国家形态是不可分的整体。思想、观念、意识，既不是飘浮在空中无根的存在，也不是简单由社会经济机构所决定的。事实上，思想、观念、意识、社会、经济、政治——都是不能切割的复杂结构，思想、观念、意识的产生与流变，必根植于孕育它的土壤，而它们同时也构成了土壤本身。”① 广而言之，法律秩序乃至微观领域的刑事诉讼同样与整个国家形态、制度及文化不可分割，并在诸多层面表现出系统与环境的互生共塑特征，体现了系统演变与生态变迁的复杂运动规律。

刑事诉讼系统是一个开放而动态的社会生态系统。任何有生命力的，能够长期持续健康运行并处于稳定的生态平衡状态的刑事诉讼系统都具备与外部社会环境保持着协调与平衡的开放性及动态性特征。纵观刑事诉讼生态的发展演变历程，从弹劾式诉讼向纠问式诉讼转变正是弹劾式诉讼赖以生存的经济、政治、文化及社会环境发生了根本性的变化，集权专制的阶级政治取代了原始民主政治，封建地主经济所有制取代了原始公有制与奴隶占有制，等级与特权文化取代了原始平等观念，使得弹劾式诉讼生存的土壤不再适应这种诉讼模式的发育生长。弹劾式诉讼外部环境的变化导致刑事诉讼系统要素逐渐发生质变：刑事诉讼目的由纯粹解决纠纷向惩罚犯罪

① 王健文主编：《政治与权力》，中国大百科全书出版社 2005 年版，导言第 2 页。

转变，刑事诉讼价值由平等观向等级观转变，刑事诉讼主体由多元走向单一，刑事诉讼结构由立体走向线形，刑事诉讼功能由救济补偿走向惩罚与威慑。经过转型后的刑事诉讼系统同样与新的政治、经济、社会环境保持着协调平衡的同构共生态势，纠问式诉讼的职权化与等级化特征适应了封建专制时代追求王权至上、等级分明的政治制度与大一统社会治理的根本观念。“共和国需要品德，君主需要荣誉；而专制政体则需要恐怖。”① 封建专制政体为维护其少数人的特权统治地位与统治秩序，必然加强统治工具的惩罚化与暴力化，导致普遍的奴役与惩罚；必然寄希望刑事诉讼程序高效能地运作，以迅速惩治犯罪，消除一切反对势力，实现其恐怖统治。最大限度地发现犯罪与惩处犯罪目的必然要求刑事诉讼主体由专制国家机器来统揽，集刑事侦查、刑事控诉与司法裁判于一身，严密各种特务组织与探子耳目，对涉嫌犯罪的人采取监视、跟踪与羁押等人身控制手段，并通过各种刑讯手段使其认罪服法。纵观人类历史，凡是实行高度专制统治的社会都一无例外地运用了极端残酷野蛮的纠问式诉讼程序，从欧洲中世纪森严无比的宗教裁判所，到中国历代王朝的名目繁多的酷刑与各种各样的专横残暴的刑事司法官吏；从古代的神判与肉刑到现代法西斯的种种暴行都可以看出纠问式诉讼程序与专制政治的共生同构关系。

从封建纠问式诉讼生态向现代刑事诉讼生态的转向也同样体现了刑事诉讼系统与其置身的社会环境发生巨大变化而形成的新的社会制度间的动态平衡关系，资产阶级革命胜利后建立的资本主义国家，经济、政治、文化及社会结构和制度均发生了根本性的变化：遵循统一规则的市场经济体系取代了等级差序的封建宗法经济体系，体现人民主权与公民人权精神的现代民主法治取代了封建专制

---

① ［法］孟德斯鸠：《论法的精神》（上），张雁深译，商务印书馆2004年版，第31页。

王权与神权政治，追求平等、自由、权利与理性的新型文化取代了封建等级特权文化，政治国家与市民社会分离的二元社会取代了封建大一统的国家政治秩序。一种与传统社会结构和社会秩序完全不同的现代新型社会逐渐形成，政治国家与市民社会的二元社会结构促成了现代法治秩序的稳步生成。与此相适应，纠问式诉讼赖以存在的社会环境逐渐丧失，它也就必然会发生根本性的质变：刑事诉讼的目的由片面追求惩罚犯罪转向在惩罚犯罪的同时强化保障人权；刑事诉讼结构由典型的流水作业的线形结构转向控诉、辩护与裁判三方主体良性互动的立体三角结构；刑事诉讼主体也由纠问式诉讼的国家司法官员组成的单一主体向控诉、辩护与裁判三方主体各自独立发挥诉讼职能的平等理性交往关系转化；刑事诉讼价值体系也由纠问式诉讼片面追求公共安全转向公共安全与公民人权并重、社会秩序与个人自由兼顾的综合价值观转变；刑事程序由纠问性、等级化的工具性诉讼程序转向追求程序自身的合法性、正统性的理性司法程序转变。由此可见，刑事诉讼系统作为社会制度的子系统，外部环境要素的改变必然直接导致刑事诉讼系统要素的改变，从而引发刑事诉讼系统的整体性的质变。完全符合协同理论所揭示的物态变化的普遍程式：旧结构—不稳定性—新结构，即随机“力”和决定“力”之间的相互作用把系统从它们的旧组态驱动到新组态，并且确定应实现的那个新组态。[①] 于是，由一种性质的系统转向另一种性质的系统。随着社会环境的变迁，刑事诉讼系统由弹劾式诉讼生态转向纠问式诉讼生态，再到现代刑事诉讼生态就是一个系统与环境的交互作用从而导致系统环境双双改变的生态演进过程。刑事诉讼系统与外部环境构成了历史共生、逻辑共生与整体共生的协调统一与生态平衡。亦即，刑事诉讼系统与环境是在相依相靠、相生相长，相对相立、相克相抑中达到统一的。所构成的共

---

① 刘哲昕：《系统经济法论》，北京大学出版社2006年版，第22页。

生，是相生与竞生的统一，是一种更具生态平衡的规范与生态活力及潜力的共生。这些诸多动态平衡的共生，关联而成整生之网，最终成就了要素、系统与环境相互制衡、立体推进的网状整生形态。①

第二节　现代刑事诉讼生态化的宏观背景

随着经济全球化与世界多极化政治格局的生成，人类社会正在发生着重大转型，一体化、多元化社会正在形成和发展之中。刑事诉讼作为解决社会共同体与公民个人之间刑事争端的法律机制，在其外部环境发生根本性变化的大背景下，必然发生相应变迁。从世界各国的经济、政治、文化及社会发展形势来看，人类文明正在互相整合并逐步走向趋同。因此，研究全球范围内的经济、政治、文化总体发展趋势及其与刑事诉讼法律制度的内在关联，分析刑事诉讼的趋同化现象对于中国刑事程序改革与刑事诉讼生态化具有深刻的启发意义与指导作用。

从当前国际经济、政治、文化总体发展趋势来看，全球化成为最为显著的特征。“全球化是当今人类面临的客观事实，世界各国、各地区之间的经济联系和相互依存变得越来越重要，没有一个国家和地区可以独立于世界经济发展的潮流之外。”② 阿尔布劳指出，全球化主要指所有那些世界各民族融合成一个单一社会、全球社会的变化过程，但这些变化是不彻底的，因为以一种相当不稳定的方式来影响不同地方、国家和个体是需要很长时间的。不过，我

---

① 参见袁鼎生：《生态视域中的比较美学》，人民出版社2005年版，第432页。

② 《关于“经济全球化与文化多样性”的北京宣言》，载《自然科学史研究》2005年增刊。

们认为无论是在广度上还是在速度上，他们都在加速地变化着。[①] 也就是说，全球化是一种社会变迁由局部向整体扩散的过程，是世界各国政治、经济、文化广泛交流、互动与逐步融合的一种状态。全球化作为人类社会发展的客观趋势，使世界各方面的相互联系与相互作用不断增强。我国学者就指出，全球化描述的是一种在全球范围内人类活动的跨国性、决策的依存性、影响的整体性的现象。[②] 它有以下几个方面的具体表现：

一、市场经济的全球化发展态势明显

自从市场经济的全球化趋势在20世纪80年代出现以来，一直以迅猛的速度发展，全球经济一体化态势逐步形成。经济全球化直观地说就是指世界各国经济通过国际贸易、国际投资和国际金融等途径相互交织和融合的过程，而从本质上看，这个过程其实就是市场经济的全球化过程。是市场经济运行机制的跨国界延伸，是市场经济体制在全球的不断扩展。伴随着市场经济在世界各国的不断发展，经济全球化的趋势不断加深；随着经济全球化的不断发展，市场经济在世界各国也不断得到推广和发展。全球性的经济活动，不仅极大地改变了世界经济的发展格局，而且促进了一种新的经济交往规则的历史性生成。[③] 随着市场经济全球化发展，世界各国的国内经济日益融入国际性市场经济大潮中并越来越受到国际市场的影响与制约，而作为调整国际性市场经济关系的经济规则与法律规则以及旨在保障市场主体自由和权利的国际公约、条约正在被世界各国所接受并体现于本国的经济制度和法律制度安排中。例如，世界

① [英] 罗宾·恩、保罗·尼迪：《全球社会学》，文军等译，社会科学文献出版社2001年版，第34页。

② 何志鹏：《全球化经济的法律调控》，清华大学出版社2006年版，第7页。

③ See [Demmark] Bruno Amoroso, On Globalization——Capitalism in the 21st Century, St. Martin's Press, Inc., 1998, pp. 52-53.

贸易组织规则正在成为其成员国的根本性规则，任何旨在违反该规则的行为都将受到特定的制裁和处罚；人权公约对主权国家的政治法律制度正在发生着根本性的全局影响，其中，“国际刑事司法准则发挥着日益重要的作用”①。经济的全球化、一体化和非国家化必然以国家的政策与法律的变革为先导，同时又进一步推动了国家政策与法律的变革。② 因此，市场经济的全球化必然导致经济体制的趋同化与法律规则的日益接近，这是已经摆在眼前的客观事实及不可改变的必然趋势，任何明智的政府都会顺应潮流，积极参与到全球性的市场经济规则和法律规则的制定与实施中，并自觉接受该规则的约束与调整。

二、市场经济全球化必然导致民主政治的全球化

市场经济体制的逐步建立与良性发展必然导致民主政治格局的形成，现代市场经济空前地拓展着民主政治的深度与广度，人的自由、自主与自治意识和观念更是得到了空前的拓展。“全球化概念指出了一个方向，而且只有一个方向：经济活动的空间在扩大；它超越了民族国家的边界，因此重要的是政治调控的空间也在扩大。”③ 马克思主义认为，民主是一种国家制度，属于政体的范畴，实质是公民的独立自主和自由选择。“民主制对于其他统治形式来说似乎已取得了历史性的胜利，如今几乎每一个人都宣称自己是一个民主主义者。”“民主赋予现代政治生活以合法性的曙光：法律、

① 陈光中：《21世纪初域外刑事诉讼立法之鸟瞰》，载《21世纪域外刑事诉讼立法最新发展》，中国政法大学出版社2004年版，第9页。

② 朱景文：《比较法社会学的框架和方法——法制化、本土化和全球化》，中国人民大学出版社2001年版，第565~566页。

③ ［英］拉尔夫·达伦多夫：《论全球化》，载《全球化与政治》，第212页。

规则和政策只要是‘民主的’便具有了正当性。”① 当今世界除了经济全球化、科技加速发展外，民主化继续延伸也将成为21世纪人类社会发展的大趋势。民主全球化趋势，指的是民主作为一种政治形式在全球的扩展趋势，表现为君主制、法西斯、殖民地、军事专制、个人专制等体制纷纷向民主体制转化——各国间的政体相互借鉴共同向民主制进化。正如达尔所说，“20世纪后半叶，世界发生了一场规模宏大而又史无前例的政治变革。所有对民主的主要替代物要么烟消云散，蜕变成稀奇古怪的残存物，要么退出其原来的领域，龟缩进它们最后的堡垒中去。”② 2001年11月5日，胡锦涛在法国国际关系研究所发表的题为《21世纪的中国与世界》的演讲中就指出：世界事务不能只由一个超级大国控制而应由各国人民共同参与的原则，正逐渐成为国际社会的共识，得到越来越多国家的赞同和支持。

民主政治全球化作为一种趋势主要是由于市场经济全球化及由其衍生出的其他因素造成的，其一，市场经济全球化的推动构成了民主全球化的经济基础。历史唯物主义认为，社会经济基础决定政治上层建筑。经济体制属于社会生产关系的范畴，对建立于其上的政治体制形式起决定作用。弗里德曼在《资本主义与自由》中说，“经济自由是达成政治自由的一个不可缺少的手段。”从历史上看，民主作为一种国家制度几乎是随着商品经济的产生而产生，随着商品经济的发展而发展的。近代凡没有经过商品经济充分发展的国家，都建立了高度集权的政治体制。比较典型的例子有大革命前的法国、前苏联和改革开放前的中国。商品经济越发达的国家，建立民主制度的动力就越充分，事实上其民主制度就越发展。可以说，

① ［英］戴维·赫尔德：《民主与全球秩序》，胡伟等译，上海人民出版社2003年版，第3页。

② ［美］达尔：《论民主》，李柏光、林猛译，商务印书馆1999年版，第1页。

同自然经济相对应的是专制政体，而市场经济则对应着民主的原则及其政体。因此，民主政治同市场经济是相互依托、相辅相成的。一般说来，民主政治是市场经济秩序的基本政治条件，没有民主政治对市场经济秩序的保障和制衡，市场经济必然将社会引向深重的灾难之中；而民主政治本身如果运用不当，也可能会妨害市场经济功能的正常发挥，从而会影响经济效率。[①] 世界上越来越多的国家经济上实行市场经济，在政治上是民主政治。由市场经济不断发展而导致民主化进展的国家较多，典型的如英国、美国和法国。其二，发达国家的民主政治示范效应在市场经济全球化的基础上，加速了民主全球化的进程。市场经济全球化条件下各国的经济增长，也会促进各国的民主意识和民主制度。一方面，民主程度高的国家，通过频繁的国际交往和文化交流，对民主程度较低的国家产生示范效应；另一方面，发达国家通过各种渠道甚至战争手段积极进行民主输出，以增加其国际影响力。这两个方面的因素加速了民主全球化的进程，成为其动力来源。随着以互联网和移动通信为代表的现代通信技术的飞速发展和交通的便利化，造成信息传播的加快，更加快了民主输出的过程。由此强权政府会迅速地暴露在世界面前，强权下的民众可以了解到另一种政治形式的存在，必然会加速该地区的民主化进程。其三，一些国家自觉的民主化改革也成为民主全球化的动力之一。众多的发展中国家为了摆脱不发达的状况，几乎都在自觉地尝试经济和政治体制方面的改革。这些国家经济改革的方向都是市场化，与此同时，政治体制的改革也在推进，而政治改革的大致方向就是民主化。

---

① 张千帆等：《宪政、法治与经济发展》，北京大学出版社 2004 年版，第 142 ~ 143 页。

三、市场经济全球化引发全球文化的趋同化与多元化发展

全球化是人类社会发展的必然趋势，迅猛发展的经济全球化必定会对各国文化产生深刻的影响。随着高新技术的迅速发展，推动了国际贸易、跨国投资和国际金融的迅速发展与高新技术的广泛传播，使整个世界经济空前紧密地联系在一起，出现了经济全球化、市场全球化、竞争全球化，乃至生活方式的全球化。“全球范围内的经济竞争和信息交流，不仅极大地改变了世界各国的经济发展模式，促进了多边经济规则的历史性生成，而且对世界各国的政治、军事、文化等所有领域都造成了巨大冲击。”① 以电脑和因特网为代表的信息革命，使人们可能通过网络实现信息的交流与共享，而交往方式的网络化和虚拟化使得人类交往活动真正实现了世界化和自由化。在经济全球化过程中，不同文化之间的相互交流和影响，促进了各国文化的变化和发展。随着文化产业的发展和国际化，生活在不同国度中的人们在文化生产方式和消费方式等方面也日益趋同化。与此同时，思维方式和伦理道德标准也在不断接近，不同文化之间的差异日益缩小。一体化和趋同化的现象从最表层的日常生活领域和经济领域逐渐深入到最深层的文化意识形态和价值观念体系，从而使不同文化圈中的人们在越来越多的问题上达成了相互理解和共识。

经济全球化使人类所生活的这个星球日益融合为一个相互依赖的整体，并促成了人类的普遍交往，这使东西方文化之间大大增加了相互了解的机会，增强了相互间的对话。它正在为东西方文化在求同存异的原则下走向团结、融合，从而为避免或减少彼此间的对立和冲突提供现实基础。有学者就指出，“文化多元化也在衰退，在法律历史一个伟大的世俗趋向中，中央政府努力控制和减少各种

① 杨宏山：《经济全球化与政治发展》，黑龙江人民出版社2003年版，第127页。

法律多元化。”同时，各国法律制度的汇合不仅是形式的，而且是实质的，“世界法律文化很自然会产生广泛汇合，现代法律文化正在征服世界。科学和技术不尊重政治边界。飞机场控制塔中没有当地习惯的地盘，银行业、防疫注射和造水坝全世界都差不多。普遍需要和制度使法律在一定程度上一致起来。”① 但是，我们不能不看到东西文化在信仰、价值观念等方面的深层次的冲突，也就是说，东西文化之间及各种文化之间的融合在很大程度上还是一种表层的融合。经济全球化时代的到来并不意味着不同文化之间的深层冲突的根本解决，但是它却使全球合作的可能性极大地得到加强，东西方文化及各种文化之间有可能逐渐在新的层面上增进沟通，通过彼此借鉴而达到相互促进的目的。当然，经济全球化与不同文化之间也存在着深层冲突。文化作为人类精神财富的结晶，具有鲜明的多元性和民族性特点，不同文化的矛盾、冲突体现在不同国家的政治制度、价值观念、文学艺术、风俗习惯、哲学思想、伦理道德、宗教信仰等各个方面。这种文化上的多元性及其所导致的排他性和不宽容性，成为当前国际冲突的深层原因。实际上，在全球化、信息化的条件下，越来越多的国家开始认识到，优秀传统文化是国家宝贵的精神财富，对传统文化的传承、维护和弘扬是一国利益所在，同时，借鉴吸收外来文化也是文化发展的重要方面。中国在改革开放的大潮下不断地受着外来文化的强烈冲击，在这场全球性的文化交融与冲突中，中国不能拒世界优秀文化于门外，鲁迅先生的“拿来主义”对于今天的中国来说，仍然具有极为重要的意义。保护民族文化并不是像对待古代文物那样把它与世隔绝开来，相反，一种文化只有与时代相适应，跟上时代的步伐，不断地进行自我更新和发展，在保持和弘扬自身文化传统的同时不断地吸收外

---

① ［美］劳伦斯.M. 弗里德曼：《法律制度》，李琼英译，中国政法大学出版社1994年版，第256～258页。

来的优秀文化，才是一种有生命力的、根深叶茂的文化。在全球化进程中，发达的生产力和高科技的领先地位，使得西方文化在全球文明的进程中扮演主导角色。西方的物质生活方式、尤其是美国式的大众消费文化，正在演化成为当今世界的主流与时尚，而发展中国家的文化正在受到西方文化的猛烈冲击。这是一场全球性的文化变革，它将民族文化与现代文明置于空前的对立之中。从表面上看，全球化浪潮使得某些强势文化遍及全世界，大有将各种民族文化全部“同化”和“吞并”之势，似乎全球化与文化多元化发展很难两全。但是从深层上看，每一种有着悠久历史传统和强大生命力的民族文化都具有以自己的独特方式来同化外来文化的潜在能力，而且惟有这种在接收外来文化的同时保持自身特色的同化方式才是使一种文化真正实现自我更新的方式。从这个意义上来说，全球化一方面加强了不同文化之间的沟通和融合，另一方面也使不同文化以一种自我更新的方式继续保持自身的特色，从而形成一种“和而不同”的多元局面。全球化既促进了不同文化之间的相互认同，又强化了各种本土文化的自我认同，导致了一个同时展开的双向过程。可见，全球化决不意味着全球文化单一化，而只是表示，不同文化在更加广阔的基础上获得了多元发展的可能性。在当今世界经济全球化步伐加快之时，也促进了多元文化之间的相互交融、并存和互补。

经济全球化与文化多元化是当今世界并存的两大发展趋势，不同文化或文明的独立发展是人类进步的重要前提。“多样性是世界存在的本质特征。人类社会的共同进步追求只能通过不同的文明来表达，各国人民的美好生活理想可以通过不同的发展道路来实现。各种文明和各种发展道路应和谐共存，在竞争比较中取长补短，在求同存异中共同进步。”① 不同文化之间的这种求同存异、取长补短、彼此借鉴和相互促进的共存方式就是所谓的“和而不同”，它构成了经济全球化背景下人类不同文化共存共荣的唯一现实途径。它既不同于古代世界中各种文化彼此隔绝的孤立状态，也不同于殖民主义时代全球文化“全盘西化”的一边倒倾向，而是在保存和弘扬各自的优良传统和固有特色的前提下，不同文化之间的相互促进和共同发展。但总体上来说，那些具有开放性特征并善于吸收外来文化元素的文化最终将获取认可，因此，文化的趋同性是人类文明发展的长期态势，而文化的多元性是人类不同文明发展过程阶段性的体现。

四、人权全球化必然要求人权保障法律机制的一体化

“在经济全球化时代，人权越来越成为一个全球性问题。”② 市场经济所固有的主体自由、自主与自治本性和交易的自愿与平等性质决定其对于以平等、权利、自由、公正为价值内涵的人权的根本要求。只有在充分保障市场经济主体行动自由与地位平等，充分尊重其意思自治与人格尊严的条件下才可能保证市场经济秩序的形成，那么，这就必然要求法律制度以保障人权为其根本目标。人权作为人之为人的道德权利具有普遍性，市场经济全球化内在地要求人权保障的普遍化与一体化，因而从根本上要求世界各国的法律制度对于人权保障的趋同化，体现人权保障的无差别性与法律的一体适用。“实际上，人权目前已写入世界上差不多所有一百六十个国家的宪法之中。人权问题渗透在国际政治中，而国际人权法案亦成

① 江泽民：《加强亚洲团结合作，促进世界和平发展》，载《人民日报》，2002年5月1日。

② 曹文振、李学军：《经济全球化时代的人权之争》，载《中国海洋大学学报》（社会科学版）2004年第1期。

为国际法的一部分。”[①] 因此，市场经济全球化必然要求人权保障普遍化，也就必然要求人权保障法律机制的一体化与人权价值标准的趋同化。正是在这层意义上，人权、生态环境、反战争这些涉及全人类的主题必定要作为一种普遍价值向全球扩展，结果是一种“超国家法”的产生。也就是说，承认各种各样的法律目标，它以一套关于超越任何国家、宗教、种族和其他地区的普遍适于人类的价值体系的理论为基础。[②] 人权作为人类普遍价值体系的重要体现，其基本教义是维护人类尊严没有国界，它将向社会团体的内部秩序、国家法与国际法不断渗透，从而表现出一种普遍化或世界化。正如弗里德曼所说，“人权的根基不在任何实证法之中，也不在公共权威之中，而在‘人类良知’和‘道德律’中，这也就是自然法。对于这类事情，任何国家的公共权威只扮演一种宣告的角色。”[③]

人权全球化，是指权利制度、权利思想、权利理论、权利问题的全球化，也就是人权的观念、思想、制度、理论在全球范围内的融合和统一。人权全球化是以人权制度从国内独立的设定和操作走向各国之间协同议定和执行的过程和状态；与此相联系的，也包括人权的思想、意识、观念和学说的全球性交流与融合。第一，人权全球化表征的是一种客观事实，一种事物存在的实际状态。在这种状态下，在国际社会，建构起不同层次、不同规模、不同强制程度的机制，对于不同范围的人权问题进行讨论、咨询或者处理；无论是国内的人权问题还是国际的人权问题都被置于全球范围内的关

① ［美］路易斯·亨金：《宪政与人权》，载路易斯·亨金等主编：《宪政与权利》，郑戈等译，生活·读书·新知三联书店1996年版，第509页。

② Cf. Willian M. Evan, *Sosial Structure and Law: Theoretical and Empirical Perspectives*, London: Sage Publications, 1990, pp. 209 – 213.

③ Cf. Willian M. Evan, *Sosial Structure and Law: Theoretical and Empirical Perspectives*, London: Sage Publications, 1990, p. 211.

注、监督与控制之下。这种状态是客观存在的，从这个意义上讲，人权全球化趋势不以人们的意志为转移。第二，人权全球化表征的现象与人类社会成员个体的生存状态息息相关。正因为出于对人类个体成员的生存关注，使得人们进一步认识人之为人的本质属性与必要条件，认识人类个体成员人生幸福与整个人类社会文明进步的复杂共生关系，以及认识人类社会持续发展所形成的习俗、传统和制度对人的生存发展带来的影响。第三，人权全球化表征的是人的权利的一种发展过程。从人权机制层面考察，人权全球化以从纯粹的国内人权机制向超越国家的人权机制演变已经成为发展趋势。“人权的国际保障也越来越引起国际社会关注，各种保障人权的国际性组织纷纷建立，各种保障人权的国际性法律文献相继出现，人权原则也成为国际法中的一项重要原则。”① 人权全球化既非人类社会的终极目的，也非人类生活在某一阶段的目的，而是人类发展历史上的一个过程。这一过程是可以把握的，在一定程度上是可以预测的。第四，人权全球化表征的是一种综合性现象。一是赢得人们关注的是人权制度的全球化，亦即各国之间共同商定人权的有关制度，出现区域的乃至全球性的人权保障法律体制。二是作为其基础的是人权法律思想文化的跨国传播。人权全球化在制度层面的跨国运作背后，涵盖着更为潜在而且影响持久的人权思想、学说、意识和理念在各国之间的交流和相互作用。1948 年联合国大会通过的《世界人权宣言》被言喻为“全人类的《大宪章》”②，对当代世界的政治、法律和道德思想产生了深远的影响。③ 随着人权制度的国际化，人权思想、观念将更进一步地在国际范围内迅速发展，

---

① 张旭主编：《人权与国际刑法》，法律出版社 2004 年版，第 44 页。

② Cf：Antonio Cassese，Human Rights in a Changing World（Cambridge：Polity Press，1994），p. 46

③ 陈弘毅：《法理学的世界》，中国政法大学出版社 2003 年版，第 13～14 页。

加速推进人权制度在全球范围内的认同。所以，人权全球化是以制度为先导的文化现象，我们对人权全球化的认识必须注意到其文化的内涵。人权全球化的结果应当是全球化的人权，即全球人权的建立，包括全球范围内的人权保障机制建构与全球范围内的人权思想与人权理论的求同存异。

随着全球范围内的市场经济的蓬勃发展与民主宪政制度在世界大多数国家施行，加上世界范围内的人权运动的普遍高涨，世界各国先后在本国建立起比较全面的保障公民人权的法律体系。与此同时，以联合国为代表的国际组织制定并颁布了旨在保障公民人权的一系列公约、条约及各项法律文件，并建立起了人权的国际保障法律机制。可以说，国际人权法体系的形成，是自第二次世界大战结束及联合国成立以来在国际法领域中最重要的发展。① 各区域组织例如欧洲、非洲和美洲也都先后制定并公布了旨在保障人权的区域性人权公约及实施机制，使得人权保障形成了多层次全方位的立体保障框架。当然，国际或区域人权保障机制主要发挥其监督功能，即督促各成员国尊重国际或区域人权公约的具体规定，切实施行保障人权的国家义务，并在穷尽主权国家的司法救济途径之后，继续为人权被害者提供国际范围内的人权保障。在当今人权法律制度中，人权主要依赖于各个主权国家通过将国际公约转化为国内法律或直接援引国际公约的法律规定的具体实施来保障公民人权。

五、人权保障的一体化要求世界各国刑事程序趋同化

人权的全球化必然带来人权标准的普适化，势必要求世界各国法律制度的趋同与保障尺度的统一，从而促进着人权国内与国际法律保障的一体化发展。德·阿马托在《国际法：进程和展望》中

---

① ［加］杨诚：《略论国际人权法的体系与贯彻》，载程味秋等编：《联合国人权条约和刑事司法文献汇编》，中国法制出版社 2000 年版。第 31 页。

曾指出，“国际人权理念如此富有爆炸性和革命性，以至于哪怕作为一个理念，它也被吸收到了集体意识之中。因为，国际法中的人权最终意味着，国家并非操持权利的唯一实体，它不是国际法的全部。相反，作为个体的人在国际法之下可以直接主张（权利）。更富有革命性的是，处于国际法之下的个人可以直接提出反对他们自己国家的主张。”① 瑞士刑事法学家斯蒂芬·希舍尔也指出，“毫无疑问，二战之后，国际刑事司法合作的基本结构已经发生了重大的改变，那就是相关的个人已由国家合作指向的客体上升为享有权利的主体。”② 这是因为人权保障与刑事诉讼具有深刻的内在关联性，刑事诉讼作为解决严重冲突的法律机制涉及公民个人与政治国家的基本关系。国家基于保护被害人与维护社会秩序的职能从而与刑事诉讼的犯罪嫌疑人、被告人发生刑事法律关系，国家权力与公民个人权利本是极不对称的两极。为保证国家权力服务于公民个人利益的保护，防止其以维护社会秩序之名而行剥夺公民个人权利之实的权力滥用危险性，为充分有效地保障所有公民的人权，必然要求国家对于因为犯罪而引发的严重刑事争端根据事先规定的法律严格依照刑事正当程序通过正式的司法裁判活动予以理性处置。刑事程序由于涉及公民个人程序权利与实体权利的限制甚至剥夺，其程序正当性成为该法律人权保障水平的基本尺度。“如果你想保障人权，你就必须限制那种凌驾于他人之上的权力，并且确保这种权力受到

---

① Cf. Willian M. Evan, *Sosial Structure and Law: Theoretical and Empirical Perspectives*, London: Sage Publications, 1990, p. 212.

② See Stefan Trechsel, “*The Role of Internation Organs Controlling Human Rightd in the Field of Internation Co - operation*”, in Principle and Procedures for a New Transnational Criminal Law——Documentation of an International Workshop 1991, Freibury im Breisgan1992, p. 633.

持续的监督。”① 人权保障的内在价值要求刑事程序必须体现最低限度的道德正当性与法理正当性，只有通过刑事正当程序，通过独立而中立的法庭最终作出有罪判决之后才能够剥夺公民个人的某些权利。因为“人权在一个明确受到宪法保障的国家里，是可以由于没有权力分立而在实际上变得无效的”。“一旦把人权付给法院这种制度设置，人权就有保障”。② 正是刑事法律体系决定着人权的保障与剥夺而与公民人权发生着深刻的联系，刑事法律的运作过程——刑事程序就具有了宪法意义乃至超越国家的世界意义。市场经济全球化与民主政治的全球化实际上反映了人权保障的全球化要求；同样，人权理论与制度的全球化必然深刻呼唤刑事法律制度的趋同化，尤其是要求世界各国刑事程序的趋同化。

德国著名学者拉德布鲁赫认为：“刑事程序的历史，清楚地反映出国家观念从封建国家经过专制国家，直到宪政国家的发展转变过程。”③ 从英国自由大宪章到现代国际人权宪章，无不将相关刑事程序的内容纳入其中，其根据在于刑事程序直接关乎人权这一宪政终极目标。因此，刑事程序的正当性程度直接体现着人权保障与宪法实施的具体程度。早在英国 1215 年的《自由大宪章》第 39 条就规定：任何自由人，如未经其同级贵族依法裁判，或经国法判决，皆不得逮捕、监禁、流放、剥夺法律保护权，或加以任何其他损害。④ 这是最早的通过刑事程序来保障人权的宪章性规定。英国

---

① ［瑞士］托马斯·弗莱纳：《人权是什么》，谢鹏程译，中国社会科学出版社 1999 年版，第 87 页。

② ［瑞士］托马斯·弗莱纳：《人权是什么》，谢鹏程译，中国社会科学出版社 1999 年版，第 95、116 页。

③ ［德］拉德布鲁赫：《法学导论》，米健、朱林译，中国大百科全书出版社 1997 年版，第 121 页。

④ ［英］丹宁勋爵：《法律的未来》，刘庸安、张文镇译，法律出版社 1999 年版，第 310 页。

议会于1352年和1354年的两个法令都规定："从此以后，应该确立和稳定这样一种秩序：不得仅仅根据一个人或少数人的提议而拘捕任何人；如果未经适当的辩护，或者未按普通法的程序进行审理，不得剥夺任何人的财产。如果有违反这一规定的判决，要一律宣布无效并予以纠正。"① 后来在1628年英国的《权利请愿书》第4条规定，任何人非经法律正当程序之审判，不论身份与社会地位如何，皆不得将其驱逐出国或强迫其离开住所，也不得予以逮捕、拘禁，或取消其继承权，或剥夺生命。英国的刑事正当程序充分体现了对人的生命、自由和财产等基本人权的重视和保障。英国普通法的程序正义观念在美国得到继承和发展。美国联邦宪法第5条和第14条修正案均规定："非经正当法律程序，不得剥夺任何人的生命、自由和财产。"这标志着程序正义观念在美国以宪法原则的形式得到确认和保障。② 在美国，个人权利是生活的核心所在，而且从建国以来就是宪法史的主线。③ 继而由美国掀起的正当程序革命所引发的世界范围内的刑事程序改革无一不是以人权的法律保障与充分实现为根本目标的。正当程序作为刑事程序正当化的结果，其内容相当丰富，包括一系列法律原则、法律程序及规则，还包括违反程序的法律后果。英美法中的正当程序显示了程序至上的理念，旨在通过设立必要的程序装置来防止权力的滥用，防止践踏人权，确保公民权利的充分实现。④ 在人权与刑事程序之间，人权成

---

① J. C. Holt, *Magna Carta and the Idea of Liberty* [M]. Roberte Krieger Pubishing Company, 1982, P101.

② 陈瑞华：《程序正义论纲》，载《诉讼法论丛》（第1卷），法律出版社1998年版。

③ ［美］路易斯·亨金：《宪政与人权》，载路易斯·亨金等主编：《宪政与权利》，郑戈等译，生活·读书·新知三联书店1996年版，第510页。

④ 樊崇义、夏红：《正当程序文献资料选编》，中国人民公安大学出版社2004年版，第31页。

为刑事程序的根本指导思想与终极目标，而刑事程序本身必须体现人权的根本要求与宪政的内在需要。说到底，刑事程序是否具有正当性与合理性，关键在于其是否将人权保障作为其终极目的，是否体现宪政的基本要求。

正是人权观念的全球化促进了人权保障的全球化，随着世界性的人权运动的普遍高涨，市场经济秩序与民主政治格局在世界范围内拓展，人权保障的全球性法律框架正在形成。《联合国宪章》、《世界人权宣言》、《公民权利和政治权利国际公约》、《经济、社会及文化权利公约》已经构成了国际人权约法的主要渊源。特别是《世界人权宣言》与《公民权利和政治权利国际公约》关于人权保障及遵循刑事正当程序的内在关联说明了一个铁的事实：刑事法律制度的道德正当性直接体现出其保障人权的水平高低与优劣。国际社会将公民权利与政治权利作为基本人权加以保障说明了这些权利的重要性与保障的优先性，尽管经济、社会、文化权利与民族自决权、环境权与和平权等权利同样反映了公民人权实现的具体程度，但毫无疑问，公民个人的人身自由、言论自由、宗教信仰自由、个人隐私自由以及不受非法拘禁、不受非法逮捕、不受非法搜查等权利具有基础性和前提性。如果公民个人的生命、自由与财产等基本人权无法得到保障，很难想象其他权利能够得以成功实现。按照英国学者克莱斯顿的观点，生命、自由这些公民权利和政治权利是“普遍的、最高的和绝对的道德权利。”① 正是基本人权的底限性与优先性决定了基本人权保障对于国家而言必须承担绝对的国家责任和国家义务。国际人权约法要求对于公民权利与政治权利等基本人权给予充分而全面的法律保障，包括生命权、人格尊严权、免受酷刑和不人道待遇权、人身自由与安全权及被羁押者享有尊重其人格尊严的待遇权，公正审判权，无罪推定权，不受强迫自证其罪权，

① 徐显明主编：《国际人权法》，法律出版社2004年版，第7页。

私生活不受侵犯权，思想、良心、宗教或信仰自由权，主张与发表自由权，和平集会与结社自由权，参政权。要求世界各国都应当将这些基本人权纳入本国宪法与刑事诉讼等基本法律之中，通过国内法律保护机制以及国际法律保护机制的双重运作得以实现。国际人权约法允许国家在非常时期例如战争、内乱、瘟疫等特殊情况下可以扣减保障人权的国家义务，但是，其规定了在任何情况下不得扣减的人权并通过明文列举的方式作出了严格的制度规定，它具体包括任何人的固有生命权，任何人不受不人道或侮辱性的待遇或刑罚、任何人不得使为奴隶或不应被强迫役使、任何人不得仅仅由于无力履行约定义务而使监禁、不得没有法律依据认为有罪、人人在任何地方有权被承认在法律面前的人格，人人有权享有思想、良心和宗教自由。如果各个缔约国不能通过国内法律机制加以保障，国际人权约法所规定的法律实施机制将被启动，从而通过国际层面使得公民人权能够得到救济并实现。

第三节　现代刑事诉讼生态化的基本内容

一、现代刑事诉讼架构与市场经济体制的生态平衡

市场经济体制在全球范围内的形成和发展，极大地促进了世界各国经济水平的提高与相互依赖性的增强，同时为市场经济规则的一体化奠定了坚实的基础，进而也对法律制度提出了更现实和迫切的要求。市场经济从本质上说是平等竞争的经济，因而也是法治化的经济，对于法律制度的依赖程度大大提高。首先，市场经济的主体资格必须受到法律的全面确认，个人的人身自由与财产自由必须受到严格的法律保护。只有在市场主体的自由与权利得到法律全面保障的情况下，才可能充分地参与到市场经济活动去，积极地为财富扩张与资本增值而发挥自身的创造性与主动性。“市场经济体制

不能不依存于国家的司法系统”，因为，“权利即社会资源的分配若欲达到效率最优，必须通过法制形成当事者之间进行自由交涉的条件，结果的决定均以交涉过程为基础。这意味着司法程序乃至法律制度整体的构成是否妥当对于市场机制的运行及其利用具有极其重要的意义。”① 如果作为市场经济主体的公民个人的人身自由权利与财产权利得不到法律的充分保障，随时都可能因为某个刑事案件而卷入刑事诉讼之中，人身自由受到国家专门机关的控制，其财产也遭到扣押，那么他不可能顺利地参与市场经济活动。故而，所有的法治国家在宪法和法律中都规定了刑事程序法定原则与无罪推定原则，即直接影响公民个人基本权利行使的刑事诉讼程序必须由国家权力机关严格依照法律程序制定，在没有达到法律规定的证据标准的情况下，以及没有经过合格的法庭并严格按照法定程序审理并作出最终判决的情况下，任何公民都是无罪的，并受到宪法的全面保护。其目的在于通过具有人权法性质的刑事诉讼法落实宪法中所规定的公民的基本人权不受非法干预与侵犯的法律要求，从而尊重和保护公民主体地位与公民人格尊严。刑事诉讼法从法律上肯定了公民个人的无罪地位，实际上就是确认了公民个人的宪法权利，即使那些处于犯罪嫌疑人与被告人地位的公民个人，在作出最终判决前也享有与普通公民一样的宪法保障，即不得随意地限制与剥夺公民的基本权利，只有在法律通过特别规定的情况下才能对其采取限制自由的强制措施，而且必须体现比例原则与适度原则。从这个意义上讲，“作为宪法适用法的刑事诉讼法”，② 实际就是公民个人的一部人权保障法，它通过刑事正当程序有效地保障了公民个人的基本自由与权利，从而全面提供了公民个人积极参与市场经济活动的基本条件及制度前提。其次，市场主体的行为必须受到法律的有

① 季卫东：《法治秩序的建构》，中国政法大学出版社 1999 年版，第 47 页。
② 陈瑞华：《程序性制裁理论》，中国法制出版社 2005 年版，第 496 页。

效规制才能保证市场经济发展的有序性与规范性。市场经济主体的目的在于获取更大的利润，其获利动机决定了市场经济主体通过非法手段获取不当利益的现实可能性。实体法律就在于为市场经济主体设定禁区，对于某些行为通过明确的法律规定要求市场主体不得为之，否则将承担一定法律后果，从而达到规范市场主体行为的目的。刑法罪名的设定正是为了实现对于国家利益、公共利益与合法的个人利益的平等保护，通过对于那些构成犯罪的行为人进行审判后作出定罪处罚以体现法律的制裁功能、保护功能与教育功能。从另一个角度来说，它也是赋予公民个人进行合法的市场交易行为的权利，在刑法规定之外的行为都应该是法律允许的行为，都是受到刑法保护的市场行为。

刑事诉讼法律制度与市场经济系统是两个保持动态的生态平衡的互惠制度系统，市场经济更大程度上依靠制度来保证其正常运行而不同于计划经济模式下通过行政手段来管制就能够实现其预期目标。就刑事诉讼法律制度而言，其主要目的在于解决公民个人与国家之间的刑事争端。但是，在具有压倒性优势的国家追究公民个人刑事责任的刑事司法系统中如何有效保障公民个人的基本权利不受国家权力的侵害，正是刑事诉讼法以及宪法所要关注的重大问题。只有在制度上解决了刑事诉讼中的犯罪嫌疑人与被告人的法律地位与基本权利问题，才可能保证普通公民个人不受国家权力的侵害，从而全面自由地参与到与自己利益相关的一切经济活动中去。也就是说，只有在公民个人的基本人权受到宪法和法律的充分保护的情况下才可能有机会参与市场行为并为获取更大的报酬或利润而努力。事实正是如此，近代以来的所有人权宣言与宪章文献都一致强调和保护公民个人在刑事诉讼中的基本权利与自由，这本身就表明了在刑事诉讼中对于犯罪嫌疑人与被告人的保护就是对于国家公民基本权利的确认与保障。近现代宪法的主旨和精神就在于突显政治国家与公民个人的平等与契约关系，通过普遍选举制度和代议制度来保障人民主权，通过权力分立与司法独立原则和制度来保障公民人权，并通过刑事诉讼法来设定国家为实现公共管理职能以追究和惩罚犯罪的唯一合法桥梁与预设通道，建立独立公正的刑事司法系统来公平地解决国家与个人之间产生的刑事争端，从而全面保证了公民个人的权利与基本自由。正是建立了这样的政治框架与法律制度，市场经济体制才逐渐形成并得以在世界范围内得到扩展。正是由于市场经济体制的存在，就必然存在充分保障市场主体权利与自由的刑事诉讼法律制度体系；没有系统全面的保障公民个人自由与基本权利的刑事法律体系，就不可能形成健全的市场经济体制，因为这二者始终保持着共生互助的生态平衡格局。

二、现代刑事诉讼体制与民主宪政格局的生态平衡

现代民主政治的核心在于人民主权，即公民个人在自愿联合和民主选举的基础上推选出自己满意的代表，由代表组成政府来管理社会公共事务的政体形式，简单地说民主政治即是多数人的政治。历史已经证明单纯的民主政治并不是有利无害的，因为多数人也可能产生暴政，从而压迫与剥削少数人。如何防止在实行多数人统治时不至于损害到少数人的利益，所有人的基本权利都得到尊重和保护，合理的意见和建议都得到吸取与采纳，这是宪政需要解决的问题。因为，“最大的困难在于必须首先使政府能管理被统治者，然后再使政府管理好自己。”①

宪政即限政，也就是限制权力的政治制度与政治体制，既厘清国家公共权力与公民个人权利的边界，也解决国家公共权力之间的权限划分问题，即通过权力分立与权力制衡来实现权力的公共管理职能并保障公民个人的权利充分实现的制度体系。纵观世界，采用

① ［美］汉密尔顿等：《联邦党人文集》，程逢如等译，商务印书馆1980年版，第264页。

现代民主宪政模式的国家，其刑事诉讼体制也都大同小异，即本着权力有限行使并遵从职能分立的原则，实现国家权力的立法权、行政权与司法权的各自独立运行，达到权力分立与制衡的政治格局。有学者指出，“宪法的第三只胳臂，司法应该与立法及行政完全分开的观念，所据的基础，似乎要比行政与立法间看来十分随便的区分更要稳固。”① 在国家权力中，司法权作为危害性最小的权力应当完全独立行使，不受立法权与行政权的干预与牵制；相反，立法权与行政权直接影响到公民人权的行使，必须受到严格的法律规制与司法控制。我国实行人民代表大会的政治制度虽与西方三权分立的民主宪政模式不同，但国家权力的分立与制衡关系及对刑事诉讼体制的制约同样有着和谐的生态效果，遵循着共同的生态平衡规律。人民代表大会是国家的权力机关，而一府两院是它的执行机关，分权体现于一府两院。政府行使行政权，法院行使审判权，检察院行使法律监督权，这三者间形成制约关系。而立法权归属权力机关人民代表大会，属于上位权力，不与司法行政二者产生制衡关系。在这种体制下，刑事诉讼法要如何立法，完全由代表人民意志的人民代表大会来决定，而司法、行政和法律监督机关只能无条件地贯彻执行。因此，我国刑事诉讼法律制度的理性构建更有利于深刻体现现代民主宪政的原则和精神。

刑事诉讼作为解决以检控机关为代表的主权国家与公民个人之间的刑事争端，本着控辩平等、控审分离与有效辩护的原则来建构刑事诉讼主体架构并合理定位刑事诉讼基本功能，从而形成了裁判者消极中立裁判，控辩双方平等理性对抗的三角诉讼构造。基于刑事诉讼中的犯罪嫌疑人与被告人位居被指控的被动与弱势地位，宪法与法律则赋予其体现最低限度公正的程序性防御权利以求自保。

---

① ［英］丹尼斯·罗伊德：《法律的理念》，张茂柏译，新星出版社 2005 年版，第 207 页。

这种对抗式的诉讼结构及诉讼制度与民主宪政体制有着密切的有机共生关系，权力结构与诉讼构造均保持着协调平衡的基本格局。民主宪政体制对于权利的尊重在刑事诉讼中体现于对犯罪嫌疑人与被告人的人性关怀、人格尊重与权利保护的周密制度安排，其权力制衡理念体现于刑事诉讼中的裁判与控诉的分离与制衡构造。实际上，刑事诉讼法律制度具有其独特的个性与品格，它是国家政治最敏感的检测器与制度风向标，特定的政治形态、制度与理念必然反映在相应的刑事诉讼结构与程序安排之中，从宪政制度与刑事诉讼发展的同步演进史中可以得到显明的确证。有学者就指出，有什么样的国家政治，就有什么样的刑事诉讼。刑事诉讼是检验宪法对国家专断权是否有限制以及限制是否有效的试金石。① 原始民主体制下的弹劾式诉讼所反映的就是早期的公平、民主理念与古典宪政安排；而纠问式诉讼必然体现封建专制政治制度理想与封建宪制特色；而现代刑事诉讼则体现了现代宪政的自由、民主、人权与契约精神。其亚形态大陆法系国家的职权主义诉讼模式反映了对于专制政体残余观念的部分继承，而英美法系国家的自由民主宪政思想则哺育着对抗式诉讼制度的成长。在当今世界各国刑事司法改革趋势以及现代刑事诉讼的制度构造所体现出来的精神正是人们对于民主宪政的不懈追求与民主宪政实践所践行的核心理念。

在全球化趋势不断深化的今天，市场经济的全球化进一步促进了民主宪政的全球化。世界各国政治实践所反映出来的对人民主权的尊重以及对于公共权力的制约措施，体现了现代民主宪政制度的巨大影响，尽管社会主义国家在人民代表大会等制度下实行“议行合一”的政治制度，但同样存在权力必须制约的问题，正在推行的我国的政治体制改革也体现了权力必须受到监督与制约的基本

① James O'reilly, *Human Rights and Constitutional Law*. The Round Hall Press, 1992, p. 4.

理念。在全球范围内的民主宪政思想影响下，刑事诉讼法律制度必然发生相应的调整，从诉讼目的、诉讼理念到诉讼基本制度都必然反映这种政治类型的基本要求。全球范围内的刑事诉讼法律制度调整与司法改革正是对民主宪政的深刻回应。因为民主政治与诉讼制度都体现了一个共同的主题：那就是公民个人与政治国家的平等关系。根据社会契约理论，国家作为社会共同体的代表，必然体现和反映公民个人的共同意愿与主体意志，必然为全体公民个人的权利充分实现而竭诚服务。刑事诉讼作为解决公民个人与国家之间的严重争端，理所应当体现他们之间的平等关系。但是，他们在事实上又不可能平等，那么就必须在制度安排上来体现对于公民个人的特别关照，于是才有刑事诉讼程序对于公民个人程序权利的精心安排，如果国家要实现其惩罚犯罪的职能，必须通过裁判机关的最终裁决作出有罪判决才可能达到目的，同时必须保障公民基本权利不受侵害。刑事诉讼程序既体现了国家进行刑事诉讼活动的程序法定性，从而规制了国家行为，同时也体现了诉讼活动的权利性与对话协商性。这种平等的对话机制就是民主宪政的集中反映与深刻体现。

随着世界各国政治民主化进程的加快，刑事程序趋同化发展的趋势也十分明显。就大陆法系国家而言，他们不遗余力地强化犯罪嫌疑人与被告人的辩护权利，增强辩护力量，其目的在于强化过去比较弱小的辩护职能，促使控诉与辩护达到适度协调，实现惩罚犯罪和人权保障目的之间的动态平衡；而一向以对抗式诉讼程序自称的英美法系国家则强化了刑事诉讼查明真相以惩罚犯罪的目的，并对沉默权进行一定的限制，增设禁止双重危险的例外等削弱辩护权利的做法，其用意在于使得惩罚犯罪与人权保障形成大体的平衡协调态势。这实际上就是两大法系刑事诉讼法律制度逐步融合的典型表征。通过各自沿着不同方向的改革，实现刑事诉讼多元价值平衡协调的共同目标。其背景是人权运动的深入而广泛的开展提升了人权保障的全球意识，同时，全球范围内的市场经济体制推动了民主政治的发展，继而对刑事诉讼法律制度这个高度敏感的政治领域提出根本要求。故而，全球范围内的刑事诉讼变革与司法体制改革不仅是世界各国市场经济的普遍要求，更是政治民主化的深刻体现，这反映了刑事诉讼趋同化与政治民主化的生态平衡关系。

三、现代刑事诉讼法律制度与文化趋同性及多元化发展的生态平衡

与市场经济、民主政治相适应的以平等、自由、法治与人权为理性要素的政治法律思想、伦理道德准则和社会文化随着全球化的不断加深而逐步在世界范围内传播，从而有力地促进了文化的趋同性。文化本来与特定地域人们的特定生活方式、生产方式、风俗习惯相联系，但是，随着市场经济的全球化扩展，它必然将其固有的公平、信用、竞争观念带到世界各地，与当地的文化发生冲突与融合，最终进入本地文化的血液中。康德认为，如果自由受到别国或其他民族行为的威胁，该政治共同体所主张的正义就不能被推广。但他认为，如果在所有国家以及在国际关系中都能坚持法治的话，“正义”就会通行于世。[①] 市场经济在政治上的反映就是政治的民主对话与理性协商，它必然要求主体意志的独立性与平等性，主体行为的自由性与主体权利的充分性，从而要求以体现平等、自由与人权的法律制度作为保障。而且，“现代政治过程不仅要求政治权力遵循法律规范，而且要求其所遵循的法律规范必须是公正的。法治思想是一种权利本位的思想，它以承认和尊重个人权利作为自身存在的基础和来源。”[②] 现代刑事诉讼法律制度正是对这种法治宪

---

① 转引自［英］戴维·赫尔德：《民主与全球秩序》，胡伟等译，上海人民出版社2003年版，第240页。

② 杨宏山：《经济全球化与政治发展》，黑龙江人民出版社2003年版，第166～167页。

政要求的积极回应，主张国家以平等视角来看待它的公民，以理性的态度来解决刑事争端，从而深刻地反映了文化的趋同性与刑事程序趋同化发展的生态平衡态势。

文化趋同性并不抹杀文化多元化存在的事实，多元文化并存是人类社会发展的基本特征，但文化多元化并存与发展并不必然排斥文化的相互借鉴与学习、取长补短及共同发展。经过长时期的冲突与融合，最终文化将走向趋同，这是历史发展的必然规律。正确处理文化趋同性与多元化二者之间的关系，以辩证法思维看待相互竞争、冲突与互动才是明智的。但是，长期以来，文化普遍主义全面否定文化相对主义，而文化相对论又片面否定文化具有普遍性特征，结果谁也否定不了谁，说服不了谁，各自走向形而上学的极端。我们认为，文化固然有深刻的本土意义，但随着全球化趋势的拓展和深化，文化相互交流的机会大大增加，相互借鉴与融合的条件更加成熟，趋同态势是不可避免的。但文化趋同又必然经历漫长的历史过程，主张在短时期内迅速实现文化趋同的观点也表现出过分的乐观，因为文化形成需要经过相当长时间的沉淀与积累，没有长期的磨合过程，异质的文化之间不可能很快就融合在一起。例如，基督教文化、佛教文化与伊斯兰教文化虽然经过多少年的相处，仍然保持着各自的文化固有特征就是显然的例证。也就是说，文化的趋同性是需要条件的。就法律文化来说，追求公平正义是人类社会任何地域的人们普遍的理想，因此，各民族文化中都含有正义、公平、权利的要素，只不过表现程度有些区别。由于古代东方国家生产方式与生活方式的特殊性决定了政治体制的专横性与文化上的宗法性、等级性特征，而古代西方国家简单商品经济孕育了平等、自由与人权，孕育了追求正义的法律理念。随着市场经济在全球扩展，平等观念与自由权利理念也被世界各国的文化所吸收。这说明了文化的固化与变化伴随着文化的成长历程，继承与变异是文化发展的两大主题。

任何法律制度都是文化的产物与反映，刑事诉讼法律制度同样如此。文化的趋同性与多元化并存必然体现在刑事诉讼法律制度的运行上面：文化的趋同性体现在刑事诉讼上，表现为刑事诉讼趋同化发展的态势明显增长；文化的多元化体现在本国刑事诉讼上，表现为本土固有的文化特质的时隐时现，从而表现为不同的文化之间的差异性。例如：陪审团制度最早来源于古代日耳曼的同位审判，后被带入英国，成为英美法系国家的诉讼制度；虽然被大陆法系国家所借鉴却发生了改变，变成了陪审员制度。说明了不同文化在相互借鉴的时候，本民族文化对外来文化发生了同化作用，并最终成为本民族文化的组成部分。尽管在经济全球化趋势的影响下，世界各国的刑事程序将走向趋同，但是，在短时间内不可能完全相同，总是带有本民族固有的诉讼文化特质。在促进刑事程序现代化的过程中，应当避免片面强调文化普遍主义或文化相对主义观点，采取平衡与协调的中庸态度来对待之无疑是明智的。因为，文化的趋同性与多元化并存决定了刑事程序的趋同性与本土化兼容的特征，在追求刑事程序应当体现普遍的公平、正义、自由与人权理念的同时，还须尊重本土刑事程序所带有的先进的理念。例如，中国刑事诉讼中的和解与宽容理念是值得发扬的，大陆法系国家的实体真实理念是值得肯定的，而英美法系国家的程序正当理念更是值得提倡的。总之，刑事诉讼法律制度的完善应当与文化的趋同性与多元化发展结合起来。

四、现代刑事诉讼功能与基本人权保障一体化的生态平衡

现代刑事诉讼认为，人类社会主体的多元化与利益的差异性决定了冲突产生的极大可能性，从而决定了冲突解决机制的存在必然性与价值合理性。刑事诉讼作为解决国家与个人之间的刑事争端理所应当体现理性对话与平等协商等基本品质，同时，国家作为公共利益的维护者与管理者，代表全体公民对犯罪行使追究、审判与惩

罚之权力，以控制和减少犯罪。但是，国家本身所具有的强大力量足以将公民个人置身危险境地而无可挽回。故而，现代国家的制宪过程不是一种政府行动，而是人民在建立政府；宪法是政府的前提，政府是宪法的产物。[①] 宪法在确认和维护国家权力的同时，设置了权力的运行轨迹和边界。国家权力运作最终作用于公民个人，基于对人的尊严的尊重与人的主体资格的确认，宪法与法律规定人的基本权利及自由必须得到国家权力的尊重与保护。“刑事诉讼法与宪法——尤其是基本权——之合致性问题，远比其他法律领域急切而严重。其实，刑事诉讼法之立法及实务如何反应、实践宪法的抽象规范，才是检验一国宪法施行实情的关键指标。”[②] 保障人权的国家责任决定了刑事诉讼在查明案件事实真相，适用法律以惩罚犯罪的同时必须保障犯罪嫌疑人与被告人的基本人权。

随着《联合国宪章》、《世界人权宣言》，《公民权利和政治权利国际公约》与《经济、社会及文化权利国际公约》的通过与签署，国际人权法体系基本形成。本着基本人权必须得到尊重与保护的原则，世界各国在体现对于基本人权最低限度保障所必须要求的刑事诉讼程序方面达成了一致意见，从而形成了刑事司法的最低国际准则。尽管世界各国的经济发展水平差异很大，政治制度与政治体制千差万别，民族习惯、传统文化与宗教信仰各不相同，因而对于人权的概念与内涵存在较大的差异，但是，在基本人权方面却获得了广泛而充分的认同。正如《维也纳宣言和行动纲领》所指出的，“所有人的一切人权和基本自由的普遍性质是不容置疑的”；“国家特性和地域特征的意义以及不同的历史、文化和宗教背景都必须加以考虑，但各个国家，不论其政治、经济和文化体系如何，

---

① 转引自《思想与社会》编委会编：《现代政治与道德》，上海三联书店 2005 年版，第 90 页。

② 林钰雄：《刑事诉讼法》（上），中国人民大学出版社 2005 年版，第 18 页。

都有义务促进和保护所有人权和基本自由。"①《世界人权宣言》在各国签字生效的时候没有一个国家投反对票，如今加入《公民权利和政治权利国际公约》和《经济、社会及文化权利国际公约》的国家也已经达到149个②，这已经说明了人类社会对于人权的普遍承认。上述公约对犯罪嫌疑人与被告人在刑事诉讼中的基本人权作出了全面而详细的规定，反映了国际社会对于刑事诉讼中的公民个人给予了全面的关注与高度的重视，公约也力促世界各国在本国的宪法和法律中体现国际准则的基本要求并给予充分的法律保障。这说明了基本人权保障机制在世界范围内基本形成了一体化格局，尽管这种保障措施主要还是通过各国的国内法来实施，但并不排除国际社会对于刑事诉讼中的犯罪嫌疑人与被告人的基本人权给予国际司法救济的可能性。事实上，在区域性的人权公约中，如欧洲、美洲与非洲都已经建立起超越国内法的区域性的人权保障法律框架与法律救济机制。基本人权保障的一体化态势必然要求刑事诉讼法律制度与之相适应，首先必须在本国法中体现国际社会对于基本人权保障的最低准则，其次在本国法中确认基本人权保障的具体法律制度及程序规则。

与基本人权保障一体化态势相适应，各国刑事诉讼法律制度正在进行持续调整以满足人权保障需要。在刑事诉讼目的系统中，自从民族国家登上历史舞台以来，国家主权就成为最高利益所在。体现于过度地强调了打击、惩罚犯罪，特别是那些有着封建专制传统的国家，将刑事诉讼完全视为惩罚犯罪的工具。强调了国家利益的至高无上，主张刑事诉讼的功能在于充分行使国家刑罚权以有效惩罚犯罪，忽视乃至无视国家权力恣意及滥用的高度危险性。而

① 董云虎编：《人权基本文献要览》，辽宁人民出版社1994年版，第318页。

② 参见杨宇冠：《人权法——〈公民权利和政治权利国际公约〉研究》，中国人民公安大学出版社2003年版，第462页。

"历史经验证明，政府既是人权的最大守护者，也常是人权的最大侵害者。西方人权思想的精髓，在于以人民主权代替专制主权，以人权来制衡国家主权，并寻求个人人权与集体人权的合理平衡。"① 随着人权运动在世界范围内的高涨，人权保障正在成为刑事诉讼的重要目的甚至根本目的，因为人的尊严的最高性与人的权利的最终价值决定了包括刑事诉讼在内的所有法律运行机制必然以此为依归，尽管犯罪需要惩戒和预防。刑事程序的最低限度的正当性与刑事诉讼的理性运作正是对于人的主体资格与人的尊严的关注的结果，犯罪嫌疑人与被告人作为刑事诉讼中的重要主体，其地位的特殊性理所应当受到国家宪法和法律的特别关注和全面保护。被害人作为犯罪行为的直接受害者应当得到充分的法律救济，但是却长期被国家惩罚目的所遮盖。进入 20 世纪后半叶以后，被害人权益逐渐受到各国理论界与司法界的重视，被害人权益的保障也成为立法的重点之一。如今各国提倡的"恢复性司法运动"正是体现了刑事诉讼对于人的关注，犯罪嫌疑人与被告人、被害人都应当受到宪法和法律的一体保护，实现二者真正和解正是有效解决刑事争端的途径之一，它能够有效地消解冲突，恢复权利与秩序，从而实现国家刑事诉讼的总体目标。因此，刑事诉讼功能应当与基本人权保障的一体化态势相协调，最大限度地满足人权保障的基本要求。

第四节　现代刑事诉讼生态化趋势对于中国刑事诉讼生态化的重大启示

当今的中国正处于全方位深刻变动与社会全面转型的过渡时期，随着市场经济秩序的全面建立，民主政治格局的逐步形成，宪政与法治等主流价值观正在获得越来越多的社会认同，刑事诉讼法

① 陈弘毅：《法理学的世界》，中国政法大学出版社 2003 年版，第 19 页。

律制度作为整套的严重刑事争端解决机制与社会控制机制必然受到中国宏观社会环境，诸如市场经济体制、民主政治格局、宪政法治框架与以公平正义为核心的道德原则及社会意识形态的深刻影响与内在制约，随着现代社会结构诸要素的生成，刑事诉讼法律制度正在发生着根本转向。刑事诉讼生态化正是对该制度系统与环境相互整合与平衡互动的持续演变进程的高度概括。世界各国的刑事法律制度正在发生着这种深刻变化，中国的刑事法律制度也不例外，我们应当从这一深刻的社会结构及制度变迁中体察、感悟蕴含其中的重大启示，来主动推进中国刑事程序改革及刑事法律制度的完善。我们相信只要紧紧抓住机遇，把握时代脉搏，体察刑事诉讼法律制度与其赖以生存的社会环境的和谐共生与平衡互动关系，那么在推进中国建立成熟的社会主义市场经济秩序、健全民主政治制度、厉行宪政法治原则与完善社会主义新型文化体系建设的同时，完成刑事诉讼的生态化转变，从而实现刑事诉讼法律制度与上述制度环境的生态平衡的历史使命。具体来说，当代中国刑事诉讼法律制度系统与整体社会生态环境的调适工作包括刑事诉讼法律制度系统为适应新的社会环境而进行必要的要素配置与制度安排，而且就刑事诉讼法律制度运行赖以生存的社会环境而言，可能存在着局部或某些具体层面的制度安排也需要进行相应的调整。通过要素、系统与环境的不断调适，最终使得刑事诉讼法律制度与当代中国整体社会变迁呈现出协调有序的调整与变动，达到社会整体环境优化与刑事诉讼法律制度系统健康的有机统一，从而促成系统要素、系统构造与系统环境的生态平衡。

一、中国刑事诉讼法律制度与市场经济体制的相互调适

经过十多年的改革与发展，中国市场经济体制基本建立，市场经济秩序基本形成。尽管还存在着诸多问题，例如，全国性的大市场发展还很不充分，行业垄断行为还广泛存在，行政干预还比较普

遍，局部秩序失范的现象还比较严重。但从总体上来说，市场经济改革取得的成果是丰硕的，其发展趋势也是不可逆转的，经济全球化、市场化与一体化理念正在得到巩固和发展。根据生态学及系统论原理，系统具有强烈的共生互惠特征，政治法律制度系统具有相互支持与协调平衡的内在功能。市场经济孕育了平等、自由与契约等理念，而蕴藏于市民社会中的先进理念又促进着新型政治法律制度系统的理性建构；政治法律制度系统反过来又为市场经济秩序的生成与市民社会的成长提供了制度支撑。市场经济秩序的最终形成在很大程度上取决于制度安排，包括刑事诉讼法律制度在内的法律系统必然作用于市场经济框架的建立与形成，因为市场经济内在要求市场主体充分的自由、自主与自治，要求市场经济规则的公正、公开与透明，要求法律给予所有市场经济主体同等的法律地位与一体的法律保护。

我国市场经济存在的缺陷与法律制度安排不无相关，就刑事诉讼法律制度而言，法律对所有主体同等保护的平等原则的贯彻还有很大的作用空间。刑事诉讼虽然是解决犯罪这一严重刑事争端的法律机制，并且作用于特定的程序环境，在特定的时间与空间范围内形成一种封闭性的凝聚效应，通过程序缩减而固化权利义务，最终再造秩序。但它直接关系到市场经济主体的权益保护与市场经济的秩序维护等重大问题。市场经济主体权益保护要求公民个人与国家的完全平等，那么在刑事诉讼中的诉讼当事人就应当与国家专门机关保持平等的法律地位，主动积极地参与刑事诉讼全过程并与国家专门机关一道共同协商并理性地解决严重刑事争端。但是，我国刑事诉讼却存在着严重的非理性倾向，那就是国家专门机关与诉讼当事人的严重不对等。国家专门机关拥有强大的刑事追诉权力、强制措施权力与对公民个人进行处置的权力，而公民个人在刑事诉讼中缺乏最低限度的防御能力与程序权利。一旦被卷入刑事诉讼中，公民个人的所有基本权利都将受到最为严重的威胁或是侵害，那么如何保证这些市场经济主体的行动自由、意思自治与权利自主？如何控制那些可能对公民个人造成严重侵犯或损害的国家权力？这些正是刑事诉讼法律制度安排必须全面考虑与真正解决的核心问题所在。成熟的市场经济秩序必然要求刑事诉讼法律制度有助于保护体现公平正义与自由竞争的市场秩序，有助于保护市场主体的意思自治、行动自由与充分自主权利，否则市场经济秩序就不可能真正形成。而理性的刑事诉讼法律制度安排体现的正是公民个人的人格尊严与主体自由受到法律的切实尊重与全面保护，国家所有的政府官员在履行其法律赋予的基本职责的同时与所有的公民个人都处于完全平等的地位，决不因为是国家官员就可以超越法律权限，具有优越于公民个人的任何特殊地位。我国宪法也明确规定了法律面前人人平等的基本原则，刑事诉讼法律制度同样也肯定了这一宪法原则，但是，在刑事诉讼法律制度的具体安排与程序设计中还没有完全得以体现。从我国现行刑事诉讼法对于辩护制度的规定中可以看出犯罪嫌疑人与被告人真正能够行使的权利极为有限，相反，国家专门机关的法律规定几乎都属于权力型规定，他们拥有广泛的行动自由而很少受制于具体程序约束；各专门机关，如国家公安部、最高人民检察院以及最高人民法院出台的司法解释都存在扩张自己权力的倾向，这些解释很大程度上是以牺牲公民个人在刑事诉讼中的权利为代价的；而各地方政府在实施刑事法律的时候，考虑到本地的特殊情况也在制定并实施着那些本属于宪法和法律才能够予以规定的诸多涉及公民个人权利的内容。① 如何看待这些随意的刑事立法与刑事司法行为是关系到刑事诉讼法律制度的根本价值取向的重

---

① 近年来，各地采取了诸多行政执法、刑事司法创新举措。例如，北京市出现便衣警察上街执法，广东省、陕西省等省份出现“打击现行犯罪 就地正法”的标语，河北省给交通警察配备防暴枪支，重庆市为警察配备装甲车，以及各地正在兴起的旨在打击犯罪而在各种大小场合使用全天候电子监听设备等等与刑事司法有关的新生事物有如雨后春笋般大量出现。

大原则问题，刑事法治是法治建设的重要内容与关键部分，直接关系到市场经济秩序的健康发展与日臻完善，关系到法治国家下的公民个人的基本人权，如果随便单方面地出台仅仅旨在维护社会治安、惩罚犯罪的刑事法律规定并随意加以执行，那么，宪法和法律规定的公民个人人权又如何得到真正的法律保障。当公民个人人权得不到切实的法律保障的时候，每个人的基本自由和权利可能随时受到限制和剥夺，在缺少市场经济主体的参与下能够形成市场经济秩序必然是绝对荒谬的结论。

我们认为，市场经济秩序与刑事诉讼法律制度应当而且能够保持协调统一与良性互动的生态格局，因为市场经济秩序与刑事诉讼法律制度具有内在的一致性与协调性。市场经济秩序既要求社会秩序井然，又要求市场主体平等参与公平的市场交易之中，以主体自由、意思自治与行动自主为内容的公民个人人权受到包括刑事诉讼法律制度在内的法律全面保障进而为市场经济秩序的生成提供了条件，反过来，市场经济体制内含的契约、理性与自由竞争观念又作用于解决严重冲突的刑事诉讼机制中。当代中国刑事诉讼法律制度理念与市场经济秩序内在价值存在一定程度的抵触，而现行市场经济体制的缺陷又加重了这种畸形价值观的延续，使得与现代市场经济相协调的理性诉讼观念没有真正得到充分认同。当前迫切需要理顺市场经济体制与刑事诉讼法律制度的关系，在法律价值层面充分肯定市场经济内在的要求，将其转化为具体规则并上升为国家宪法与法律，再体现于刑事诉讼的法律运作中。例如，市场经济内含的契约、自由、正义、权利观念体现于法律运作中就要求政府不能单方面制定涉及公民个人基本人权的法律规定，必须通过最高权力机关进行正式立法并颁布于基本法律之中。切实扭转我国刑事诉讼立法与司法中存在的国家权力优越的“官本位”思想，真正解决国家权力与公民个人权利完全平等的宪法问题。具体到刑事诉讼中，国家控诉职能的承担者警察与检察官员的权力必须得到适度控制，改变目前法律赋予警察以及检察官员太大权力，造成二者极其悬殊的法治困境。落实公民人权受到尊重和保障的宪法原则，真正体现在刑事诉讼法律制度中，就要进一步落实现有的辩护权利，扩大那些体现在刑事司法国际准则中但我国没有规定的辩护权利，真正体现公民个人的“无罪者”法律地位，使其真正能够与国家进行平等对话与理性协商。实际上，困扰中国刑事诉讼现代化的真正问题不在于具体法律制度的制定而在于诉讼观念的真正转变和更新上面，我国宪法与美国宪法并不差多少公民人权的内容，但是，公民人权在多大程度上真正受到国家权力的尊重并在多大程度上得到法律的全面保障方面，差距就显示出来了。现行中国刑事诉讼法律制度虽然体现了惩罚犯罪与人权保障相平衡的诉讼目的观与价值观，但是，刑事诉讼法还没有完全体现作为国家的基本法与动态宪法以真正落实宪法保障人权的所应当具备的根本理念与制度理性，在很大程度上还存在着那种视刑事诉讼法为有效打击犯罪，切实维护社会治安的国家政治工具的专政理念。陈瑞华教授就指出，现行刑事诉讼法是“缺乏宪法约束的刑事诉讼法”[①]，这正是视程序为工具的理念的深刻反映。只要这种观念没有得到根本转变，任何旨在强化人权保障的制度变革的努力都可能因为执法者的固有观念形成的强大阻力而付之东流。因此，制度变革重要，但观念更新更具有根本意义。平等观念、契约观念与人权观念正是市场经济所内含的根本价值取向，只要这种价值取向得到广泛的认同与真正的推崇，中国刑事诉讼法律制度的理性化就能够早日实现，良好的刑事诉讼法律制度安排就能够成为中国市场经济的强大助推力，二者良性互动的生态格局就会形成。

① 参见陈瑞华：《程序性制裁理论》，中国法制出版社2005年版，第481页以下。

二、中国刑事诉讼法律制度与民主宪政体制的相互调适

随着中国市场经济改革的稳步推进，与市场经济体制相适应的民主宪政正在完善与升华。民主宪政作为体现人民主权、公民人权原则和精神的新型政治体制，是市场经济内含的契约理念、平等理念、人权理念在政治层面的深刻回应，也是市场经济走向理性和成熟的必然结果。我国市场经济体制的建立健全与我国政治体制改革渐次推进体现了二者深层互动与互惠的共生关系。而刑事诉讼法律制度作为国家政治制度的重要内容必然随着政治体制改革进程而发生相应调整，政治民主性的不断增长推动了刑事诉讼法律制度的观念更新，我国1996年的刑事诉讼法修正案正是市场经济与民主政治深刻作用的产物。当然，修正案的不足也自然与市场经济体制缺陷及民主政治改革滞后密切相关。宪政作为一种高阶民主政治形态在我国还仅仅在建设之中，梁治平先生就指出，“中国自有宪法已将近百年，然中国之宪政建设尚待完成。”① 宪政所强调的公民个人权利受到充分的法律保障，国家权力受到严格的规范与制约无论是观念层面还是制度层面都还没有得到全面体现。宪政是对民主政治的校正，它通过具有最高法律效力的基本法律——宪法来约束立法机关以达到国家权力分立制衡从而保障和促进公民个人人权实现的目的。我国的人民代表大会制度作为国家的根本政治制度具有极大的优越性，它将广大人民群众真正当家做主的民主理想直接转化为鲜活的社会现实，是人民主权原则在中国生根开花的结果。当然，人民代表大会制度也需要完善。具体表现在，它作为最高权力机关如何处理从其产生的国家行政机关与国家司法机关的关系，这方面已经有比较健全的制度。但深层次的问题，亦即，现代政治的

① 参见［美］斯蒂芬.L.埃尔金等编：《新宪政论——为美好的社会设计政治制度》，周叶谦译，生活·读书·新知三联书店1997年版，总序第1页。

核心——权力的分立与制衡问题仍然还没有真正解决。阿伦特曾指出，“能够限制权力同时使其保持完好的只有权力，分权原则不仅能够防止政府的某一部分垄断权力，而且它是一种核心的政府机制，通过这种机制，新的权力不断产生，同时又不至于膨胀到损害其他权力中心或权力来源。”① 这方面最为突出的问题在于如何在社会主义国家实现国家权力的分工行使与相互制约，如何保持权力的合理分配与各自的权力界限以及如何形成有条不紊的相互制衡格局还没有完全解决，在“一府两院”的政府体制下，如何处理行政机关与司法机关的关系也存在着诸多问题。这些宏观层面的问题必然作用于刑事诉讼这个微观的纠纷解决机制的具体运作，宏观方面的权力不分必然使得刑事诉讼中的国家权力相互混同；宏观方面的权力制约不足必然导致刑事诉讼中的权力缺乏应有约束。而刑事诉讼中的国家权力混同与失范反过来又加重了国家权力在宏观层面存在问题的严重性，从而直接影响到我国法治国家的目标——民主宪政建设进程的有序推进。宏观的国家政治环境优化，民主宪政制度的实施与微观的刑事诉讼系统中的刑事司法理性运作的高度一致关系，是我国政治体制改革与刑事司法改革追求的目标，刑事司法体制与刑事程序运行机制存在的核心问题在于国家刑事司法权力的分立行使、独立运作与相互制衡，因为只有在解决了前述问题时才能够建立刑事诉讼合理结构，才能全面贯彻控审分离、控辩平等、审判独立与有效辩护等刑事诉讼原则，刑事诉讼运行机制才能够理性运作。我国刑事诉讼的最大问题就在于没有在技术上完全实现国家控诉权力与裁判权力的分立行使与有效制衡，司法权力没有实现保证司法公正最低限度的独立性，处于弱势地位的司法权最终依附于行政权等上位权力，从而扭曲刑事诉讼结构与职能，本应客观中

---

① Hannah Arendt, *On Revolution* (Penguin Books, 1990), pp. 151 - 152. 转引自《思想与社会》编委会编:《现代政治与道德》，上海三联书店 2005 年版，第 90 页。

立的司法裁判活动演变为行政性治罪活动，以致刑事诉讼人权保障的基础功能受到削弱。

民主宪政的本质必然要求国家权力必须分立行使以各司其职，各负其责，相互监督制衡以保证权力有序运作，实现其保障公民个人人权这个终极价值目标。在坚持我国的根本政治制度人民代表大会制度的前提下，应当探索如何实现国家立法权、行政权与司法权的相对独立行使以确保其职能。人民主权原则与公民人权原则要求，国家权力来源于人民、服务于人民并服从于人民权利，那么，国家立法权的行使者也应当贯彻权力有限行使原则与权力制约原则。代议制民主形式决定了人民直接监督代表是否真正以人民的意志为转移存在着极大的困难性，但人民利益的最高性与公民人权的重要性决定了政治制度必须体现真正的人民主权、公民人权的原则与精神。于是，宪政作为高级的民主政治诞生了，宪政要求代表人民主权的议会机关必须受到国家宪法的约束，所有立法文本必须以宪法为依据并体现宪法基本精神，而保证宪法实施的机构由此获得了审查议会法律文本的权力，司法审查制度在世界各国的建立说明了该制度维护国家宪政体制的重要性与可行性。实际上，"司法权力存在的目的主要是为了根据法律解决政府与个人或者个人之间的纠纷。司法审查的权力这种'公法'功能只会在其行使决定案件正常功能时偶然地并且偶尔地出现。"① 我国的人民代表大会制度也完全可以建立旨在规制国家机关行为的司法审查制度，该制度的建立又必然要求真正实现国家司法权的独立行使，以保证公民个人的宪法权利不受国家立法机关与行政机关的随意侵犯。在国家权力实现完全分立、独立行使、相互制约的框架下，刑事诉讼法秉承宪法精神，对国家控诉权力、审判权力进行明确的划分，确立由独立

① ［美］克里斯托弗·沃尔夫：《司法能动主义》，黄金荣译，中国政法大学出版社2004年版，第205页。

而中立的司法机关对所有犯罪严格依照法定刑事程序审理，最终作出公正的司法判决从而真正解决严重刑事争端。由此，理性的司法体制与刑事诉讼运行机制得以全面建立和良性运行，这种微观领域的严重冲突解决机制实际上是国家权力分立行使与监督制衡的宪政制度的具体展开，并通过一系列刑事争端的理性处置维护着国家机器的良性运转。微观的刑事诉讼机制与宏观的国家权力运行形成了二元互动的良性运作格局，宪政法治的原则和精神就会真正得到落实，公民人权就会得到最大限度的保障，社会和谐秩序也会形成。因此，刑事司法体制改革与刑事程序改革的根本点在于完成国家权力的合理配置，国家控诉权的有效规制与国家审判权的独立行使，以及公民个人参与刑事诉讼的各种程序权利与实体权利的全面确认，从而为严重冲突的真正有效解决提供前提条件。随着刑事诉讼法律制度的健全与实施，必将推动着国家法治建设的快速进步，也必将促进和推动政治体制改革的前进。

三、中国刑事诉讼法律制度与新型伦理道德体系的相互调适

法律制度真正的精髓在于对道德原则的确认与维护。刑事诉讼作为解决严重刑事争端的法律机制如果没有以正义为核心的道德法则作为其活的灵魂与坚实的观念支撑，必然陷入国家实证主义者所主张的政治工具论，继而使刑事诉讼成为国家追诉、惩罚犯罪的垄断舞台从而导致专横司法的死灰复燃，公民个人人格尊严、主体权利与基本自由将随时被以国家惩治犯罪为理由而任意处置。如此一来，国家法治将最终迷失方向而成为权力恣意的牺牲品、个人极权的装饰物，市场经济秩序与民主宪政国家理想将面临灭顶之灾。实际上，任何时代的法律制度都以特定的道德原则与伦理精神为依归，根本不存在完全自主自足的法律系统。因为，“事实上，在实

际的司法过程中，法律适用中的伦理要素从来都未曾被排除过”。[①]实证主义者所主张的法律与道德无涉的神话被历史所粉碎，法西斯灭亡标志着法律只是意味着国家制定法判断的不得人心与绝对荒谬。二战后古典自由主义的复兴、世界各国民主政治改革与法律制度变革的事实说明了以正义为核心的道德法则对于国家法治的根本意义。刑事诉讼的工具性之所以在中国大行其道不仅与中国传统治理模式高度重视刑事法律体系对于维护国家统治与社会秩序的全局意义有关，而且暴露出传统中国以德治国的内在伦理精神严重不足这一根本症结所在，因为中国的礼治是以忠孝仁义为代表的传统伦理为基本内容，实质上体现的是奉行公开的不平等的专制政治统治路线本质，历代官府奉行等级差序的宗法伦理观压制甚至遮盖了民间自发的公平正义观。尽管社会主义建设已经走过半个世纪的历程，改革开放使得中国进入了高速发展的快车道，社会制度真正走向了新生。但是，传统犹如人的影子一样无法挥之即去。市场经济改革在破除旧的制度链条的同时，在新的制度体系没有完全建立的时候，社会失范现象就会卷土而来。旧的等级、身份、特权思想就会通过制度围墙的塌陷处潜滋暗长，那些传统社会价值观与伦理法则就会对新的制度体系施加若干影响，导致新的制度体系遭受旧的价值信仰与道德法则的冲击而可能失效。中国刑事诉讼法律制度的困境就在于传统的追求实体真实、注重诉讼结果的客观真实主义占领了绝对统治地位，从而导致为适应计划经济体制与高度集权体制的刑事诉讼运行呈现出严重的纠问化现象，国家利益优先成为占绝对地位的道德原则，刑事诉讼旨在维护社会秩序的根本宗旨得到了具体制度与程序规则的全力支持，公民个人的人权则服从于国家通过刑事诉讼打击犯罪的最高目的。在新的历史时期，市场经济改革

---

① ［美］罗斯科·庞德：《法律与道德》，陈林林译，中国政法大学出版社 2003 年版，第 81 页。

的稳步推进带来的民主政治气息持续深刻地作用于刑事诉讼法律制度，刑事诉讼法修正案的实施正是对于社会环境变化的深刻回应。但是，观念的转换与价值观的形成需要时间积累与新型制度的强力推动。与中国社会深刻转型相适应的法治观念与以正义为核心的道德原则正在形成之中，刑事诉讼法律制度也正处在新旧交替的阵痛之时。如果不持续强化以正义为核心的新型道德体系，法治理念不能得到中国各个社会阶层的充分认同，甚至不能得到国家主流价值观的持续肯定，那么，刑事诉讼法律制度的真正转型也可能最终胎死腹中。

刑事诉讼法律制度旨在解决严重刑事争端的法律机制与社会控制机制，必然受制于特定的道德原则与伦理精神。中国市场经济体制的全面建立与民主政治格局的稳步形成正在作用于刑事诉讼法律制度的转变历程，新的刑事诉讼法的实施实际上就是这种社会变革的主动回应与自然依归。而中国新的刑事诉讼法在立法层面与司法环节所存在的问题也恰恰是这种制度环境变动的过程所避免不了的和必然解决的。市场经济秩序内在的平等、自由、权利、契约理念，民主政治内在的平等对话与理性协商等新型道德准则与价值观为新型刑事诉讼法律制度的最终形成提供了深厚的思想基础与强大的精神支撑。市民社会成员追求公平正义的时代呼声正在猛烈地冲击着旧的道德秩序与法律秩序，平等参与政治生活，自主决定与自我管理的民主意识正在不断地升华，近年来出现的市民通过体制外的选举进入国家政治领域的事件正是公民政治参与意识增强的真实反映。政治国家与市民社会的分离必然要求宪政法治进程向深层次方向纵深推进，规制权力与保障权利正在成为时代的最强音。以人权保障为核心的公平正义、契约自由、平等协商与理性对话等道德原则与价值观正发展为强大的意识形态，处于国家政治生活中心领域的刑事诉讼法律制度如何顺应时代潮流是今天每个关心公民人权保障与国家法治运作的有识之士不能回避的问题。只要大多数社会成员自觉以公平正义为核心的道德法则为最高信念，以平等自由和尊重及保障人权的价值观为社会制度构建的根本出发点与最终落脚点，就能够为推动中国法治宪政进程增添力量。刑事诉讼法律制度理所应当以公平正义为核心的道德原则为依归，所有的制度构建与程序设计均应体现这一市场经济秩序与民主宪政格局的根本要求，努力祛除那些与法治国家目标和市民社会期待相违背的传统社会治理原则与价值体系。落实在中国现行刑事诉讼法律制度改造中，就应当全面体现平等、自由、人权、正义等基本道德指标，改造仅仅旨在惩罚犯罪这种片面价值观的诉讼目的，改造与旨在实现有效打击犯罪相配套的流水线作业的诉讼结构，全面确立旨在保障人权，维护法治秩序的体现道德理性与标准的刑事诉讼诸原则，认真清理现行刑事诉讼基本制度与具体程序规则中内含的那些不符合时代要求的旧的道德观念和旧的道德法则，最终建构起以刑事正当程序规则为中心内容，全面反映现代法治与宪政精神的刑事诉讼法律制度体系。这本身就体现着新型伦理道德体系与刑事诉讼法律制度的二元共生互动关系。道德体系的构建，道德标准的界分与道德原则的贯彻重新塑造着刑事诉讼法律制度的建构，而刑事正当程序的理性化运作又强化了以公平正义为核心的道德体系，二者的协调与互动共同造就理性的刑事诉讼法律制度的系统建构与新型伦理道德体系的形成。

四、中国刑事诉讼法律制度与人权保障机制的相互调适

人权作为道德权利，深刻体现了人之为人理所应当具有的不可剥夺的权利的天然正当性与自然合理性。人权原则是以公平与正义、自由与权利、平等与理性为核心的现代道德原则的高度概括与深度浓缩，人权保障理念与制度在世界范围内得到广泛认同并成为世界各国宪法和法律的核心命题，更成为国际社会着重关注的作为衡量国家法治与制度文明的真正尺度，并着力推进着国内人权保障

机制与国际人权保障机制法律框架的有机衔接及全面实施。刑事诉讼法律制度深刻地反映着国家对待人权的态度与保障人权的程度，因为国家刑事法律制度作为解决严重刑事争端的法律机制必然反映国家对待犯罪的理性程度与对待犯罪嫌疑人与被告人的宽容程度，反映着国家如何处理保护绝大多数公民个人权益、保护社会整体利益，维护社会公共秩序与保护涉及犯罪的公民个人权益的复杂矛盾关系及完全对立的价值冲突问题。因为人权的普遍性不仅及于社会所有的没有犯罪的公民和因犯罪而受到侵害的被害人，而且及于那些涉嫌犯罪的犯罪嫌疑人与被告人，即使那些被最终宣判有罪的被告人，除了法律规定应当剥夺其明确具体的权利外，其他权利还同样处于宪法和法律保护的状态。

由于根深蒂固的封建专制传统使得中国人权思想、观念与人权保障制度无从生长的条件。清朝末年随着西方天赋人权理论、社会契约理论的传入逐渐得到传播，辛亥革命胜利后历届政府不同程度地承认了人权，并在制度层面和观念层面上体现了人权保障。中国共产党从成立的时候起就以广大被压迫阶级的人权实现为己任，通过暴力革命、武装斗争、建立根据地等策略最终实现了新民主主义革命的胜利。革命根据地时期，共产党就制定并实施了保障人权的诸多法令，一直持续到新中国成立。中国第一部宪法用公民基本权利取代了人权概念，此后在中国长达三十多年的时间里基于各种原因没能提倡人权。1991 年《中国人权白皮书》认为：享有充分的人权，是长期以来人类追求的理想。从第一次提出“人权”这个伟大的名词后，多少世纪以来，各国人民为争取人权做出了不懈的努力，取得了重大的成果。[①] 从那以后，人权开始出现在官方的正式文件中，出现在理论家的论文与著作中，出现在新闻媒体与普通民众的日常话题中。2004 年中国宪法的修改将“国家尊重和保障

① 参见国务院新闻办公室：《中国的人权状况》，1991 年 11 月 1 日。

人权”写入宪法文本更标志着中国人权观念的全面确立与人权保障机制的基本形成。在没有人权概念与人权理论的时候，我国是否就没有保障人权呢，当然这不是事实，因为社会主义革命与社会主义建设是为占1/4世界人口的广大中国人民充分地享有人权与实现人权服务的。不过，受阶级斗争与阶级专政时代政治意识形态的深刻影响，这时候的人权并没有包括犯罪人，因为刑事犯罪者被作为社会主义的敌人，是无产阶级专政的对象，因而就不能享有人权。许多时候都讲，应当正确处理人民内部矛盾与敌我矛盾两种不同性质矛盾，对于前者通常是和风细雨，而对于后者则必须严惩不贷，因为“对敌人的仁慈就是对人民的残忍”，“严重刑事犯罪分子就是人民的敌人”。在今天各级政府所采取的打击犯罪的各种专项斗争中，依然存在着这种将犯罪视为对敌斗争的传统观念，在这些人的眼里，人权并不包括刑事犯罪者，因为那些犯罪分子严重地侵害了被害人和广大人民群众的人权，因而其自身就没有人权可言了。在这样的人权理论与人权思想影响下的刑事诉讼法律制度，必然体现两类人权价值观，其一，广大人民群众享有广泛的人权，刑事法律必须体现“保护人民”的宗旨；其二，犯罪分子不应当享有人权，因为必须“惩罚犯罪”，结论是国家通过严厉打击犯罪的刑事司法本身就是在维护广大人民群众的人权。由此一来，刑事诉讼追求惩罚犯罪的诉讼目的就具有天然正当性，因为只有通过严厉打击犯罪，公民人权才可能得到最大限度的保护。为此，就应当赋予国家专门机关极为广泛的刑事司法权力与强制措施权力以及不受约束的自由裁量权力，国家专门机关密切配合，共同打击犯罪就可以充分实现人权保障。实践证明，这种人权观是根本错误的，因为人权作为一种道德权利是所有人之为人应当享有的人格尊严、基本自由权利。弗莱纳指出，“——然而，支撑着对人权的现代理解的基本观念是这样一种认识：有必要提醒其遵守人权的义务的正是政府。人权标明了国家权力的边界，对立法机关的权力设置了一种限制，要求政府尊重人的尊严，即使这样做使政府不高兴。”[①] 政府作为国家权力的代表者与实施者随时都有可能侵犯到公民个人的人权，人权受到任何非国家机关的侵犯都可以通过民法、刑法等法律的实施得到救济与惩治，人权受到国家机关的侵犯就成为一个重大的宪法难题。人权遭受到国家权力的侵犯的高度危险性与严重危害性使得宪政法治思想得以产生和发展，权力必须受到严格的宪法约束与法律规制就成为国家法治宪政的核心内涵，司法审查制度的建立实际上体现了人权只有通过独立的司法程序才可能得到切实保障的基本价值观。因为，“人权在一个明确得到宪法保证的国家里，是可以由于没有权力分立而在实际上变得无效的。”[②] 然而，我国有着悠久的人性“善”的历史传统，相信所有人通过内心修为都可以达到至善至真的境地而无须他律。对于权力同样也体现了这种过分的自信，而且认为社会主义国家机关行使职权都是人民当家作主的主要体现，对于权力的深信不疑导致法律制度中的权力制约严重不足。其结果，在严重关系到公民个人权利的刑事诉讼过程中，涉及刑事诉讼的公民个人——犯罪嫌疑人与被告人被视为人民的“敌人”，根本不能享有宪法赋予的一个普通公民应当享有的基本自由和权利。犯罪嫌疑人与被告人在刑事诉讼中处于诉讼客体地位，不具有真正的诉讼主体资格与完整的辩护权利，各项程序权利与实体权利都受到法律一定的限制。这些都是片面的人权观造成的严重后果。受这种人权观和传统专政观乃至法律工具观的影响，使得刑事诉讼法律制度更多反映的是政治意识形态及专政色彩，法律自治意识与人权保障理念却相对弱化，从而导致其人权保障机制出现重大

---

① ［瑞士］托马斯·弗莱纳：《人权是什么》，谢鹏程译，中国社会科学出版社1999年版，第3页。

② ［瑞士］托马斯·弗莱纳：《人权是什么》，谢鹏程译，中国社会科学出版社1999年版，第95页。

疏漏。

刑事诉讼基于解决严重刑事争端这一尖锐矛盾的复杂性与利益纷争的对立性决定其剥夺人权的全面性与严厉性，正因为如此，刑事诉讼法律制度才深刻地与人权保障理念与人权保障机制发生着密切的联系。实际上，现代法治理论认为，所有对于公民个人权利的处分只能通过国家独立的司法官员根据现行法律规定，并遵照正当法律程序审理之后才能最终作出。否则，对于公民个人权利的随意处置就是构成对公民人权的重大侵犯。“一个国家如果允许官员和警察任意地闯进民宅以逮捕或杀害他们所寻找的人，那么它就是一个既独裁又蔑视人类的国家。”① 人权价值的最高性决定了所有法律制度的最终价值取向，难怪英国的米尔恩教授就此评判说：“一个保障人权的制度就是好制度，一个侵犯人权，甚至根本不承认人权的制度就是坏制度。”因为，“没有权利就不可能存在任何人类社会。无论采取任何形式，享有权利是成为一个社会成员的必备要素”②。

保障人权已经成为现代法律运作的核心价值观，一切可能危及人权的行为都将受到严格的法律规制与严密的司法控制成为现代法律制度的根本所在。宪法的最高效力也在于通过一种高级法来确认公民个人的基本权利，规范国家权力运作以服务于人权实现，任何违反这种高级法的主旨与精神的法律都将面临无效宣判，所有国家专门机关任何旨在限制或剥夺公民个人权利的行政或司法行为都将面临法庭的权威审查与最终判决。正是通过这种由独立的司法官员进行全面的司法审查活动使得公民个人权利得到真正实现的人权保

① ［瑞士］托马斯·弗莱纳：《人权是什么》，谢鹏程译，中国社会科学出版社1999年版，第102页。

② ［英］A. J. M. 米尔恩：《人的权利与人的多样性——人权哲学》，夏勇、张志铭译，中国大百科全书出版社1995年版，第154页。

障机制成就了高度文明的宪政运动。我们应当从世界各国人权保障机制、司法审查机制与正当程序机制中吸取成功的经验。切实扭转那种片面人权观，树立所有人一律平等并受到宪法和法律的一体保护的全面人权观。法治国家视野中的公民不再存在着敌人的概念和待遇，法治国家下的犯罪嫌疑人与被告人依然属于国家公民，每个公民都享有国家宪法和法律赋予的基本权利和自由；相反，国家权力尽管以保护所有公民个人权益和维护社会公共利益及公共秩序为目的，但是必须切实尊重所有的公民个人的人格和尊严，尊重所有人的基本自由和权利，涉及刑事诉讼的公民个人仍然受到国家宪法和法律的一体保护。尽管国家专门机关为查明案件事实需要对犯罪嫌疑人与被告人进行特定的诉讼行为，但是，必须严格遵守宪法和法律的程序规定，所有涉及对公民个人权利进行强制处分的行为都必须通过严格的司法审查与司法授权才能够作出，公民个人可以对司法作出的强制处分自己权利的行为提请上级司法机关乃至最高司法机关审查，并通过法庭审理而获得司法救济。

人权保障的理念和制度要求刑事诉讼必须充分体现对于涉及刑事诉讼的公民个人给予平等待遇与人性关怀，刑事诉讼中的人权保障机制实际上是人权保障机制总体框架的核心部分与关键环节，只有刑事诉讼人权保障机制的全面建立与有效实施，刑事诉讼中的人权得到切实有效的保护，人权保障机制的整体框架才算真正得到全面建立，国家尊重和保障人权的宪法规定才算得到了全面落实。因此，推进刑事诉讼人权保障机制的建立和全面实施是落实我国宪法精神的重要方面，而只有全面落实了宪法关于尊重和保障人权的具体制度，包括刑事诉讼中的人权保障，人权得到保障才算是名符其实。总之，中国宪法规定的国家尊重和保障人权必须通过刑事诉讼这一解决严重刑事争端的诉讼机制的具体运作才可能彻底实现，刑事诉讼人权保障水平决定着人权的宪法保障的实现程度。因此，通过持续的司法体制改革与刑事程序更新来提高人权保障水平就具有根本的意义。我们相信，中国司法体制与刑事诉讼法律制度在人权理念的关照下以人权保障为其根本主旨，以理性解决一切严重刑事争端为最终目的，并努力坚持渐进而持续地改革，就一定会完成刑事诉讼生态化的历史使命，最终形成与市场经济体制、民主宪政格局和以公平正义为核心的道德体系相协调的现代刑事诉讼法律制度，这个制度与以自由、平等、契约、权利为价值取向的市民社会相适应，成为现代社会严重冲突理性解决的重要法律机制与社会整合机制。

余 论

纵观整个人类社会发展历史进程，平衡与协调的价值观一直伴随着人类文明的持续进步而逐步深化，直到生态科学与系统科学的诞生，最终形成完整的生态系统活态共生、动态衡生、网络整生的生态平衡思想、理论和方法。这是人类社会最伟大的成就之一。从古代中国提出的中庸思想到现代社会的和谐理论；从古代西方的均衡政治到当代的民主宪政无不渗透着丰富而深邃的平衡协调价值观和方法论的思想，可以说平衡协调的理论思维是贯通古今、汇聚中外的哲学智慧。对于平衡理论的深度挖掘并结合现代系统科学与生态科学的最新成就加以全面阐释，再将其作为世界观和方法论工具以指导刑事诉讼法学研究与刑事诉讼法律制度完善就成为贯穿本书的根本指导思想。

笔者认为，刑事诉讼作为解决严重刑事争端的法律机制构成整个人类社会生活的重要组成部分，必然与整个社会结构及其制度产生密切的交互作用并使得刑事诉讼系统与环境保持生态平衡、互动整合与有机协调的状态。研究刑事诉讼生态化就在于揭示蕴含于制度系统内部的生态平衡规律性，并用于指导特定刑事诉讼系统的要素、构造与环境及其作用方式的具体改造，促使系统生成并保持生态平衡特性。具体来说，刑事诉讼作为法律制度系统领域的重要子系统必然受制于特定社会政治制度、经济制度、伦理道德体系、文化传统与社会结构特征等系统环境的深刻制约。当然，特定的刑事诉讼制度系统同时也作用于其外部环境，使得系统与环境产生互动整合，最终促使系统与环境的共同演化更新。中国刑事诉讼法律制度的生成及运行构成了中国社会结构和制度整体中的有机组成部分，在中国社会全面转型与整体变迁的宏观背景下，刑事诉讼法律制度应当进行主动调整其要素及要素作用方式从而生成合理结构。并与外部环境相适应，促成刑事诉讼系统与外部环境保持稳定而协调的生态平衡。

刑事诉讼生态化研究指出，世界范围内的刑事诉讼生态化进程赋予了中国刑事诉讼生态化的诸多重大启示。随着市场经济全球化进程的快速发展，民主政治全球化浪潮正深刻地影响着各个国家的政治运作，全球范围内的文化趋同与多元化发展特别是以平等正义为核心的道德原则，以尊重人权和保障人权为核心的价值观体系在世界范围内广泛扩展，促进了人权保障价值标准的趋同化与人权保障机制的一体化发展，从而直接影响并指导着严重涉及公民人权保障的刑事诉讼法学理论研究与刑事立法及司法实践。执行改革开放路线使得中国融入国际社会的深度和广度都以前所未有的速度发展，势必要求中国法律制度与世界各国法律制度进行广泛而深入的交流并取得更多共识，同时也给中国法律制度的现代化带来了巨大的动力和压力。如何在发扬优秀传统文化的同时，借鉴其他优秀文明成果以促进文化的自我更新在当前的国际背景下具有重要的现实意义，这本身就体现着文明的和谐共存、协调发展与携手共进。有学者为此指出，国际规则本土化应当为当代中国法制变革的范式选择。[①] 尤其是刑事诉讼法律制度作为解决严重刑事争端的程序法律制度体系，更多体现为普遍的共识与公认的规则，民族性或地区性的差异应当逐渐减少，国际刑事司法准则的践行与实施实际已经体现了程序正义理念的普遍意义与对最低限度道德尺度的切实坚守。

---

① 公丕祥：《法制现代化的挑战》，武汉大学出版社2006年版，第445页。

刑事诉讼生态化并不是要置特定国家的历史传统与文化背景于不顾，一味追求某种特定的价值准则。而在于强调刑事诉讼系统与外部环境的生态平衡，刑事程序设置与刑事诉讼法律制度建构必须与政治体制、经济结构、道德体系、文化背景及社会整体发展相适应。世界各国刑事诉讼生态化趋势深刻体现了刑事诉讼的生态平衡规律性，而中国社会整体转型也已经向刑事诉讼系统生态化提出了更高要求。社会分化进程加快与社会利益主体多元导致冲突增多势必要求法律的定分止争功能的最大化，必然要求法律的形式理性得到充分体现。犯罪作为严重争端的表现形式通过刑事诉讼渠道得到理性解决是维持社会和谐秩序的基本保证。现代刑事诉讼作为一种严重刑事争端解决机制，正是立基于以发达的市场经济秩序为核心的市民社会基础上，人权、契约、自由、理性成为其核心精神，要求国家公共权力的有限行使、职能分离并相互制衡以确保公民个人自由与权利的充分实现。但是，饱受封建专制传统与宗法伦理意识影响，中国刑事诉讼带有更多的暴力工具色彩与惩罚犯罪意味，这种与传统社会相协调的高度职权化的刑事诉讼模式显然不能适应正在变化的当代中国社会现实。随着中国市场经济体制的建立和完善，民主政治的逐步推进，以公平正义为核心的新型伦理道德的重塑，以契约、人权、理性为特征的市民社会文化的培育及市民社会与政治国家的逐步分离，刑事诉讼需要更多的理性要素。包括国家权力的有限行使与分立运作，公民个人权利保护机制的日臻完善，诉讼程序的正当性逐步增强，等等。通过调整现行刑事诉讼系统的要素，完善刑事诉讼结构，并与外部环境保持有机协调就能够更好地改进刑事诉讼系统的基本功能。从世界各国刑事诉讼法律制度改革的两种不同趋势也可以体察出生态平衡规律对于刑事诉讼系统的指导作用，我国司法体制改革与刑事程序改革也体现了这一思路，即发扬自身传统优势，借鉴他域成功经验，实现本土化与全球化、民族性与世界性的兼顾、协调，以达到并保持系统与环境的生态平衡。

本书研究范围涉及面较宽，需要运用多学科理论进行综合探讨，但由于笔者知识面及写作水平有限，故而该书内容可能存在不少瑕疵。其中涉及问题的深度和广度还有待进一步拓展和深入研究。尽管笔者付出诸多辛劳且用了较长时间持续思考及研究本课题，依然感到力不从心。笔者殷切期盼学界同仁对拙作进行批驳指教，并在此向该书内容所涉及的相关参考文献的作者们致谢！

主要参考文献

一、中文著作、译作类:

1. 邹珊刚等:《系统科学》,上海人民出版社 1987 版。

2. 苗东升: 《系统科学原理》,中国人民大学出版社 1990 年版。

3. 彭文贤:《行政生态学》,中国台北三民书局民国 1981 年修订版。

4. 钱俊生、余谋昌主编:《生态哲学》,中共中央党校出版社 2004 年版。

5. 章海荣编著: 《生态伦理与生态美学》,复旦大学出版社 2005 年版。

6. 袁鼎生: 《生态视域中的比较美学》,人民出版社 2005 年版。

7. 雷毅:《生态伦理学》,陕西人民教育出版社 2000 年版。

8. 曹明德:《生态法原理》,人民出版社 2002 年版。

9. 陈泉生、张梓太:《宪法与行政法的生态化》,法律出版社 2001 年版。

10. 刘哲昕:《系统经济法论》,北京大学出版社 2006 年版。

11. 李挚萍:《经济法的生态化》,法律出版社 2003 年版。

12. 吴增基等:《现代社会学》,上海人民出版社 1997 年版。

13. [美] 波普诺:《社会学》(上、下),刘云德等译,辽宁人民出版社 1988 年版。

14. ［美］科塞：《社会冲突的功能》，孙立平等译，华夏出版社 1989 年版。

15. ［美］罗斯：《社会控制》，秦志勇、毛永政译，华夏出版社 1989 年版。

16. ［德］马克斯·韦伯：《经济与社会》（上、下），林荣远译，商务印书馆 1997 年版。

17. ［德］马克斯·韦伯：《支配社会学》，康乐、简惠美译，广西师范大学出版社 2004 年版。

18. ［德］马克斯·韦伯：《儒教与道教》，洪天富译，江苏人民出版社 1997 年版。

19. ［德］马克斯·韦伯：《论经济与社会中的法律》，张乃根译，中国大百科全书出版社 1998 年版。

20. ［美］乔纳森.H. 特纳：《社会理论的结构》，吴曲辉等译，浙江人民出版社 1987 年版。

21. ［美］帕森斯：《社会行动的结构》，张明德等译，译林出版社 2003 年版。

22. ［法］雷蒙·阿隆：《社会学主要思潮》，葛智强等译，上海译文出版社 2005 年版。

23. 苏国勋等主编：《社会理论的诸理论》，上海三联书店 2005 年版。

24. 文军主编：《西方社会学理论：经典传统与当代转向》，上海人民出版社 2006 年版。

25. ［美］乔治·瑞泽尔：《当代社会学理论及其古典根源》，杨淑娇译，北京大学出版社 2005 年版。

26. ［美］乔治·瑞泽尔：《后现代社会理论》，谢立中等译，华夏出版社 2003 年版。

27. ［英］科特利尔：《法律社会学导论》，潘大松等译，华夏出版社 1989 年版。

28.［法］米歇尔·福柯：《规训与惩罚》，刘北成等译，生活·读书·新知三联书店1999年版。

29.［法］埃米尔·涂尔干，渠东译：《社会分工论》，生活·读书·新知三联书店2000年版。

30.［德］哈贝马斯：《在事实和规范之间》，童世骏译，生活·读书·新知三联书店2004年版。

31.［德］贡塔·托依布纳：《法律：一个自创生系统》，张骐译，北京大学出版社2004年版。

32.［美］摩尔根：《古代社会》，杨东莼、马雍、马巨译，商务印书馆1997年版。

33. 赵震江主编：《法律社会学》，北京大学出版社1998年版。

34. 朱景文：《现代西方法社会学》，法律出版社1994年版。

35. 王海明：《新伦理学》，商务印书馆2001年版。

36. 高兆明：《伦理学理论与方法》，人民出版社2005年版。

37. 严强等：《宏观政治学》，南京大学出版社1998年版。

38. 王健文主编：《政治与权力》，中国大百科全书出版社2005年版。

39.［德］奥特·弗利德·赫费：《政治的正义性——法和国家的批判哲学之基础》，庞学铨等译，上海译文出版社2005年版。

40. 徐大同主编：《西方政治思想史》（多卷本），天津教育出版社2000年版。

41. 韦庆远、柏桦编著：《中国政治制度史》（第2版），中国人民大学出版社2005年版

42. 卓泽渊：《法政治学》，法律出版社2005年版。

43. 佟德志：《在民主与法治之间》，人民出版社2006年版。

44. 张千帆等：《宪政、法治与经济发展》，北京大学出版社2004年版。

45. 刘海波:《政体初论》,北京大学出版社 2005 年版。
46. 胡水君: 《法律的政治分析》,北京大学出版社 2005 年版。
47. 马长山: 《国家、市民社会与法治》,商务印书馆 2001 年版。
48. 邓正来等主编: 《国家与市民社会》,上海人民出版社 2006 年版。
49. [古希腊] 亚里士多德:《政治学》,吴寿彭译,商务印书馆 1983 年版。
50. [古罗马] 西塞罗:《国家篇法律篇》,沈叔平、苏力译,商务印书馆 1999 年版。
51. [英] 洛克:《政府论两篇》,赵伯英译,陕西人民出版社 2004 年版。
52. [法] 孟德斯鸠:《论法的精神》(上、下),商务印书馆 2006 年版。
53. [法] 卢梭:《社会契约论》(中译本),商务印书馆 1980 年版。
54. [英] 萨拜因:《政治学说史》(上、下),盛葵阳等译,商务印书馆 1986 年版。
55. [法] 邦雅曼·贡斯当: 《古代人的自由与现代人的自由》,阎克文等译,上海人民出版。
56. [美] 亨廷顿:《变革社会中的政治秩序》,李盛玉等译,华夏出版社 1988 年版。
57. [美] 熊彼特:《资本主义、社会主义与民主》,顾准译,商务印书馆 1979 年版。
58. [英] 阿克顿:《自由史论》,胡付胜等译,译林出版社 2001 年版。
59. [英] 阿克顿:《自由与权力》,侯健、范亚峰译,商务印书馆 2001 年版。

60. ［美］罗尔斯：《政治自由主义》，万俊人译，译林出版社 2000 年版。

61. ［美］罗尔斯：《正义论》，何怀宏等译，中国社会科学出版社 1988 年版。

62. ［美］魏特夫：《东方专制主义》，徐式谷等译，中国社会科学出版社 1989 年版。

63. ［美］汉密尔顿等：《联邦党人文集》，程逢如等译，商务印书馆 2006 年版。

64. ［法］托克维尔：《论美国的民主》（上、下），董果良译，商务印书馆 2004 年版。

65. ［美］康芒斯：《资本主义的法律基础》，商务印书馆 2003 年版。

66. ［英］M. J. C. 维尔：《宪政与分权》，苏力译，生活·读书·新知三联书店 1997 年版。

67. ［美］路易斯·亨金等：《宪政与权利》，郑戈等译，生活·读书·新知三联书店 1996 年版。

68. ［英］弗里德利希·冯·哈耶克：《自由秩序原理》（上、下），邓正来译，生活·读书·新知三联书店 1997 年版。

69. ［英］弗里德利希·冯·哈耶克著：《法律、立法与自由》（第一、二、三卷），邓正来译，中国大百科全书出版社 2000 年版。

70. ［英］弗里德利希·冯·哈耶克：《致命的自负》，刘戟锋等译，东方出版社 1991 年版。

71. 杨心宇主编：《现代国家的宪政理论研究》，上海生活·读书·新知三联书店 2004 年版。

72. 季卫东：《宪政新论》，北京大学出版社 2002 年版。

73. 袁祖社：《权力与自由》，中国社会科学出版社 2003

年版。

74. 顾肃：《自由主义基本理念》，中央编译出版社 2002 年版。

75. ［美］诺内特、塞尔兹尼克：《转变中的法律与社会》，张志铭译，中国政法大学出版社 1994 年版。

76. ［美］劳伦斯 . M. 弗里德曼：《法律制度》，李琼英译，中国政法大学出版社 1994 年版。

77. ［日］川岛武宜：《现代化与法》，王志安等译，中国政法大学出版社 1994 年版。

78. ［美］哈罗德 · 伯尔曼：《法律与革命》，贺卫方等译，中国大百科全书出版社 1996 年版。

79. ［英］哈特：《法律的概念》，张文显等译，中国大百科全书出版社 1996 年版。

80. ［美］德沃金：《法律帝国》，李常青译，中国大百科全书出版社 1996 年版。

81. 吕世伦主编：《现代西方法学流派》，中国大百科全书出版社 2000 年版。

82. 朱景文主编：《当代西方后现代法学》，法律出版社 2002 年版。

83. 张文显：《二十世纪西方法哲学思潮研究》，法律出版社 1990 年版。

84. 张乃根：《西方法哲学史纲》，中国政法大学出版社 1993 年版。

85. 夏勇：《人权概念的起源》，中国政法大学出版社 1992 年版。

86. 夏勇主编：《走向权利的时代》，中国政法大学出版社 1995 年版。

87. ［英］米尔恩：《人权哲学》，夏勇、张志铭译，中国大百科全书出版社 1995 年版。

88. 董云虎编著：《人权基本文献要览》，辽宁人民出版社 1994 年版。

89. ［瑞士］托马斯·弗莱纳：《人权是什么》，谢鹏程译，中国社会科学出版社 1999 年版。

90. 齐延平：《人权与法治》，山东人民出版社 2003 年版。

91. 夏勇：《中国民权哲学》，生活·读书·新知三联书店 2004 年版。

92. 王人博、程燎原：《法治论》，山东人民出版社 1989 版。

93. 程燎原、江山：《法治与政治权威》，清华大学出版社 2001 年版。

94. 燕树棠：《公道、自由与法》，清华大学出版社 2006 年版。

95. 汪太贤：《西方法治主义的源与流》，法律出版社 2001 年版。

96. 沈宗灵：《现代西方法理学》，北京大学出版社 1992 年版。

97. 孙国华、朱景文主编：《法理学》，中国人民大学出版社 1999 年版。

98. 张恒山：《法理要论》（第 2 版），北京大学出版社 2006 年版。

99. ［德］拉德布鲁赫：《法学导论》，中国大百科全书出版社 1997 年版。

100. ［德］魏德士：《法理学》，丁晓春、吴越译，法律出版社 2005 年版。

101. ［德］拉德布鲁赫：《法哲学》，王朴译，法律出版社 2005 年版。

102. ［美］罗斯科·庞德：《法理学》，邓正来译，中国政法大学出版社 2004 年版。

103. [美] 波斯纳:《法理学问题》,苏力译,中国政法大学出版社 1994 年版。

104. [美] 博登海默:《法理学—法律哲学与法律方法》,邓正来译,中国政法大学出版社 2004 年版。

105. [德] 考夫曼:《法律哲学》,刘幸义等译,法律出版社 2004 年版。

106. [意] 密拉格利亚:《比较法律哲学》,朱敏章等译,中国政法大学出版社 2005 年版。

107. [美] 小詹姆斯 . R. 斯托纳:《普通法与自由主义理论》,姚中秋译,北京大学出版社 2005 年版。

108. [英] 艾伦:《法律、自由与正义——英国宪政的法律基础》,成协中等译,法律出版社 2006 年版。

109. [俄] 伊 · 亚 · 伊林:《法律意识的实质》,徐晓晴译,清华大学出版社 2005 年版。

110. 吴经熊:《法律哲学研究》,清华大学出版社 2005 年版。

111. 周世中:《法的合理性研究》,山东人民出版社 2004 年版。

112. 钱福臣:《美国宪法生成的深层背景》,法律出版社 2005 年版。

113. 季卫东:《法治秩序的建构》,中国政法大学出版社 1999 年版。

114. 林来梵主编:《法律与人文》,法律出版社 2007 年版。

115. 易延友:《沉默的自由》,中国政法大学出版社 2001 年版。

116. 龚祥瑞:《比较宪法与行政法》,法律出版社 1985 年版。

117. 曾宪义:《中国法制史》,中国人民大学出版社 2000 年版。

118．何勤华：《外国法制史》，法律出版社 2001 年版。

119．［爱尔兰］J. M. 凯利：《西方法律思想简史》，王笑红译，法律出版社 2002 年版。

120．李交发：《中国诉讼法史》，中国检察出版社 2002 年版。

121．［英］梅因：《古代法》，沈景一译，商务印务馆 1984 年版。

122．瞿同祖：《中国法律与中国社会》，中华书局 1981 年版。

123．易建平：《部落联盟与酋邦——民主、专制、国家：起源问题比较研究》，社会科学文献出版社 2004 年版。

124．张晋藩：《中国法律的传统与近代转型》，法律出版社 2005 年版。

125．韩秀桃：《司法独立与近代中国》，清华大学出版社 2003 年版。

126．李红海：《普通法的历史解读——从梅特兰开始》，清华大学出版社 2003 年版。

127．［美］E. A. 霍贝尔：《初民的法律》，周勇译，中国社会科学出版社 1993 年版。

128．［美］孟罗·斯密：《欧陆法律发达史》，姚梅镇译，中国政法大学出版社 1999 年版。

129．何勤华主编：《法国法律发达史》，法律出版社 2001 年版。

130．张培田、张华著：《近现代中国审判检察制度的演变》，中国政法大学出版社 2004 年版。

131．陈景良主编：《当代中国法律思想史》，河南大学出版社 1999 年版。

132．程维荣：《中国审判制度史》，上海教育出版社 2001 年版。

133．梁治平：《法律的文化解释》，生活·读书·新知三联书店 1994 年版。

134. 梁治平：《法辩》，中国政法大学出版社 2001 年版。

135. 刘作翔：《法律文化理论》，商务印书馆 1999 年版。

136. 刘进田、李少伟：《法律文化导论》，中国政法大学出版社 2005 年版。

137. [美] 埃尔曼：《比较法律文化》，贺卫方、高鸿钧译，生活·读书·新知三联书店 1990 年版。

138. 梁治平：《寻求自然秩序中的和谐》，中国政法大学出版社 1997 年版。

139. 公丕祥：《东方法律文化的历史逻辑》，法律出版社 2002 年版。

140. 公丕祥：《法制现代化的挑战》，武汉大学出版社 2006 年版。

141. 张中秋：《比较视野中的法律文化》，法律出版社 2003 年版。

142. 张中秋：《中西法律文化比较研究》，南京大学出版社 1991 年版。

143. 武树臣：《中国传统法律文化》，北京大学出版社 1994 年版。

144. 马小红：《礼与法：法的历史连接》，北京大学出版社 2004 年版。

145. 陈弘毅：《法治、启蒙与现代法的精神》，中国政法大学出版社 1998 年版。

146. 陈弘毅：《法理学的世界》，中国政法大学出版社 2003 年版。

147. 高道蕴等主编：《美国学者论中国法律传统》（增订本），清华大学出版社 2004 年版。

148. 左卫民：《在权利话语与权力技术之间》，法律出版社

2002 年版。

149. 强世功：《法制与治理——国家转型中的法律》，中国政法大学出版社 2003 年版。

150. ［美］克里斯托弗·沃尔夫：《司法能力主义》，黄金荣译，中国政法大学出版社 2004 年版。

151. ［美］约翰·亨利·梅利曼：《大陆法系》，顾培东、禄正平译，法律出版社 2004 年版。

152. ［美］富勒：《法律的道德性》，郑戈译，商务印书馆 2005 年版。

153. ［美］罗斯科·庞德：《法律与道德》，陈林林译，中国政法大学出版社 2003 年版。

154. ［德］K. 茨威格特、H. 克茨：《比较法总论》，潘汉典译，贵州人民出版社 1992 年版。

155. ［日］谷口安平：《程序的正义与诉讼》，中国政法大学出版社 1996 年版。

156. ［意］贝卡里亚：《论犯罪与刑罚》，黄风译，中国法制出版社 2002 年版。

157. ［意］莫诺·卡佩莱蒂：《比较法视野中的司法程序》，徐昕、王奕译，清华大学出版社 2005 年版。

158. 公丕祥：《法制现代化的理论逻辑》，中国政法大学出版社 1999 年版。

159. 左卫民等：《变迁与改革——法院制度现代化研究》，法律出版社 2000 年版。

160. 苏力：《法治及其本土资源》，中国政法大学出版社 1996 年版。

161. 吕世伦：《法理的积淀与变迁》，法律出版社 2001 年版。

162. 贺卫方：《司法的理念与制度》，中国政法大学出版社 1998 年版。

163. [美] 阿兰 . S. 罗森鲍姆编:《宪政的哲学之维》,郑戈、刘茂林译,生活·读书·新知三联书店 2001 年版。

164. 尹伊君:《社会变迁的法律解释》,商务印书馆 2003 年版。

165. [美] 迈克尔 . D. 贝勒斯:《法律的原则——一个规范的分析》,张文显等译,中国大百科全书出版社 1996 年版。

166. [美] R. M. 昂格尔:《现代社会中的法律》,吴玉章、周汉华译,译林出版社 2001 年版。

167. [英] 丹宁:《法律的未来》,刘庸安、张文镇译,法律出版社 1999 年版。

168. 张彩凤:《英国法治研究》,中国人民公安大学出版社 2001 年版。

169. [法] 达维德:《当代主要法律体系》,漆竹生译,上海译文出版社 1983 年版。

170. [法] 狄骥:《公法的变迁——法律与国家》,郑戈译,辽海出版社 1999 年版。

171. 樊崇义、夏红主编:《正当程序文献资料选编》,中国人民公安大学出版社 2004 年版。

172. 魏宏:《法律的社会学分析》,山东人民出版社 2003 年版。

173. 何兵:《现代社会的纠纷解决》,法律出版社 2003 年版。

174. [日] 棚濑孝雄:《纠纷解决与审判制度》,王亚新译,中国政法大学出版社 1994 年版。

175. 顾培东:《社会冲突与诉讼机制》,法律出版社 2004 年版。

176. [美] 米尔伊安 . R. 达玛什卡:《司法和国家权力的多种面孔》,郑戈译,中国政法大学出版社 2004 年版。

177. 谭世贵主编:《中国司法原理》,高等教育出版社 2004

年版。

178. 贺卫方：《运送正义的方式》，上海三联书店2002年版。

179. ［日］牧野英一：《法律上之进化与进步》，朱广文译，中国政法大学出版社2003年版。

180. ［日］大木雅夫：《东西方的法观念比较》，华夏等译，北京大学出版社2004年版。

181. ［德］英戈·穆勒：《恐怖的法官——纳粹时期的司法》（中译本），中国政法大学出版社2000年版。

182. 宋冰编：《读本：美国与德国的司法制度及司法程序》，中国政法大学出版社1999年版。

183. 蔡定剑：《历史与变革》，中国政法大学出版社1999年版。

184. ［美］庞德：《普通法的精神》，法律出版社2001年版。

185. ［美］庞德：《法律史解释》，曹玉堂等译，华夏出版社1989年4月版。

186. ［美］庞德：《通过法律的社会控制》，沈宗灵等译，商务印书馆1984年版。

187. ［英］丹宁：《法律的正当程序》，李克强等译，法律出版社1999年版。

188. 孙笑侠：《程序的法理》，商务印书馆2005年版。

189. ［意］贝卡里亚：《论犯罪与刑罚》，黄风译，中国大百科全书出版社1993年版。

190. 林钰雄：《刑事诉讼法》，中国台北学林文化事业出版有限公司2001年版。

191. ［德］克劳思·罗科信：《刑事诉讼法》，吴丽琪译，法律出版社2003年版。

192. 王兆鹏：《美国刑事诉讼法》，北京大学出版社2005年版。

193. ［法］卡斯东·斯特法尼等：《法国刑事诉讼法精义》，罗结珍译，中国政法大学出版社 1998 年版。

194. ［美］爱伦·豪切斯泰勒·斯黛丽、南希·弗兰克：《美国刑事法院诉讼程序》，陈卫东、徐美君译，中国人民大学出版社 2002 年版。

195. 中国政法大学刑事法律研究中心编译：《英国刑事诉讼法（选编）》，中国政法大学出版社 2001 年版。

196. 麦高伟等主编：《英国刑事司法程序》，姚永吉等译，法律出版社 2003 年版。

197. ［日］松尾浩也：《日本刑事诉讼法》，丁相顺译，中国人民大学出版社 2005 年版。

198. 陈光中主编：《刑事诉讼法学》，法律出版社 1998 年版。

199. 陈光中等主编：《联合国刑事司法准则与中国刑事法制》，法律出版社 1998 年版。

200. 陈光中主编：《刑事诉讼实施问题研究》，中国法律出版社 2000 年版。

201. 陈光中主编：《21 世纪域外刑事诉讼立法最新发展》，中国政法大学出版社 2004 年版。

202. 陈光中主编：《〈公民权利和政治权利国际公约〉与我国刑事诉讼》，商务印书馆 2005 年版。

203. 徐静村主编：《刑事诉讼法学》（上、下），法律出版社 2004 年版。

204. 徐静村主编：《21 世纪中国刑事程序改革研究》，法律出版社 2003 年版。

205. 徐静村：《走向法治的思考》，法律出版社 2003 年版。

206. 徐静村主编：《刑事诉讼前沿研究》（多卷本），中国检察出版社 2003 年版。

207. 樊崇义主编：《刑事诉讼法实施问题与对策研究》，中国人民公安大学出版社 2001 年版。

208. 樊崇义主编：《刑事诉讼法专论》，中国方正出版社 1997 年版。

209. 樊崇义主编：《诉讼原理》，法律出版社 2003 年版。

210. 陈瑞华：《刑事审判原理论》，北京大学出版社 1997 年版。

211. 陈瑞华：《刑事诉讼的前沿问题》，中国人民大学出版社 2000 年版。

212. 陈瑞华：《问题与主义之间》，中国人民大学出版社 2003 年版。

213. 陈瑞华：《程序性制裁理论》，中国法制出版社 2005 年版。

214. 宋英辉主编：《刑事诉讼原理》，法律出版社 2003 年版。

215. 宋英辉：《刑事诉讼目的论》，中国人民公安大学出版社 1995 年版。

216. 宋英辉、吴宏耀：《刑事审判前程序研究》，中国政法大学出版社 2002 年版。

217. 程味秋等编：《联合国人权条约和刑事司法文献汇编》，中国法制出版社 2000 年版。

218. 左卫民：《刑事程序研究》，中国政法大学出版社 1999 年版。

219. 左卫民：《价值与结构——刑事程序的双重分析》，四川大学出版社 1994 年版。

220. 左卫民、周长军：《刑事诉讼的理念》，法律出版社 1997 年版。

221. 谢佑平、万毅：《刑事诉讼法原则——程序正义的基石》，法律出版社 2002 年版。

222. 龙宗智：《刑事庭审制度研究》，中国政法大学出版社

2001 年版。

223. 龙宗智：《相对合理主义》，法律出版社 1999 年版。

224. 孙长永：《沉默权制度研究》，法律出版社 2001 年版。

225. 孙长永：《侦查程序与人权》，中国方正出版社 2000 年版。

226. 孙长永主编：《刑事诉讼证据与程序》，中国检察出版社 2003 年版。

227. 陈卫东：《程序正义之路》（第一卷），法律出版社 2005 年版。

228. 陈卫东主编：《刑事诉讼法实施问题调研报告》，中国方正出版社 2001 年版。

229. 汪建成：《冲突与平衡——刑事程序理论的新视角》，北京大学出版社 2006 年版。

230. 张丽卿：《刑事诉讼制度与刑事证据》，中国台北元照出版公司 2000 年版。

231. 邓云：《刑事诉讼行为基础理论研究》，中国人民公安大学出版社 2004 年版。

232. 万毅：《底限正义论》，中国人民公安大学出版社 2006 年版。

233. 熊秋红：《刑事辩护论》，法律出版社 1998 年版。

234. 汪海燕：《刑事诉讼模式的演进》，中国人民公安大学出版社 2004 年版。

235. ［日］田口守一：《刑事诉讼法》，刘迪等译，法律出版社 2000 年版。

236. ［美］米尔建 . R. 达马斯卡：《漂移的证据法》，李学军等译，中国政法大学出版社 2003 年版。

237. 锁正杰：《刑事程序的法哲学原理》，中国人民公安大学出版社 2002 年版。

238. 梁玉霞：《论刑事诉讼方式的正当性》，中国法制出版社 2002 年版。

239. 李昌林：《从制度上保证审判独立》，法律出版社 2006 年版。

240. 史立梅：《程序正义与刑事证据法》，中国人民公安大学出版社 2003 年版。

241. 李心鉴：《刑事诉讼构造论》，中国政法大学出版社 1992 年版。

242. 张建伟：《司法体制原理》，中国人民公安大学出版社 2002 年版。

243. 李春雷：《中国近代刑事诉讼制度改革研究》，北京大学出版社 2004 年版。

244. 赵永红：《刑事程序性裁判研究》，中国人民公安大学出版社 2005 年版。

245. 马贵翔：《刑事司法程序正义论》，中国检察出版社 2002 年版。

246. 吴卫军：《司法改革原理研究》，中国人民公安大学出版社 2003 年版。

247. 刘涛：《刑事诉讼主体论》，中国人民公安大学出版社 2005 年版。

248. 卞建林：《刑事诉讼的现代化》，中国法制出版社 2003 年版。

249. 陈永生：《侦查程序原理论》，中国人民公安大学出版社 2003 年版。

250. 杨立新：《刑事诉讼平衡论》，中国人民公安大学出版社 2006 年版。

251. 曲新久：《刑事政策的权力分析》，中国政法大学出版社 2002 年版。

252. 卢建平：《刑事政策与刑法》，中国人民公安大学出版社2004年版。

253. 李昌珂：《德国刑事诉讼法典》，中国政法大学出版社1995年版。

254. 余叔通：《法国刑事诉讼法典》，中国政法大学出版社1997年版。

255. 宋英辉：《日本刑事诉讼法》，中国政法大学出版社2000年版。

256. 黄风译：《意大利刑事诉讼法典》，中国政法大学出版社1994年版。

257. 黄道秀译：《俄罗斯联邦刑事诉讼法典》，中国政法大学出版社2003年版。

258. 卞建林译：《美国联邦刑事诉讼规则和证据规则》，中国政法大学出版社1999年版。

二、外文著作类：

1. Mireille Delmas - Marty and J. R. Spencer, European criminal, Cambridge University Press, 2002.

2. Joel Samaha, Criminal, West/Wadsworth Publishing Company, 1999.

3. A. Esmein, A history of continental criminal (Trans. By John Simpson), Little Brown and Company, 1913, P. 13

4. Black' Law Dictionary, Fifth edition, West Publishing Co. (1979)

5. Packer, the Limit of Criminal Sanctions, by the Michie Company, 1913.

6. RonaldJayAllen, WillianJ. Stuntz, JosephL. Hoffmann, DebraA. Livingston: Comprehentive Criminal, by Aspen P7ublishers, Inc. 2003.

7. Mirelle Delmas - Marty, The Criminal Process and Human

Rights, by Martinus Nijhoff Publishers, 1995.

8. SanfordH. Kadish, Stephen J. Schulhofer, Criminal Law and its Processes cases and Materials, by Aspen Publishers, Inc, 2003.

9. Antonio Cassese, Human Rights in a Changing World, Cambridge: Polity Press, 1994.

10. Mauro Cappelletti, "Who Watchs the Watchmen? ——A Comparative Study on Judicial Independence", 1985 by Martinus Nijhoff Publishers.

11. Henry J. Abraham, The Judicial Process (7th ed.), Oxford University Press 1998.

12. Benjamin N. Cardozo, The Nature of Judicial Process, Yale University Press, 1928.

13. James O'reilly, Human Rights and Constitutional Law, The Round Hall Press, 1992.

三、中文论文类:

1. 刘永振:《论系统的协同作用》，载《中国社会科学》1985年第2期。

2. 张强:《系统方法论与唯物辩证法》，载《系统辩证学学报》2004年第4期。

3. 牛芳:《论对立统一规律与差异协同规律的关系》，载《系统辩证学学报》2005年第3期

4. 王志康:《复杂性科学理论对辩证唯物主义十个方面的丰富和发展》，载《河北学刊》2004年第6期。

5. 夏建华、许征:《整体性观念的系统论阐释》，载《系统辩证学学报》2004年第2期。

6. 汪信砚:《从系统论看内容与形式范畴》，载《中国社会科学》1986年第1期。

7. 饶欣：《系统论与唯物辩证法发展观的比较研究》，载《系统辩证学学报》2004 年第 4 期。

8. 李志强：《制度系统论：系统科学在制度研究中的运用》，载《中国软科学》2003 年第 4 期。

9. 周毅：《现代化理论的六大门派及其特点》，载《当代世界与社会主义》2003 年第 2 期。

10. 何传启：《现代化概念的三维定义》，载《管理前沿》2003 年第 3 期。

11. 邴正、钟贤巍：《当代社会发展趋势与中国社会的结构转型》，载《北方论丛》2005 年第 1 期。

12. 李强：《当前我国社会分层结构变化的新趋势》，载《江苏社会科学》2005 年第 3 期。

13. 李建华、张善燚：《市场秩序、法律秩序、道德秩序》，载《哲学动态》2005 年第 3 期。

14. 储建国：《市场经济、市民社会和民主政治》，载《武汉大学学报》（哲学社会科学版）1999 年第 1 期。

15. 杜钢建：《法哲学与人权法》，载《天津社会科学》1994 年第 5 期。

16. 朱英：《市民社会的作用及其与中国早期现代化的成败》，载《天津社会科学》1998 年第 2 期。

17. 俞可平：《马克思的市民社会理论及其历史地位》，载《中国社会科学》1993 年第 4 期。

18. 朱力宇、万其刚：《论党的执政方式向依法治国的根本性转变》，载《中国人民大学学报》2000 年第 5 期。

19. 涂成林：《东方专制理论：马克思与魏特夫的比较研究》，载《哲学研究》2004 年第 4 期。

20. 刘京希：《法律文化中的生态与反生态——以政治生态理论为视域》，载《江海学刊》2004 年第 3 期。

21. 公丕祥、夏锦文：《历史与现实：中国法制现代化及其意义》，载《法学家》1997 年第 4 期。

22. 陈嘉明：《“现代性”与“现代化”》，载《厦门大学学报》（哲学社会科学版）2003 年第 5 期。

23. 沈瑞英：《法治理念：希腊城邦政治文化的精粹》，载《上海大学学报》（社会科学版）2003 年第 5 期。

24. 马明亮：《刑事政策法律程序化探讨》，载《政治与法律》2004 年第 3 期。

25. 陈福胜：《法治的实质：自由与秩序的动态平衡》，载《求是学刊》2004 年第 5 期。

26. 卓泽渊：《法治的意识基础：契约精神与宪政精神》，载《江苏行政学院学报》2004 年第 5 期。

27. 刘俊祥：《法治政治与规则政治》，载《武汉大学学报》（人文社会科学版）2004 年第 4 期。

28. 李步云、肖海军：《契约精神与宪政》，载《法制与社会发展》2005 年第 3 期。

29. 王岩：《契约理念：历史与现实的反思》，载《哲学研究》2004 年第 4 期。

30. 陈兴良：《为辩护权辩护——刑事法治视野中的辩护权》，载《法学》2004 年第 1 期。

31. 江国华：《宪法的道德之维》，载《华东政法学院学报》2003 年第 6 期。

32. 舒扬：《法律本质论的思考》，载《广州大学学报》（社会科学版）2003 年第 10 期。

33. 王申：《论法律与理性》，载《法制与社会发展》2004 年第 6 期。

34. 唐宏强：《社会需求：法律的生命之源》，载《江西社会科学》2003 年第 7 期。

35. 汪俊英：《全球化背景下的法律文化冲突及其原因分析》，载《学习与探索》2005 年第 4 期。

36. 郑玉敏：《无讼与中国法律文化》，载《东北师范大学学报》（哲学社会科学版）2004 年第 3 期。

37. 方立新、许翰林：《纠葛讼师与中国古代法律文化》，载《浙江大学学报》（人文社会科学版）2003 年第 6 期。

38. 高鸿钧：《现代法治的困境及其出路》，载《法学研究》2003 年第 2 期。

39. 徐静村：《走向程序法治：中国刑事程序改革的宪政思考》，载《现代法学》2003 年第 4 期。

40. 陈兴良：《刑事法治视野中的刑事政策》，载《江苏社会科学》2004 年第 5 期。

41. 潘云华：《“社会契约论”的历史演变》，载《南京师大学报》（社会科学版）2003 年第 1 期。

42. 关今华、陈诚：《法律全球化与世界人权保护》，载《东南学术》2004 年增刊。

43. 李步云：《论人权的本原》，载《政法论坛》2004 年第 2 期。

44. 刘红臻：《人权的制度表达》，载《法制与社会发展》2004 年第 1 期。

45. 王颖：《党的执政能力建设的社会生态分析》，载《当代世界与社会主义》2005 年第 4 期。

46. 刘京希：《生态政治新论》，载《政治学研究》1997 年第 4 期。

47. 刘京希：《国家与社会关系的政治生态理论诉求》，载《文史哲》2005 年第 2 期。

48. 曹明德：《法律生态化趋势初探》，载《现代法学》2002 年第 2 期。

49．刘京希：《法律文化中的生态与反生态》，载《江海学刊》2004年第3期。

50．樊浩：《法哲学体系中道德法律生态互动的价值资源难题》，载《天津社会科学》2004年第4期。

51．王子坤：《社会主义政治文明的生态学架构》，载《河北学刊》2003年第6期。

52．梅宏：《刑法生态化的立法原则》，载《华东政治学院学报》2004年第2期。

53．郑少华：《略论社会法的生态化》，载《华东政治学院学报》2004年第4期。

54．王韶兴等：《政党法治：一种新型的政党文明形态》，载《文史哲》2005年第1期。

55．赵金勇：《论党的执政系统的生态平衡》，载《理论学刊》2005年第5期。

56．叶宇：《稳定是一种社会生态平衡》，载《理论月刊》2005年第9期。

57．刘邦凡、吴勇：《社会系统及其生态性研究》，载《重庆大学学报》（社会科学版）2003年第2期。

58．白锐：《公共管理的生态分析》，载《理论探讨》2005年第3期。

59．叶平：《新世纪协同进化的社会生态学》，载《济南大学学报》2003年第2期。

60．樊浩：《道德体系与市场经济的“生态相适应”》，载《江海学刊》2004年第2期。

61．林娜：《论马克思“市民社会”理论的定位及超越》，载《东南学术》2004年第6期。

62．马长山：《中国法治进路的根本面向与社会根基》，载《法律科学》2003年第6期。

63. 孙育伟、张善根：《法制现代化与社会根基之重构》，载《政治与法律》2003 年第 3 期。

64. 牛振宇、张晓薇：《正视与反思：中国诉讼文化的现代化进路》，载《当代法学》2003 年第 6 期。

65. 戴激涛：《西方宪政的文化底蕴》，载《广西政法管理干部学院学报》2003 年第 4 期。

66. 李其瑞：《法律文化的底蕴》，载《宁夏社会科学》2003 年第 3 期。

67. 夏锦文：《法律职业化与司法现代化关系的若干理论问题》，载《法学论坛》2005 年第 2 期。

68. 邓智慧：《人身保护令与人权保障——以刑事诉讼为主视角》，载《中国法学》2004 年第 2 期。

69. 陈瑞华：《程序正义的理论基础——评马修的尊严价值理论》，载《中国法学》2000 年第 3 期。

70. 张光玲：《刑事证据法的理念》，载《中国刑事法杂志》2004 年第 2 期。

71. 锁正杰：《刑事程序价值论：程序正义与人权保障》，载《中国法学》2000 年第 5 期。

72. 李建明：《刑事司法的国际性准则与国情特殊性之冲突》，载《江苏行政学院学报》2005 年第 2 期。

73. 何家弘：《刑事司法的十大趋势》，载《燕山大学学报》（哲学社会科学版）2005 年第 1 期。

74. 孙长永：《比较法视野中的刑事强制措施》，载《法学研究》2005 年第 1 期。

75. 王颖：《论司法生态平衡与诉讼价值最大化》，载《犯罪研究》2005 年第 4 期。

76. 左卫民：《我国刑事诉讼制度若干改革基本理论问题研究》，载《中国法学》2003 年第 4 期。

77. 左卫民：《最高法学若干问题比较研究》，载《法学》2003年第11期。

78. 陈光中：《刑事诉讼法再修改之理论更新》，载《政法论坛》2004年第3期。

79. 季卫东：《法律程序的意义》，载《中国社会科学》总第79期。

80. 陈永生：《法律真实与客观真实的契合与背离——对证据制度史另一视觉的解读》，载《国家检察官学院学报》2003年第4期。

81. 周长军：《安全为本，自由优位——刑事诉讼价值的哲理思辨》，载《山东大学学报》（哲学社会科学版）2000年第2期。

82. 陈瑞华：《从认识论走向价值论》，载《法学》2001年第1期。

83. 吴泽勇：《从程序本位到程序自治》，载《法律科学》2004年第4期。

84. 陈卫东：《我国检察权的反思与重构》，载《法学研究》2002年第2期。

85. 陈卫东、刘计划：《论犯罪嫌疑人的诉讼主体地位》，载《法商研究》2003年第2期。

86. 陈卫东、程雷：《刑事诉讼的全球化趋势析评》，载《山东公安专科学校学报》2003年第2期。

87. 陈光中，郑旭：《追求刑事诉讼价值的平衡——英俄近年刑事司法改革述评》，载《中国刑事法杂志》2003年第1期。

88. 叶传星：《法学的阶级话语》，载《法律科学》2006年第1期。

89. 叶传星：《和谐社会构建中的法理念转换》，载《法制与社会发展》2006年第1期。

90. 谢佑平：《刑事诉讼视野中的司法审查》，载《中外法学》

2003年第1期。

91. 龙宗智：《徘徊于传统与现代之间——论中国刑事诉讼法的再修改》，载《政法论坛》2004年第5期。

92. 樊崇义：《论刑事诉讼法律观的转变》，载《政法论坛》2001年第2期。

93. 樊崇义、张建伟：《WTO与刑事诉讼法律制度的改革》，载《政法论坛》2002年第4期。

94. 郝银钟：《刑事诉讼目的双重论之反思与重构》，载《法学》2005年第8期。

95. 吴宏耀：《现代法视野中的刑事诉讼》，载《政法论坛》2004年第3期。

96. 谢佑平：《历史视野和文化语境下的刑事诉讼模式》，载《复旦学报》（社会科学版）2003年第4期。

97. 龙宗智：《为什么称〈圣经〉是一部诉讼法教科书》，载《法学》2003年第10期。

98. 陈瑞华：《刑事诉讼中的重复追诉问题》，载《政法论坛》2002年第5期。

99. 陈卫东、李奋飞：《论侦查权的司法控制》，载《政法论坛》2000年第5期。

100. 张泽涛：《"议行合一"对司法权的负面影响》，载《法学》2003年第10期。

101. 徐显明：《基本权利分析》，载《中国法学》1991年第6期。

102. 杨忠民：《怎样打造我们的人权大宪章》，载《中外法学》2002年第3期。

103. 张能全：《刑事司法视野中的实事求是与无罪推定》，载《探索》2004年第1期。

104. 张建伟：《从权力行使型到权力抑制型——刑事程序构

造的重新设定》，载《政法论坛》2004 年第 3 期。

105. 王戬：《宪政体制下的刑事诉讼：权利维度的思考》，载《四川大学学报》（哲学社会科学版）2003 年第 6 期。

106. 张能全：《消解冲突视野中的刑事证据规则新理念》，载《上海大学学报》（哲学社会科学版）2006 年第 5 期。

107. 张能全：《刑事法治视野中的现代刑事诉讼生态》，载《社会科学辑刊》2007 年第 6 期。

后　记

本书是在我的同名博士学位论文的基础上修改而成的。

对于法学研究来说，我是一个半路出家的学子。早年为了摆脱困苦处境，跨出“农门”，初中毕业时我选择中等师范学校学习并由此成为一名乡村小学教师。山村小学的孤寂生活使我有时间思考未来的人生，此时便萌生了上大学的梦想，并开始了艰辛的自学之路。五年后终于有机会进入成人教育学院学习，受师长的教诲启发和学友的建议，在大学期间为考取硕士研究生作准备而自学了诸多政治学、历史学、法学、社会学等课程，阅读了大量马列经典著作。大学毕业次年考取了陕西师范大学政治学硕士研究生，师从我国著名的政治学专家房成祥教授。先生和蔼慈祥的面容至今让我记忆犹新，他那严肃认真的治学态度与求真务实的工作作风使我深受影响。研究生毕业后先后进入中共四川省委第二党校，中共重庆市委党校从事政治学、法学的教学科研工作。随着法治国家进程的深入推进，学校法律专业理论人才奇缺，加之自己一直保持研习法学理论的浓厚兴趣，我在教学的同时开始深入系统地学习法学理论，研究法学基本问题，并希望有机会继续深造。经过四年的持续努力，终于有幸进入我国政法名校西南政法大学的诉讼法学专业攻读博士学位，成为我国著名的诉讼法学家徐静村教授的门生。

先生的博学多才、敏锐思维与人格魅力，使我真正解读了什么才是大家风范。心想一定是自己多年不改的心志感动了上天，让我终于有机会跟随我最敬仰的恩师左右。我百倍珍惜这宝贵的学习机会，进校后开始大范围、超强度地弥补自己法学硕士研究生阶段涉及的所有相关课程，不断夯实自己的专业基础理论，深入研读法学理论著作，广泛拓展自己的知识面，增大自己的知识存量和增量。在考取博士研究生的四年多时间里，逐步领悟到诉讼法学的基础性和重要性，也深知刑事诉讼法学是法哲学、法理学理论的具体展开，是诉讼法学学科的主阵地，更是联结刑法学等实体法学的桥梁和纽带，同时又与伦理学、政治学等学科密切关联。加上自己特别爱好程序理论，故而最终选择刑事诉讼法学作为自己的研究方向。通过几年的积累，我对本专业的研究现状及理论前沿问题有了比较清楚的把握。同时，也感觉尽管刑事诉讼法学取得了非常显著的成就，但局限于本学科领域的技术性研究，缺乏更深层次的理论支撑和方法论的支持，研究就不可能取得实质性的进展。希望能够打破学科界线，实现社会科学理论的沟通和交融。进校不久，将此想法向恩师汇报，恩师指出，生态化问题值得深入研究，而且这是一条打通各学科理论的重要路径。不过，恩师也十分严肃地指出，该题目难度之大，超过了几乎所有的刑事诉讼法学博士论文选题，需要众多学科的理论知识提供支撑，更需要相当厚实的知识积累和敏锐的感悟力，还需要坚持不懈的努力，方可完成该专题的写作。

恩师以他特别深厚的理论修养和特别敏锐的洞察力提出刑事诉讼生态化的研究思路正契合了我对本学科理论研究的初步想法，但又深感自己浅薄的知识存量与相当有限的驾驭学术研究的能力，非常矛盾不安。经过两个月的认真思考与艰难选择，加上恩师的鼓励，终于决定将其作为我的博士论文题目。接下来便埋头于图书馆中各相关学科理论知识的整理和资料的收集上，广泛涉猎了系统论、生态学、社会学、伦理学、政治学、法理学、法史学、宪法学、刑法学等学科理论，全面清理本专业理论研究所有相关资料，历时两个多月整理出写作提纲。经过恩师的反复指导、点拨和本人的仔细斟酌，最终确定了本书的写作提纲，并经过长达两年半时间的高强度写作，才得以最终成稿并顺利提交论文答辩。尽管写作非常辛苦，自己感觉还不太满意，但论文得到了评阅老师和答辩老师的充分肯定和赞赏，并获得学校应届优秀博士学位论文的评价。

我的博士论文能够完成写作及顺利通过答辩并出版，首先要叩谢我的恩师徐静村教授。是恩师博大精深的学问，超前敏锐的学术洞察力捕捉刑事诉讼生态化这一具有前瞻性的理论研究课题激发了我相当有限的创造力，调动了我空前的理论研究兴趣和主观能动性；是恩师宽广博大的胸怀、对后进的百般厚爱、谆谆教诲给了我无畏勇气和巨大动力，使得我集中了平生所有的意志力，克服各种困难，最终得以完成该博士论文题目的写作。可以说，我能够取得这些成绩，无一不凝聚着恩师的心血。恩师在百忙之中还拔冗作序，感恩之情，无以言表。陈光中教授、程荣斌教授、崔敏教授、常怡教授、高绍先教授、陈卫东教授、龙宗智教授、牟军教授、杨建广教授、梁玉霞教授、李少平教授在论文的评阅、答辩过程中，对论文的选题和写作给予了充分的肯定和高度的赞扬，并提出了不少建设性的宝贵意见。陈卫东教授、龙宗智教授、陈忠林教授、左卫民教授、孙长永教授在学习上和学术研究上都给了我很多指导。在此，谨向他们表示衷心的感谢！西南政法大学刑事诉讼法教研室主任李昌林教授也多次对论文提出修改建议。重庆市委党校法学部谭光定教授在论文的写作过程中也给予了诸多帮助，学友陈龙环博士、高峰博士、郭明文博士、贺振华博士、石现明博士、周成泓博士也一直关心本论文的写作，在此一并感谢。

在攻读博士学位、撰写及修改博士学位论文的三年多时间里，爱妻唐俊英给予了我极大的帮助，特别是在我论文写作遭遇困难而感到烦躁不安的时候，她总是陪伴在我身边支持和鼓励我。实际上，长期的求学生涯致使自己无暇顾及家庭天伦之乐，也未能照顾好孩子的学习和生活，给予家庭的关爱太少，心中时感内疚，本书的付梓对全家也是一种慰藉。

感谢中国人民公安大学出版社的编辑老师在本书出版过程中付

出的辛勤劳动。

“书山有路勤为径，学海无涯苦作舟”。早年鼓励自己求学的格言表达了我现在的心境。忆往昔，“昨夜西风凋碧树，独上高楼，望尽天涯路”。现恰似，“衣带渐宽终不悔，为伊消得人憔悴”。希来日，能达到“众里寻她千百度，蓦然回首，那人却在灯火阑珊处”的学术境界。

张能全

2008 年 8 月于重庆

诉讼法学文库书目

Ⅰ 刑事证据法原理与适用
Ⅱ 刑事诉讼法实施问题与对策研究
Ⅲ 刑事程序的法哲学原理
Ⅳ 视听资料研究综述与评价
Ⅴ 刑事司法体制原理
Ⅵ 刑事证人证言论
Ⅶ 刑事一审程序理论与实务
Ⅷ 非法证据排除规则研究
Ⅸ 美国的外国法院判决承认与执行制度研究
Ⅹ 我国未成年人刑事案件诉讼程序研究
Ⅺ 侦查程序原理论
Ⅻ 侦查讯问程序正当性研究
XⅢ 死刑案件程序问题研究
XⅣ 刑事上诉程序研究
XⅤ 程序正义与刑事证据法
XⅥ 司法改革原理研究
XⅦ 刑事诉讼行为基础理论研究
XⅧ 无罪辩护
XⅨ 刑事诉讼中的禁止双重危险规则论
XX 刑事证据可采性研究
XXⅠ 刑事诉讼模式的演进
XXⅡ 正当程序文献资料选编
XXⅢ 刑事程序法功能研究
XXⅣ 论行政诉讼审查标准
XXⅤ 清末刑事司法改革研究
XXⅥ 民事诉讼标的论
XXⅦ 现代公诉制度研究
XXⅧ 民事司法现代化的探索
XXⅨ CEPA 框架下的经贸争端解决机制与程序
XXX 证据能力论
XXXⅠ 刑事诉讼主体论
XXXⅡ 刑事程序性裁判研究
XXXⅢ 案件事实认定论
XXXⅣ 正当法律程序研究
XXXⅤ 强制执行立法的探索与构建
XXXⅥ 行政行为的可诉性研究
XXXⅦ 清末民初刑诉法典化研究
XXXⅧ 底限正义论
XXXⅨ 行政诉讼类型研究
XXXX 公诉权原论

诉讼法学文库2006

1 刑事正当程序原理
2 自白制度研究
3 警察作证制度研究
4 司法公正的理念与制度研究
5 人本精神与刑事程序
6 刑事诉讼平衡论
7 刑事诉讼关系的社会学分析
8 刑事证明责任分配研究
9 刑事司法权力的配置与运行研究
10 行政诉讼原告论

诉讼法学文库2007

1 刑事诉讼交叉询问之研究
2 检警关系论
3 鉴定结论论
4 检察职能研究
5 美国死刑程序研究
6 行政诉讼问题研究与制度改革
7 刑事司法民主论
8 被追诉人的宪法权利
9 刑事裁判权研究

诉讼法学文库2008

1 论证据与事实
2 法院调解制度研究
3 弱势群体的法律救助
4 刑事赔偿制度研究
5 秘密侦查比较研究
6 非法证据排除规则：话语解魅与制度构筑
7 民事当事人证明权保障
8 现代社会中的诉讼功能
9 诉讼认识、证明与真实
10 中国刑事审前程序制度构建

诉讼法学文库2009

1 检察官证明责任研究
2 刑事诉讼生态化研究
3 对质权制度研究
4 无效刑事诉讼行为研究
5 刑事诉讼中的财产权保障
6 论对抗式刑事审判
7 案件事实认定方法
8 中国区际刑事司法协助研究